马克思主义理论研究
和建设工程重点教材

中国法制史

（第二版）

《中国法制史》编写组

主　编　朱　勇

副主编　王立民　赵晓耕

主要成员

（以姓氏笔画为序）

丁凌华　王银宏　李启成

张　生　张希坡　侯欣一

夏锦文　霍存福

高等教育出版社·北京

二维码资源访问

使用微信扫描本书内的二维码,输入封底防伪二维码下的 20 位数字,进行微信绑定,即可免费访问相关资源。注意:微信绑定只可操作一次,为避免不必要的损失,请您刮开防伪码后立即进行绑定操作!

教学课件下载

本书有配套教学课件,供教师免费下载使用,请访问 xuanshu.hep.com.cn,经注册认证后,搜索书名进入具体图书页面,即可下载。

图书在版编目(CIP)数据

中国法制史/《中国法制史》编写组主编. -- 2 版. -- 北京:高等教育出版社,2019.1(2020.6 重印)
马克思主义理论研究和建设工程重点教材
ISBN 978-7-04-050101-8

Ⅰ.①中… Ⅱ.①中… Ⅲ.①法制史-中国-高等学校-教材 Ⅳ.①D929

中国版本图书馆 CIP 数据核字(2018)第 153034 号

责任编辑 程传省　　封面设计 王 鹏　　版式设计 于 婕　　责任校对 刘娟娟
责任印制 尤 静

出版发行	高等教育出版社	网　　址	http://www.hep.edu.cn
社　　址	北京市西城区德外大街 4 号		http://www.hep.com.cn
邮政编码	100120	网上订购	http://www.hepmall.com.cn
印　　刷	涿州市星河印刷有限公司		http://www.hepmall.com
开　　本	787mm×1092mm 1/16		http://www.hepmall.cn
印　　张	25.25	版　　次	2017 年 4 月第 1 版
字　　数	480 千字		2019 年 1 月第 2 版
购书热线	010-58581118	印　　次	2020 年 6 月第 5 次印刷
咨询电话	400-810-0598	定　　价	48.50 元

本书如有缺页、倒页、脱页等质量问题,请到所购图书销售部门联系调换
版权所有　侵权必究
物 料 号　50101-00

目　录

后　记···385

第二版后记···386

绪　　论

一、中国法制史的研究对象

中国法制史是研究中国历史上法律制度发生、发展、变革及其规律的科学。

从国家产生之日起，以维护国家统治、保护统治阶级利益为目的、具备强制实施效力的法律规范就随之产生。中国历史上的每一朝代、每一政权都构建、实施相应的法律制度。从夏商周到秦汉，从隋唐宋到元明清，直至中华民国、新民主主义革命时期民主政权、中华人民共和国，每一时期的法律制度均为中国法制史的研究对象。

中国法律从夏商周起源到 2010 年中国特色社会主义法律体系建立，经历了漫长的历史发展。根据历史演变与法律特征的不同，中国法律发展历经三个大的历史时期：古代法律时期、近现代法律变革时期、当代中国特色社会主义法律体系构建时期。

从公元前 21 世纪到 1840 年鸦片战争，中国古代法律从起源到发展经历了近四千年的历史演变。在这一阶段，中国法律适应古代经济、政治、社会、文化方面的需要逐步完善，形成具有独特民族风格的法律体系：中华法系。中华法系作为中国社会土生土长的法律体系，汇聚着中华民族关于国家、社会、自然、家庭、个人的智慧，展示了中华民族在国家治理、秩序构建方面艰辛而独特的探索。这一法律体系符合中国国情，适应中国需要，为中华民族的绵延、发展、繁荣作出了重大贡献。受文明发展阶段的局限，受统治阶级保护自身利益、维护统治地位目的方面的局限，中国古代法律在基本理论、制度规范、实施方式等方面也存在一些不足。隋唐以后，随着中国国力的提升与影响的扩大，中国法律走出国门，为东亚、东南亚一些国家所借鉴、吸收。

1840 年鸦片战争爆发，西方列强用坚船利炮打开中国的大门。基于其自身利益的考虑，西方列强从经济、思想、制度等方面全面影响中国社会。中国社会被动进入近代化过程。伴随着中国社会近代化过程，中国法律也经历着全面变革。近代法律变革的主线是适应变革中的社会需要，废止中国传统法律体系与法律原则，引进西方法律理论，全面构建近代法律体系。从清朝末年到民国南京临时政府时期、民国北京政府时期、民国南京国民政府时期，在 50 年左右的时间里，历届政府时断时续，推动着法律变革的进程。在这一过程中，中国共产党领导的新民主主义民主政权也从革命与政权建设需要出发，实践着新型法律制度的构建。

1949 年 10 月 1 日，中华人民共和国成立。中国共产党领导全国人民开始新型法律体系的构建过程。1954 年，《中华人民共和国宪法》制定颁布，与此同时，一批新的法律法规先后颁布实施。从 1966 年到 1976 年"文化大革命"时期，政治运动覆盖社会生活各领域，国家法律制度被全面破坏，法制建设进程遭遇重大挫折。1976 年，粉碎"四人帮"，中国共产党领导全国人民拨乱反正，全面推动新时期的法制建设。2010 年，中国特色社会主义法律体系建立。中国特色社会主义法律体系的建立始终坚持以马克思主义为指导，坚持从中国特定的国情出发，同时吸收中华民族优秀法律传统，借鉴世界各国法律中有价值的成分。这一法律体系，既体现了对公平、正义、秩序、发展的价值追求，也是对中华民族优秀法律传统的传承与弘扬，并与中国特定国情、特定发展阶段相适应。

基于历史的原因，1949 年中华人民共和国成立之时，香港、澳门、台湾三个地区分别实施各自的法律。1997 年香港回归祖国，1999 年澳门回归祖国，并在"一国两制"原则下，以《中华人民共和国宪法》为依据，先后制定、实施《中华人民共和国香港特别行政区基本法》《中华人民共和国澳门特别行政区基本法》，将其纳入中华人民共和国法律体系之中。祖国大陆与台湾同属一个中国；台湾法律作为地区性法律，是中国法律的组成部分。

基于文化传统的差别和管理模式的不同，古今中外对法律制度的划分也各有特点。中国古代在制度构建方面，按照领域划分，涉及食货、选举、职官、礼、乐、兵、刑、州郡、边防等制度。在法典编纂方面，则实行以刑为主、诸法合体的形式。各朝代编纂的主要法典，一般名之为"律"，在内容上涉及犯罪刑罚、官吏管理、财产交换、市场运行、婚姻家庭、诉讼程序等。在主要法典之外，大量涉及财政、赋税、市场、职官、监察、教育的法律规范，以令、格、式、敕、诰、例等法律形式发挥调整社会关系、规范社会秩序的作用。清末移植西方法律，开始采纳西方国家按所调整社会关系性质进行的部门法分类，形成宪法以及民法、刑法、行政法、经济法、诉讼法等部门法。

中国近代学术的发展主要受到西方学术研究方式的影响。学科发展的基本框架也以西方学术框架为基础。中国法制史作为一门学科，统一以近代法律框架为依据，并结合中国法律发展历史的特点，分别从刑法、民法、行政法、经济法、诉讼法等领域展开。

二、中国法制史的特点

中国法律在几千年的演变过程中，既具有法律发展的一般特征，也形成了自身的特点。

（一）独立发展与移植借鉴相结合

中国古代与近代法制史的发展，体现了两大特征：古代独立发展，近代移植借鉴。

　　与世界其他文明古国相比，古代中国的形成与发展，经历了一条具有自身特色的道路。中国作为一个内陆型国家，自然资源丰富，自给自足的农业自然经济充分发展，以血缘关系为纽带的家庭成为社会构成的基本单位，以儒家思想为主导的纲常伦理学说成为社会主流意识形态。适应这种经济基础、社会结构的需要并受到儒家学说的影响，中国古代法律也独立发展，逐步完善。从基本原则到具体制度，中国古代法律历史沿革清晰，核心内涵一脉相承，其主体部分未受到外部世界的干扰，也较少受到外来文化的影响。独立发展、特色鲜明的中国古代法律，为国家发展、社会稳定、民族繁荣作出了重大贡献，也极大地丰富了人类社会治国理政的文化内涵。

　　19世纪中期，西方列强以通商为借口，发动以财富掠夺、文化输出为目的的一系列侵略战争，压迫清政府打开国门。迫于外国列强的压力，为收回领事裁判权，同时也希望摆脱危机、自主发展，清政府在20世纪初年全面启动变法修律活动，终止实施传统法律，移植借鉴西方法律原则，构建中国近代法律体系。从民国北京政府到南京国民政府，基本延续清末开启的中国法律近代化进程。历届政府在移植借鉴西方法律、构建中国近代法律体系的同时，也注重保留民族法律传统、适应国情民情。

　　（二）礼法结合

　　中国古代重视礼与法的结合，通过礼法结合，实现国家与社会的综合治理。

　　礼起源于原始社会末期的宗教祭祀活动。早期的礼主要规定参加祭祀活动各成员的身份座次、祭拜方式、活动程序等。因其具有肯定并强化成员之间身份差别和等级的功能，因而为统治者所重视。西周统治阶级全面整合礼的规范，逐渐形成覆盖社会各方面的"周礼"。汉朝统治者确立儒家思想作为国家治理的官方意识形态，并通过"引经注律""经义决狱"等方式，从内容与形式两方面开启礼法结合的进程。

　　中国古代礼法结合，还体现为道德、法律共同治理的国家管理模式。礼作为行为规范，从宗教祭祀开始，以身份等级为目标，在其发展过程中，逐渐融入道德伦理的内容。道德、法律共同治理，既注重以道德"导民向善"，构建和谐秩序，也注重将道德伦理的内容直接融入法律之中，成为具有强制约束力的行为规范。唐朝盛世，封建统治方式定型、成熟，礼法结合、德法共治的社会规范体系也进入完善阶段。《唐律疏议》中的"德礼为政教之本，刑罚为政教之用"高度概括了中国古代国家治理中礼与法、德与刑的作用关系。

　　中国古代社会以等级社会为特征。礼的核心作用在于"别贵贱，序尊卑"，通过规制行为举止来强化等级观念，维护等级身份，维系等级秩序。而法的性质决定了它必须以一致、均平为实施原则。中国古代首先通过引礼入法、以法护礼的方式，使得等级制度法律化，等级身份内化为法律规范本身。其次，通过礼主法辅、礼先法后的方式，优先保障礼的实施，而以法作为礼的补充。这样，法在形式上保持一致、均平的实施原则，但通过法的制定以及法与礼的配合，实现等级制度的有效保护，实现有效的国家治理。

（三）公法发达

古代中国地域广博、人口众多。自公元前 3 世纪秦王朝建立，帝国政府就致力于构建一套有效的统治和控制系统。这一控制系统的基本立足点有二：第一，确保基本的统治秩序，使统治阶级根本利益得到严格、细致的保护，特别是针对严重危害国家统治、严重危害基本社会秩序的犯罪行为，建立严厉的发现、处理、惩罚机制。在这一指导思想下，一个严格、发达的刑法体系逐渐形成。第二，确保基本的管理秩序，保障最高统治者及各级管理层的统治意图得到及时、有效的实现。基于这一出发点，一个体系完备、管理严密、权责分明的文官管理体系以及相应的行政法体系得以建立。

中国传统的刑法体系是中国传统法律最重要的部分。历代王朝建立，均以制定、颁布以刑法为主的法典作为实施合法统治的重要任务。从魏国李悝制定《法经》到秦始皇制定、实施秦朝法律，以及其后的汉《九章律》、隋《开皇律》、唐《永徽律》、宋《刑统》、明《大明律》、清《大清律例》等，历代皇朝的主要法典均以规定犯罪与刑罚的刑事法律为主。

唐朝《唐律疏议》作为中国传统刑事法律的经典，代表着中国传统刑法的最高水平。《唐律疏议》共五百零二条，细致规定了各种犯罪及刑罚，构建了维护统治利益、维持社会秩序、规范社会行为、严格司法程序的刑法体系。唐律对于各种犯罪的规定已体现在基于深入、细致的刑法理论的分类之中。"杀人罪"在唐律中有"六杀"之别：谋杀、故杀、斗杀、误杀、戏杀、过失杀。"财产犯罪"在唐律中也有"六赃"之分：强盗、窃盗、受财枉法、受财不枉法、受所监临、坐赃。在刑罚方面，唐律确定了稳定、通用的五类二十等主刑的法定刑种制度[①]，同时设置了辅刑制度。主刑与辅刑相结合，构成比较符合人的生理承受力、能够与不同犯罪相对应的刑罚体系。唐律所设置的十恶、八议、公罪私罪划分、亲属容隐、保辜、杀人移乡、死刑复奏等制度以及所有权保护、婚姻家庭制度保护等，既全面体现了以儒家思想为主导的正统官学意识形态，也表现出很高的立法技术与法律智慧。

中国传统法律体系对政府机构的运行以及各级官吏的身份、职责等均作了详

[①] 唐律所规定的刑种，由轻到重，分别是：笞刑（十，二十，三十，四十，五十），杖刑（六十，七十，八十，九十，一百），徒刑（一年，一年半，二年，二年半，三年），流刑（二千里，二千五百里，三千里），死刑（绞，斩）。

细而完备的规定，构成富有特色的行政法体系。古代行政法的主要内容包括：第一，关于各级政府机构的设置及其职能；第二，关于各级政府履行职责的方式和程序，包括政令上传下达、公文递送往来等；第三，关于各级官员的管理，从官员的考试、选拔、待遇，到官员的考核、奖惩、升降、回避、退休；第四，为防止官员滥用职权，避免民众对于官员行为的疑虑，法律还特别规定，地方官不得在家乡任职，不得在任地娶妻纳妾，其亲属不得在地方官任地从事商业行为等。

严密的犯罪处罚规定、系统的行政管理体制，构成复杂而又完备的公权体系。而规范这一复杂、完备的公权系统的，就是中国传统社会较为发达的公法体系。帝制时期的中国，幅员辽阔，人口众多，文化多元，而中央政府以较少的公权资源维系着庞大的帝国疆域。在没有西方列强入侵的情况下，中国保持着社会的基本稳定，维系着历史与文化的数千年延续和传承。在传统中国社会长期稳定和文化持续发展的背后，发达的公法体系功不可没。

（四）家庭本位

在中国传统社会，以血缘、婚姻为纽带的家庭在社会生活中发挥着重要作用。家庭作为社会个体生活、活动的基本单位，使得每一个体各安其位，各得其所，因而也成为国家实施社会管理的基本单位，成为实现社会控制、稳定社会秩序的重要途径。

传统法律确认家庭在社会中的作用，维护家庭在社会中的特殊地位。首先，法律确认家庭成员基于血缘、性别、辈分、年龄等自然因素以及基于婚姻等其他因素而形成的等级关系，分别赋予不同等级成员不同的权利和义务，通过等级关系的维系，确保家庭关系的稳定。其次，法律赋予家庭一定的自治权，让渡一部分对社会个体的管理权。在某些法律关系中，法律确认家庭作为享受权利、承担义务的独立体。

在经济上，法律确认家庭是一个整体。家长代表家庭，对外参与经济交往和财产交换，在家庭内部依法独自享有对家庭财产的所有权。家庭其他成员在财产关系上不具备独立的主体资格。家庭成员未得家长授权或允许，不得以家庭名义，也不能以个人名义从事经济活动。在某些刑事法律关系中，法律也视家庭为一个独立的责任主体。法律授予家长在家庭范围内一定的监管权，包括对子孙的教令权、惩戒权等。与家长权相联系，相对于家庭成员，家长也向国家承担更多的法律义务。家庭本位原则的实施也使得部分宗族以族规家法的方式对宗族成员实施一定程度上的管理。

传统法律注重家庭本位。法律的实施强化了家长对家庭成员的约束、管理，从家庭的稳定通向社会稳定。但同时，家庭本位法律原则的实施在一定程度上阻碍了国家司法权向家庭内部的渗透，影响了法律公平原则的统一性。

（五）近代转型　艰难坎坷

自鸦片战争开始，中国社会进入了近代化进程。这一进程是在外国势力入侵、民族利益受损、国家面临危亡的前提下开始的。从其起因看，中国社会近代化是一个被动的过程。由于由被动开始，没有充分的社会经济条件和相应的思想理论准备，近代化进程既缺少内在的动力，也缺少合适的外部环境，以致近代化过程进展缓慢，甚至出现反复。中国法律近代化同样具有这一特征。

中国法律近代化经历了艰难、坎坷的过程。这一过程的基本内涵，表现为扬弃传统法律体系，在吸收西方法律理论和法律原则的基础上，确立具有近代意义的新的法律体系。中国法律近代化，既有法律自身发展的历史动因，也有列强各国基于其自身利益考虑形成的外部压力，而最终体现为由国家最高统治者发动、通过自上而下的行政程序推行的全方位法律改革。立法者通过比较中国传统法律与西方近代法律的异同，根据国家最高统治者确立的基本原则，对法律体制作出了新的选择。

1901年，逃亡西安的慈禧、光绪下诏变法，正式拉开清末法制变革的序幕。虽然在整个19世纪后半期，中国社会经历了列强入侵、国门洞开的变局，思想界呼吁引进西方理论、仿效西方制度，但就法律制度而言，以《大清律例》为核心的清朝法律体系仍基本保持有效实施。西方列强通过不平等条约攫取领事裁判权，并承诺只要清政府改革现行法律、建立与西方国家一致的法律体系，就可以放弃领事裁判权。但无论是最高统治者，还是中央地方各级官员，包括与法律实施密切相关的各级官员，对全面推行法律改革均尚无足够的思想准备与实务准备。八国联军占领北京，慈禧、光绪仓皇离京，中央政府面临着被推翻、国家面临着被瓜分肢解的危机。正是在这一国家重大危机背景下，变法修律被迫启动。

本国文化传统与西方人文制度的冲突是西方文明圈之外的国家在其近代化过程中所面临的普遍问题。中国法律近代化历程同样体现了华夏文明传统与西方人文精神的冲突。中国近代法律变革从清末启动，迫于自身危机与外部压力，其化解人文冲突的主要方式是全面吸收西方法律原则与现行法律制度。虽然法律制定者意识到法律必须与国情民俗相适应，但强烈的危机意识与强大的外部压力使得清末法律体系仍以全面吸收西方制度为主旋律。民国时期，从北京政府到南京国民政府，承续清末启动的法律变革，并在符合中国民俗、兼顾中国国情方面做了诸多努力。但整个民国时期内忧外患不断，从军阀混战到抗日战争，特别是南京国民政府统治者代表大地主、大资产阶级利益，反对共产党领导的人民革命，并致力于通过军事、法律等手段维护自身统治、镇压人民、镇压共产党，以"六法全书"为代表的法律体系沦为国民党统治集团的政治工具，而且也脱离国情，背离民俗，仅成为纸面上的法律。

1949年2月，中国共产党中央委员会发表《中共中央关于废除国民党的六法全书与确定解放区的司法原则的指示》。该指示批判了国民党法律制度的反动阶级本质，认为国民党六法体系是保护地主、买办、官僚资产阶级反动统治的工具，是镇压与束缚广大人民群众的武器。因此，"在无产阶级领导的工农联盟为主体的人民民主专政的政权下，国民党的六法全书应该废除，人民的司法工作不能再以国民党的六法全书为依据，而应该以人民的新的法律作依据"。以国民党"六法体系"为中心的法律制度被彻底废止，标志着新中国的新型法律体系进入新的发展阶段。

三、学习中国法制史的意义与方法

（一）学习中国法制史的意义

学习中国法制史，有助于准确把握历史，训练历史思维。人类文化的最深厚积淀存在于历史之中。中国法制史学浓缩了四千多年中国法律制度发生、发展、移植的历程。四千多年的演变充斥着必然的发展，也有偶然的波折，充满着民族的智慧，也不乏制度性糟粕。学习中国法制史，一方面可以让我们加深对于中国历史上各项法律制度发生、发展、演变的认识，真实、准确地把握历史，形成正确的历史观。另一方面，如唐太宗所言，"以史为鉴，可以知兴替"。学习中国法制史，可以帮助我们了解中国法制的发展规律，训练我们的历史思维，训练我们在任何时候都能从历史发展的大势出发，理性、客观、冷静地认识、分析历史与现实。

学习中国法制史，有助于帮助我们更好地树立文化自信。我们的先人，在自己的土地上，完全凭借自身的智慧，构建了独具特色的中华文化。在法律方面，形成了一系列符合人性需求、适应国家发展、有利于社会稳定的理论、制度、措施。公元前6世纪，各诸侯国公布成文法，以促使法律更加公平、有效地实施。西汉以后，有关家庭法律制度的设置，有效地保护了亲属关系，进而在维护社会稳定、构建和谐秩序方面起到了独特作用。南宋宋慈著的《洗冤集录》，将先进的人体解剖、骨骼检验、药物机理等科学知识，融合于丰富的案情调查、诉讼程序、司法审判等经验之中，成为世界第一部法医学著作。通过学习中国法制史，我们能更深刻地感受中华文化的博大精深以及它的优越性、先进性。

学习中国法制史，有助于为现代化建设提供历史的借鉴。中华文明一脉相承，其中集聚了诸多与治国理政、社会进步相关联的民族智慧，形成了诸多优秀的法律传统。特别是中华文明所特有的一些制度、措施、规范，符合国情，适应社会，在规范社会秩序、推进社会发展方面起到了不可替代的积极作用。另外，四千多年中国法制历史的发展，也存在诸多教训。一些朝代经历了太平盛世、重视法制阶段之后，常常由破坏法制、严刑酷罚开始，进入国力衰败、秩序混乱阶段，直至统治被推翻、政权更替。近代法制改革，由于较多照搬西方法律、忽视国情，再加上统治阶级的阶级局限性，导致新型法律体系水土不服，与中国社会脱节，缺少实施基础。总结历史经验，借鉴历史教训，可使我们在现代化建设中充分弘扬优秀法律传统，减少法制建设弯路。

学习中国法制史，有助于加深对于法学其他学科的理解。在内容上，中国法制史涉及法学各分支学科，包括宪法、民法、刑法、行政法、经济法、诉讼法等。不了解一门学科的历史，就不可能学好该学科。虽然近代中国法律移植于西方法律体系，但一方面，近代法律从制定到实施，不可能脱离中国的社会现实，其本土化过程既有进步，也历经坎坷；另一方面，传统中国的一些优秀法律元素至今仍影响着中国社会，影响着中国的制度建设。通过部门法历史的学习，可以加深了解该部门法的深刻内涵，加深了解该部门法在历史发展过程中经历过的重大问题以及解决这些问题的动机、方式与效果。20 世纪末 21 世纪初的中国，社会发展，经济繁荣，国力提升。这使我们更加充满对中华文化、中国道路的自信。当代中国部门法制的发展，在继续吸收世界各国先进文化与成果的同时，必须从中华法制文明、中国法律传统之中吸收优秀的本土资源。

（二）学习中国法制史的方法

中国法制史学是一门基础学科，也是一门综合学科，时间跨度大，涉及领域广，掌握科学的学习方法非常重要。

马克思主义科学揭示了人类社会的历史发展规律，科学解释了国家、社会、制度的本质与作用。学习中国法制史，首先必须以马克思主义作为基本的立场、观点、方法。一方面，坚持历史唯物主义，坚持经济基础决定上层建筑、上层建筑对于经济基础具有反作用的基本观点；另一方面，坚持唯物辩证法，坚持辩证地分析历史现象。

在法律起源方面，马克思主义深入分析了法律与阶级、国家的关系，认为：法律是阶级社会的产物，法律的内容体现了由特定社会物质生活条件所决定的统治阶级意志。首先，法律为阶级社会所特有，并集中体现统治阶级意志。法律不是从来就有的，也不会永远存在。法律在一定历史条件下产生、发展。原始社会，没有阶级，没有国家，没有法律。[1] 社会秩序的维系，主要通过原始社会共同体与原

拓展阅读

马克思主义关于法律起源的理论

---

[1] 恩格斯说，在原始社会氏族制度下，"没有士兵、宪兵和警察，没有贵族、国王、总督、地方官和法官，没有监狱，没有诉讼，而一切都是有条有理的"。《马克思恩格斯文集》第4卷，人民出版社 2009 年版，第 111 页。

始社会习俗。恩格斯说："在社会发展的某个很早的阶段，产生了这样一种需要：把每天重复着的产品生产、分配和交换用一个共同规则约束起来，借以使个人服从生产和交换的共同条件。这个规则首先表现为习惯，不久便成了法律。"① 原始社会末期，随着阶级的产生，形成了统治阶级与被统治阶级的对立。统治阶级为了有效维护自身利益与地位，因而建立社会管理机构——国家，并构建强制性行为规范体系——法律。国家与法律，集中体现统治阶级意志，集中维护统治阶级利益。与此同时，国家与法律的产生，也履行原始社会共同体所承担的公共事务管理职能。其次，法律所体现的统治阶级意志，最终决定于特定的社会物质生活条件。马克思说："法的关系正像国家的形式一样，既不能从它们本身来理解，也不能从所谓人类精神的一般发展来理解，相反，它们根源于物质的生活关系。"② 原始社会，生产力水平低下，没有剩余产品，没有私有制。人类只能以合作的方式，依靠集体的力量，维持自身的生存。原始社会末期，随着生产力水平的提高，出现了剩余产品，产生了私有观念，并建立了与私有产品、私有观念相关联的物质生活条件。正是在这一基础之上，形成了统治阶级的特殊利益，形成了统治阶级的特殊意志。物质决定意识，社会存在决定社会意识。在法律中所体现的，正是决定于与一定生产力发展水平相适应的生产关系的统治阶级意志。与此同时，社会发展过程中的其他因素，包括民族、文化、历史、宗教、习惯等，也对法律的起源、发展产生影响。总之，法律随着阶级社会的形成而产生，法律的内容集中体现统治阶级的意志，而法律作为重要的国家与社会的上层建筑，它所体现的统治阶级意志，最终决定于特定的社会物质生活条件。

学习中国法制史，还应以马克思主义为指导，掌握一些具体的学习方法。

第一，把握中国特色。任何一部制度史都具有民族性。中国法制史，无论是古代法制史、近代法制史，还是当代法制史，都体现了鲜明的中国特色。基于学科发展的共性，我们以近代西方法律理论框架来描述中国古代法律制度发展历程，但这种描述方式有其局限性。学习中国法制史，需要牢牢把握中国特色这一原则。古代中国各项法律制度在中国这块土地上，适应中国社会需求独立发展、自成体系。每一项制度既体现对统治阶级根本利益的特殊保护，也体现对社会整体秩序的全面维护。古代中国，地域广大，人口众多，文化绵延，国力强盛，其中，符合国情、富有民族特色、具有文化先进性的法律体系起着重要作用。近代中国，在民族危亡之际，为收回领事裁判权，为富国强兵，开始移植西方法律制度，构建近代法律体系。这一过程既借鉴西方法律理论与法律制度，也在一定程度上传

---

① 《马克思恩格斯文集》第 3 卷，人民出版社 2009 年版，第 322 页。
② 《马克思恩格斯文集》第 2 卷，人民出版社 2009 年版，第 591 页。

承中国古代法律传统。中华人民共和国成立之后，以马克思主义为指导，特别是以马克思主义与中国实践相结合的中国化马克思主义为指导，推动中国特色社会主义法律体系的建立。牢牢把握法律制度中的中国特色，才能准确理解中国古代法律制度的真实发展与实际作用，才能准确理解近代中国法律变革的经验与教训，才能理解中国特色社会主义法律体系的精髓。

第二，了解社会背景。法律制度的发展与变化、法律作用与功能的发挥，与当时的社会需求、社会背景密切相关。学习法律制度史，一定要全面熟悉、了解当时社会背景，了解当时政治、经济、文化、社会特征。例如，汉朝法律在中国法制史上占据重要地位。汉朝统治者推行的法制改革，包括废除肉刑的刑制改革、采用"《春秋》决狱"司法原则以及启动法律儒家化进程，对中国法制的发展走向产生了重大影响。法制的这些变化，根基于当时特殊的政治、经济、文化等社会背景。秦帝国专任刑法，"仁义不施"，导致二世而亡；汉初采纳黄老无为之学，休养生息，经济发展，国力恢复；西汉中期统治者开始实施积极有为的内外政策。正是在这一政治、社会条件下，汉朝法律制度才发生了一系列重要变革。把法律制度放到社会大背景中，才能了解具体法律制度变化的原因和条件，才能了解法律制度的发展大势。

第三，科学地解决史论关系。中国法制史学作为法学与史学的交叉学科，既具备法学的特征，也具备史学的风格。就史学风格而言，必须正确掌握史学方法，科学地解决史论关系。要做到史论结合，论从史出，由史升论。首先，史论结合需要注重对法制史料的掌握和对法制历史事实的了解，也要注意通过梳理法制历史事实来掌握法制历史的发展规律，分析法制历史的基本特色。其次，治史重在严谨。关于法律发展史的任何观点，从宏观结论到微观分析，都必须有充分、严格的史料支撑。最后，学习法制史要注意理论升华，透过具体的历史事实和大量的史料，概括发展特色，总结发展规律。

第四，客观、理性地理解法制历史，切忌简单化。一项法律制度的发生、发展、变革均有其深刻的历史背景和社会需求，经过当时法律制定者深刻的思考、论证与选择。就目的而言，各项具体的法律制度，既要重点维护统治阶级利益，也要在保护统治阶级特殊利益的基础上，维护社会秩序、保持社会稳定，在一定程度上维护法律的公平。在司法个案中，确实存在统治者刚愎自用、武断独裁的现象，但就法律的整体内容而言，它仍然反映了当时的经济、社会基础，代表着统治阶级的整体利益，更凝聚了一代人的知识与智慧，体现了民族文化的精粹。

第一章 中国法律的起源与特点

中国法律以其悠久的历史、完备的制度、鲜明的特色在世界法律史上独树一帜，在中国古代社会的长期发展、稳定、繁荣过程中发挥了重要作用，也为人类法律文明作出了重大贡献。古老的华夏文明孕育了中国的国家与法律。马克思主义关于法律起源的理论科学地解释了中国法律的起源。法律的起源与发展与国家的起源、民族的发展密切相关。华夏文明的特殊性使得中国法律的起源具有自身的一些特点。

第一节 中国法律的起源

一、华夏部落联盟：国家的雏形

根据历史传说，距今约五六千年的新石器时代后期，黄河流域和长江流域的华夏先人，先后形成三个大的相对稳定的部落联盟：华夏部落联盟、东夷部落联盟和苗蛮部落联盟。华夏部落联盟包括炎帝、黄帝、有虞氏（舜）及商人等部落，以黄河中上游为主要活动范围；东夷部落联盟包括太皞、蚩尤等部落，以中原地区东部为主要活动范围；苗蛮部落联盟包括三苗、伏羲、女娲等部落，以长江以南的地域为其主要活动范围。

三大部落联盟为自身发展的需要，不断向外扩张。华夏联盟向东、南发展势力，东夷联盟向西扩展，苗蛮联盟则北渡长江，向黄河流域深入。三大部落联盟之间先后发生过三次规模较大的战争。第一次征战发生于东夷联盟和华夏联盟之间。东夷的蚩尤部落向属于华夏联盟炎帝部落的共工氏发动进攻，共工战败。炎帝部落因共工氏的失败而向黄帝部落求援，与其结成炎黄大联盟，与东夷联盟展开第二次征战，于涿鹿之野大战蚩尤，蚩尤被杀。第三次，炎黄联盟内部发生分裂，大战于阪泉，炎帝兵败，黄帝获胜。

获胜后的黄帝部落联盟迅速发展自身的力量，众多部落、氏族拥戴黄帝为中原盟主，因而在黄河流域形成了以黄帝部落为核心的部落大联盟。这一较为巩固的部落大联盟在中原大地不断扩展自己的势力，并在军事上向外扩张，东征夷族，南伐苗蛮，向长江流域发展。尧、舜、禹相继成为这个中央部落联盟的首领。

三大部落联盟时期属于原始社会后期。在生产、生活方式上，主要活动在黄河流域和长江流域的华夏先民已从狩猎、采集经济进入以种植业、养殖业为主的原始农耕经济。尤其是黄河流域，土地肥沃，资源丰富，为发展种植业和养殖业提供了便利条件。原始农业的发展，使得原先因渔猎、采集而经常处于迁徙状态的原始人群有了相对固定的生活栖息地，也使得他们有了相对过剩的生活资料。部落联盟首领、部落长老以及行使部落联盟管理职责的管理层，掌握相对过剩生活资料的分配、处置权，导致私有财产、私有观念逐渐形成。

由于进行战争和组织生产的需要，部落联盟内部逐渐形成一些公共职能，并产生了一些承担公共职能的人员与机构。伴随着联盟的扩大，战争、生产、生活需要的增多，公共职能不断增加，以承担不同公共职能为直接目的的部落联盟内部机构也逐渐分化、扩展，形成分工更细致、职能更清晰、相对独立又相互配合的公共管理机构。

据史书记载，三大部落联盟时期，各部落联盟已经开始在其内部分设不同机构，履行不同公共管理职能。其中，黄帝部落根据职能分工，设立不同官职，以履行管理职责。[1] 帝尧时则根据管理需要，进一步细化职责分工。[2]

舜受禅让任部落首领以后，更为集中地掌握了部落联盟各项权力，并以这一权力为基础，在完善部落管理机构、确立部落管理制度、加强公共管理职能等方面，采取了一系列措施。据《史记·五帝本纪》记载，舜任用了由其直接统辖的高级职官二十二名，包括治水平土的司空，播时百谷的后稷，敬敷五教的司徒，分管狱讼的士，管理百工的共工，分管祭祀的秩宗，分管律吕音乐的典乐，分管出纳帝命的纳言，分管十二州事务的州牧等。在职官的任用方式方面，舜还在较大程度上听从部落长老"四岳"的意见，但舜自己已拥有职官任用的最终决定权，而且各级职官也直接向舜负责。

作为部落联盟首领领导之下的部落管理机构，主要任务有二。其一，整顿指挥部落武装力量，执行对外征战扩张、防范外部侵扰的职能。其二，管理内部成员，组织生产、生活，确保内部秩序。对于外部挑战、侵扰者以及内部不服从管理者，部落管理机构必须对其作出惩罚与处置。

作为中原龙山文化重要遗址之一的山西中南部襄汾盆地陶寺文化，传说是陶唐氏，即帝尧活动地域。根据放射性碳素测定，该文化活跃期为公元前2500—前1900年。[3] 根据考古发现，在陶寺文化遗址中，一古城城垣面积达到二百万平方米。遗址中留存的大型夯土建筑基址，表明当时其上的建筑物宏大规整，已初具宫殿规模。另外，遗址中墓葬品数量质量极为悬殊，有些墓葬品丰富多样，有大

---

① 《史记·五帝本纪》载：黄帝"以师兵为营卫。官名皆以云命，为云师。置左右大监，监于万国……举风后、力牧、常先、大鸿以治民"。

② 《尚书·周官》："曰唐虞稽古，建官惟百；……夏商官倍，亦克用乂。"《礼记·明堂位》："有虞氏官五十，夏后氏官百，殷二百，周三百。"

③ 参见张童心等编著：《考古发现与华夏文明》，上海大学出版社2009年版，第71页。

量的陶器、玉器、铜器。有些古墓，则空无一物。这表明，代表尧舜禹活动时空的陶寺文化中，部落联盟机构已初步具备国家机器的性质。

　　基于生产力的提高，基于私有财产、私有观念的发展，基于对外征战扩张、对内维持秩序需要而实施的强制管理，基于以部落联盟首领、长老为中心的部落管理层手中权力的扩大，为适应生产、生活以及进一步扩张的需要，特别是为了有效地保护部落管理集团特殊利益，部落联盟机构通过自我完善、自我调整，内外管理的强制性功能逐步固定、强化，中原大地上，国家的雏形渐次显现。①

二、从部落联盟规范到国家法律

　　生产力的发展，提升了生产效率，人们在满足自身生存需要的同时，生活资料及其他产品有了一定的剩余。剩余的生活资料，既使一部分部落机构管理人员脱离生产而专司管理成为可能，也催生了私有观念和对于私有财产管理的需要。部落联盟持续的对外扩张及防范外部入侵，也迫切需要在动员出征、战场规则、处理俘虏及敌方财产等方面，形成相对稳定的规则与程序。部落联盟管理机构的扩展及其管理职责的扩大，部落成员的增加以及人际关系的复杂化，使得部落内部管理亟须一系列已有管理惯例的完善、系统化。特别是，作为已经掌握部落各项权力的首领及管理集团，希望通过一定的途径和方式，维持已有的部落社会秩序，保持已形成的利益分配格局，并采取必要手段，阻止内部或者外部任何势力破坏秩序、改变格局的企图。

　　部落联盟早期，无论是内部秩序的维护，还是外部关系的处理，主要依靠部落成员对于群体的依赖，依靠群体舆论的评价，依靠自发形成的习俗。但到部落联盟晚期，内部关系复杂化，私有观念形成，依靠个体信念、群体舆论来维持秩序的方式已难以继续奏效。某些成员的行为对部落内部既定的社会秩序造成了严重的损害。为了维持部落内部正常的社会秩序，处理那些严重侵害他人或部落群体的行为，以部落机构的名义，对于行为人施以某种报应性惩罚的做法逐渐固定化。惩罚的目的在于使行为人遭受切实的痛苦，从而不敢再次实施侵害行为；同时，也让部落其他成员了解实施侵害行为的后果，进而起到一般性威慑作用。

　　固化已有的习俗，特别是将有利于部落首领和管理集团的习俗稳定化、系统化，并以部落强制力确保其效力，成为满足维持秩序、保护格局的有效渠道。伴

---

①　中国古代在早期国家形成方面，通过部落联盟机构自身演化而逐步构建国家的雏形，这种方式明显区别于古希腊、古罗马。在古希腊、古罗马，国家的形成依赖于商品经济的发展以及海外殖民运动的推动，导致新兴奴隶主阶级力量壮大，进而反对以氏族首领、氏族长老为代表的氏族贵族，最终推翻氏族贵族的主导权，打破氏族贵族以氏族关系为基础形成的部落管理机构，建立奴隶主阶级统治的新型国家机器。

随着部落联盟机构向国家机器的转化，文明社会所特有的强制性规则体系——法律——也将登上历史舞台。

中国法律的起源，经历了一个漫长的过程。

新石器时代后期，三大部落联盟出于内部生存与外部扩张的需要，注意构建内部秩序，以提高组织效能，提升部落力量。为了维系秩序，必须惩处破坏秩序的个体；为了提高管理效能，必须保护部落首领以及管理集团的特殊利益，树立管理集团的权威；适应私有财产的产生，需要对于个体之间私物交换的习俗与惯例逐渐规范化；为了维持部落管理机构的正常运行，需要让部落全体成员按照一定的数量和方式，向部落联盟交纳一定数量的物质产品；为了赢得战争，必须统一部落全体男性成员的参战义务，统一全体女性成员的助战义务；为了使战争的效果最大化，必须统一处理战利品，统一处理俘虏。部落联盟对于上述行为的要求，从最初的临时性逐渐转为长期性；部落联盟处理个别事件的方式，也逐渐为其后处理类似行为所参照，从而具备一定的普遍性、标准性。

规范的实施，必然会给部分部落成员带来不便，甚至造成部分成员在利益上的受损，因而会导致相关成员的抵制和反对。部落首领以及管理集团最初会以大部分部落成员的名义，利用群体的力量，坚持规范的实施；为了提高效率，这种以大部分成员的名义、利用群体力量的方式，也逐渐演变为直接以部落首领的名义、以管理机构的名义，保证规范的实施。如果相关部落成员继续抵制或者反抗，就会受到部落首领以及部落管理机构动用部落强制力量，强行实施规范，执行决议。

陶寺文化遗址中规模宏大的宫殿基础群，陪葬品数量、品种悬殊的墓葬方式，均表明当时社会秩序背后已经具有一个系统的强制性行为规范的有效支撑。

部落联盟的存续与发展，需要从权力巩固、管理职能划分、相对剩余财产的分配、部落成员的等级身份、侵害行为的处理等多方面构建秩序，并形成与秩序相关联的强制性规范。部落联盟机构在维系秩序、处理各类争端、纠纷过程中，也产生大量个案判决与临时性处置程序。后期解决争端与纠纷对于前期判决的参照，临时性处置程序的反复运用，再经部落首领以及部落管理集团的甄别、筛选，使得该规范性内容在更广的范围为社会所承认、接受。史书记载，新石器晚期尧舜禹时代，已逐步形成涉及社会生活不同领域的强制性规范。①

---

① 《商君书·画策》："神农既没，以强胜弱，以众暴寡。故黄帝作为君臣上下之义，父子兄弟之礼，夫妇妃匹之合。内行刀锯，外用甲兵。"《尚书·吕刑》："伯夷降典，折民惟刑。"禹时，召集部落首领大会，"防风氏后至，禹杀而戮之"。《汉书·刑法志》："禹承尧舜之后，自以德衰，始制肉刑。"《尚书·吕刑》："苗民弗用灵，制以刑，惟作五虐之刑曰法。杀戮无辜，爰始淫为劓、刵、椓、黥，越兹丽刑并制，罔差有辞。"

舜通过禅让方式代尧而成盟主以后，根据部落联盟管理与发展的需要，进一步设官分职。史书记载，舜任命皋陶为士，专司狱讼，代表部落联盟机构处理各类争讼。同时，命其整理有关刑事惩罚的行为规范。皋陶认真履行职责，总结、整理已有的各类涉及刑事处罚的相关规范，并据此提出与后世犯罪、刑罚相关的一些刑法原则，包括"明刑弼教""刑期于无刑""罚弗及嗣，赏延于世""宥过无大，刑

拓展阅读
皋陶

故无小""罪疑惟轻，功疑惟重""与其杀不辜，宁失不经"等。① 据此，帝舜之时，涉及刑事惩罚以及诉讼的制度已初步形成，其中对于惩罚方法的种类、刑罚的目的、犯罪主观状态的区分等，均有所涉及。《史记·五帝本纪》载：舜摄行天子之政时，确立处罚方法，包括"象以典刑，流宥五刑，鞭作官刑，扑作教刑，金作赎刑"。

至帝舜之时，原已具有国家雏形的部落联盟机构进一步向具有典型意义的国家机构转化。各机构的公共管理职能进一步分化，维护占据统治地位的阶级、群体的利益成为各机构的首要任务。而有关机构设置、职能确定、人员选任和考核等项制度的建立，已具有普遍适用性和强制性的行政法律规范——它们或者以命令的方式，或者以惯例的方式存在——也初具雏形。

舜禹之时，中央部落对于被征服部落确定了定期纳贡交赋制度。《史记·夏本纪》称："自虞、夏时，贡赋备矣。"帝禹之时，依据土地肥沃的程度以及与中央部落联盟距离的远近，部落联盟将所管辖的九州土地划分为九等，同时，也将应向中央部落交纳贡赋的数量划分为九等。② 据此，在舜禹之时，规定臣服部落向中央部落交纳财物的贡赋制度以及与贡赋相关的各项规范也已初步形成，并在协调中央部落与臣服部落关系、维系中央部落各机构的运转等方面，起到重要作用。

总之，帝舜之时，以规定犯罪与处罚、规范行政管理机构和管理职责、规范土地品级及相关的贡纳赋献等为内容的强制性行为规范体系已初步形成，一个较

---

① 《竹书纪年》："帝舜三年，命咎陶作刑。"《尚书·大禹谟》："（舜）帝曰：'皋陶，惟兹臣庶，罔或干予正。汝作士，明于五刑，以弼五教。期于予治，刑期于无刑，民协于中，时乃功，懋哉。'皋陶曰：'帝德罔愆，临下以简，御众以宽。罚弗及嗣，赏延于世。宥过无大，刑故无小。罪疑惟轻，功疑惟重。与其杀不辜，宁失不经。好生之德，洽于民心，兹用不犯于有司。'"《史记·五帝本纪》："舜曰：'皋陶，蛮夷猾夏，寇贼奸宄，汝作士，五刑有服，五服三就；五流有度，五度三居：维明能信。'"《史记·夏本纪》："皋陶于是敬禹之德，令民皆则禹。不如言，刑从之。舜德大明。"

② 据《史记·夏本纪》，九州及其土地、贡赋等级分别为：冀州，田：中中，赋：上上；兖州，田：中下，赋：下下；青州，田：上下，赋：中上；徐州，田：上中，赋：中中；扬州，田：下下，赋：下上；荆州，田：下中，赋：上下；豫州，田：中上，赋：上中；梁州，田：下上，赋：下中；雍州，田：上上，赋：中下。

为完备的法律制度伴随着阶级的产生与社会的发展而在华夏国家中显现。

第二节　中国法律起源的特点

中国地理环境及华夏先民生产方式、生活方式的特殊性造成了国家产生与民族形成道路的特殊性，相应地，中国法律的起源也具有自己独到的一些特点。

一、战争与法律

中国法律的起源，首先具有"兵刑合一"、刑法受到特别重视的特点。

中华古文明发生与发展的重要契机是部落联盟之间的相互征战，通过征战，加强了交流、沟通与融合，推进了文明的演变与进步。征战的历史是漫长的。不仅在华夏、东夷、苗蛮三大部落联盟时期，即便在黄帝部落联盟屡屡获胜、取得中央盟主地位后，部落之间的征战仍然频繁发生。在黄帝部落联盟取得中央盟主地位以后，中央部落的统治者即已初步形成唯我独尊、外邦臣服的观念。这一观念在华夏联盟尧、舜、禹统治时期得到进一步强化。所有的外邦，作为向中央盟主臣服的部落，必须始终如一地尊崇中央盟主，听从中央盟主的号令和调遣，并且按时向中央盟主交纳贡赋。如有违反，即为作乱。对于作乱的部落，中央盟主有权讨伐。在中央盟主看来，讨伐作乱的部落，不是两个平等部落之间的战争，而是自己以中央盟主的身份对臣服部落不服从管理的讨伐。讨伐、镇压作乱部落的目的，既在于削弱作乱部落的力量、迫使其臣服，也在于杀一儆百、威慑其他部落，以巩固其中央盟主地位。

部落联盟早期，部落内部秩序的维系，主要通过个体对群体的依赖，依靠群体的舆论，或者通过行为方式、财产分配方面的制裁来实现。剥夺生命以及肉体处罚，主要实施于部落之间的征战以及对待异族俘虏。随着部落联盟的扩大，部落事务的繁杂，特别是当部落首领以及管理集团的特殊利益受到重大挑战之时，原先只是针对异族俘虏的处罚方式也被引入部落内部管理。强制性行为规范中最能有效地保护部落联盟贵族特殊利益的"刑法"，渐具雏形。

无论是外部讨伐之"兵"，还是内部处罚之"刑"，其主要目的都是维护部落联盟首领以及管理集团的特殊地位与特殊利益；其手段也在一定程度上吻合，即剥夺生命，残害肢体。二者的主要区别在于被处罚对象和处罚规模。前者受处罚的是部落或氏族整体，因此是"大刑"；后者受处罚的对象是个体，因而是"中刑"或"薄刑"。《汉书·刑法志》称："大刑用甲兵，其次用斧钺；中刑用刀锯，其次用钻笮；薄刑用鞭扑。大者陈诸原野，小者致之市朝。"《商君书·画策》称：

黄帝之治，"内行刀锯，外用甲兵"。对内以刀锯施刑，对外以甲兵讨伐，目标的一致性，方法上的相互参照，体现了兵刑合一、刑起于兵的刑法起源特点。

与此同时，由于相互征战在确定部落之间关系中的特殊作用，以甲兵、斧钺为惩罚手段的"大刑"频繁实施，因而有关适用"大刑"的相关规范也逐渐确立，包括在何种情况下实施大刑，实施大刑的机构、程序以及具体方法等。而这一切，又在很大程度上带动了"中刑"与"薄刑"相关规范的发展。与其他规范相比，刑事规范受到特殊的重视。法律观念、法律制度随着中华文明的进步而逐步确立，在这一过程中，与刑法相关的观念和制度一直处于法律发展的前沿。

二、血缘与法律

中原地区肥沃的土地与四季分明的气候，使得以种植养殖业为主的农耕经济迅速发展起来。各部落逐渐形成聚族而居、安土重迁的生活习俗。在这一基础之上发展起来的部落管理机制，较多地融入血缘因素。另一方面，在三大部落联盟之中，华夏先民自发形成对于祖先的崇拜与祭祀，而未产生完全超脱于人自身的自然神。基于上述因素，中国法律的起源，与国家起源一样，在很大程度上受到血缘、婚姻因素的影响，也表现出与血缘、婚姻因素的密切关联。

中国国家的起源和国家职能的演进，走了一条通过部落联盟机构的职能分化和完善内在结构的方式使其直接转化为国家机构的特殊道路。新国家机构与旧部落联盟机构的直接传承关系，使得旧机构中联结个体成员的血缘、婚姻纽带继续在新机构中发挥重要作用，并成为新社会结构的基本骨架。形成过程中的法律，也受到血缘、婚姻因素的影响，而作为新社会结构基本骨架的血缘、婚姻关系也受到法律的特殊保护。史料记述：黄帝部落联盟主导中原大地之时，即根据内部社会结构确定要明确君臣、父子、兄弟、婚姻等关系。[1]

三、祭祀与法律

在华夏先民中产生的祖先崇拜意识，通过一定的典礼、仪式，逐渐演化为具有宗教性质的祖先祭祀。在华夏先民看来，祖先作为部落的英雄，死后成为具有超人力量的神灵；现世子孙通过定期的崇拜、祭祀活动，沟通与祖先之间的情感，因而祈求祖先对自己的保护。部落联盟时期，部落首领掌握祭拜祖先的主导权，部落首领以与祖先直接对话的方式，固化自己对于部落联盟的统领与管理。

由于祭祀活动与现世子孙的安全、生活直接联系，成为部落联盟首领强化自己地位的有效手段，因此，祖先祭祀活动受到华夏先民特别的重视。直到战国时

---

[1] 《商君书·画策》："黄帝作为君臣上下之义，父子兄弟之礼，夫妇妃匹之合。"

期，人们仍保持这一传统，将祭祀与战争相提并论，称"国之大事，在祀与戎"①。

祭祀是向一种看不见、摸不着的精神与力量的崇敬与祭拜，是一种祭拜当时没有反馈的活动，因此，祭拜是否得体，是否符合被祭拜对象的要求，只能通过严格的礼仪、程序来确定。在部落联盟首领与长老的推动下，逐渐形成一整套礼仪、程序规则。从参与祭祀者的身份限制，到祭祀现场参与者的位置，从祭拜管理的分工，到违反礼仪的处理，从祭拜语言到祭拜动作，所有这一切，都逐步形成严格的习俗、规则。

祭祀折射世俗。祖先祭祀活动作为部落联盟时期全部落的大事，当然受到全体部落成员的重视。而在祭祀现场参与者所展现的身份、地位、作用，正是部落社会世俗身份、地位、作用的真实反映。在部落联盟首领和长老的推动下，祭祀活动所形成的习俗、规则，特别是祭祀规则中反映部落成员不同地位、身份、作用的差别，也逐渐扩散至部落社会世俗的生活、管理之中。部落联盟同样以强制力，保证上述习俗与规则的实施。随着部落联盟后期国家机构与职能的逐渐成形，这些与祭祀相关的行为规范以"礼"的形式进一步发展，并受到国家强制力的保护。

四、裁判与法律

中国法律的产生，与其他文明中法律的起源一样，也体现了"由裁判到立法"的特点。初民社会，人们并未意识到需要一个统一的、具有强制性约束力的行为规范体系来维系社会的存在和发展。只是在社会实践中，不断出现一些需要某个权威机构加以协调、处理，甚至作出裁决的事件。这些协调、处理的结果以及裁决不断积累，一方面，成为其后处理同类事件的参照；另一方面，也为从所有裁决中抽象出一些基本标准或原则创造了条件。②

法律产生于判决，产生于相关的决定。从因财产交易的争执而作出的判决中，逐渐抽象出一系列带有普遍性的标准或原则，进而固化为民事法律；同样，从对严重破坏社会秩序、侵害统治阶级利益者给以惩罚的判决中，逐渐产生了刑事法律规范；而在有关公共职能机构的设置及其运作方式的决定中，在有关民众及社

---

① 《左传·成公十三年》。

② 英国法律史学家梅因（Henry Maine）这样描述法律的产生：可以断言，在人类初生时代，不可能想象会有任何种类的立法机关，甚至一个明确的立法者。法律还没有达到习惯的程度，它只是一种惯行。用一句法国成语，它还只是一种"气氛"。对于是或非唯一有权威性的说明是根据事实作出的司法判决，并不是由于违犯了预先假定的一条法律，而是在审判时由一个较高的权力第一次灌输入法官脑中的。[英] 梅因：《古代法》，沈景一译，商务印书馆1959年版，第5页。

会共同体应向中央机构交纳贡赋的决定中，分别产生出具有行政法、经济法性质的法律规范。

史书记载，帝舜任用皋陶为"士"，执掌刑罚。皋陶的直接任务有二：第一，审案断狱，对于各种严重违反部落联盟秩序的行为以及侵害部落联盟首领及长老利益者给予刑事处罚。第二，收集整理各类犯罪行为以及相对应刑事处罚的案例，作为今后处理此类行为的参照与依据。[①]《尚书大传》称："夏刑三千条。"夏朝尚属于国家和法律产生的早期，不可能形成如此数量的规范性刑事法律条款，因此，"夏刑三千条"即指有关刑事处罚的判决数。

五、民族融合与法律

中国法律的起源还表现出民族大融合的特征。

三大部落联盟之间的相互征战，促成了不同部落之间的相互交往。不同的生活习俗，不同的管理方法，在相互接触中交流、融合。史书记载，在不同的部落，形成了不同的刑事惩罚方式。

黄帝之时，中原部落联盟实行兵刑合一之制，刑事惩罚方式以使用的工具区分，包括五种：甲兵、斧钺、刀锯、钻笮、鞭扑。[②] 尧舜之时，尚有流、放、窜、殛等刑事惩罚。[③] 在长江流域的苗蛮部落，则独立地产生了另一种风格的刑事惩罚方法。《尚书·吕刑》载："苗民弗用灵，制以刑，惟作五虐之刑曰法。"

帝舜时期受苗蛮部落刑事处罚的启发，将早期仅限于战争时期，或者和平时期对待异族俘虏的肉体刑，也适用于本部落内部成员。

苗民所创制的"五虐之刑"虽然极端残酷，但由于能够更有效地起到惩罚犯罪、维护统治阶级利益的作用，因而很快为中原部落所采用。中国历史上形成的奴隶制五刑以及与五刑同时实施的其他刑事惩罚方法即以直接来自不同部落联盟实行的惩罚方法为原型。

思考题：

1. 简述部落联盟规范向法律的演变过程。

2. 如何理解"兵刑合一"？

3. 简述祭祀与法律的关系。

[①] 《尚书·尧典》："（舜）帝曰：'皋陶，蛮夷猾夏，寇贼奸宄，汝作士，五刑有服，五服三就，五流有宅，五宅三居，惟明克允。'"《竹书纪年》："帝舜三年，命咎陶作刑。"

[②] 《国语·鲁语上》。

[③] 《汉书·刑法志》。

第二章 夏商法制

公元前 21 世纪，禹的儿子启违背禅让制传统，改用世袭的王位继承形式，建立了中国历史上第一个王朝——夏朝。夏朝自启至桀，前后共存四百余年。公元前 16 世纪，商部落在其首领汤的带领下进攻夏王桀，并灭夏，建立商朝。商朝在政治、经济、文化等方面都比夏朝有较大的发展。商朝末年，由于商纣王暴虐，激化国内矛盾，最终被周部落灭亡。商朝前后历经约六百年。夏、商两朝都建立起自己的法制，以维护统治阶级利益和社会秩序。

第一节 夏 朝 法 制

夏朝是中国历史上的第一个国家，也是中国第一个奴隶制朝代。从夏朝开始，奴隶制法制在中国建立。夏朝法律包括"禹刑"。史书记载："夏有乱政，而作禹刑。"① "禹刑"的内容已失传。

一、夏朝法律的基本内容

根据史籍记载，夏朝法律主要由刑法、军事法等构成。

（一）刑法

1. 主要罪名

夏朝刑法规定的罪名有多种，主要是以下这些。

关于强盗罪、贪污罪和杀人罪。强盗罪是一种用暴力侵犯他人财产权的犯罪。贪污罪是一种官吏利用职权侵犯国家财产权的犯罪。杀人罪是用暴力等手段剥夺他人生命权的犯罪。夏朝严厉打击强盗罪、贪污罪和杀人罪，用刑都是死刑。《左传·昭公十四年》引用《夏书》的记载："昏、墨、贼，杀，皋陶之刑也。"昏、墨、贼这三种行为在皋陶时已经受到打击，到了夏朝时则作为犯罪来惩治。《左传·昭公十四年》还记载了叔向对这三种罪名的解释："己恶而掠美为昏，贪以败官为墨，杀人不忌为贼。"可见，"昏"是指强盗罪，"墨"是指贪污罪，"贼"则是指杀人罪。对于这三种犯罪的用刑是"杀"，即判处死刑。这三种罪名分别是侵犯财产权的犯罪、职务犯罪和侵犯人身权的犯罪，对社会的财产、人身安全都造成了极大的损害，夏朝的刑罚给予严厉打击，由此来维护正常的社会秩序。

———————————

① 《左传·昭公六年》。

关于不孝罪。这是一种不能善待祖父母、父母的犯罪。夏朝的刑法还对不孝罪作了规定，将其也归入打击之列。《孝经·五刑》载："五刑之属三千，而罪莫大于不孝。"不孝罪严重触犯了家庭伦理，易对家庭秩序造成极大破坏，所以夏朝的刑法将其列为重大的犯罪，即"罪莫大于不孝"，并将其作为重点打击对象。

2. 刑罚

夏朝不仅对罪名作出了规定，对适用刑罚也作了规定。那时，适用的刑罚主要有两大类。第一类是五刑。这五刑是指大辟、膑辟、宫辟、劓和墨。《魏书·刑罚志》记载："夏刑则大辟二百、膑辟三百、宫辟五百，劓、墨各千，殷因于夏，盖有损益。"这五刑源于苗人的五虐之刑，但把其中的"刖"改为"膑"，把"椓"改为"宫"，即对"五虐之刑"作了改革。五刑由死刑和肉刑组成，其中的大辟就是死刑；膑辟、宫辟、劓和墨均为肉刑，分别是剔去罪犯的膝盖骨、损害罪犯的生殖器官、割去罪犯的鼻子和在罪犯的脸额部位刺字。可见，此五刑比较残酷。这五刑被商朝的刑法所继承，作了更为规范的规定。第二类是赎刑。这在当时是一种用铜来赎罪的刑罚。《世本·作篇》记载："夏作赎刑。"《尚书·吕刑》也记载："训夏赎刑。"那时的赎刑使用的是铜，而且"五刑"都在可赎的范围之内。这是一种适用于奴隶主贵族的刑罚。

（二）军事法

夏朝时有战争，夏王制定了一些适用于战争的军事法，以确保战争的胜利。《史记·夏本纪》记载，夏启即位后，"有扈氏不服，启伐之，大战于甘"。在这场战争中，就适用了军事法。《尚书·甘誓》所记载的"用命，赏于祖；弗用命，戮于社，予则孥戮汝"就是一种军事法。它被适用于军事领域，调整指挥者与被指挥者的关系，目的是为了保证战争的胜利。这是中国最早的军事法之一。

（三）司法官与监狱

在夏朝法律的基本内容中，还有关于司法官与监狱设立的内容。夏朝司法官是一种行使司法职能的官吏。夏朝已有了自己的国家机器，其中包括各种官吏。《礼记·明堂位》记载："夏后氏官百"。这些官吏中就有司法官"大理"。《礼记·月令》记载，夏有"大理"，主掌审判。监狱是一种囚禁罪犯的场所，属于刑事司法中的一个重要组成部分。中国在夏朝已设置了监狱。那时把监狱称为"夏台"。夏朝末年，有把"夏台"作为监狱的记载。古本《竹书纪年·夏纪》载："（帝癸）二十二年，商侯履来朝，命囚履于夏台。"《史记·夏本纪》也有同一事件的记载："召汤而囚之夏台。"可见，"夏台"就起了监狱的作用。

二、夏朝法律特点

（一）神权法的因素比较突出

在夏朝，人们普遍相信鬼神，希望从鬼神那里获得权威的依据。《礼记·表记》记载:"夏道尊命,事鬼敬神而远之。"这同样体现在夏朝的法律中,神权法的立法原则和其军事法中的"赏于祖"和"戮于社"的规定就是集中体现。

(二) 部门法数量较少

夏朝是中国进入文明门槛以后所建立的第一个朝代,社会关系不如其后朝代那么复杂,部门法数量也就比较少。现有资料能够反映的主要就是刑法与军事法。夏朝是中国历史上第一个奴隶制朝代,夏王是夏朝的专制君主。为了维护专制统治,用刑法惩治各种犯罪成为必要,刑法便应运而生。夏朝也发动战争,巩固自己的政权,打击各种敌对势力,抵御外来入侵。为赢得战争的胜利,军事法也不可或缺。夏朝刑法与军事法的发展有其一定的必然性。

(三) 法律内容比较简单

法律是一种调整人们行为的强制性规范,其内容与社会发展的需求联系在一起。社会越发展,需求越多,法律内容也就越复杂,相反,法律内容就会较为简易。夏朝是中国奴隶制社会的开端,奴隶制社会发展程度低,法律内容也就比较简单了。刑法中规定的罪名不那么多,可知者仅有"昏""墨""贼"和不孝等一些罪名;军事法中,要打击的只是不服从命令的行为。其后,随着奴隶制社会的发展,法律内容也逐渐复杂起来。

(四) 司法制度的内容十分匮乏

一个朝代的法制除了立法以外,还包括司法制度等,这是法律在现实生活中的实现,同样十分重要。司法制度可以反映司法机关和司法程序的设置、刑罚的执行、社会对法制的评价等一系列问题。这些都是一个朝代法制所不可缺少的组成部分。可是,在夏朝的法制中,这一部分的内容十分匮乏,比立法的内容更少,除了设置司法官和监狱以外,几乎看不到有其他直接的史料记载。在夏朝以后的奴隶制朝代的法制中,这部分内容就逐渐丰富起来了,司法制度的内容亦得到较为充分的反映。

第二节　商 朝 法 制

商朝法制在夏朝法制的基础上有了发展。商朝法律包括"汤刑"。史书记载:"商有乱政,而作汤刑。"[①]"汤刑"的内容已失传。

一、商朝法律的基本内容
综合史料记载,商朝法律主要包括以下内容。

---

① 《左传·昭公六年》。

（一）主要罪名

为维护统治阶级利益，维系社会秩序，商朝法律设置了一些罪名。

1. 矫诬天命罪

这是一种伪托上天意旨而对民众发号施令的犯罪。《尚书·仲虺之诰》记载："夏王有罪，矫诬上天，以布命于下。"即夏桀有罪过，伪托上天意旨，愚弄欺骗百姓，以利于其发号施令。这成为夏桀的一大罪名，也是商汤假借天命对其进行讨伐的原因之一。

2. 颠越不恭罪

这是一种猖狂放肆、违法乱纪、不敬重国君的犯罪。《尚书·盘庚》记载："乃有不吉不迪，颠越不恭，暂遇奸宄，我乃劓殄灭之，无遗育，无俾易种于兹新邑。"可见，凡是构成这些犯罪的，不仅本人要被处以死刑，还要株连家族成员，同样被处以死刑。

3. 不有功于民罪

这是一种官吏不恪尽职守、不为民兴利除害的犯罪。《史记·殷本纪》记载，战胜夏桀以后，商汤回到都城亳邑，"告诸侯群后：毋不有功于民，勤力乃事。予乃大罚殛女，毋予怨"。可见，商汤要求官吏要恪尽职守，为民兴利除害，否则就要构成不有功于民罪，受到严厉处罚。

4. 弃灰于公道罪

这是一种将灰丢弃在公道上的犯罪。《韩非子·内储说上》记载："殷之法，弃灰于公道者断其手。"公道是通行的大道。弃灰于公道不仅有损于环境卫生，还会影响社会秩序，引起族斗。"弃灰于街必掩人，掩人人必怒，怒则斗，斗必三族相残也。此残三族之道也，虽刑之可也。"[1] 可见，打击这一犯罪具有维护环境卫生和社会秩序的双重功能。

5. 不孝罪

商朝沿用夏朝规定的不孝罪，也打击不孝犯罪。《吕氏春秋·孝行》引《商书》记载："刑三百，罪莫重于不孝。"可见，这种违反家庭伦理的犯罪，在中国最初的两个朝代夏、商时，不仅都被作为严厉惩治对象，而且都列入重点的打击范围，以此来维护当时的家庭伦理，调整家庭成员的关系。

（二）刑罚

商朝确定的刑罚在夏朝的基础上又有所发展。五刑是商朝的主要刑罚，从夏朝的五刑演变而来。《晋书·

拓展阅读

奴隶制五刑

---

[1] 《韩非子·内储说上》。

刑法志》记载:"夏后氏之王天下也,则五刑之属三千,殷因于夏,有所损益。"商朝的五刑比较规范,分别是墨、劓、刖、宫、大辟刑。

墨刑,又称黥刑,是一种在罪犯的脸、额部刺字的刑罚。

劓刑,是一种割去罪犯鼻子的刑罚。

刖刑,又称剕刑,是一种砍掉罪犯足的刑罚。

宫刑,又称腐刑,是一种破坏罪犯生殖机能的刑罚。

大辟,即死刑,是一种剥夺罪犯生命权的刑罚。各种死刑均包括在内。

商朝大辟包括的死刑种类有增多趋势。商末纣王暴虐无度,使用了炮烙、醢、脯等死刑。炮烙是一种在铜柱上涂油,铜柱下烧炭,命罪犯在铜柱上行走,坠入炭中烧死的死刑。[①] 醢刑是一种把罪犯处死后剁成肉酱的死刑。脯刑是一种把罪犯处死后,切成肉块,再晒成肉干的死刑。

此外,商朝还适用过株连刑。在把株连作为自己的立法原则后,株连刑被适用于一些重大犯罪。《尚书·盘庚》中记载的"不吉不迪,颠越不恭,暂遇奸宄"等犯罪,都被适用株连刑。即"劓殄灭之,无遗育"。

(三)其他部门法

商朝除了制定了刑法以外,还制定了其他一些部门法,如军事法、民法等。

商朝制定的军事法适用于战争。商汤在攻打夏桀时,就颁行过军事法,要处罚那些不服从军法的人员及其家属。《尚书·汤誓》记载的"尔不从誓言,予则孥戮汝,罔有攸赦"就是如此。

商朝的民法包括土地所有权和使用权、婚姻制度和继承制度。商朝的土地所有权制度采用国有形式,即商王所有。诸侯等人仅有土地使用权,没有土地的所有权。但是,这种使用权允许转让。《史记·殷本纪》记载,殷纣王时,"西伯出而献洛西之地,以请除炮格(烙)之刑。纣乃许之,赐弓矢斧钺,使得征伐,为西伯"。西伯即以后的周文王。可见,西伯用土地使用权换取的是不再适用炮烙刑和被赐予弓矢斧钺。

一夫一妻是商朝的基本婚姻形式。商王也采用这一形式。比如,示壬妻子是妣庚,示癸妻子是妣甲,大乙妻子是妣丙,等等。商王除了妻子外,还有其他配偶,如称先王的配偶为妾、母、奭等。[②]

商朝的王位继承制度有一个从兄终弟及转向父死子继,最后形成嫡长子继承制的过程。在康丁以前,是兄终弟及和父死子继多种继承制交替使用。康丁以后,五世皆为父子相继。此后嫡长子继承制取代了兄终弟及。到帝乙时,"有妻之子而

---

① 炮烙还有另一种解释,是指烤肉用的铜格。《韩非子·喻老》记载:"纣为肉圃,设炮烙,登糟丘,临酒池。"这一解释没有刑罚的含义。

② 参见陈梦家:《殷虚卜辞综述》,中华书局 1988 年版,第 379 页。

不可置妾之子"被严格确定下来了。① 从此，嫡长子继承制开始被广泛使用，西周时更是如此。

（四）司法制度

商朝的司法制度初具规模。

1. 中央和地方两级司法机关

在中央，商王地位独尊，同时掌握国家的最高司法权。商王下设司寇，处理日常案件。《尚书·洪范》记载，国家事务为"八政"，即"八政：一曰食，二曰货，三曰祀，四曰司空，五曰司徒，六曰司寇，七曰宾，八曰师"。在地方，京城周边地区设有"士"与"蒙士"执掌司法，审理那里的案件；其他地方，司法官为"正"与"史"，处理所辖地方的案件。遇有重大疑难案件，地方司法官不能擅断，需上报司寇复审。

2. 关于神判和天罚

神判是一种假借神来进行的审判。天罚是一种假借天意来进行的处罚。商朝是神权盛行的时代。商汤讨伐夏桀取代夏朝，自诩为受命于天，即"有殷受天命"。② 商王渲染自己是上帝之子，即"有娀方将、帝立子生商"。③ 以此为铺垫，商王便通过占卜来推行神判。现存的卜辞中的"贞其刖""贞刖百""贞其刖百人死"④ 等，都表明通过占卜来确定是否要处以刖刑，即为神判。同时，商朝还假借天意来进行处罚，即天罚。夏桀犯有"矫诬上天"的罪名，商汤便假借天意，进行讨伐，把其灭亡。

3. 关于监狱

商朝的监狱称为"圜土"。这是一种根据监狱设置地的不同情况，在地上挖一个大坑或在地上用土垒成墙，将罪犯囚禁其中的地方。《墨子·尚贤下》记载："昔者傅说居北海之洲，圜土之上。"傅说曾是被囚禁在圜土中的囚徒。另外商在"羑里"设有监狱。《史记·殷本纪》记载："纣囚西伯羑里"长达七年之久。羑里在今河南汤阴县北。

二、商朝法律特点

与夏朝的法律相比较，商朝的法律有自己的特点，具体如下：

（一）神权法的成分更多

商朝相信鬼神的气氛更浓。《礼记·表记》记载："殷人尊神，率民以事神，

---

① 《吕氏春秋·当务》。
② 《尚书·召诰》。
③ 《诗·商颂·长发》。
④ 参见《考古》1973 年第 3 期第 114 页图 3、8、9。

先鬼而后礼，先罚而后赏，尊而不亲。"商王自己几乎无日不卜，无事不卜，不仅如此，还要经常带领大家去信神、事神。因此，在法律内容方面，有关神权法的成分就更多了。这不仅体现在立法原则和刑法中的"矫诬天命"罪，还表现在司法制度中的神判和天罚，其中的神权法的成分比夏朝法律中的更多。

（二）部门法的数量有所增加

商朝社会和法律较前代有较大发展，流传下来的资料也更多，从中可以发现商朝部门法的数量有所增加。除了刑法和军事法以外，还包括民法。民法中还包含了土地所有权和使用权、婚姻和继承制度等。这说明，商朝法律在夏朝基础上不断向前演进，部门法的数量有所增加，法律调整的范围也更为广泛，法律文明的程度在提高。

（三）法律内容开始复杂化

商朝法律的内容比夏朝要复杂一些。同为刑法，商朝的主要罪名有五个，夏朝主要罪名才四个。其中除了不孝罪雷同外，商朝的矫诬天命罪、颠越不恭罪、不有功于民罪等均是新设，系夏朝刑法所无。这说明随着社会的发展，新的犯罪行为产生并需要刑法来调整，商朝法律也与时俱进，内容开始复杂化了。

（四）司法制度的内容逐渐丰富起来

与夏朝的司法制度相比较，商朝司法制度的内容逐渐丰富起来了。一些夏朝有的内容，商朝也有。比如，监狱的设置。一些夏朝没有的内容，商朝也作了规定。比如，地方司法机关的设立、神判天罚的审判方式等都是如此。可见，在商朝的法律演进中，司法制度也在向前推进。

商汤建立商朝以后，改变了夏朝末期刑罚残酷无度的状况。传至盘庚，迁都到殷，国力进一步强大，武丁时达到全盛期。到了商末，统治阶级荒淫无度，"以酒为池，悬肉为林"，再加上"厚赋税以实鹿台之钱"[1]，社会矛盾进一步激化。商纣王不仅没有化解矛盾，反而运用重刑，以致"百姓怨望而诸侯有畔（叛）者"[2]。此时，周趁商纣王远伐东夷之际，大举攻商，商朝灭亡，其教训十分深刻。商朝法律制度中的有些内容为西周所借鉴，不孝罪、五刑等均成为西周法制的组成部分。

思考题：

1. 简述夏朝法律的基本内容与特点。

---

① 《史记·殷本纪》。
② 《史记·殷本纪》。

2. 简述商朝法律的基本内容与特点。

▶ 自测习题及参考答案

第三章 西周法制

自牧野之战（前1046年）灭商至平王东迁（前770年），建都于镐京的西周在中国历史上存在了二百七十余年，其文明之创新与灿烂，被近三百年后的孔子誉为"郁郁乎文哉"①，影响波及其后两千多年的中国历史。西周时期，国家统治者总结夏商两个王朝在国家治理与社会控制方面的经验、教训，结合本朝需求，制定了一系列严整的治国规范。从"质"到"文"的转换，就是人类社会从无序到有序的进步，也是中华文明对全人类文明的贡献。这一时期创立的宗法制、礼制、婚姻制度、继承制度以及"明德慎罚"的立法思想、礼乐政刑综合治国的政策、重民保民的法制原则、行中罚的司法制度等，既是西周法制文明的重要体现，也对后世产生了重大影响。

第一节 立法活动

一、家国一体与宗法原则

西周立国，在血缘关系的氏族组织基础上建立起血缘关系、政治关系高度一致的宗法政治制度。

西周时期以政治、血缘双重标准，构建"家""国"一体的宗法政权体制。"家"是指姬姓统治者。以一姓治一国，是为"家国一体"。西周以姬姓为核心，以血缘上的亲疏和血统上的嫡庶为标准，整个社会被划分成不同层次的"大宗""小宗"系统。首先，周天子作为姬姓宗族的宗主，成为天下大宗，为西周统治疆域血缘上的最高首领。其次，周天子的同姓兄弟，作为天下的小宗，被分封到各诸侯国。诸侯作为天下小宗，处于周天子统辖之下。但同时，诸侯在其封国内，又作为封国大宗，具有血缘上的最高身份。卿大夫作为诸侯国内的小宗，受诸侯节制。而卿大夫在其采邑内又作为大宗。与这种大宗、小宗关系相适应，周天子、诸侯、卿大夫同时又是政治上的等级关系。以血缘、政治双重标准，西周社会形成一个严格区分大宗小宗、分别享受不同权利、承担不同义务的宗法政治等级身份体制。

周天子在政治上作为天下共主，掌握国家最高权力；在血缘上，周天子又作为姬姓宗族的大宗，拥有天下宗主的身份。政治上的"周王"，血缘上的"大宗"，这种双重身份使周天子得以通过行使政治、血缘两方面的最高权力，实现对国家

---

① 《论语·八佾》："周监于二代，郁郁乎文哉，吾从周。"

的统治。

在西周政权体制中，周天子之下，既有通过封邦建国的分封形式形成的各诸侯国，又有周天子直接统辖的王畿地区。庞大的中央官僚机构对王畿地区实行直接管理，同时，通过各诸侯实现对封国的间接管理。区别于后世的选举、考试制下的官僚体制，西周时期的职官多实行"世卿世禄"制。从中央的"三公"，到诸侯国的"卿"，均父死子继，世代相传，体现了宗法政权体制的典型特征。

二、《九刑》与《吕刑》

西周最主要的立法成果是《九刑》与《吕刑》。

西周初年作《九刑》。[①] 一般认为《九刑》是西周成王时所作刑书。"九刑"之中，已设置"贼""藏""盗""奸"等罪名，针对这些犯罪，规定了相关刑罚，并且不能赦免。[②]《九刑》的制定及其相对殷商法律的完善性，是周初社会秩序稳定的保证，《史记·周本纪》称："成康之际，天下安宁，刑错四十余年不用。"

拓展阅读

《吕刑》

西周中期制定《吕刑》。据《尚书·吕刑》记载，司寇吕侯奉穆王之命，制定新的刑法，名之为《吕刑》（又称《甫刑》）。吕刑的主要内容包括：第一，针对不同的犯罪行为，将刑罚由重及轻分为五刑、五罚、五过三类。第二，提出审判官谨慎用刑的原则。审判过程中，要区分犯罪者的主观动机，不能过分依赖供词，务使刑罚适中。第三，提出疑罪从赎的主张。

三、周礼与礼刑关系

西周在中国历史上第一次确立了礼乐政刑综合治国的政策，对后世治国理论有极大的影响。乐附从于礼，[③] 政、刑往往并称，[④] 礼乐政刑的关系集中体现为礼、刑关系。

"礼"最初是指上古社会祭祀天地鬼神的仪式以及仪式中应遵循的规范。西周初年，周公在殷礼基础上制定了周礼，并为维护统治阶级利益、巩固宗法制度，将礼的等级性原则扩展到社会生活各个方面，大至政治、经济、军事、文化，小至行为规范、风俗习惯、礼节仪式，均包罗其中。

---

① 《左传·昭公六年》载：叔向使诒子产书："周有乱政，而作《九刑》。"
② 《左传·文公十八年》记："（周公）作《誓命》曰：毁则为贼，掩贼为藏，窃贿为盗，盗器为奸。主藏之名，赖奸之用，为大凶德，有常无赦，在《九刑》不忘。"
③ 苏辙《诗集传》第十八："礼之所及，乐必从之。"《四库全书》本。
④ 《左传·隐公十一年》："君子谓郑庄公失政刑矣。政以治民，刑以正邪。"

周礼将各种礼分为五大类，统称"五礼"：吉礼、凶礼、宾礼、军礼、嘉礼。"吉礼"即祭祀之礼，规定了天子以至庶民在祭祀仪式上的等级差别，"五礼莫重于祭"。"凶礼"主要指丧葬之礼。丧礼规定死者亲属依亲疏不等的义务等级，葬礼规定死者依身份不同的待遇等级。"宾礼"即宾客之礼，规定了外交事务、朝聘会同及贵族来往中的主宾等级。"军礼"为军旅之礼，指与战争攻伐及军事训练相关的等级制度。"嘉礼"指燕饮、婚冠、庆贺等喜庆之礼上之等级。五礼的核心在于"亲亲"和"尊尊"。"亲亲"是血缘关系的等级，"尊尊"是政治关系的等级。周礼的实施，使得中国社会进入礼治时代，进入宗法等级制时代。

西周的礼刑关系，既有一致性也有区别。一致性表现在刑法尚不完善，礼刑需相互补充、互为表里，所谓"礼之所去，刑之所取，失礼则入刑，相为表里"。① 违礼即违法，在维护统治的手段上二者缺一不可。区别则主要表现为：第一，二者作用不同。正如汉初贾谊所说："夫礼者禁于将然之前，而法者禁于已然之后。"② 礼是用于预防犯罪的积极的手段，而刑是惩治犯罪的消极的手段。第二，二者的适用对象不同。所谓"礼不下庶人，刑不上大夫"③，即指吉礼、宾礼不下庶人，肉刑不上大夫，大夫犯罪可夺封、削爵，并有减免特权，即使死刑也不公开执行。

第二节　刑事法律制度

一、刑事法律的主要内容

（一）主要罪名

西周刑法上的罪名，主要包括以下几类：

1. 危害国家安全的犯罪

西周家国一体，周王是国家的代表，危害王权即危害国家，必须给予严惩。此类犯罪有违犯王命罪④、诽谤周王罪⑤、擅自变革礼仪制度罪⑥、左道乱政罪⑦。

---

① 《后汉书·陈宠传》。
② 《汉书·贾谊传》。
③ 《礼记·曲礼》。
④ 《国语·周语》记周宣王时樊仲山父曰："犯王命必诛。"《尚书·多方》："王若曰：……乃有不用我降尔命，我乃其大罚殛之。"《周礼·秋官·乡士》："凡国有大事，则戮其犯命者。"
⑤ 《史记·周本纪》记载，周厉王时为防止民众对自己的非议，"得卫巫，使监谤者，以告则杀之"。即用可与神灵相通的卫国之巫师来监视并告发诽谤者，凡被告发者一律处以死刑。
⑥ 《礼记·王制》载："变礼易乐为不从，不从者君流。"即擅自变易礼乐的处以流放。"革制度衣服者为畔（叛），畔（叛）者君讨。"即擅自更改服饰制度的等同于叛逆，必须讨伐。
⑦ 《礼记·王制》："析言破律，乱名改作，执左道以乱政，杀。"

2. 妨害社会秩序的犯罪

有疑众罪，严惩妖言惑众：凡是以淫声浪语、奇装异服、奇特技艺与器皿等蛊惑民众的，杀；凡是行为诡诈、言辞虚伪、学问不正、混淆是非等蛊惑民众的，杀。① 有聚众罪，以防止发生群体性事件。② 有群饮罪，禁止聚众饮酒。③

3. 危害人身安全的犯罪

有杀人罪，对于杀人者刑杀于市并陈尸三日，相当于后世的弃市刑。④ 有伤人罪，凡伤人见血必须告之官府，如阻扰告讼，或官府故意不受理，查明后均严惩不贷。⑤

4. 危害财产安全的犯罪

有盗窃财物罪，即凡是翻越私家墙头，盗窃牛马，诱拐奴隶的，一律严惩。⑥ 有获得有主物不归还罪，周公之子伯禽率师伐叛时对士兵说："马牛其风，臣妾逋逃，……祗复之，……不复，汝则有常刑。"⑦ 如获得因发情而走失之牛马，或逃亡的奴隶，都要恭敬地归还原主，凡不归还者，要严惩。

5. 破坏家庭伦理的犯罪

有不孝罪，对于不孝不友者，给予严厉惩罚。⑧ 有杀亲罪，《周礼·秋官·掌戮》："凡杀其亲者，焚之。"

（二）刑罚

从刑罚种类看，西周中期大致已系统形成五刑、五罚。

1. 五刑

五刑即墨刑、劓刑、刖（膑）刑、宫刑、大辟（死刑）。据《尚书·吕刑》记载，五刑条文共有三千条，其中墨刑一千条，劓刑一千条，刖刑五百条，宫刑三百条，大辟二百条。凡罪证经核对验证确凿者（"五辞简孚"），"正于五刑"。

拓展阅读

《悑匜铭》

---

① 《礼记·王制》："作淫声、异服、奇技、奇器以疑众，杀。行伪而坚，言伪而辩，学非而博，顺非而泽以疑众，杀。假于鬼神、时日、卜筮以疑众，杀。"

② 《周礼·秋官·禁暴氏》："凡国聚众庶，则戮其犯禁者以徇；凡奰隶（奴隶）聚而出入者，则司牧之，戮其犯禁者。"

③ 《尚书·酒诰》："群饮，汝勿佚，尽执拘以归于周，予其杀。"

④ 《周礼·秋官·掌戮》："凡杀人者，踣诸市，肆之三日。"

⑤ 《周礼·秋官·禁杀戮》："凡伤人见血而不以告者，攘狱者，遏讼者，以告而诛之。"

⑥ 《尚书·费誓》："逾垣墙，窃马牛，诱臣妾，汝则有常刑。"

⑦ 《尚书·费誓》。

⑧ 《尚书·康诰》记周公曰："元恶大憝，矧惟不孝不友。……惟吊兹，不于我政人得罪，天惟与我民彝大泯乱。曰：乃其速由文王作罚，刑兹无赦。"

2. 五罚

五罚即五种不同数量的赎金（铜），即赎刑。"五刑不简，正于五罚"，本应处以五刑的行为因无法核对验证，案情出现疑问的，可按原对应之五刑纳铜赎罪。五刑对应之赎铜数量，依据五刑而分五等：墨辟罚铜百锾，劓辟二百锾，剕辟五百锾，宫辟六百锾，大辟一千锾。① 故称五罚。

以上仅为《尚书·吕刑》所见刑罚，事实上西周近三百年的刑罚并非都是如此严整规范。如据《尚书·康诰》记周初有刵（割耳）刑，《周易》有株木（杖）刑，《周礼·秋官》有鞭刑。在西周青铜器铭文中，如《𠓥匜铭》有鞭刑、墨刑、赎刑，《师旅鼎铭》有罚金、播（流放）刑等。

二、刑事法律的特点

西周的刑事法律相对夏商而言，在立法指导思想、刑罚适用原则等方面都发生了重大变化。

（一）"明德慎罚"法律思想的提出

西周法律指导思想"明德慎罚"建立在"以德配天"政治思想原则基础之上，而政治思想的核心之一就是解释统治的合法性。商代统治的合法性解释就是"帝祖合一"的神权思想，即商代的统治者子姓家族身上拥有天下唯一的上帝的血统。西周建国前文王争取民心的过程和武王牧野之战以少胜多的战例，使统治者认识到这一传统神权法理论已无法解释西周统治的合法性，因而周公创立了崭新的"以德配天"的政治指导思想。

"以德配天"首先破除了"帝祖合一"说的迷信，认为上帝和任何人之间都没有血统联系，天下各族在上帝面前是平等的，只有有"德"之人才配得到天命。这就解释了天命何以从商转移到西周的合法性。同样，西周想要将统治权维持下去，也需要每一代统治者都有"德"。什么是"德"？一是敬天，二是保民。要时刻怀有对天可能转移天命的敬畏之心，而观察天是否支持统治者最好的晴雨表就是民情。周公说："欲至于万年，惟王子子孙孙永保民。"② 可见"以德配天"的政治思想虽然还留有"天""天命"的神权法思想的痕迹，但其内涵与重心已转移到世俗政权的重民、保民实践上了。

"以德配天"的政治理论在法律思想上的细化与体现就是"明德慎罚"的法律思想。据记载，周公对康叔说："惟乃丕显考文王，克明德慎罚，不敢侮鳏寡，庸

---

① 《尚书》有今、古文之分，本章采今文《尚书·吕刑》，并部分参考了王世舜《尚书译注》（四川人民出版社 1982 年版）的释文。
② 《尚书·梓材》。

庸，祗祗，威威，显民。"① 意即：只有我们英明伟大的父亲文王能够做到崇尚德教并谨慎用刑，不敢欺侮那些孤寡弱小之人，任用那些该任用的人，尊重那些该尊重的人，惩罚那些该惩罚的人，并将其中的道理明白地告知人民。所以"明德慎罚"包含了道德教化与谨慎用刑两个方面，因为民心向背就是上帝的天命，因此要重民保民，不能滥用刑罚，不能草菅人命，并将政策、法律的原则明白告知民众，相信民众对于统治优劣的判断力，争取民众对政策、法律的支持。

（二）刑罚适用原则的变革

西周统治者在"明德慎罚"的法律指导思想基础上，制定了一系列有别于殷商的较为明确的刑罚适用原则。对罪犯不再一味诛杀，而是注重动机与证据，区分犯罪情节的轻重，摒弃动辄株连的传统，用刑适中，这是中国古代刑法理论与实践的一大进步。

1. 区分故意与过失、惯犯与偶犯

一个人犯有小罪，但出于故意，并一贯违背法律，坚持不改，这样的人虽犯小罪也不能不杀；一个人犯有大罪，但出于过失而偶然犯罪，并知道悔过，那就不应该杀。②

2. 不罚无罪，不杀无辜

《尚书·无逸》记周公告诫成王："不永念厥辟，不宽绰厥心，乱罚无罪，杀无辜，怨有同，是丛于厥身。"意即：如果不是时时想到法律，没有一颗宽容之心，乱罚、滥杀那些无罪之人，那么民众的怨恨就会一同聚集在你的身上。周公又告诫弟弟康叔："予罔厉杀人。"③ 杀无罪为厉，意即不要杀戮无罪之人。

3. 罪疑从轻，众疑赦之

《尚书·吕刑》记载："五刑不简，正于五罚；五罚不服，正于五过……五刑之疑有赦，五罚之疑有赦，其审克之。"意即五刑有疑问的，从轻以五罚论罪；五罚有疑问的，从轻以五过免予处罚。这就是罪疑从轻的原则。《礼记·王制》也指出："疑狱，氾与众共之。众疑，赦之。"凡是有疑问的案件，就要广泛地听取民众的意见，民众都认为此案确有疑问，那就予以赦免。

4. 父子兄弟，罪止其身

《左传·昭公二十年》引《尚书·康诰》佚文："父子兄弟，罪不相及。"又《左传·僖公三十三年》引《康诰》佚文："父不慈，子不祗（敬），兄不友，弟不共（恭），不相及也。"这两段引文都是说的一个意思，即父子兄弟之间，有罪不相互株连。

---

① 《尚书·康诰》。
② 《尚书·康诰》记周公曰："人有小罪，非眚，乃惟终，自作不典，式尔。有厥罪小，乃不可不杀。乃有大罪，非终，乃惟眚灾，适尔，既道极厥辜，时乃不可杀。"
③ 《尚书·梓材》。

5. 用刑适中，罚当其罪

《尚书·立政》："司寇苏公，式敬尔由狱，以长我王国。兹式有慎，以列用中罚。"周公盛赞周武王时担任中央司寇的苏忿生办案认真，为西周初年统治的稳定作出了贡献。所谓"用中罚"，就是用刑适中，既不偏重，也不偏轻。这就要求审理案件时要慎之又慎，罚当其罪。

第三节　民事法律制度

一、民事法律的主要内容

西周的民事法律关系，主要以礼的规范进行调整。先秦古籍中有关西周民事法律方面的内容主要集中在土地所有权、债法、婚姻、家庭及继承制度上。

（一）土地所有权

西周是一个礼制暨等级制社会，和战国以后具有一定流动性的等级制社会不同的是，其等级是由宗法血缘所决定的固化关系，几乎没有可变动性。权力决定财富的分配，在农业社会中，土地是最重要的生产资料，因此与固化的等级制对应的，就是土地所有权的相对固化。《诗经·小雅·北山》："溥天之下，莫非王土；率土之滨，莫非王臣。"全天下的土地所有权名义上归于周天子一人，周天子则通过分封制将土地的使用权与收益权赐予诸侯及贵族，称为"封邦建国"，即《大盂鼎铭》所谓"授民授疆土"。

《礼记·王制》以西周为背景描绘了社会的"理想"图景：天下九州，天子直辖一州（王畿）方千里①，其余封给公爵、侯爵各方百里，伯爵方七十里，子爵、男爵各方五十里。每州封公、侯之国三十，伯爵之国六十，子、男之国一百二十。天子直辖州也按同样原则分封为九十三县国，这样九州一共是一千七百七十三国。名山大泽不封，多余的土地天子临时分封功臣，一般都少于方五十里，不称国，挂在邻近的诸侯国名下作为附庸。诸侯之下的官吏分为上大夫（卿）、下大夫、上士、中士、下士五等，不封地，分别领取相当于一百亩上等田（可养活九户）至五等田（可养活五户）的俸禄。一个小国诸侯的税收收入大概相当于十个上大夫的俸禄。天子直辖州内县侯生前对土地有使用与收益权，但死后不能继承，由天子收回。其余八州内诸侯的土地在死后可以由子孙继承。所以这种分封制下的土地使用权是不能转让的，所谓"田里不鬻"。西周真实的土地制度不可能像《礼记·王制》描绘的那样规范与标准化，但其中应该留有某些西周初中期土地分配

---

① "方千里"是指正方形土地每边长一千里，即共一百万平方里。

制度原则的影子，即诸侯对土地只有使用权而无处分权，也就是不完全的所有权。

西周中期以后，随着王权的衰微，土地所有权也发生了一些变化，已开始出现土地交换的案例，如陕西周原出土的《五祀卫鼎》铭文记载了恭（共）王五年裘卫以五田交换邦君厉带有两条河流的四田的契约活动。四年后，还是这个裘卫，用一辆附有全套设备的豪华马车交换了矩伯的一块林地。① 以上两次交易都有官方执政大臣主持宣誓与交接仪式。《鬲从盨》铭文则记载了西周晚期厉王时一个叫鬲从的贵族两次以土地交换十三名奴隶的案例，且将此事汇报了厉王并得到许可。可见西周中期以后贵族已出现土地的交易，但必须得到周王的许可。

（二）债法

债，古代也称"责"。西周时虽无完善的债法，但对债的发生原因之一的契约已有初步规范。西周时期比较重要的买卖交易都要制定书面契约，交易与制契一般要通过市场管理官吏即"质人"进行。② 西周的买卖契约统称质剂，凡买卖奴隶、牛马等贵重的活物用较长的契约，称为"质"；凡买卖兵器、珍宝等贵重器物则用较短的契约，称为"剂"。重要的买卖交易都要在质人监督下进行，一旦发生纠纷，必须在规定的期限之内（根据地区的不同有 10 天至一年的受理期限）提交官府处理，过期不予受理。

还有一种书面债权契约称"傅别"，《周礼·天官·小宰》载："听称责（债）以傅别。"可见"傅别"是借贷契约，"傅"是书写，"别"是中分，借贷双方各执一半。凡是契约纠纷，在诸侯国内由士师处理，在中央由小宰处理。

（三）继承制度

任何继承制度都包括特定的继承标的与继承顺位。西周继承制度的标的也就是继承的实质包括宗祧继承、爵封继承、财产继承三个方面；继承的顺位也就是继承的形式是嫡长继承，这是西周继承制度相对夏商最大的变化。西周的宗法制就是采用嫡长继承顺位的宗祧继承，分封制则是采用嫡长继承顺位的爵封继承，相应地，财产继承也采用嫡长继承顺位。

宗祧继承的标的是宗族内血食祭祀的主祭权，一个宗族只有一个主祭人，称为大宗，也称宗子，其余均为小宗。大宗掌握着所有小宗的生杀大权，同时又是爵封与财产的唯一继承者。大宗的继承顺位为嫡长子、嫡长孙、其余按长幼排列的嫡子与嫡孙、按长幼排列的庶子与庶孙。大宗无子，则由小宗过继与大宗，称

---

① 参见《九年卫鼎》铭文。
② 《周礼·地官·质人》称："（质人）掌成市之货贿，人民、牛马、兵器、珍异，凡卖儥者质剂焉。大市以质，小市以剂，掌稽市之书契。同其度量，壹其淳制，巡而考之，犯禁者，举而罚之。凡治质剂者，国中一旬，郊二旬，野三旬，都三月，邦国期。期内听，期外不听。"郑玄注："大市，人民、牛马之属用长券；小市，兵器、珍异之物用短券。"

为立后。小宗一代代传下去，也可在第五代嫡长子时分离出去单立宗族，称为"五世则迁"①，第一代小宗就成为该宗族之始祖，但这个分离出去的小宗宗族仍要绝对服从原来的大宗。

爵封继承指爵位与封地的继承，西周的爵位有公、侯、伯、子、男五等爵，各封以方五十里至方一百里的土地，即二百五十至一千平方里。在分封制下，除非因罪被削夺爵封，或天子下令更改，一般均可由嫡长子继承。

宗族财产也由大宗继承，宗族内家庭虽分居，但主要财产共有，由大宗支配。正如《仪礼·丧服》所说："异居而同财，有余则归之宗，不足则资之宗。"即各家庭的多余财产要交给大宗，贫困之家则由大宗给予资助。这就是大宗"收族"的功能，也是后世大家庭制度的原型。

（四）婚姻制度

西周婚姻制度也体现了宗法伦理与男尊女卑的观念。

1. 婚姻的目的与原则

《礼记·昏义》认为："昏礼者，将合二姓之好，上以事宗庙，而下以继后世也，故君子重之。"也就是说，婚姻有两个目的，一是通过婚姻将两个不同姓的宗族联合起来，多了一个政治上的同盟军；二是通过婚姻繁衍后代，延续血统，祭祀祖先。由于血统和祭祀必须男系男性才能完成，故生儿子成为婚姻最主要的任务，所以孟子说："不孝有三，无后为大。"②

西周婚姻的原则相对夏商最大的变化之一是确立了一夫一妻制的原则，也即法律限定名义上的正妻只能有一人，但实际上的配偶数量并不加以限制，所以实际上是一夫一妻多妾制。故天子有一后（正妻）、三夫人、九嫔、二十七世妇、八十一御妻，共一百二十一个配偶。③诸侯"一聘九女"④，一正妻、二媵、六妾（姪娣）。一夫一妻制是嫡长继承制的必然产物，目的是为了确立嫡长子的身份，保证嫡长子的继承权，防止继承顺位的紊乱。

2. 婚姻成立的条件与禁止

西周婚姻成立的条件主要有三：一是必须要有父母之命。《诗经·齐风·南山》云："取（娶）妻如之何？必告父母。"由于婚姻是两个异姓宗族的联合，因此必须门当户对，故须由父母甚至大宗决定，私订终身是被严格禁止的。二是必须要有媒妁之言。"取妻如之何？匪媒不得。"⑤《说文解字注》云："媒，谋也，

---

① 《礼记·大传》。

② 《孟子·离娄上》。

③ 参见《礼记·昏义》。

④ 《公羊传·庄公十九年》。

⑤ 《诗经·齐风·南山》。

谋合二姓者也；妁，酌也，斟酌二姓者也。"《仪礼注疏·士昏礼》郑玄注："昏必由媒，交接设绍介，皆所以养廉耻。"所以婚姻必须要有媒妁的目的就是要养成羞耻之心。三是必须要有庄重的仪式，即六礼，也即婚姻过程的六个步骤："纳采"，即男方家长请媒人向女方家长提亲；"问名"，即请媒人问清楚女方的姓名，以防同姓为婚；"纳吉"，即男家将女方姓名及相关情况在祖庙中告知祖先，并占卜问吉凶；"纳征"，即男家向女家送达聘礼，征是币帛也即聘礼的意思；"请期"，即男家占卜决定婚期并告知女家；"亲迎"，即新郎奉父之命到女家迎娶新娘，同至男家举行婚礼。六礼最重要的意义在于区分女方是妻还是妾的身份，娶妻必须经过六礼，故古人有"娶妻纳妾"与"娶则为妻，奔则为妾"之说，"纳"和"奔"就是没有经过六礼的程序。

西周婚姻的禁止主要有二：一是同姓不婚，这是婚姻的永久性禁止。其原因在于，其一，"男女同姓，其生不蕃"，[1] 即近亲婚配对后代不利，这是符合优生法则的；其二，"取于异姓，所以附远厚别也"，[2] 附远即"合二姓之好"，厚别是重视人伦次序的区别，同姓婚姻导致的既称堂姊又称嫂子或叔母是违背人伦次序故而是乱伦的。同姓不婚原则始于西周，影响至于晚清。二是居父母丧不婚，这是婚姻的暂时性禁止，西周时居父母丧的丧期一般为三月或百日。[3]

3. 离婚的条件与限制

在男尊女卑的观念下，西周离婚的条件主要为"七出"，也称"七去"，规定了丈夫休弃妻子的七种理由，是礼制与法制授予丈夫单意离婚的权利。七出的内容为："无子"，即妻子未能生子；[4]"淫泆"，即妻子生活作风淫乱；"不事舅姑"，即不孝顺公婆；"口舌"，即妻子搬弄是非离间亲属关系；"窃盗"，即妻子暗蓄私财；"妒忌"，即妻子争风吃醋；"恶疾"，即妻子罹患恶性传染病。[5]

为防止丈夫滥用休妻权，维持婚姻家庭的稳定及适当保护妻子的权益，又规定了"三不去"的限制，即妻子具备下列三种情况之一的，即使犯有"七出"（淫泆、恶疾除外），丈夫也不得休妻。据《大戴礼记·本命篇》，"三不去"的内容为：其一，"有所取，无所归，不去"，即结婚时妻子有来处，休妻时无归处；其二，"与更三年丧，不去"，即妻子与丈夫曾经共同为公婆之一守满丧期；其三，"前贫贱，后富贵，不去"，即结婚时丈夫贫贱，休妻时夫已富贵，所谓"糟糠之妻不下堂"。"七出"与"三不去"的规定反映了西周礼法既维护等级制度又维护

---

① 《左传·僖公二十三年》。
② 《礼记·郊特牲》。
③ 《礼记·内则》虽规定父母丧为三年，但先秦实践中均为三月"既葬除服"或"百日卒哭"。自西晋才将三年丧作为贵族官吏的强制性道德规范，至《唐律》才在法律上正式规定了三年丧期。
④ 后世法律规定"无子"条必须在妻子年满五十岁时才能生效。
⑤ 参见《大戴礼记·本命篇》及《仪礼·丧服》贾公彦疏。

社会和谐的特征，这也是后世自称继承西周传统的儒家化法律的基本特征之一。

二、民事法律的特点

西周民事法律的主要特点有：

第一，在西周以宗法制和分封制为基础的严格的等级制度之下，财产往往与政治地位相联系，政治地位的固化所导致的财产所有权固化使得私人间的财产移转关系很难发生，因此民事法律极不发达。

第二，在宗法制下，民事法律关系的主体往往不是个人，而是血缘共同体的代表，也即宗族之宗子，宗子是宗族财产的唯一合法支配者及宗族对外关系的唯一合法代表，宗族其他成员非宗子授权而签订的有关财产权与人身权的契约，均为无效契约。

第三，在分封制下，"溥天之下，莫非王土。"[1] 只有周天子才有对于土地的处分权，这就失去了农业社会中最大最活跃的民事法律关系的客体。只有在西周中后期公田转化为私田的情况下，才出现了部分土地交易，但仍需获得天子的许可。

第四，在西周奴隶制下，奴隶（臣妾）成为奴隶主的财产，与牛马珠宝一样可以用于买卖，是民事法律关系的客体而非主体。

第五，民事纠纷的处理一般采取调解的手段，以礼制与习惯为依据，处理民事纠纷的官吏叫"调人"，故基本没有制定复杂的物权与债法等民事法律的需求。

第四节　司　法　制　度

一、司法机构

西周的中央司法机关称为司寇，长官也称司寇。据《周礼·秋官·司寇》，中央司法机关设大司寇与小司寇，大司寇为六卿之一，"掌建邦之三典（即轻、中、重三典），以佐王刑邦国、诘四方"，主管刑事政策。小司寇"以五刑听万民之狱讼"，主管具体的案件诉讼。司寇之下，以《周礼》与金文相印证，主要有士师（司士）、司誓、司约、司刺、掌囚、掌戮等司法官吏。但西周时司法职能并不为司法机构所专有，除重大案子外，其他行政机构也可受理案件诉讼。如《曶鼎》铭文记载，匡季指使手下二十人抢了曶的大量粟米，受害人曶"以匡季告东宫"，于是东宫受理此案；《扬簋》铭文记载，周懿王任命扬为"司工（一释"司空"）"，管理农田，规定其有"讯讼"的职能。

---

[1] 《诗经·小雅·北山》。

西周采用分封制，周王一般不干预各诸侯国之司法，因此在诸侯国内也都设立有一套类似于周王室的地方司法机构，也有司寇、士师等司法官吏，如西周晚期的《司寇良父簋》铭文所提到的器皿主人良父就是侯国的司寇。

司法职能的泛化、中央与地方司法两套重叠机构的设置，是西周不同于秦汉以后中央集权制下司法机构的两个主要特点。

二、诉讼制度

西周诉讼制度处于古代诉讼制度的早期发展状态，没有严格的公诉与自诉之分；除谋反叛乱罪外，一般无论民、刑事案件，都是当事人亲自告诉，诉讼程序即开始启动。

受理告诉案件一般需要提交书面诉状与缴纳诉讼费。① 民事案件（民讼）须双方当事人都到场才能受理，刑事案件（民狱）须双方提供书面诉状或答辩状才能受理。同时民事案件须告诉方缴纳束矢（一百支箭）、刑事诉讼须告诉方缴纳钧金（三十斤铜）作为诉讼费。金文中也有类似记录，但数量有差，如《扬簋》铭文："讯讼，取征五孚锊。"②

在严格的等级制度下，西周诉讼中禁止臣下告君主（诸侯）、下级告上级、儿子告父亲的逆政、逆伦行为。

三、审判制度

西周审判制度中，仍有神权因素的影响，但同时加强了法官在审判中的作用。

（一）盟誓

在案件审理之前，诉讼双方均须对神赌咒发誓，保证口供的真实性，所谓"有狱讼者，则使之盟诅"。③凡违背盟誓者，大事则处以死刑，小事则处以墨刑。④可见盟誓的诉讼双方真正害怕的不是神的诅咒，而是司法官的惩罚。

拓展阅读

五听

（二）五听

案件审理中，法官"听狱之两辞"⑤，即兼听诉讼双方的供词，并以经验分析

---

① 《周礼·秋官·大司寇》："以两造禁民讼，入束矢于朝，然后听之；以两剂禁民狱，入钧金，三日，乃致于朝，然后听之。"汉代郑玄注："剂，今券书也，使狱者各赍券书。"唐代贾公彦疏："剂为券书者，谓狱讼之要辞。"

② 《说文解字》："锊，锾也。"一锾为六两，五锊则为三十两。

③ 《周礼·秋官·司盟》。

④ 《周礼·秋官·条狼氏》："誓邦之大史曰杀，誓小史曰墨。"

⑤ 《尚书·吕刑》。

辨别双方供词的矛盾与真伪，称为"五听"。"听"是指观察，"五听"即五种观察方法，包括"辞听"（言辞是否矛盾）、"色听"（脸色是否异常）、"气听"（呼吸是否急促）、"耳听"（注意力是否集中）、"目听"（眼神是否游移），从以上五个方面判断供述人是否说谎。[①]"五听"的方法建立在审判心理学的经验积累之上，较之夏商的神明裁判无疑是从神到人的进化，但其基于司法官的主观判断，也易导致冤案、错案。客观上，也可以看到在古代社会早期由于取证手段的严重缺乏，而对于口供及口供判断的极大依赖性。

（三）三刺

西周统治者显然也已注意到五听方法的局限性，因而又设立了"三刺"的制度加以弥补。"刺"即杀，"三刺"即规定在重大案件判决死刑之前，司法官须向三类人群充分征询意见，即"一曰讯群臣，二曰讯群吏，三曰讯万民"[②]，再根据官、吏、民三类人群的意见最终决定判决结果。这种以民意决定判决的方式虽然尊重民意，但不一定科学，直至法律较为完善的唐代才被正式废止。以"法意"取代"民意"，是法治文明的进步。

思考题：

1. 简述"五礼"以及西周礼与刑的关系。
2. 试论"明德慎罚"。
3. 简述西周继承制度。

▶ 自测习题及参考答案

---

① 参见《周礼·秋官·小司寇》。

② 《周礼·秋官·小司寇》。

第四章　春秋战国时期的法制

从公元前 770 年周平王东迁洛邑，到公元前 221 年秦统一中国，是春秋战国时期，也是由奴隶制社会向封建制社会转型的时期。春秋战国时期，整体上属于东周时期，周天子仍然是名义上的"天下共主"。但实际上，由于各诸侯国经济、军事、文化的发展，综合实力提升，已经形成各诸侯国独立发展、相互征战的政治格局。马克思说："法的关系正像国家的形式一样，既不能从它们本身来理解，也不能从所谓人类精神的一般发展来理解，相反，它们根源于物质的生活关系，这种物质的生活关系的总和。"① 这个时期的法制随着这种转型，也从奴隶制法制向封建制法制转变，因此发生一系列变化。

第一节　春秋战国时期的立法活动

一、社会转型与法律变革

春秋战国时期是中国奴隶社会向封建社会转型的时期。这种转型又决定着法律的变革——变革奴隶制法律，诞生封建制法律。

（一）社会转型

春秋战国时期的社会转型，突出表现在经济、政治、文化各方面。引起奴隶制经济向封建制经济转型的首先是生产工具。春秋时期在农具方面已经采用铁制工具，铁制农具的使用大大提高了劳动生产率。到了战国时期，由于铁矿的开发和冶铁技术进一步发展，铁制工具已在当时包括农业生产在内的各种生产领域普遍使用。耕牛使用推广，并与铁制工具结合起来使用后，劳动生产率大大提升。生产力水平的提高，使原有的土地所有制形式井田制受到冲击，趋向解体。阶级关系也在发生变化，一些奴隶主贵族沦为农民，有些奴隶主变为地主，有些奴隶成了农民，等等。

"随着经济基础的变更，全部庞大的上层建筑也或慢或快地发生变革。"② 春秋时期也是如此。周天子已无以往的权势，王室衰微，大权旁落，各大诸侯争霸。春秋时期的政治制度虽是世族世官制度，但这一制度受到郡县制很大的挑战。晋、楚等国开始建立县制，晋、吴等国开始设立郡制。到了战国，社会转型速度加快。

---

① 《马克思恩格斯文集》第 2 卷，人民出版社 2009 年版，第 591 页。
② 《马克思恩格斯文集》第 2 卷，人民出版社 2009 年版，第 597 页。

在诸侯国，国君之下建立起以相将为首的封建管理体系。相是国君之下的百官之长，将则是统率军队的长官。这种文武分家的管理格局替代了奴隶制时代卿大夫同时执掌政权、军权的状况。

经济、政治转型也推动了文化转型。春秋时期，乡校普及起来。这种设在乡里的学校使许多乡民受到一定程度的教育。战国时期，一批优秀的思想文化成果登上历史舞台，除了《孟子》《庄子》《荀子》《韩非子》之外，还有《左传》《国语》等优秀史籍。另外，还涌现出儒家、法家、墨家、道家、阴阳家、兵家等学派，出现了百家争鸣的局面。春秋战国时期的社会转型是一种综合性的社会转型，也是中国古代两种不同社会制度的转型，中国从此就由奴隶制社会转向封建制社会。

（二）法律变革

春秋战国时期的社会转型推动着法律变革，法律变革又为当时的社会变革保驾护航。春秋战国时期的法律变革，一方面是对原奴隶制法律的改造，另一方面是对封建制法制的促成，两者交织在一起。这种法律变革贯穿于春秋战国的两大时期，而且有个渐进过程。在春秋时期，变法已是一种常态。

楚、晋国等率先进行法律变革，颁布新法。楚国是春秋时期较早颁行新法的诸侯国。它先后两次颁行新法：一次是公元前689年至公元前677年间，楚文王制定"仆区之法"①，惩治那些隐匿逃亡人员和窝藏盗窃物品的非法行为；另一次是公元前613年至公元前591年间，楚庄王制定"茆门之法"，规定了宫廷警卫方面的内容。②

紧随楚国之后，晋国三次制定新法，实施法律变革。第一次是公元前633年，晋文公制定了"被庐之法"③，用以选贤任官，建立官僚制度。第二次是公元前621年，晋襄公命赵宣子制定"常法"④。它的调整范围比较广泛，覆盖了不同法律关系。第三次是公元前554年至公元前542年，执政的范宣子修订"常法"，颁布新刑书。⑤

春秋时期，诸侯国制定的新法既是对旧制度、旧法律的否定，也是对新制度、新法律的确立。它们开辟了一条春秋时期的法律变革之路，具有引领作用。此后，随着法律变革的延续，先有春秋末期成文法的公布，后又有战国时期《法经》与秦律的颁行。它们都把这种变革引向纵深，也使封建新法制逐渐由弱变强，得到

---

① 《左传·昭公七年》及杜预注。
② 《韩非子·外储说右上》。
③ 《左传·僖公二十七年》。
④ 《左传·文公六年》。
⑤ 《左传·昭公二十九年》。

确立和发展。

二、立法原则

在春秋战国时期的立法过程中，渐渐形成了自己的立法原则，突出表现在以下一些方面。

（一）世俗化原则

这是一种在立法中推行以世俗法为主导、排斥神权化的立法原则。西周用"明德慎罚"思想逐渐取代神权法思想以后，中国立法中的神权法因素明显减少，世俗法的成分日趋增多。到了春秋战国时期，立法中的世俗成分已占主导地位，世俗化原则在其中发挥了重要作用。在春秋战国的立法中，已很少假借鬼神来制定法律，法律内容中也较少出现鬼神因素。那时的"仆区之法""被庐之法""刑器"《法经》秦律等都是如此。

（二）公开化原则

春秋时期开始公布成文法，打破了以往只有奴隶主贵族掌控立法内容的局面，使法律内容广为人知。各诸侯国在法律变革中，将公开化作为立法原则之一。自郑国、晋国公布成文法以后，公布成文法就成了各诸侯国的立法常态。

（三）重刑化原则

刑法是春秋战国时期各诸侯国法律的主要内容。诸侯国接受法家的重刑主义思想，主张轻罪重罚，在立法中便确立了重刑化原则。秦国实行族刑，[①] 对于某些犯罪，不仅处罚犯罪者本人，还株连处死其家庭成员。这种重刑化立法原则在各诸侯国较为普遍。商鞅变法时规定，重罚"弃灰于道者"。[②] 重刑原则的实施，增强了法律的威慑力。

第二节　春秋时期的法律制度

一、"礼崩乐坏"与成文法公布

春秋时期，生产力大发展，社会发生大变化，奴隶制度面临土崩瓦解，新生的封建制度孕育、成长。自西周时期延续下来的制度与秩序受到全面冲击，整个社会处于"礼崩乐坏"之中。在这一大背景之下，春秋末期开始了公布成文法的活动。

---

① 《史记·秦本纪》："（秦文公）二十年，法初有三族之罪。"
② 《史记·李斯列传》："商君之法，刑弃灰于道者。夫弃灰，薄罪也，而被刑，重罚也。"

（一）"礼崩乐坏"的社会秩序

春秋时期，随着铁制生产工具的使用，劳动生产力迅速提高，以一家一户为单位的小生产成为可能。这对西周时的大规模耕作形式是一种前所未有的挑战。随着生产力水平和劳动生产率的提高，奴隶制生产关系也慢慢发生着变化。奴隶主阶级开始没落，新兴地主阶级则逐渐强大。西周时期建立的王室独尊、诸侯并列的天子诸侯卿大夫等组成的等级制度遭到严重破坏。原来的礼乐征伐自天子出，变化为从诸侯、卿大夫出。同时，各诸侯国相继建成割据一方的独立王国，彼此之间还爆发了争当霸主的战争。西周时建立的社会秩序不复存在，"礼崩乐坏"已是大势所趋。

（二）公布成文法的活动

春秋时期法制的一个突出方面是公布成文法。郑国是最早公布成文法的诸侯国。公元前536年，在执政子产的主持下，郑国率先以"刑鼎"形式公布成文法。《左传·昭公六年》记载："三月，郑人铸刑书"。杜预注："铸刑书于鼎，以为国之常法。"郑国开了公布成文法之先河，被认为是中国历史上第一次公布成文法。

紧随郑国的是晋国。公元前513年，在执政赵鞅、荀寅的主持下，把范宣子制定的刑书铸在鼎上，以刑鼎形式加以公布。《左传·昭公二十九年》记载："铸刑鼎，著范宣子所为刑书。"这成为中国历史上第二次公布成文法的活动。

在这里还要提及的是郑国邓析制定的"竹刑"。公元前501年，郑国大夫邓析自己制作了一部"刑书"，把其内容书写在竹简上，被称为"竹刑"。"邓析作刑律，书于竹简，故名曰'竹刑'。"[1]

从此以后，公布成文法便成为常态，彻底改变了过去法律内容仅为奴隶主贵族所掌握的格局。

（三）公布成文法后出现的争议

春秋末期诸侯国公布成文法是中国法制史上的一个创举，也是对旧法制的一种否定。它不仅冲击原有的社会秩序，也有损于一部分人的既得利益，因此受到一些非议甚至反对。反对公布成文法的主要代表人物是叔向和孔子。

郑国子产公布成文法以后，遭到以叔向为代表的晋国贵族、守旧势力的反对。叔向在给子产的信中，坚持以往的治国方式，反对公布成文法，其理由是怕成文法公布以后，人们都知道了自己的权利与义务，可以为自己争权、维权了。叔向提出："昔先王议事以制，不为刑辟，惧民之有争心也。"叔向这种墨守成规的治国方式已经不适应春秋末期向封建制过渡的时代。成文法的公布与实施已成为当时一种新的治国方式，也是一种最佳选择。没有成文法的公布，人们缺少公开的、

---

[1] 《左传·定公六年》及杜预注。

权威的行为规则，封建制秩序无法确立，社会无法再向前推进。子产对此十分清楚，他仍坚持自己的主张。在给叔向的回信中，子产明确说："吾以救世也。"同时，也表达了对叔向的反对不予接受的态度："既不承命，敢忘大惠。"①

晋国公布成文法以后，遭到了以孔子为代表的鲁国贵族、守旧势力的反对。孔子从维护奴隶制等级特权制度出发，他提出，一个社会应有贵贱的差异和等级特权的存在；成文法一旦公布，人人都一样要遵守，违反后都一样要受到处罚，贵贱差异和等级特权不复存在，这就不像一个国家了。② 其实，公布成文法本身就是通过实行法制来否定奴隶制等级特权制度，为建立封建制度和秩序鸣锣开道。孔子虽然也看到了其背后的危机，但无可奈何。公布成文法的活动势如破竹，不可阻挡。

（四）公布成文法的意义

春秋末期公布成文法的活动适应了历史发展的潮流，意义重大。首先，公布成文法，是国家治理与社会控制的新型方式。春秋末期以前，先后采用过两种治国方式，即夏商时期的神权方式和西周时期的礼治方式。这两种方式都具有明显的弊端。神权方式假借鬼神、天等超自然力量，远离现实生活，过于神秘。礼治方式强调等级特权制度，以"亲亲""尊尊"为核心，甚至主张"礼不下庶人，刑不上大夫"。广大民众处于极度不平等的地位，社会缺乏公平性。同时，这两种方式都把法律控制在很小的范围内，由奴隶主贵族来掌握，广大民众并不知晓，法律处于秘密状态中。成文法的公布不仅提高了法律的地位，而且还让广大民众知道其内容，在社会生活的方方面面得到贯彻和执行。这是当时社会变革与政治变革中的组成部分，是一种法制的治国方式，是比神权和礼治更为先进的一种治国方式。它主张法律具有权威性，法律要公开透明，法律规范具有国家的强制性，广大民众在法律面前受到平等对待。这些都符合当时社会发展的需求，成文法的公布开创了新型治国方式。

其次，成文法的公布促进、保障了社会发展。春秋末期，奴隶制社会礼崩乐坏，趋于瓦解，封建制作为一种新兴力量蒸蒸日上，取代奴隶制已是大势所趋。社会发展亟须法律的促进和保障。成文法的公布，就是促进、保障当时社会发展的一种力量。事实也证明，用公布成文法来促进、保障社会发展效果明显，郑国和晋国都因此而得到了大发展。

二、诸侯国法律的主要内容

春秋时期，各诸侯国仍然大量沿用西周时制定的法律，同时又有一些新发展。

---

① 《左传·昭公六年》。

② 孔子说："今弃是度也，而为刑鼎，民在鼎矣，何以尊贵？贵何业之守？贵贱无序，何以为国？"（《左传·昭公二十九年》）

各诸侯国的法律主要涉及行政法、经济法、军事法和司法制度等一些内容。

（一）行政法

春秋时期的行政法中，在任官、俸禄和致仕等方面都有一些新规定。在那些新设置的县、郡，诸侯自己任命其长官，基本原则是任人唯贤。当时晋国执政魏献子任用县大夫，就是"以贤举也"①。在郑国，子产对原有的官吏重新考核，在此基础上"择能而使之"，对卿大夫也是择优使用，即"忠俭者，从而与之；泰侈者，因而毙之"②。这种任官制打破了以血缘为基础的任官制度，以人的贤能来作为任官标准，具有积极意义。

春秋时期有了俸禄制度。官吏的俸禄受制于诸侯王，而且官与禄紧密联系在一起，有官即有禄，失官即失禄。《左传》中有"弃官，则族无所庇"③和"守其官职，保族宜家"④的记载。为官达到一定年龄，即须致仕（退休），又称为"告老"。致仕的年龄一般不超过 70 岁，《左传》中记载了官吏致仕的情况。《左传·襄公七年》记载："冬十月，晋韩献子告老。"

（二）经济法

春秋时期的民事活动激增，经济关系发生了较大变化。经济法中，出现了发展农业生产、环境保护、赋税等一些规定。诸侯国都已注意到发展农业生产的重要性，并把其与争霸结合起来认识。齐国管仲就明确说，欲"王天下"，必须"国富而粟多"⑤。因此，就需对发展农业生产作出相应的规定，其中包括不能错过农时。齐国当时就对此作过规定："令夫农，群萃而州处，察其四时，权节其用。"⑥事实证明，齐国包括发展农业生产的一系列规定十分有效，助其成为春秋"五霸"中第一个称霸的国家。

环境保护也引起有些诸侯国的重视，并制定了一些相应的规定。山林和湿地都是当时的保护对象，齐国对此专门作了规定，禁止对这些地区的开发和利用，即"薮泽以时禁发之"⑦。鲁国则设置专门管理渔业的官吏，负责保护川泽、鸟兽，即"掌川泽之禁令"和"掌鸟兽之禁令"⑧。官吏发现非法捕鱼行为，立即执法，"断其罟而弃之"⑨。

---

① 《左传·昭公二十八年》。
② 《左传·襄公三十年》。
③ 《左传·文公十六年》。
④ 《左传·襄公三十一年》。
⑤ 《管子·治国》。
⑥ 《国语·齐语》。
⑦ 《国语·齐语》。
⑧ 《国语·鲁语上》。
⑨ 《国语·鲁语上》。

赋税是国家的经济来源，春秋各诸侯国都有赋税征收的规定。管仲于公元前685 年规定"相地而衰征"的田赋制度，即根据不同的土地，征收不同的田赋。①鲁国在公元前 594 年实施"初税亩"制度，② 按照田土的数量收税。楚国则进行"书土田"，量入修赋，③ 根据登记的土地收取田赋等。

（三）军事法

春秋时期，各诸侯国之间战争频发。为取得战争的胜利，军事法不可或缺。士兵主要来自农民，寓兵于农，有战事则为兵，无战事则为农。《国语·齐语》记载，齐国的农民一年之中，"三时务农，一时讲武"。平时就为战时作准备。战争中的军法很严厉，违反军法往往会被处以死刑。晋国曾规定："失次犯令，死；将止不面夷，死；伪言误众，死。"④ 即扰乱军列违反军令、主帅被俘而不能拼死保卫、伪报军情贻误战机者，都要被处以死刑。

（四）司法制度

春秋时期各诸侯国均建有自己的司法制度，其主要内容包含了司法机构和司法官、审判制度、司法官的责任和监狱等。诸侯掌握着诸侯国内最高权力，是诸侯国内的最高司法官。诸侯国还设有专职司法官，处理日常司法事务。晋、郑、鲁等国把这一专职司法官称为"司寇"。孔子曾任鲁国的司寇。楚、陈、唐等国把这一专职司法官称为"司败"。随着诸侯国县、郡地方机构的出现，县、郡中也建立了相应的司法机构，县和郡的长官分别是这些司法机构的长官。当时县的长官有称为县令、县尹，也有称为县公、县大夫。郡的长官则称为郡守。他们都具有地方司法长官的职能。

春秋时期的审判制度在《左传·僖公二十八年》所记载的"卫侯与元咺讼"一案中可以得到反映。案件通常由两位法官主持审理；开庭时，要求原、被告人都到庭，如果是命夫命妇，可以由代理人代为出庭；原被告可以在法庭上进行辩论；辩论结束，即由两位主审法官决定判决；判决宣布后，立即执行；等等。

各级司法官都有明确的责任，错判后要被追究刑事责任。晋文公时的法官李离在审判中错杀无辜，虽然晋文公表达了可以赦宥的意思，但李离坚持要被追责，还说："理有法，失刑则刑，失死则死。""今过听杀人，罪当死。"于是，伏剑而死。司马迁评论此事说，李离之死是"以正国法"。⑤

春秋时期监狱的数量有所增加。监狱的名称，各国不一。有称"圜土""囹

---

① 《国语·齐语》。
② 《左传·宣公十五年》。
③ 《左传·襄公二十五年》。
④ 《国语·晋语三》。
⑤ 《史记·循吏列传》。

圈"，也有称"犴狱"等。鲁国称监狱为"犴狱"。"犴狱"是传说的猛兽，形似虎，有威力，把其立于监狱之门，起震慑作用。[①] 囚犯在监狱中从事苦役。

第三节　战国时期的法律制度

一、诸侯国的法律变革

战国时期，中国社会进入封建制社会，法制也从奴隶制法制演进为封建制法制。受到法家思想的直接影响，在春秋时期变法的基础上，战国时期的变法深入进行，法律在内容与形式等各个方面，均产生重大变化。

战国时期各诸侯国相继推进法律变革。由于各诸侯国的情况不同，各国变法的内容也不尽相同。在赵国，公仲连在公元前 403 年实行法律改革，选用贤能任官，还颁行了《国律》。它对赵国的兴盛发挥了积极作用。[②] 齐国在公元前 357 年起用邹忌为相，进行法律变革，他推出"谨修法律而督奸吏"等措施，[③] 加强吏治。在楚国，公元前 402 年楚悼王继位后，起用吴起进行法律变革。针对落后的世卿世禄制度，吴起采用限时收回爵禄的办法，规定的时间为三代，即"使封君之子孙，三世而收爵禄"[④]。同时，还把有些旧贵族迁到人口稀少之处，变相收回他们原来的土地等。这些规定都有力地打击了奴隶主贵族。

在当时的诸侯国法律变革中，魏国和秦国的变革力度最大，效果也最为明显。在此基础上还诞生了李悝的《法经》和商鞅变法。

二、《法经》

《法经》是中国第一部内容比较系统、完整的封建法典，在中国法制史上具有重要地位。

拓展阅读
《法经》

（一）《法经》产生的背景

魏文侯时期（前 445—前 395 年），任李悝为相，主持变革。李悝（前 455—前 395 年）在政治、经济和军事等方面都推出了一些变革措施。在政治上，他用"食有劳而禄有功，使有能而赏必行"[⑤] 的规定，废除世卿

---

① 《孔子家语·始诛篇》："孔子为鲁大司寇。有父子讼者，夫子同狴执之。"

② 《韩非子·饰邪》："当赵之方明国律、从大军之时，人众兵强，辟地齐、燕。"

③ 《史记·田敬仲完世家》。

④ 《韩非子·和氏》。

⑤ 《说苑·政理》。

世禄制度，不再以身份来获禄、赏。在经济上，他实行"尽地力之教"①，充分调动农民的劳动积极性，使封建式的小农经济得到巩固发展。在军事上，他严格对官兵进行考核。考核通过者，还要给以优待。"中试则复其户，利其田宅。"② 在此基础上，李悝制定了《法经》，用以巩固改革成果，促进魏国的社会发展。

（二）《法经》的体例和内容

《法经》由六篇构成，依次为《盗法》、《贼法》、《囚法》（亦作《网法》）、《捕法》、《杂法》和《具法》。③《法经》的内容，主要涉及刑事法律④，包括三个部分：

第一部分是前四篇，即《盗法》《贼法》《囚法》和《捕法》，是专门打击盗贼犯罪的法律规定。《荀子·修身》解释"盗"和"贼"两种犯罪："窃货曰盗"，"害良曰贼"。⑤《盗法》是打击侵犯财产权犯罪的法律规定，《贼法》是打击侵犯人身权犯罪的法律规定。为了打击这两种犯罪，就必须把犯罪嫌疑人纠劾、抓捕，所以就有了《囚法》和《捕法》。"盗贼须劾捕，故著《网》《捕》二篇。"⑥《囚法》是纠劾、关押犯罪嫌疑人的法律规定，《捕法》是抓捕犯罪嫌疑人的法律规定。

第二部分是第五篇《杂法》，是涉及盗贼以外的各种犯罪的法律规定。这些犯罪主要有六种。《晋书·刑法志》对此作记载："其轻狡、越城、博戏、借假不廉、淫侈、逾制，以为《杂律》一篇。"其中的"轻狡"是指盗兵符、玺，或私议国家法令政治狡诡等的犯罪；"越城"是指非法翻越城池，偷渡关津、要塞等的犯罪；"博戏"是指赌博、欺诈等的犯罪；"借假不廉"是指贪污、贿赂等的犯罪；"淫侈"是指生活奢侈淫靡等的犯罪；"逾制"是指违法享用特权等僭越的犯罪。《杂法》对打击这六种犯罪都作出了规定。

第三部分即第六篇《具法》，是专门对定罪量刑原则作出的规定，类似于现代刑法中的总则部分。其中包括对量刑中的加、减刑规定。"以《具律》具其加减。"⑦

这三部分内容组合中有其自己的逻辑。首先，把重点打击的盗、贼这两种犯

---

① 《汉书·食货志》。

② 《荀子·议兵》。

③ 《唐律疏议·名例》记载："周衰刑重，战国异制，魏文侯师于里（李）悝，集诸国刑典，造《法经》六篇：一、《盗法》；二、《贼法》；三、《囚法》；四、《捕法》；五、《杂法》；六、《具法》。"

④ 《晋书·刑法志》记载："是故所著六篇而已，然皆罪名之制也。"

⑤ 《荀子·修身》。

⑥ 《晋书·刑法志》。

⑦ 《晋书·刑法志》。

罪放在《法经》的最前面，突出醒目位置。"以为王者之政，莫急于盗贼，故其律始于《盗》《贼》。"① 为了打击这两种犯罪，需走《囚》《捕》程序，这两种程序中出现的犯罪行为也被列入打击之列。其次，其他犯罪也需打击，但重要性不如打击盗、贼犯罪，所以排列在第五篇。最后，用《具法》对前面五篇的内容作出原则性规定，重点是关于量刑中的加、减刑问题。

（三）《法经》的历史意义

作为中国历史上第一部比较系统、完整的封建法典，《法经》在中国法制史上具有重要的历史意义。首先，《法经》使魏国变得更为富强。《法经》的颁行顺应了历史发展的潮流，使地主阶级政权得到进一步巩固，封建法制得到进一步成长，法律精神得到进一步弘扬。这些都为魏国的进一步发展提供了动力，帮助其在战国初期成为一个最为富强的国家，能够"强匡天下，威行四邻"②。其次，《法经》是春秋时期公布成文法的结晶。李悝是在梳理、总结春秋以来各诸侯国立法的基础上，制定《法经》。《晋书·刑法志》记载，李悝"撰次诸国法，著《法经》"。其中，既取其精华，也弃其糟粕。《法经》代表春秋以来立法的最高水平，在中国法制史上也是一个里程碑。最后，《法经》对以后的封建立法产生了很大影响。以后的封建立法都在《法经》的基础上继续前行。③

三、商鞅变法

商鞅变法是战国时期影响最大、效果最为突出的变法。

（一）商鞅变法的背景

拓展阅读

徙木立信

秦国是一个以农、猎为生，经济、文化等都比较落后的诸侯国。公元前 341 年，秦孝公即位。他发奋图强，推行变法，还下令征聘主持变法者。商鞅从魏国入秦国前去应聘。商鞅（约前 390—前 338 年），卫国人，姓公孙氏，名鞅，故又称公孙鞅或卫鞅，后因在秦国变法有功，受封于商，亦称商鞅。他从小就爱好法学，即"好刑名之学"④，有比较深厚的法学功底。公元前 361 年，他入秦应聘，受到秦孝公的赏识，主持秦国变法，前后共持续了二十一年。

---

① 《晋书·刑法志》。
② 《韩非子·饰邪》。
③ 《唐律疏议·名例》记载："商鞅传授，改法为律。汉相萧何，更加悝所造户、兴、厩三篇，谓九章之律……"
④ 《史记·商君列传》。

（二）商鞅变法的内容

商鞅变法的内容涉及政治、经济、文化等各方面，既有广度，又有深度，较为突出的是以下一些方面。

1. 改法为律，制定秦律

商鞅入秦应聘时，携带《法经》。变法就包括以《法经》为基础制定秦律。商鞅主持制定的秦律成为秦国的主要法典，其内容比较系统、完整，适用范围较为广泛，并且保持相对稳定。同时，秦律的内容比《法经》更为丰富，也更符合秦国的实际情况。

2. 鼓励农战，增强国力

为了增强国力，商鞅主持制定一些鼓励农战的法律，包括《分户令》和《军爵令》等。《分户令》规定："民有二男以上不分异者，倍其赋。"[1] 这一规定的实质在于扩大农业生产单位，鼓励更多农民从事农业生产，为国家增加赋税收入。《军爵令》规定："斩一首者爵一级，欲为官者为五十石之官；斩二首者，爵二级，欲为官者为百石之官。"[2] 这一规定把军功和官爵官职联系在一起，立下军功越多，官爵就多，官职也越高。以此鼓励官兵奋勇杀敌，增强军队的战斗力。

3. 轻罪重罚，增加法律的威慑力

商鞅提出轻罪重罚的理论，明确说"禁奸止过，莫若重刑"[3]，即通过轻罪重罚来提高法律的威慑力，以此来达到制止犯罪的目的。首先，对轻罪用重刑。商鞅对犯轻罪者不用轻刑而用重刑，以此来增强用刑力度，《汉书·五行志》记载的"商君之法，弃灰于道者，黥"就是一个例证。其次，增设酷刑，通过增设酷刑来提高刑罚的严厉性。腰斩、车裂、枭首、凿颠等酷刑都在那时被使用。再次，实行连坐。连坐是惩治那些与犯罪人有一定身份上的联系，但本人没有犯罪的人员，是用刑加重的表现。商鞅把连坐分为家庭连坐、邻里连坐、职务连坐和军队连坐，织密了连坐网。最后，坚持不赦不宥，杜绝可以赦免或从轻、减轻处罚的做法，保持重罚。

拓展阅读

商鞅变法

（三）商鞅变法的意义

商鞅在秦国进行了较为彻底的变法，意义深远。首先，商鞅变法取得了良好的社会效果。商鞅变法顺应了封建社会发展的潮流，促进秦国社会的发展，取到了良好的社会效果。秦国人民在商鞅变法中受益，拥护这一变法。变法"行之十

---

① 《史记·商君列传》。

② 《韩非子·定法》。

③ 《商君书·赏刑》。

年，秦民大说（悦）"。社会面貌也为之一新，实现了大治。"民勇于公战，怯于私斗，乡邑大治。"① 商鞅变法为秦国的崛起奠定了重要基础。其后，商鞅虽死，但其所制定的法制仍被采用，百年之后，秦终于完成统一大业，建立了中国历史上第一个统一的、多民族的、中央集权的王朝。后人对此也有评说。东汉王充曾说："商鞅相孝公，为秦开帝业。"②

其次，商鞅变法在中国古代法制史上起到了承前启后的作用。商鞅携《法经》入秦，改《法经》为秦律，使得《法经》的体例、内容成为秦国法制的一部分，在秦国得到传承。同时，商鞅还通过改法为律，首创"律"这一法律形式，秦律成了中国法制史上的第一部律。从此以后，律便成为中国封建朝代的主要法典，秦朝的秦律、汉朝的汉律直到明朝的《大明律》、清朝的《大清律例》等都是如此。商鞅变法的这种承前启后的作用使中国法制传统和特色得到了延续和传承。

思考题：

1. 简述春秋战国时期的立法原则。

2. 简述成文法公布的活动及其意义。

3. 简述《法经》制定的背景、体例、内容和意义。

4. 简述商鞅变法的背景、内容和意义。

▶ 自测习题及参考答案

---

① 《史记·商君列传》。

② 《论衡·书解》。

第五章 秦朝法制

战国后期，秦国远交近攻，不断削弱关东六国。公元前 238 年，秦王嬴政亲政，在公元前 230 年至公元前 221 年的十年间，先后灭韩、魏、楚、赵、燕、齐六国，统一中国，建立秦朝。秦始皇死后，其子胡亥在宦官赵高支持下，杀长子扶苏继位，是为秦二世。秦二世在位三年，被赵高所弑。公元前 206 年，秦王子婴降于刘邦，秦亡。

战国时期，秦国锐意改革，变法图新，力量迅速壮大。秦朝建立后，秦始皇奉行商鞅、韩非学说，注重法律；在李斯等人主持下，制定了许多新法律令。秦朝律令体例和内容完备，为加强国家统一、巩固中央集权，奠定了坚实的法律基础，也为中国封建法制的建立进行了可贵的探索。

第一节 立法活动

一、立法原则

（一）"以法为本"，"皆有法式"

秦始皇奉行秦国长期坚持的法家"以法治国"国策，对前此法律令进行补充、完善，法律调整范围扩大，规范也臻细密。他历次巡游刻石，称自己"作制明法""端平法度""建定法度""皆有法式"。[1] 现存秦朝竹简木牍所载法律令及文书制度，充分反映了这一点。

（二）"以法为教，以吏为师"

商鞅主张建立"吏民欲知法令者，皆问法官"的制度，宣称"为法令置官也、置吏也，为天下师"。[2] 秦律有要求官府抄写其所遵用法律的传统，[3] 并要每年核对无误[4]。到秦始皇时，李斯建议对臣民"若欲有学法令，以吏为师"[5]，这同样来自韩非"明主之国，无书简之文，以法为教；无先王之语，以吏为师"[6] 的制度

---

[1] 《史记·秦始皇本纪》。

[2] 《商君书·定分》。

[3] 《睡虎地秦墓竹简·秦律十八种·内史杂》："县各告都官在其县者，写其官之用律。"睡虎地秦墓竹简整理小组编：《睡虎地秦墓竹简》，文物出版社 1978 年版，第 106 页。下文所引该书，均同此简本，为行文简洁，不再赘述。

[4] 《睡虎地秦墓竹简·秦律十八种·尉杂》："岁雠辟律于御史。"

[5] 《史记·秦始皇本纪》与《史记·李斯列传》。

[6] 《韩非子·五蠹》。

设计。

（三）"行刑重轻"，"专任刑罚"

秦朝统治者推崇商鞅"行刑重轻"原则。① 轻罪重刑，重罪适用更重刑，全面提高了刑罚幅度。秦始皇依赖惩罚，更"专任刑罚"，② 法治最终沦为刑治，走向极端。秦朝刑罚种类繁多，行刑方法残酷，在"刑用于将过""重刑连其罪""以刑去刑"③ 等理由下得到强化和生长。

（四）法自君出，君主独断

秦始皇统一全国后，为了维护自己权力和权威，改"'命'为'制'，'令'为'诏'"，使"制、诏"成为具有最高效力的规范；同时，"天子自称曰'朕'"，从自己开始做"始皇帝"，④ 并通过"昼断狱""夜理书"，⑤ 控制行政、司法权，集立法、行政、司法大权于一身。推行于全国的中央集权的郡县制，支持了皇权的加强。

二、法律形式

秦朝的法律形式，主要包括以下几种。

（一）律

商鞅变法时改法为律。律为最主要的法律形式，律名不止于继受李悝六法的盗、贼、囚、捕、杂、具六律，睡虎地秦简、岳麓秦简显示律名多达三十三种。

（二）令

令，又称制、诏。秦始皇改"命为制，令为诏"，用于对律进行补充。如"田令""焚书令"。岳麓秦简有"秦令杂抄"。

（三）式

式涉及程序、格式。睡虎地秦简有《封诊式》，主要为文书程序，包括供词、记录、报告书等各种爱书的写法；涉及调查、勘验、审讯、查封等程序，以及对于司法官吏"治狱"的规则要求。

（四）法律答问

法律答问是对于法律条文的官方解释。睡虎地秦简中对秦律的某些条文、术语和律义，以问答的方式作出了明确解释。主体部分为刑法，也有对诉讼程

---

① 《商君书·去强》。
② 《汉书·刑法志》。
③ 见《商君书·开塞》《赏刑》《画策》及《韩非子·饬令》。
④ 《史记·秦始皇本纪》。
⑤ 《汉书·刑法志》。

序的说明，系法官统一解释法律令的结果，而非私人解释，在当时具有法律效力。

（五）廷行事

廷行事是司法审判的成例。睡虎地秦简《法律答问》十二处提到"廷行事"，说明其已成为律文之外可以援引的成例。

此外还有课、程等法律形式。睡虎地秦简有《牛羊课》《工人程》，里耶秦简有《仓课》等14种课。

三、律令简牍出土

自1975年湖北睡虎地秦墓竹简出土后，1980年四川青川秦墓木牍、1989年湖北龙岗秦简、1993年湖北王家台秦简、2002年湖南里耶秦简相继出土，直至2007年湖南大学岳麓书院从香港收购入藏秦简，2010年年初北京大学从香港获赠秦简，三十余年间秦简牍的十一次发现，使得文献记载极为稀少的秦国及秦朝的律令、司法与行政文书，大量而集中地呈现于世人面前。其中，尤以睡虎地秦简、里耶秦简、岳麓书院藏秦简最丰富、最重要。

（一）睡虎地秦简

1975年12月出土于湖北省云梦县睡虎地，共一千一百五十五枚竹简。墓主抄录的六种法律文书，内容以律为主，制定和颁布时间应为战国晚期到秦始皇时。其中有《秦律十八种》①和《秦律杂抄》②，有涉及核验县和都官物资账目规定的《效律》，另外，还有《法律答问》《封诊式》及《为吏之道》③。

拓展阅读

睡虎地秦墓竹简

（二）里耶秦简

2002年6月出土于湘西龙山县里耶镇古城遗址一号井，合三万八千余枚简牍；2005年12月又于该镇北护城壕11号坑出土五十一枚简牍。简文年代为秦始皇二十五年（前222年）至秦二世二年（前208年），内容为秦迁陵县的公文档案，包括迁陵县廷与上级洞庭郡府和下属的尉曹、司空曹、仓曹、户曹诸署及都乡、启陵乡、贰春乡三乡的往来文书和各种簿籍，涉及郡县与官署设置、官吏任用考课、赋税徭役、户口、诉讼、仓储、廪食、作务、邮传、贡献、刑徒等，内容丰富、

① 包括《田律》《厩苑律》《仓律》《金布律》《关市律》《工律》《工人程》《均工》《徭律》《司空》《军爵律》《置吏律》《效》《传食律》《行书》《内史杂》《尉杂》《属邦》。
② 摘录《除吏律》《游士律》《除弟子律》《中劳律》《藏律》《公车司马猎律》《牛羊课》《傅律》《屯表律》《捕盗律》《戍律》等十一种律文。
③ 《为吏之道》是供学习做吏的人使用的识字课本，内容多为官吏常用词语和为官行事准则。

数量众多，对了解秦朝的基层社会结构和具体运作，意义重大。个别文书抄录了律令。

（三）岳麓书院藏秦简

2007 年 12 月湖南大学岳麓书院从香港古董市场购藏二千零九十八枚秦简，2008 年 8 月又接受香港一收藏家捐赠七十六枚秦简。疑为盗掘，出土地可能在湖北。七类简文中的四类属于法律令内容。其中，《为吏治官及黔首》八十余枚简，内容可与睡虎地秦简《为吏之道》互校互补；《为狱等状四种》二百五十二枚简，内容为上奏的谳书，是江陵、州陵等地守丞，对有关刑事案件奏谳、审议和裁决的记录；《秦律杂抄》简一千余枚，抄写《田律》《仓律》《金布律》《关市律》等十余种，多见于睡虎地秦简，但《狱校律》《奔敬律》《兴律》和《具律》四种为首见；《秦令杂抄》抄写令文，令的名称有尉郡卒令、郡卒令、廷卒令、卒令、赎令、挟兵令、捕盗贼令、稗官令等二十多种。秦令首次发现，且数量较大，填补了这方面的研究空白。

第二节　行政法律制度

一、官吏管理

法律要求官吏必须依法行使职权。秦律设"犯令""废令"罪，处罚官吏违规作为或违规不作为行为。秦律规定："令曰勿为而为之，是谓'犯令'"，而"令曰为之，弗为，是谓'废令'"。犯令、废令者，严肃处罚；即使已经免职或调任的，也应追究。[1]

法律要求官吏忠实履行职责，提升自身为官修养。首先，为官者必须注重"官德""吏道"。秦朝公布的《为吏之道》，强调官吏必须做到"忠信敬上""清廉毋谤"等"五善"，戒除"犯上弗知害""贱士而贵货贝"等"五失"。其次，官吏必须忠于职守，严格实施各项法律。县令、县丞有对下属吏民检举、治罪的责任。

对官吏履行职责的情况，秦朝设置了严格的考课制度。秦律称"课殿最"。[2] 南郡守腾给各县道颁发的文告，声称要"课县官"，对于各县属下"多犯令"而令、丞没有察处的，要将令、丞上报处理。[3] 考课结果与奖惩相连。对官吏而言，

---

① 《睡虎地秦墓竹简·法律答问》，第 211、212 页。
② 《睡虎地秦墓竹简》记载，根据《厩苑律》大课耕牛，考核结果为"最"者，赐田啬夫壶酒、束脯；考核结果为"殿"者，訾。《睡虎地秦墓竹简·秦律十八种·厩苑律》，第 30 页。
③ 《睡虎地秦墓竹简·语书》，第 16 页。

奖励不多，处罚常见。处罚的形式，按轻重程度，依次是：谇、赀、免、废。谇，申斥，被谇者有田啬夫、官啬夫、吏。赀，罚交财物。属于官吏行政处罚的赀罚，有赀盾、赀甲。免，免职，以后可以叙用。废，撤职永不叙用。

二、监察制度

秦朝已初步建立监察制度。在中央，秦朝设立御史大夫，专司对于中央百官的监察。御史中丞协助御史大夫，履行职责。在地方，各郡设立监御史，专司郡县职官的监察职责。监御史受郡守指派，巡视各县，对于履职不力、贪腐枉法者，依法处理。监御史行使监察职责，可直接针对各县令、丞各官。①

第三节　刑事法律制度

一、刑法原则

秦律总结此前法律实施方面的经验，并结合本朝特点，确定了一些有关定罪量刑的原则。

（一）以身高为刑事责任标准

因身高与人的年龄、智力有一定的关联，而且易于测量、确定。因此，秦朝以身高作为是否承担刑事责任的标准。根据秦律，男六尺五寸、女六尺二寸以上为"大"（成年），以下为"小"（未成年），小男子、大女子分别指未成年与成年。盗牛、被教唆盗杀人、牧马食人稼，都因身"高六尺""未盈六尺"而达不到六尺五寸，或不负刑事责任，或加重教唆者惩罚。②

（二）以有无犯意作为构成犯罪与否的依据

撬门键的目的是盗窃，未能撬开就走，或未撬开而被拿获，都应赎黥；撬门键的目的不是盗窃的，已开才算作撬，未开应赀二甲。③ 同理，知盗受分，虽不超一钱，同罪；非知盗赃而寄受，勿论。④

（三）区分故意、过失

秦律称故意为"端"，过失为"不端"。如告发他人盗牛或伤人，实际不存在，

---

① 秦朝南郡守腾给各县道颁发的文告称："今且令人案行之，举劾不从令者，致以律，论及令、丞。"《睡虎地秦墓竹简·语书》，第16页。
② 《睡虎地秦墓竹简·法律答问》，第153、180、218页。
③ 《睡虎地秦墓竹简·法律答问》："抉之且欲有盗，弗能启即去，若未启而得，当赎黥。抉之非欲盗殹（也），已启乃为抉，未启当赀二甲。"
④ 《睡虎地秦墓竹简·法律答问》，第154、155页。

告发者"端为，为诬人；不端，为告不审"。①

（四）共犯加重

秦律有"群盗"，即合伙行盗，睡虎地秦简《群盗》爰书显示其至少有三人以上。②《法律答问》有"五人盗"按人数、"不盈五人"按赃数"加罪"，处刑城旦或迁（流刑）。③

（五）自首从轻

秦律区分"自出、自告"与"得（捕获）"，"自出""自告"等自首者从轻。携带借用的官有物品逃亡，"自出，以亡论；其得，坐臧（赃）为盗"，④ 自首仅得逃亡罪，被捕获则为盗罪。

（六）连坐

本人无罪而受他人牵连得罪。有亲属连坐，凡盗窃与其他类似犯罪，同居应当连坐；什伍连坐，凡"与盗同法""与同罪"，其里典、同伍的人应当连坐；⑤ 职务连坐，如县尉的会计及其他吏犯罪，县令、县丞均连坐。⑥ 后两者皆牵连上司。

二、主要罪名

秦律所设置的罪名之中，包括一些严重危害统治秩序、危害社会秩序的犯罪。

（一）谋反罪

秦惠文王以"商君欲反"而车裂商鞅，灭其家。⑦ 秦二世令赵高按治李斯父子"谋反状"，李斯"榜掠千余，不胜痛，自诬服"。⑧

（二）违反制命罪

伪装听从国君命书，实际废置不执行，耐为候；听命书时，不下席站立，赀二甲，废。⑨ 传递国君命书的，应立即传送，不准稽留，有稽留者以律论之。⑩

（三）强窃盗罪

"共盗""群盗"多为强盗，以"强攻"为特征；"宵盗""穴盗""抉钥"，从特征看，为窃盗。从规定看，盗物主要为盗钱、盗牛、盗马、盗羊、盗猪、盗

---

① 《睡虎地秦墓竹简·法律答问》，第169页。
② 《睡虎地秦墓竹简·封诊式》，第169页。
③ 《睡虎地秦墓竹简·法律答问》，第150页。
④ 《睡虎地秦墓竹简·法律答问》，第207页。
⑤ 《睡虎地秦墓竹简·法律答问》，第159页。
⑥ 《睡虎地秦墓竹简·效律》，第124页。
⑦ 《史记·商君列传》。
⑧ 《史记·李斯列传》。
⑨ 《睡虎地秦墓竹简·秦律杂抄》，第129页。
⑩ 《睡虎地秦墓竹简·秦律十八种》，第103页。

衣、盗采人桑叶等；特殊物品有盗公祠供品或王室祠祭品。构成盗，从对象看，指盗他人、盗主、盗主之父母（之物）；子盗父母、父盗子，皆不构成盗。比照盗罪处理的，有"与盗同法""坐赃为盗"。此外，"盗"还有"盗徙封"、盗铸钱等取"私下""偷偷"之义的用法。

（四）杀伤罪

秦律中"贼杀伤"有"贼杀人""贼伤人"，指故意杀、伤人，与"斗杀人""斗伤人"相对，贼重、斗轻。法律中严格区分斗伤与贼伤[1]、斗杀与贼杀。此外，"主擅杀、刑、髡其臣妾""父母擅杀、刑、髡其子"，虽为"非公室告"，但"擅杀子"，黥为城旦舂。[2]

（五）逋事、乏徭罪

应当徭役，吏和里典已下令征发，随即逃亡，不去报到，为"逋事"；已经参加检阅、共同乘车和吃口粮，或已到服役地点，然后逃亡，皆为"乏徭"。[3]

三、刑种

秦朝法律的特征之一，是实施严酷的刑罚。秦律刑罚主要有五类。

（一）死刑

死刑执行方法，种类颇多。常用的死刑执行方式包括：戮刑，先刑辱，后斩首；磔刑，车裂，或称肢解；弃市，杀之于市，与众弃之；枭首，杀后悬首于木杆上示众；腰斩，从腰部斩杀；族刑，诛灭亲族，多为夷三族；具五刑，先施肉刑，后处死。

（二）肉刑、耐刑

肉刑有四种：黥（墨），在额中央及两侧扎刺涂以墨迹；劓，割鼻；斩左右趾（剕、刖），断左右足；宫，男子割势，女子幽闭。肉刑多与徒刑并用，即刑城旦、刑鬼薪、刑隶臣，具体有黥为城旦舂、黥劓为城旦、斩左趾为城旦、斩左趾又黥以为城旦等。耐刑，指剃去鬓须。有时作为独立刑种使用，有时作为徒刑的附加刑使用，如耐为鬼薪、耐为隶臣、耐为司寇、耐为候。

（三）徒刑

强制犯罪者劳作。徒刑包括：第一，城旦、舂。男犯筑城，女犯舂米；不加肉刑的为完城旦。第二，鬼薪、白粲。男犯砍薪，女犯择米。第三，隶臣妾。男为隶臣，女为隶妾。第四，司寇、舂司寇。男犯伺察寇盗，女犯判司寇刑而劳作

---

[1] 《睡虎地秦墓竹简·法律答问》："斗以箴（针）、鈋、锥，若箴（针）、鈋、锥伤人，各可（何）论？斗，当赀二甲；贼，当黥为城旦。"
[2] 《睡虎地秦墓竹简·法律答问》，第181页。
[3] 《睡虎地秦墓竹简·法律答问》，第221页。

如春。第五，候。伺望敌情，在边地服役。

（四）流刑

主要是迁，把犯罪者迁徙到边远地区，不得迁回。

（五）财产刑

主要是赀，罚交财物或罚徭戍。除个别赀徭、赀戍及赀布外，赀甲、赀盾最常见。睡虎地秦简有赀一盾、赀一甲、赀二甲，个别有赀二盾、赀二甲一盾。对官吏适用的赀刑，具有一定的行政处罚性质。

五类刑罚之外，秦朝还有"赎"的规定，即可以用交纳财物代替相应刑罚。包括赎耐、赎迁、赎黥、赎宫、赎死。岳麓秦简0957号简："赎耐，马甲四，钱一千六百八十。"[1]

第四节　民事法律制度

一、所有权

秦时所有权，国家所有称"县官财物"，为各级各类官府所掌握的各种动产、不动产。按里耶秦简，司空曹掌船、器、赎、赀债、徒五类统计，仓曹掌禾稼、贷、畜、器、钱、徒、畜官牛、马、羊、田官等十项统计，户曹掌乡户、徭、器、租质、田提封、漆、鞠七项统计，金布掌库兵、车、工用、工用器、少内器、金钱等六项统计，[2] 这些统计中的田、畜、钱、物（禾稼、船、车、器）等都是国家所有的财产。

私人不动产主要是土地、房屋，即所谓田宅。秦统一后，于秦始皇三十一年（前216年）下令"使黔首自实田"，要民人向政府据实登记所垦田地，政府承认其土地所有权。这个法令的推行，促进了土地私有制进一步发展。民人向田吏或乡吏申请开垦草田，经批准即可垦荒。[3] 动产除马匹、狗等牲畜，以及树木、禾稼、衣器、钱（货币）外，也包括奴婢（臣妾）。[4]

二、债

秦朝债的法律关系，有因借用官府各种公物及贷公钱而发生的借贷契约，私

---

① 陈伟主编：《里耶秦简牍校释》第1卷，武汉大学出版社2012年版，第91页注16。

② 陈伟主编：《里耶秦简牍校释》第1卷，武汉大学出版社2012年版，第164、167、169页。

③ 游逸飞、陈弘音：《里耶秦简博物馆藏第九层简牍释文校释》，简9-14、9-2350正，载简帛网 http://www.bsm.org.cn/show_ article.php? id=1968，发布时间：2013年12月22日。

④ 《睡虎地秦墓竹简·封诊式·封守》，载陈伟主编：《里耶秦简牍校释》第1卷，武汉大学出版社2012年版，第326、356—357页。

人雇佣契约、买卖契约、租佃契约等因契约关系而形成的债；有因公物管理、督责不善致使损失而被责令赔偿的债①，有因不当得利而发生的债，等等。关于契约之债，睡虎地秦简《法律答问》："何谓'亡券而害'？亡校券右为害。"丢失了作为凭证的右券就会造成丢失契约的危害。

在秦朝，公私之间的债，"百姓有债于公"和"公有债百姓"，是普遍现象。"有债于公"常因损坏公物、亏欠公物公款或借贷官府钱物而形成。"公有债百姓"，县偿；"百姓有债于公"，县督偿。②"有债于公"不能偿还，就以劳役抵偿，即所谓"居债（居作以偿债）"，常与"有罪以赀、赎"者并列，并与刑徒一起劳作。"有债于公"的另一种强制偿还方法，是官吏代偿。凡百姓借公器与有债未偿，时间足以"收责之，而弗收责，其人死亡"，令负责官吏及主管官吏代偿。③

私债的履行，法律严禁强扣人质，《睡虎地秦墓竹简·法律答问》："百姓有责（债），勿敢擅强质，擅强质及和受质者，皆赀二甲。"但"廷行事"仅"强质人者论，鼠（予）者不论；和受质者，鼠（予）者□论"，目的是防止出现债务奴隶。

三、婚姻家庭继承

官府认可、保护已登记（已官）的婚姻，不认可、不保护未登记（未官）的婚姻。④ 丈夫有休妻权利，但须报官登记，"弃妻不书，赀二甲"⑤。

家长立遗嘱（先令），可将奴婢、牲畜、谷物、衣器、钱等财物指定由未成年儿子或成年女儿继承。程序是，当事人报告，乡官爰书记录，里典验看。⑥

第五节　经济法律制度

一、土地制度

秦朝土地分为公田与民田。公田归国家所有，收益归官府。县有田官，里耶秦简反映，迁陵县即设置田官，经营管理公田。公田中的劳作者以刑徒为主，而

---

① 据《睡虎地秦墓竹简·秦律十八种·金布律》规定，官吏在点验、会计物资中有罪而应赔偿者，也称"债"，且不得逾年偿还。
② 《睡虎地秦墓竹简·秦律十八种·金布律》："有责（债）于公及赀、赎者居它县，辄移居县责之。公有责（债）百姓未赏（偿），亦移其县，县赏（偿）。"
③ 《睡虎地秦墓竹简·秦律十八种·金布律》，第60页。
④ 《睡虎地秦墓竹简·法律答问》，第222页。
⑤ 《睡虎地秦墓竹简·法律答问》，第224页。
⑥ 陈伟主编：《里耶秦简牍校释》第1卷，武汉大学出版社2012年版，第326、356—357页。

且数量很大。民田即"黔首田"。民田实行的是"行田"制，即国家把国有土地划分成小块后，分发给黔首耕作，黔首对所分土地没有所有权，不可以买卖。但法律允许黔首开垦荒田。经官府批准后开垦的荒田，即归开荒者耕种。

土地耕作，主要靠家庭成员。家中的臣妾也是重要劳力。由于耕种技术较为低下，再加上自然灾害的发生，小自耕农的生活状况并不太好，维持简单的生活和再生产都有困难。

对田地界限的维护，是土地法律秩序的象征。秦律规定："盗徙封，赎耐。"① "封"就是田地的阡陌。私加移动，改变土地界限，便判处赎耐。

二、赋税制度

黔首受田耕作，要向国家交纳田租。睡虎地秦简有部佐"匿田"罪，指已向百姓收取田租而未上报的行为；未收田租的，则不算。② 里耶秦简载，秦始皇三十五年（前212年），迁陵县三个乡的垦田数五十二顷九十五亩，税田为四顷多，占新垦田总数8.3%，即不到十分之一。专家推算，税田平均每亩租为1.33斗。③ 按当时征收田租，分别从各户田地中划出一定数量的"税田"，而田租就来自"税田"，"税田"所产全部作为租税。除粮食外，饲草、禾秆也属田租。《田律》规定，民受田，不论垦不垦，每顷地交纳"刍三石，藁二石"④。

除田租外，秦还有户赋。睡虎地秦简有"匿户"罪，指"匿户弗徭、使，弗令出户赋之谓也"⑤。户赋之外，民众还需承担徭役。秦有《徭律》《戍律》。法律规定，秦民自十五岁傅籍，至五十六岁（有爵位）或六十岁（无爵位）免老，每年为郡县服役一个月为"更卒"，一生为中都官服役一年为"正卒"，屯戍边境一年为"戍卒"。

三、市场管理

睡虎地秦简有《金布律》《关市律》，规定货币流通、市场交易，涉及商品价格、货币比价等内容。

按规定，货币比价，百姓交易时使用钱币，质量好坏一起通用，不准选择；⑥ 布的质量不好，长度达不到八尺、幅宽达不到二尺五寸，不得流通；十一钱折合

---

① 《睡虎地秦墓竹简·法律答问》，第178页。

② 《睡虎地秦墓竹简·法律答问》，第218页。

③ 陈伟主编：《里耶秦简牍校释》第1卷，武汉大学出版社2012年版，第345—347页。

④ 《睡虎地秦墓竹简·秦律十八种·田律》，第27—28页。

⑤ 《睡虎地秦墓竹简·法律答问》，第222页。

⑥ 《睡虎地秦墓竹简·秦律十八种·金布律》，第55页。

一布;① 市肆中的商贾和官家府库的吏,都不准对钱和布两种货币有所选择,否则有罪;② 买卖物品上,须系价签标明价格;③ 为官府出售物品,收钱时必须立即把钱投进缿中,使买人看见投入,不从令者赀一甲。④

第六节 司 法 制 度

一、司法机构

（一）中央司法机关

秦朝廷尉府为中央司法审判机关,长官称廷尉,为九卿之一。其职责,一是审理地方的上诉案件和复审郡县不能决断的疑难案件;二是负责"诏狱",即皇帝诏令审理的案件。其属吏,有廷尉正、廷尉监。

（二）地方司法机关

秦朝郡、县司法审判,由行政长官郡守、县令兼理。一般案件自行处决,重大疑难案件报请廷尉处理。郡设"决曹掾",专职司法;县设"丞","署文书,典知仓狱",协助县令长处理司法事务。

二、诉讼制度

秦代诉讼分"告"和"劾"。"告"指百姓举报他人犯罪,睡虎地秦简《封诊式》有"告子""告臣""甲告""丙告"及"自告（自首）"等;"劾"指御史及其他官吏纠举犯罪,岳麓秦简有监御史举劾州陵县守、丞、史作出的判决不合法。⑤

告发必须先经佐官,不能直接到官长处告发,"辞者不先辞官长、啬夫"⑥。乡、里及亭,也有一定司法权。根据案件的性质以及涉案当事人的身份,秦律将"告"区分为"公室告"和"非公室告"。凡"贼杀伤、盗他人"为"公室（告）",代表国家的官吏必须纠举,百姓无论作为被害人还是知见人,也得举告,官府应予受理。凡"子盗父母,父母擅杀、刑、髡子及奴妾",为"非公室告",子及臣妾不得告发;即使告发,官府也不得受理。

---

① 《睡虎地秦墓竹简·秦律十八种·金布律》,第 56 页。
② 《睡虎地秦墓竹简·秦律十八种·金布律》,第 57 页。
③ 《睡虎地秦墓竹简·秦律十八种·金布律》,第 57 页。
④ 《睡虎地秦墓竹简·秦律十八种·关市律》,第 68 页。
⑤ 朱汉民、陈松长主编:《岳麓书院藏秦简（三）》,上海辞书出版社 2013 年版,第 13 页。
⑥ 《睡虎地秦墓竹简·法律答问》,第 192 页。

秦朝实行"令民为什伍，而相收司连坐"[①] 的什伍连坐制。一人犯罪，邻里知情不告者，有罪。睡虎地秦简有同什同伍者"知而弗告"被赀甲，及"伍人相告"等内容。[②] 同时，秦也实行奖励告奸制。睡虎地秦简屡见告发贼杀、捕告共盗"购二两"（奖赏黄金二两）的条文，里耶秦简有秦始皇三十五年八月士伍得因告戍卒赎耐罪而得到三百五十钱奖赏。[③] 连坐使得百姓承担着更多的犯罪举报义务，奖告又诱使人们更多举报犯罪以获利。为防止诬告、滥告，法律设立"告不审""告盗加赃"、诬告反坐等罪名，以打击控告不实、控告盗窃而增多赃数、诬告等行为。

"告""劾"之后，职掌追捕犯人的"校长"和"求盗"对被告人"求""捕"，或经百姓的"捕告"，案件进入审讯和判决过程，及疑难案件奏谳程序。依序是"讯（诘、诊、问）、鞫、论（决）、谳（报）"[④]。"讯"指最初的、一般的讯问，由狱吏进行，其间穿插"诘（对供词矛盾处提出反诘问难）""诊（实地调查）""问（以文书询问、查询）"，得到口供及证词，并进行查证；"鞫"指审问、穷问的核心程序，由有权作出判决的县令、丞等官员主持，对讯供掌握的事实及其性质进行认定，并标明这些认定"审（即确凿无疑）"；"论（决）"指论处、定罪，即判决；"谳（报）"指申送上级的"谳狱"，并得到上级复核的答复（"报"）。

其中，"诊"即验，秦律中指验视、检验、查看。《封诊式》显示，秦的司法检验，包括对他杀（贼死）、自杀（经死）及其他非理致命情形如坠胎（出子）的尸体检验，对麻风病（疠）的疾病检验、对送检者是否有病（诊病）的健康检验、斗殴后的伤情检验（诊痍）等活体检验，对痕迹（履迹）、文书（伪书）、牲畜（齿牛）的物证检验，以及对杀人（贼死）、自杀（经死）、盗窃（穴盗）现场的现场勘验等类别。尤其现场勘验，程序设计规范，勘察细致全面，之后形成检验笔录（爰书），记述检验过程及结论，供作断案的依据。

三、审判制度

审讯又称"讯狱"，以听取并记录被告口供。口供是当时审判的重要依据，刑讯则是取得口供的手段。对被告词穷、多次欺骗，还改变口供、拒不服罪的，依律"笞掠"拷问。[⑤] 但在理念上，当时"治狱"又提倡"毋笞掠而得人情为上，

---

① 《史记·商君列传》。
② 《睡虎地秦墓竹简·法律答问》，第 146、192 页。
③ 陈伟主编：《里耶秦简牍校释》第 1 卷，武汉大学出版社 2012 年版，第 231 页。
④ 《史记·酷吏列传》载，张汤儿时模仿做县丞的父亲，对偷肉的老鼠"掠治，传爰书，讯鞫论报"，"具狱磔堂下"。
⑤ 《睡虎地秦墓竹简·封诊式·讯狱》，第 246 页。

答掠为下"，甚至"有恐为败"。①

听取并记录被告供词、证人证词及查询结论后，"鞫"的内容是对这些证供及查询结论进行确认，基本上是重述证供及查询结论；之后标示的"审（属实）"或"皆审（都属实）"字样，则是"读鞫"的结果，即读给被告听闻，得到属实答复后，记录在案。郑司农注《周礼·秋官·小司寇》曰："'读书则用法'，如今时读鞫已，乃论之。"在程序上，秦律也是在"鞫"而"审"（属实）之后，紧接着是"论"或"论令"，即判决一定的刑罚。② 当事人不服称"冤"，可以请求再审，叫"乞鞫"。按睡虎地秦简，乞鞫可由当事人自己提出，也可由他人代为提出，"以乞鞫及为人乞鞫者，狱断乃听之"③。

主持审判的官员，必须按照事实，依据法律。审判官员因自身原因，无论是故意或者过失，无论是轻罪重判，还是重罪轻判，都要承担法律责任。审判官员的责任，在故意层面有"不直"与"纵囚"。重罪故意轻判、轻罪故意重判，属论狱"不直"；有罪故意不判、有罪故意判无，谓"纵囚"。④ "不直"有出罪、有入罪，"纵囚"只有单纯出罪。《睡虎地秦墓竹简·法律答问》记载，判处他人"赀盾不直"，吏赀一盾。⑤ 法官责任上还有过失的"失刑"罪，与故意的"不直"相对。

四、秦朝法律制度的特点

秦开启了中国以律令为主的制定法体系，对后世影响很大。秦的法律内容，有体现时代变革和社会发展的封建制成分，如行政上废除世袭采邑、封国而实行直属中央统辖的郡县制，刑罚上采用更适合封建生产方式的城旦舂、鬼薪白粲、隶臣妾、司寇、候等徒刑制，以及赀甲、赀盾等财产刑；也有沿袭奴隶制时代的旧制因素，如刑罚上全面沿用包括墨、劓、刖、宫在内的残害肌体的肉刑体系及种类繁多的死刑执行方式。在治术上，秦吏治尚严，岳麓秦简反映官员频受举劾，江陵县丞暨在四个月中被劾八次，"小犯令二，大误一，坐官、小误五"，被赀一甲，尚有余罪未论处。⑥ 秦重视治效，对官府所管钱物的盈亏即所谓国家利益极为

---

① 《睡虎地秦墓竹简·封诊式·治狱》，第245—246页。

② 朱汉民、陈松长主编：《岳麓书院藏秦简（三）》，上海辞书出版社2013年版，第251—281页。

③ 《睡虎地秦墓竹简·法律答问》，第200页。

④ 《睡虎地秦墓竹简·法律答问》："罪当重而端轻之，当轻而端重之，是谓'不直'。当论而端弗论，及伤其狱，端令不致，论出之，是谓'纵囚'。"

⑤ 《睡虎地秦墓竹简·法律答问》，第171页。

⑥ 朱汉民、陈松长主编：《岳麓书院藏秦简（三）》"暨过误失坐官案"，上海辞书出版社2013年版，第29—31页。

重视，名目多、范围广的考课法律以及《金布律》等专门法律，实施非常认真、严格。睡虎地秦简有田牛、官马牛、漆园、采矿诸课及牛羊课，里耶秦简有近二十种课，包括畜官、仓官所管辖的刑徒、牲畜产子课、死亡课、行徭课，手工业及商业经营的作务产钱课，属于其他官署管辖的有垦田、产漆、水火损失等课。考课督责各级各类大小官吏，负殿者施加赀罚，锱铢必较。赀甲、赀盾虽然通用于吏民，但对象多为官吏，成为治吏的重要方式。睡虎地秦简一百六十处"赀"字，针对官吏的多达九十余次。这也印证了秦朝"明主治吏不治民"① 的治理特征。

但秦始皇引以为自豪的"皆有法式"，却使得法网过密，汉代人讥其"秦法繁于秋荼，而网密于凝脂"②。同时，"事皆决于法"③ 的法律令实施，也使得吏民动辄得罪；轻罪重刑，严刑峻罚，罪刑体系失衡。秦二世时"督责益严"，以至于"刑者相伴于道，而死人日成积于市"。④ "皆有法式"变为"繁刑严诛"，吏治尚严流为"吏治刻深"，⑤ 致使法家式的"法治"出现空前危机。而统治者不思更张，继续其"举措暴众而用刑太极"⑥ 的政策，最终引发了全国暴动。

作为法家代表人物的变法者、法治推进者，商鞅、李斯都不得善终，其悲剧性结局与秦国因变法而强形成了强烈反差，在一定程度上消解了法家变法、法治的积极意义。好在"……商君死……秦法未败也"⑦，惠文王、武王、昭王，继续奉行变法成果，故能"四世有胜"⑧，但李斯死后不久，秦朝连同其法家法治就一同被战火淹没。

秦朝覆亡，证实了老子对统治者提出"民不畏死，奈何以死惧之"⑨ 警告的正确性。陈胜、吴广"斩木为兵，揭竿为旗"⑩，带领徒众起义。起兵的原因，竟然是极具象征意义的繁徭重戍与死刑威胁——谪戍雨阻，"度已失期"，而"失期，法皆斩"。⑪ 严刑峻法会导致官逼民反，经历了秦末农民大起义的汉初统治者明白了这个道理，才想到启用道家、儒家，改变法家单纯施加高压的统治方式，逐渐

① 《韩非子·外储说左下》。
② （汉）桓宽：《盐铁论·刑德》。
③ 《史记·秦始皇本纪》。
④ 《史记·李斯列传》。
⑤ 《史记·秦始皇本纪》。
⑥ （汉）陆贾：《新语·无为》。
⑦ 《韩非子·定法》。
⑧ 《荀子·强国》《荀子·议兵》。
⑨ 《老子》第七十四章。
⑩ 贾谊《过秦论》。
⑪ 《史记·陈涉世家》。

形成"霸王道杂之"的"汉家制度"。①

思考题：

　　1. 简述法家思想在秦律中的具体表现。

　　2. 简述秦朝立法原则。

　　3. 简述秦朝法律制度的特点。

▶ 自测习题及参考答案

---

① 《汉书·元帝纪》宣帝语。

第六章　汉　朝　法　制

汉朝为西汉与东汉的统称。西汉（前 206—25 年）以长安为都城，东汉（25—220 年）以洛阳为都城。东汉统治者自称延续了西汉的皇室血统，在政治、经济、法律制度等方面全面延续西汉制度。故本章重点介绍西汉法制。汉初统治者总结秦朝"二世而亡"的教训，确立了"黄老无为"的立法思想；汉文帝、景帝时废除残体肉刑，代之以笞刑、徒刑；汉武帝推行"罢黜百家，独尊儒术"政策，董仲舒首倡"春秋决狱"的司法原则。在"内法外儒""霸王道杂之"统治方针指导之下确立的汉朝法律制度，深刻地影响着汉朝以后历代封建法制。

第一节　立　法　活　动

一、从"黄老无为"到"独尊儒术"

汉朝立法思想有两个大的转变期：一是汉初从暴秦的法家思想转变为黄老无为思想，主张"与民休息""宽省刑罚"；二是汉武帝时从黄老无为思想转变为儒家思想，主张"独尊儒术""德主刑辅"。

（一）汉初"黄老无为"的立法思想

强大的秦朝在短短十五年后轰然坍塌，给予汉初统治者极大的震撼。汉初统治者反思秦朝灭亡的原因，深刻体会到"民心向背"的重要性。在认识到秦亡的主要教训之一是"举措暴众而用刑太极"[①] 之后，新政权选择了与法家思想反差最大、成本最低而又具实施可能性的"黄老无为"思想，并将其作为汉初的基本国策与立法指导思想。

黄老学派是战国以来道家学派的一个分支，"黄"指黄帝，"老"指老聃，其以黄帝为无为思想的最早实践者而伪造黄帝的言论，以老聃为无为思想的最早倡导者而摒弃其"避世"的态度。1973 年长沙马王堆汉墓出土的帛书《黄帝四经》[②] 就是战国后期黄老学派的主要代表作，主张统治者要克制欲望，"嗜欲无穷，死"，"功成而不止，身危有殃"，"节民力以使，则财生"，"唯执道者能虚静公正"，虚静就是不扰民。同时又主张以法治国的正当性，认为"道生法"，"法度者，正（政）之治也"，但立法司法要极度谨慎，"诛禁不当，反受其殃"。汉初黄老思想

---

① （汉）陆贾：《新语·无为》。
② 《黄帝四经》包括《道原》《经法》《十六经》《称》四篇。

的主要代表作是陆贾的《新语》，主张以秦为鉴，"道莫大于无为"，同时又谈仁义忠孝，极力拉近黄老与儒家的距离。可以说，汉初黄老思想就是以道家"无为"为主导，融合了法家与儒家的一种思想拼盘，既批判法家又要"汉承秦制"，既摒弃专任刑罚又不排斥法制，同时又主张仁义治国。体现在立法上，就是轻徭薄赋、约法省刑、与民休息。历史证明，汉初新政权的这一选择基本正确。

（二）汉武帝"独尊儒术"与封建正统法律思想的形成

任何思想都不是万能的。当"黄老无为"开创了"文景之治"的安定局面之时，危机也开始显露：地方诸侯王势力尾大不掉，北方匈奴威胁日强。汉文帝时贾谊在《过秦论》《治安策》等文章中已提出警告，建议加强中央权势，削弱诸侯王势力，建立有序的等级制度，礼法结合"绝恶于未萌"等，实际是主张以儒家的"有为"取代黄老的"无为"。但汉文帝无力为之；汉景帝以"削藩策"稍一尝试，即招来"七国之乱"。汉武帝采董仲舒建议，"罢黜百家，独尊儒术"，设五经博士，行封禅之礼，建年号，改历法，之后削弱诸侯、讨伐匈奴。儒家思想权威地位的确立与实施，使皇权得到空前巩固，多元的学术思想发展受到严重挫折。

董仲舒的新儒家思想吸收了黄老的阴阳学说与先德后刑的思想，认为"天道之大者在阴阳，阳为德，阴为刑"，天道"大德而小刑""任德不任刑"，因此，德刑关系应是"德主刑辅"。[①] 德主教化，教化的核心就是"三纲五常"。董仲舒"德主刑辅"思想是对先秦儒家"宽猛相济""隆礼重法"思想的继承与发展，为统治者所采纳后，影响及于后世历代封建王朝。

二、法律形式

汉代的法律形式主要有律、令、科、比。

（一）律

汉承秦制，律也是汉代最基本的法律形式，是由中央朝廷制定并经皇帝批准颁布天下、长期适用、比较稳定的一种法律形式。公元前206年，刘邦率军攻克咸阳，驻军霸上，召集各县父老，宣布了著名的《约法三章》："杀人者死，伤人及盗抵罪。余悉除去秦法。"[②]《约法三章》是西汉立法之始，对刘邦稳定关中、统一天下起了重要作用。

汉朝初建，统治者感到"三章之法不足以御奸"，于是萧何受命"捃摭秦法，取其宜于时者，作律九章"。[③]《九章律》已佚，据《唐律疏议》记载，其九章篇名是在李悝《法经》盗、贼、囚、捕、杂、具六篇基础上，增加户律（户口、土

① 参见《汉书·董仲舒传》与董仲舒的《春秋繁露·精华》。
② 《史记·高祖本纪》。
③ 《汉书·刑法志》。

地、赋税等）、兴律（工程兴建、徭役征发、军队调动等）、厩律（牛马、运输、驿传、仓库等）三篇而成，其内容应该是依据秦律整理而成。《九章律》是汉朝的第一部律，也是汉律的核心。

除《九章律》外，汉律主要还有《傍章》《越宫律》《朝律》。《傍章》是汉高祖命叔孙通所作朝廷官秩礼仪，故又称《礼仪》或《汉仪》。史载汉高帝七年（前 200 年）长乐宫落成大典上，《傍章》首次实施，"自诸侯王以下莫不振恐肃敬"①。汉朝礼、律依旧合一，叔孙通"所撰礼仪，与律令同录，藏于理官（司法部门）"，② 属于《九章律》的补充法规，故称"傍章"。汉惠帝时又命叔孙通增补宗庙仪法入《傍章》，共十八篇。③《越宫律》是汉武帝时命廷尉张汤所作，是有关宫廷禁卫方面的法律，为后世律典中《卫禁律》之先河。《晋书·刑法志》云："张汤《越宫律》二十七篇。"《朝律》是汉武帝命中大夫赵禹所作，也称《朝会正见律》。古代臣见君为朝，君见臣为会。《朝会正见律》是规范诸侯百官于正式场合朝见天子的法律。《晋书·刑法志》云："赵禹《朝律》六篇。"

以上四部律一般认为是汉朝最重要的、比较稳定的律，统称"汉律六十篇"。此外，汉朝还有一些单行律。史籍记载，汉武帝时制定、颁布有《酎金律》《左官律》等。1984 年出土的张家山汉墓竹简中的吕后《二年律令》就收录了大量单行律，包括《告律》《亡律》《田律》《钱律》《效律》等。

（二）令

令也是汉代承袭秦制的一种法律形式，是由皇帝发布并经过整理纳入"令"系统的诏命。《汉书·宣帝纪》颜师古注引文颖曰："天子诏所增损，不在律上者为令。"在法律形式中，令的重要性仅次于律，但其效力往往高于律。汉武帝时酷吏杜周所说："前主所是著为律，后主所是疏为令。"④ 律和令都是君主意志的体现。

汉朝律令并进，数量越来越多，武帝时已达到三百五十九章，成帝时更达到"百有余万言"，由是又将令依次编为"令甲""令乙""令丙"。此外，还有适用于某官署的令，如《廷尉挈令》《光禄挈令》《大鸿胪挈令》等；有适用于某地区的令，如《乐浪挈令》《北边挈令》；有适用于官吏等级待遇的，如《品令》《秩禄令》《任子令》；有适用于经济方面的，如《田令》《金布令》《缗钱令》《胎养令》等。

---

① 《史记·刘敬叔孙通列传》。
② 《汉书·礼乐志》。
③ 参见《汉书·叔孙通传》。又《晋书·刑法志》云："叔孙通益律所不及，《傍章》十八篇。"
④ 《汉书·杜周传》。

（三）科

科又称"科条"或"事条"，是中央朝廷对律令条文的解释与细化。《后汉书》记载，汉初有萧何制定的规范大臣父母丧请假细则的《宁告之科》，武帝时有《首匿之科》，东汉时有《亡逃之科》。据《晋书·刑法志》记载，汉朝还有《异子之科》《投书弃市之科》《登闻道辞科》《使者验赂科》《平庸坐赃科》等。

（四）比

比，又称"决事比"，是指在律令科条无明确规定的情况下，可以已经判决并经朝廷认定的典型案例作为司法审判的依据，其渊源于秦朝的"廷行事"。《礼记·王制》郑玄注云："已行故事曰比。"《周礼·秋官·大司寇》唐贾公彦疏："若今律，其有断事，皆依旧事断之。其无条，取比类以决之。"汉朝"比"的种类有"决事比""死罪决事比""辞讼比""廷尉决事比""春秋决事比"等，其数量扩展极速，至武帝时已有"死罪决事比万三千四百七十二事"，[1] 尚未计算其他种类的比。由于比的方便与灵活，数量极多又缺乏严格的整理统一，"罪同论异"，奸猾之吏由是上下其手，"所欲活则傅生议，所欲陷则予死比"，[2] 严重侵蚀了司法的公正性。

第二节　行政法律制度

一、官吏管理

汉朝全面建立职官管理制度。对于职官的管理，主要涉及选拔、任用、考核等。

（一）选拔

汉朝官吏选拔方式主要有察举、征辟、任子三种。

察举是郡国地方官自下而上向朝廷推荐本地人才为官的制度，是汉代最主要的选拔方式。察举的科目主要有孝廉（孝子、廉吏）、茂才（才能优异，也称秀才），孝廉一般郡国岁举一人，东汉时改为以人口二十万人岁举一人，茂才州举一人。其余不定时推荐的特科有贤良方正（能直言极谏者）、文学（能通经学者）、明经、明法、明阴阳灾异等。察举推荐的人才到京师后必须经过考试，皇帝往往亲自进行策试，如公孙弘、董仲舒均以贤良对策为汉武帝所欣赏而擢拔。做官必须有人推荐，这是察举制与唐以后科举制的最大区别。

---

① 《汉书·刑法志》。
② 《汉书·刑法志》。

征辟是自上而下直接选拔官吏的制度，有皇帝征聘与官府辟除两种方式。为皇帝特别征聘的均为德高望重的高贤隐逸，如汉武帝时申公，汉光武帝时严光，其后又有法真、董扶、杨厚等。官府辟除是指中央公府及地方州郡的长官自主选拔僚属的制度。公府主要指三公府，即丞相、御史大夫、太尉三公，也包括大将军与诸卿如光禄勋、大鸿胪、太常等府，郡有太守，州有刺史，都有自主辟召僚属之权。

任子即高级官吏可以保任其子弟为官。一般"吏二千石以上，视事满三年，得任同产（弟）若子一人为郎"①。

（二）任用

汉朝对官吏之任用有一系列限制性规定：第一，必须身家清白，商人子孙、赃官子孙、赘婿不得推荐为官。第二，通过征辟途径为官者，家庭财产必须达到一定数额。汉时财产税称为算赋，资产每一万钱缴纳算赋一百二十文，称为一算。景帝以前"算十以上乃得宦"，即资产十万钱以上；景帝以后降低标准"算四得宦"，② 即资产四万钱以上。第三，对于官吏还有学识方面的要求。博士弟子必须通一经以上方可补吏，武帝以后一般官吏都需要通经、明法。第四，武帝以后，地方官吏都要回避本籍为官，婚姻之家亦须互相回避对方的原籍，两州人士不得对相监临。东汉时甚至规定了"三互法"，即甲州人在乙州做官，乙州人在丙州做官，则丙州人不得在甲、乙、丙三州做官。第五，对于宗室、外戚、宦官子弟实施任官限制。为防止宗室威胁皇权，规定"宗室不宜典三河"③，三河即被视为天下重地的河东、河内、河南三郡。为防止外戚干政，规定"王舅，不宜备九卿"，"后宫之家，不得封侯与政"。④ 又规定宦官子弟不得任地方官，"中官子弟不得为牧人职"⑤。但实际上两汉时期宗室、外戚、宦官相继为乱，禁而不止。

（三）考核

汉朝对官吏的考核称为考课，大体分为三个系统：第一，朝廷对地方最高行政长官的考课，西汉时对郡国，东汉时对州。例行每年年终由郡国上计吏到京师汇报，称为常课；三年一次详考，称为大课。朝廷负责考课的是丞相、御史二公府，丞相负责考殿最（排上中下名次，最是正数第一，殿为倒数第一），御史负责核实数据真伪。东汉时上计考课权归尚书台。上计的内容主要是户口、耕地、税

① 《汉书·哀帝纪》注引《汉仪注》。

② 《汉书·景帝纪》。

③ 《汉书·刘歆传》。

④ 《汉书·冯野王传》《后汉书·明帝纪》。

⑤ 《后汉书·冯绲传》。

赋、治狱等情况。第二，地方上一级对下一级的考课。如郡国对属县，州对郡。并核实上计情况对下级官吏作出排名与考评。第三，各级官府长官对本府属官掾吏进行考核与评定。三大系统中的各类考核结果，直接影响被考核者的升迁、贬黜与奖惩。

二、监察制度

（一）监察机构

汉武帝时构建了较为系统的监察机构，大致可分为三个系统。

1. 监察中央百官系统

对于中央百官的监察，实施三线并行，互为制衡。第一，专门监察机构，设御史大夫为全国最高监察长官，位列三公，下设御史丞与御史中丞分管具体事务。第二，行政监察机构，设丞相司直，秩二千石，隶属丞相，监察中央百官行政事务。第三，特殊监察机构，置司隶校尉，位居九卿之上，可监察三公、外戚、宦官、京师百官及京畿地区三辅、① 三河、弘农七郡的二千石官吏。三条线可互为监察与纠弹，最终裁决权掌握在皇帝手中。

2. 监察郡国守相系统

由专门监察机构负责，汉惠帝时设监察御史，专司对于郡守与国相的监察。汉武帝时将全国分为十三个监察区划"州"，每州辖数个郡与国，设十三部刺史监察守相，刺史隶属御史中丞。

3. 监察地方诸县官吏系统

刺史只能监察郡国守相即二千石官吏，郡以下诸县官吏由郡守派督邮监察，属于丞相司直的行政监察系统。

（二）监察法规

汉朝监察机构的监察事项包括：贪贿、不法、逾制、违令、冤狱、举荐非人等。朝廷专门颁布了一些监察法规，其中最重要的有汉惠帝时的《御史九条》和汉武帝时的《六条问事》。

汉武帝元封五年（前 106 年）改监察御史为十三部刺史，并制定《六条问事》，作为刺史实施监察的基本依据。② 六条之中，除一条针对豪强，余五条都

---

① 三辅指京兆、右扶风、左冯翊。

② 《通典·职官十四》："一条，强宗豪右，田宅逾制，以强凌弱，以众暴寡；二条，二千石不奉诏书，遵承典制，倍（背）公向私，旁诏守利，侵渔百姓，聚敛为奸；三条，二千石不恤疑狱，风厉杀人，怒则任刑，喜则淫赏，烦扰苛暴，剥截黎元，为百姓所疾，山崩石裂，妖祥讹言；四条，二千石选署不平，苟阿所爱，蔽贤宠顽；五条，二千石子弟恃怙荣势，请托所监；六条，二千石违公下比，阿附豪强，通行货赂，割损政令。"

是直指郡守的违法行为。为防刺史滥用职权，汉武帝还要求刺史监察，必须严格按照《六条问事》的规定，不得超出其范围。

第三节 刑事法律制度

一、刑法原则

（一）上请原则

上请，又称"先请"，是指贵族官僚犯罪，司法机构不得擅自判决，而必须上报请示皇帝裁决的制度。《汉书·高帝纪》载高帝七年（前200年）令："郎中有罪耐（徒刑）以上，请之。"据《汉书·百官公卿表》，"郎中比三百石"，差不多是中央机构的最低级官吏。《后汉书·光武帝纪》："吏不满六百石，下至墨绶长、相，有罪先请。"几乎包括了所有官吏。司法官吏不遵守上请规定，擅自判决并执行的，不论定罪是否准确，都要被处以免官直至追究刑事责任，如东汉的太尉桥玄与中郎将张修均因此获罪，可见这一原则是被严格执行的。

（二）亲亲得相首匿原则

首匿指隐匿窝藏罪犯的首谋者，汉武帝时曾颁布"重首匿之科"。[1] 汉宣帝地节四年（前66年）五月，"诏曰：父子之亲，夫妇之道，天性也。虽有祸患，犹蒙（冒）死而存之。诚爱结于心，仁厚之至也，岂能违之哉！自今子首匿父母，妻匿夫，孙匿大（祖）父母，皆勿坐。其父母匿子，夫匿妻，大父母匿孙，罪殊死，皆上请廷尉以闻"。[2] 即在夫妻及小家庭直系亲属范围内，卑幼隐匿犯罪之尊长不追究刑事责任，尊长隐匿犯罪之卑幼则一般也不追究，只有死罪才须上请廷尉裁决。这一原则史称"亲亲得相首匿"，是唐律"同居相为隐"及明清律"亲属相为容隐"规定之滥觞。

（三）老幼妇残恤刑原则

老幼妇残恤刑原则，即对老人、孩童、妇女、残疾人等生理上之弱势群体在定罪量刑上给予特殊宽宥，继承了西周以来的矜老恤幼原则。汉惠帝元年（前194年）诏："民年七十以上，若不满十岁，有罪当刑者，皆完之。"孟康注：完之即"不加肉刑。"[3] 汉景帝后元三年（前141年），"其著令：年八十以上，八岁以下，及孕者未乳，师（盲人乐师）、朱（侏）儒当鞠系者，颂系之"。[4] 颂系即不戴刑

---

① 《后汉书·梁统传》。
② 《汉书·宣帝纪》。
③ 《汉书·惠帝纪》。
④ 《汉书·刑法志》。

具。汉宣帝元康四年（前62年）诏："自今以来，诸年八十以上，非诬告、杀伤人，它皆勿坐。"① 这是宽宥老人。汉成帝鸿嘉元年（前20年）定令："年未满七岁，贼斗杀人及犯殊死者，上请廷尉以闻，得减死。"② 这是宽宥孩童。汉平帝元始四年（公元4年）著令："妇女非身犯法，及男子年八十以上、七岁以下，家非坐不道、诏所名捕，它皆无得系。"③ 老、幼、妇女除非家中有人犯不道罪涉及连坐，或皇帝指名逮捕，或妇女本人犯罪，其余不得抓捕。对老幼妇女残疾人的恤刑原则也是考虑到这一生理弱势人群对社会危害性较小的缘故。

二、主要罪名

汉朝刑事法律中的罪名既沿袭秦律，又适应汉朝社会的发展特点进行调整。以下介绍汉朝法律中涉及保护皇权的主要罪名。

（一）诸侯危害皇权罪

1. 出界罪

汉律严禁王侯私自越出王国边界，以防诸侯王之间相勾结，违犯者免爵或处刑。如"嗣阳邱侯偃，孝景四年坐出国界，耐为司寇。祝兹侯延年，坐弃印绶出国，免"④。

2. 事国人过员罪

此罪是为预防诸侯王在王国内滥征人力、扩张势力，违犯者免爵。如"嗣东第侯刘告，孝文十六年坐事国人过员，免"。颜师古注："事役吏之员数也。"

3. 酎金不如法罪

酎指宗庙祭祀用之醇酒。汉律规定，皇室宗庙祭祀费用须由各诸侯王按王国人口每千人四两黄金的比例定时向朝廷缴纳，称为"酎金"。缴纳的黄金"少不如斤两、色恶（黄金成色不足），王削县，侯免国"⑤。

4. 逾制罪

汉律严格维护等级制度，严禁诸侯王享用天子服色、器皿、仪仗、用语、制度等，违犯者即为逾制，视为谋反，处以重刑。所谓"汉有严律，诸侯窃服，虽亲必罪"⑥。汉武帝时淮南王刘安谋反的罪名之一，即为"不用汉法，出入称警跸，称制，自为法令，拟于天子"⑦。

---

① 《汉书·宣帝纪》。
② 《汉书·刑法志》。
③ 《汉书·平帝纪》。
④ 《汉书·王子侯表》。
⑤ 《史记·平准书》集解。
⑥ 《宋书·武三王传》。
⑦ 《汉书·淮南王传》。

5. 不孝罪

汉初仍以宗法治天下，为培养小宗对大宗、诸侯对天子的忠诚度，同时又认识到应培养皇室贵族行为理应高尚的传统，故对皇室及诸侯王府内侵犯父母的不孝罪行为的范畴及处罚远过于普通民众及官吏。如衡山王刘赐长子刘爽"坐告王父，不孝"，"弃市"①。

（二）官吏危害皇权罪

1. 阿党、附益罪

"诸侯有罪，傅相不举奏，为阿党。"② 可见阿党罪是指中央朝廷任命的诸侯王之相（地位相当于郡守）发现诸侯王有罪而隐匿不向朝廷举报的行为，等同于与诸侯王结为私党。《汉书·诸侯王表》称武帝时"设附益之法"，颜师古注引张晏："曰阿媚王侯，有重法也。"可见附益罪是指中央朝廷官吏与诸侯王私相勾结，危害皇权的行为。

2. 不敬罪

"亏礼废节谓之不敬"，凡对皇帝及朝廷尊严构成威胁的行为，即为不敬，严重者则为大不敬。举凡触犯皇帝名讳、毁谤先帝、御物处置不当、漏泄宫中语等直接危害皇帝尊严的，是为大不敬；举凡奉使无状、奉诏不谨、不告归假、失大臣体、辱骂上司等危害朝廷体制的，是为不敬。犯不敬、大不敬罪，轻则削爵、囚禁，重则死罪。

3. 矫制罪

官吏诈称皇帝诏命，即构成矫制罪。视后果轻重，分为"大害""害""不害"三种。矫制大害罪最重，往往处以腰斩；矫制害按律当弃市，但可赎免；矫制不害则一般处以免官。

4. 蔽匿盗贼罪

蔽匿盗贼罪是指地方官吏隐瞒盗贼消息不上报朝廷的行为。武帝时制定《沈命法》，规定："群盗起不发觉，发觉而弗捕满品者，二千石以下至小吏主者皆死"，"敢蔽匿盗贼者，没其命也"。③

5. 见知故纵罪

见知故纵罪是指官吏之间相互隐瞒犯罪，"见知人犯法不举告为故纵，而所监临部主有罪并连坐也"。④

（三）其他危害皇权罪

1. 谋反大逆罪

谋反大逆罪，即图谋以暴力推翻皇帝、颠覆政权的行为，是汉朝最严重的

---

① 《汉书·衡山王传》。
② 《汉书·高五王传》颜师古注引张晏说。
③ 《汉书·咸宣传》。
④ 《汉书·刑法志》颜师古注。

犯罪。汉律规定："大逆不道，父母、妻子、同产（兄弟）皆弃市。"[1] 即处以夷三族的刑罚。如"淮阴侯韩信谋反长安，夷三族"；后"梁王彭越谋反，夷三族"。[2]

2. 首匿罪

首匿罪，即"为首谋而藏匿罪人"。汉武帝时颁布"重首匿之科"，主要为打击谋反与大逆不道的罪犯，首匿者多处死刑。如汉宣帝"元康元年，修故侯福坐首匿群盗弃市"。[3]

3. 通行饮食罪

通行饮食罪是指为谋反、起义的"群盗"报信引路、提供饮食的行为，犯者死罪。《汉书·陈忠传》曰："至于通行饮食，罪至大辟。"相当于后世唐律中的"过致资给"罪。武帝时盗贼蜂起，"以法诛通饮食，坐连诸郡，甚者数千人"[4]。

三、刑种

汉初承秦法之旧，刑罚种类主要为死刑、肉刑、徒刑、罚金四大类，以及非独立刑种的赎刑。汉文帝时改革肉刑，以徒刑、笞刑替代黥、劓、斩左右趾等残体刑，是汉朝刑罚制度的最大变化。

（一）死刑

汉朝死刑主要有枭首、腰斩、弃市。

枭首即"斩其首而悬之也"，如汉哀帝时薛宣之子薛况即被王莽迫害"枭首于市"。

腰斩即"解衣伏锧（铡刀）"拦腰斩断，如汉宣帝时赵广汉即被腰斩。

弃市原称磔刑，汉景帝中元二年（前148年）改为弃市，"以刀刃杀之于市"，"言与众人共弃之也"。

（二）肉刑及其改革

汉初沿秦，肉刑有黥刑、劓刑、斩左趾、斩右趾、宫刑。汉文帝十三年（前167年）齐太仓令淳于意有罪当刑，其女儿缇萦上书汉文帝，"愿没入为官婢，以赎父刑罪"。汉文帝"怜悲其意"，下诏改革肉刑，并根据丞相张苍、御史大夫冯敬的建议改为徒刑、笞刑与死

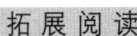

拓展阅读

汉初废除肉刑
与刑制改革

---

① 《汉书·景帝纪》颜师古注引如淳说。
② 《汉书·高帝纪》。
③ 《汉书·王子侯表》。
④ 《史记·酷吏列传》。

刑："当黥者髡钳为城旦春（五年徒刑），当劓者笞三百，当斩左止（趾）者笞五百，当斩右止，……弃市。"[1] 此后受刑者"率多死"，故班固评价此次改革为"外有轻刑之名，内实杀人"。汉景帝元年（前 156 年）及中元六年（前 144 年）两次下诏减轻笞刑，最终笞五百改为笞二百，笞三百改为笞一百，并颁布《箠令》以限制笞刑刑具（箠）规格及行刑方式，"自是笞者得全"。但是，减轻笞刑又带来刑罚结构不合理的问题，"死刑既重而生刑又轻"，这个问题直至南北朝时才得到解决。汉文帝改革肉刑顺应了历史发展的趋势，虽未完全解决刑重问题，但为北朝及隋封建五刑的确立奠定了基础。

（三）徒刑

徒刑沿秦，也称"作刑"。徒刑按服刑期限可分为五种：第一，髡钳城旦春，五岁刑。髡钳，剃发曰髡，以铁束颈曰钳，用于重罪犯人；城旦春，男为城旦即白昼修筑城墙，女为春米，均是重体力活。第二，完城旦春，四岁刑。完，即不剃发，不束颈，但去其须鬓，也称为耐刑（古字耐写作耏，即须鬓）。四岁、三岁、二岁刑均为耐刑。第三，鬼薪白粲，三岁刑。鬼薪，原指祭祀鬼神蒸煮供品所用之薪柴，此代指男犯人上山伐木劈柴；白粲，原指祭祀鬼神供品所用之上好白米，此代指女犯人择米。第四，司寇作，二岁刑。司寇即伺寇，守备之意，男守备（一说守边，古时常令囚徒守边），女劳作，故名。张家山汉墓竹简《二年律令》（下文简称《二年律令》）则称为"隶臣妾"，男女罪犯皆为劳作。第五，罚作复作，三月至一岁刑。男为成罚作（即守备），女为复作，均为劳役刑，不去须鬓。

（四）罚金

罚金是依法交纳相应财物的刑罚，一般适用于渎职、偷盗、过失犯罪等轻微犯罪，也可用于民事违法与行政违法，相当于秦朝的赀刑。综合传世文献和《二年律令》等出土文献，汉朝的罚金有半两、一两、二两、四两、八两、一斤、二斤等不同数额（二两、四两为多），均指黄金，一斤为十六两，可以铜钱折合，"黄金一斤，值钱万"。

以上四大类刑种以外，另有赎刑。赎刑沿袭秦朝，是以财物折抵刑罚的制度，非独立刑种，而是一种替代刑。赎刑对官民通用，适用刑罚自徒刑、肉刑至死刑皆可赎，赎刑所用财物品类众多，有黄金、铜钱、谷、粟、竹、缣、马等，也可以爵位、秩（官品）、军功折算，一般以铜钱为折算标准。死刑赎后不能免刑，只能减刑，如《汉书·武帝纪》记载："（天汉四年）秋九月，令死罪入赎钱五十万

---

[1] 《汉书·刑法志》。

减死一等。"

第四节　民事法律制度

一、物权

两汉民事权利的主体是自由民，但由于政治与经济身份等级的不同，其在民事法律关系中的权利与义务也有很大的区别。一般来说，贵族、官僚、地主、自耕农都享有比较完全的民事法律权利，而"宾客""徒附""佃客"等因对主人有很强的人身依附关系，民事权利与人身自由都受到很大限制。商人在重农抑商政策限制下，不得参与土地交易。奴婢等同于财产，是民事法律关系的客体，无民事权利，只有在免为庶民后才能获得相应的民事权利。在家庭中，家长是家庭对外民事法律关系的唯一代表，其他成员则无权处分家产。

国有土地可由皇帝封赐所得，但只有使用与收益权，而无处分权；私有土地则通过买卖、赠与、继承取得。无主物的取得法律承认先占原则；年代久远的埋藏物归发现者所有；拾得物须报告官府，小额物件及规定时间内无人认领之物可归拾得者所有。

二、债法

由于春秋战国以来私有制的发展与大家族的瓦解，汉朝的债法也有了相应的发展，主要表现为债权契约形式的丰富、立法的细化以及债务诉讼的增多。

（一）买卖契约

买卖契约是汉朝债权契约中最常见的形式，称为"券书"。《周礼·秋官·士师》郑玄注："若今时（东汉）市买，为券书以别之，各得其一。讼，则按券以正之也。"可见券书也是契约纠纷诉讼的主要证据。券书一般书写在竹木简上，内容一般都包括交易标的、价格、给付情况、当事人姓名籍贯、立契时间，以及保人与见证人之署名，买卖双方各执一份。买卖契约的标的均为不动产或贵重物品，古籍与出土文献中多见买地契约，如居延汉简中所见长乐里乐奴卖田券。[1] 还有买卖奴婢契约，如《艺文类聚》卷三五所记汉宣帝时王子渊买奴契约。买卖契约中还有赊卖契约，赊即赊欠，赊卖即先付货后约定时间付款或分期付款的方式，如居延汉简所记张中功赊买皂布单衣契约。[2]

---

[1]　参见《居延汉简释文合校》557·4。
[2]　参见《居延汉简释文合校》262·29。

（二）借贷契约

借贷契约也是汉朝常见的债权契约形式。居延汉简中见有诸多借贷文书，内容均为债权人告债务人违约不偿或偿债不足，官府受理后收债情况的记录，个别有"如律令"的记载，说明汉朝已有相关法律规定。贵族借贷违约不偿则免爵，如汉文帝时河阳侯陈信"坐不偿人责（债）过六月，免"①。债务人死亡，家人承担偿债连带责任，即有物故，知责家中见在者。②

三、婚姻、家庭与继承

汉朝婚姻基本沿用西周以来的传统：规定一夫一妻制但允许多妾；婚姻成立必须要有父母之命、媒妁之言；娶妻必经"六礼"的仪式；禁止同姓为婚；离婚条件主要为"七出"，又有"三不去"的限制。汉初家庭受秦自商鞅以来分户令的影响，以一对夫妇加未婚子女组成的核心家庭占主流，但并不影响家庭乃至家族内尊卑长幼的等级关系。卑幼侵犯尊长加重处罚，如子殴父枭首，殴兄姊四岁刑。

汉朝继承制度有自己的特点：第一，宗祧继承由大宗祧向小宗祧过渡。先秦大宗祧制下，大宗收族主祭，故不能绝，无子必须立后，小宗无子不须立后。汉初历经战乱，宗系荡然，分不清大宗小宗，而且世袭制的废除也使大宗无力主祭，于是小宗祧制形成，家家祭祀都自立自为，人人无子均可立后。由是出现了弟立兄子为后，东汉末甚至出现了立异姓为嗣。第二，爵封继承仍以嫡长继承为主。如继承人有罪受刑，则按顺位下延，如张汤长子因罪被处宫刑，即由次子张安世继承爵位。被继承人无子则国除，汉律中有"非子""非正"罪，即指封侯封爵者立异姓为嗣的违法行为。仅据《汉书》记载，就有平周侯、汝昌侯、阳新侯、荣平侯、复阳侯、杜侯、营平侯之嗣子因"非子""非正"罪被免爵除国。第三，财产继承规定了详尽的法定继承人顺位。据《二年律令·置后律》，独立家庭的家长去世，继承人称为"后"，也称"代户"。继承人产生的法定顺位为：（1）子，先嫡子后庶子；（2）父母，先父后母；（3）同产，即兄弟姊妹，先兄弟后姊妹，如有多个兄弟，先同母兄弟后异母兄弟，先同居兄弟后异居兄弟；（4）寡妻；（5）女；（6）孙；（7）耳孙（曾孙、玄孙）；（8）祖父母，先祖父后祖母；（9）同产子，即侄子，先同居后异居；（10）以上顺位皆无继承人，由家中奴婢时间最长者一人免为庶人继承。第四，出现遗嘱继承。例如，从20世纪80年代在江苏仪征胥浦汉墓出土的《先令券书》为汉平帝元始五年（公元5年）一户普通家庭分配家产的遗嘱记录可以看出：汉朝遗嘱继承已较为普遍，且遗嘱制作已有较为成熟的

---

① 《汉书·高惠高后文功臣表》。
② 《居延汉简释文合校》273·12。

格式；家长在分家析产中具有决定权；县、乡三老及乡里吏员参与遗嘱的订立，并事后监督遗嘱的执行；在法律效力上，遗嘱继承优于法定继承，但不能违背法定继承的一般原则，子女均可继承财产，但以子为优先。① 以往研究所认为的汉朝财产继承由嫡长继承改为诸子均分，可能是由遗嘱继承产生，而非法定继承。

第五节　经济法律制度

一、土地制度

汉朝的土地分为官田与私田。官田即国有土地，私田以外的均为国有土地，皇帝可以赏赐官田与贵族官吏，但禁止买卖。私田允许买卖，但至西汉后期，土地兼并日益严重，统治者也感觉到社会危机的迫近，汉哀帝时丞相孔光等提出"限民名（占）田"的建议，规定诸侯与吏民占有土地皆不得过三十顷，但遭到朝中既得利益者的强烈反对，结果"遂寝不行"。②

二、赋税制度

（一）土地税

土地税，是以土地为征收对象的税目，也称田租、田税、田赋。汉初从秦"收泰半之赋"减到"什五而税一"。汉文帝二年（前 178 年）、十二年两次减半征收，开了三十税一的先例。汉文帝十三年，下令全免当年田赋。但这些都是特殊恩惠，正式田赋仍是十五税一。汉景帝二年（前 155 年）"令民半出田租，三十而税一也"。③ 自此成为定制，除东汉初数年因用兵之需采用什一税，直至东汉末年均为三十税一。故汉之田赋，后世誉为"轻税"。

田赋的征收办法，首先由乡啬夫等基层官吏按户度量面积，察看土地肥瘠，依三等区分，估算出粮食的总产量，然后按三十税一计征。田赋的缴纳，一般以实物形式，即缴纳粮食。

（二）人头税

人头税是以人口为征收对象的税目，主要包括算赋、口钱、更赋。

算赋，是对十五岁至五十六岁成年男女劳动力征收的人头税，每人每年缴纳一百二十钱，称为一算。但商人、奴婢、晚婚女子往往加倍征收，《汉书·惠帝

---

① 《先令券书》原文参见扬州博物馆：《江苏仪征胥浦 101 号西汉墓》，载《文物》1987 年第 1 期。

② 《汉书·哀帝纪》。

③ 《汉书·食货志》。

纪》应劭注："汉律：人出一算，算百二十钱，唯贾人与奴婢倍算。"这是针对商人和奴婢主人这样的有钱人。汉惠帝时规定"女子年十五以上至三十不嫁，五算"，这是鼓励增加人口，但三十岁以上还不嫁，就不勉强了。算赋一般以每年八月为征收期。

口钱，是对三岁至十四岁的未成年男女征收的人头税，每人每年缴纳二十三钱，也称口赋。

更赋，是对成年男子傅籍后征收的徭役代役税，是汉朝新出现的税目。所谓傅籍，即登记为国家服徭役的对象。傅籍的开始年龄，有时是二十岁，如汉景帝时；有时是二十三岁，如汉武帝时规定"二十三始傅，五十六而免"。"更"是当时徭役之代名词，傅籍后有每年三日戍边之徭役，[1] 法律规定可以钱代役，每年每人三百钱，称为"更赋"，也称"过更钱"。

（三）财产税

财产税，是汉朝新出现的税目，主要包括算缗与算訾。算缗，缗原指穿铜钱之绳，此代指现金，算缗是征收富人的动产税。汉武帝元狩四年（前 119 年）之前，对有市籍商人征收算缗，"率缗钱二千而一算"[2]，一算为一百二十钱，税率为百分之六，一车一马折合现金约万钱。武帝时并颁布"告缗令"以打击偷漏税之商人。元狩四年后，规定不论有无市籍，凡经商得利者如高利贷者、手工业者，一律征收算缗，但其余人税率是商人的一半，为百分之三。算訾，訾同资，指资产，算訾是对一般居民征收的除现金以外的财产税，也包括上述已征收算缗的经商者，据居延汉简，包括土地、房屋等不动产与奴婢、车马等动产。资产每折合一万钱征收一算即一百二十钱，税率为百分之一点二。

（四）商业税

商业税，包括市租、关津税等，秦时已有此类税收。市租是对于在城市固定市场商人征收的市场贸易税，市场管理官吏称为"市啬夫"。如汉初的临淄城，每年仅此市租一项就收入"千金"。在关津税中，关指陆路关卡，津指水路关卡，关津税主要征收对象是贩运流通货物的商人。

三、抑商政策与禁榷制度

传统自给自足的农业社会根深蒂固的观念是：农业是本，商业是末，多一个商人就少一个农民，无粮则乱，农业人口的多寡决定粮食的总产量与社会的稳定度。在这种观念下制定的政策就叫"重农抑商"或"崇本抑末"。汉朝统治者贯彻

---

[1]　汉朝还有一种每年一个月的徭役"更役"，是不能以钱代役的，但可以私下出钱雇他人代役。
[2]　《汉书·武帝纪》颜师古注引臣瓒说。

重农抑商政策主要通过三个途径：一是对商业课以重税，从上文的算缗、市租、关津税就可以看到；二是对商人实行人格歧视，如上文提到的市籍、禁止商人及其子弟入仕等，以迫使商业资本流回土地；三是对某些影响国计民生又获利最丰的大宗商品实施国家垄断的官营专卖政策，也称禁榷制度。①

汉朝禁榷制度主要包括盐、铁、酒的专卖。汉初盐铁任私人经营，国家仅收商业税。汉武帝元狩五年（前118年），为增加中央财政收入及抑制地方割据势力坐大，开始施行盐铁官营政策，其要点是：煮盐、冶铁收归政府管理；由官府招募盐户煮盐，官府提供煮盐器具；"敢私铸铁器、煮盐者，钛左趾，没入其器物"；② 不生产盐铁的郡设置铁官、盐官管理专卖事宜。全国先后有二十七郡设盐官三十六人，四十郡设铁官四十八人。酒类专卖又称榷酤，"酤"即指酒类买卖。《汉书·武帝纪》称："天汉三年（前98年），初榷酒酤。"中央设"太官"，地方设"榷酤官"，组织酒类生产，统一经销，利润归政府所有。

第六节　司法制度

一、司法机构

汉初沿袭秦制，中央司法机构设廷尉与御史大夫，地方司法机构由郡、县两级制的长官兼理。值得注意的是西汉末年与东汉时的两个变化：

一是中朝官尚书向外朝官转化，具有并控制了司法审判的职能。汉武帝时为牵制相权而建立中朝，也称内朝，由皇帝的心腹大臣与文学谋士组成，封以侍中、尚书、给事中等头衔，参与核心决策，直接听命于皇帝，由此架空丞相及其属下廷尉、御史大夫等外朝官的权力。汉成帝时在尚书台下设五曹，其中"三公曹"掌管审判。东汉时尚书台已成为国家中枢机构，下设"二千石曹"主管司法审判，此时御史台实际已不存在，廷尉也形同虚设。中朝官尚书台的崛起可以说是隋唐三省六部制的雏形。

二是州级监察区划向行政区划转化，掌管地方司法权。汉武帝时为加强中央对地方的控制，在全国建立十三个监察区，称为州，但十三州刺史只有监察弹劾辖属郡守的权力，无地方行政权、司法权与军权。东汉时州刺史权力越来越大，郡守惧怕弹劾，决策前往往先行请示刺史，州刺史实际掌握地方权力，州就由监察区逐步演变为行政区。地方司法与行政同步，形成州、郡、县三级制，为魏晋

---

① 榷，原意指为渡河所架两岸石础上之横木，《初学记》载："独木之桥曰榷。"意即只有一条路可走。引申为垄断、专卖之意。

② 《汉书·食货志》。

南北朝时期沿用。

二、诉讼制度

汉朝诉讼制度大抵沿秦，起诉称为"告劾"，"告"相当于现代诉讼中的自诉，"劾"则相当于现代诉讼中的公诉。"告"可以由被害人直接向官府控告，也可由其家人亲属代为告诉。告的方式，可以口头表达，称为"自言"，如《汉书·韩延寿传》云："行县至高陵，民有昆弟相与讼田自言。"也可以书面形式，称为"上书"，如《汉书·景十三王传》云："蚡家上书，下廷尉考，会赦，不治。"告发谋反之事，称为"变告"，如《汉书·韩信传》云："舍人弟上书变告（韩）信欲反状于吕后。"颜师古注："凡言变告者，谓告非常之事。"紧急情况下，也可直接赴京师至西汉重要政治活动场所的未央宫北阙上书告诉，称为"诣阙上书"。

"劾"是由各级官府的办案人员向有关机构举劾犯罪，或由朝廷监察官员弹劾犯罪的政府行为，"劾"的对象一般是政府官员。即使事先预谋，也要经过举劾的程序，如汉景帝杀晁错，就是由丞相等官员先"劾奏错"。

犯罪者自首，秦时称为"自出"，汉时又称"自告"，自告者可以免除刑事责任，《汉书·衡山王传》云："律：先自告除其罪。"

汉朝对于诉权有一定的限制。第一，亲亲得相首匿，子不得告父母，妻不得告夫。第二，严禁控告不实，诬告者反坐。《汉书·宣帝纪》云："诸年八十以上，非诬告、杀伤人，他皆勿论。"可见即使对于八十岁以上老人，诬告罪也是要追究刑事责任的。第三，限制诣阙上书。除谋反、大逆罪外，控告必须逐级上书，不得越级告诉。

三、审判制度

（一）鞫狱与乞鞫

汉朝对被告人进行审讯与判决称为"鞫狱"，孔颖达《尚书正义·吕刑》指出："汉世问罪谓之鞫。"鞫狱是指从审讯至判决的全过程，其间主要包括辩告、讯问、刑讯、杂治、读鞫、论决、乞鞫诸过程。

1. 辩告

辩告，即审理前司法官吏向当事人宣告相关法律要求，不得故意提供虚假供词，如有虚假必须在三日内主动更正，否则依出入人罪反坐治罪，如居延汉简《侯粟君所责寇恩事》中即有相关记载。

2. 讯问

讯问，即展开法庭调查，问讯当事人与证人，并作记录。三日后再行复审，称为"传复"，以查验前后口供是否一致，《汉书·张汤传》曰："讯考，三日复问之，知与前辞同不也。"

3. 刑讯

刑讯，即以拷打的手段取得口供，一般与讯问同步进行。《汉书·路温舒传》："不服（招供），以掠笞定之。"这种刑讯逼供制度是冤案产生的主要原因。

4. 杂治

杂治，即对重大疑难案件由中央朝廷官员会同审理的制度，是后世会审制度的前身。杂治审理的范围主要是涉及廷尉无法直接定谳的高官勋戚的疑难案件，参加者除廷尉外，有御史中丞、丞相长史、谏大夫、少府及二千石等官吏。

5. 读鞫

"鞫"是司法官吏制作的确认案情内容的文书。① 读鞫，即司法官员向被告宣读"鞫"文书，也称"读书"。

6. 论决

论决，即判决。司法官吏根据"鞫"文书认定的犯罪事实，对应法律条文定罪量刑。也称"论"。

7. 乞鞫

乞鞫，即被告如对读鞫认定的犯罪事实及判决不服，所判刑罚在二年徒刑以上，可请求原审机构重新审理的制度。被告不便，也准许"以家人乞鞫"。② 乞鞫是有期限的，"徒论决满三月，不得乞鞫"，③ 即以判决后三个月内为限。

（二）录囚

录（音"虑"），后世也称"虑囚"，是指皇帝或上级司法机构至下级司法机构对在押囚徒进行传讯核实，及时平反冤狱的制度。汉朝此制大致可以分为三个系统：

第一，郡守或其分管司法的属员对所辖县录囚。汉朝太守每年春天例行"行县"，既激励农桑，也梳理冤狱。

第二，刺史对所辖郡国录囚。武帝时设刺史，十三部刺史每年秋冬至所辖郡国巡查并"断治冤狱"，称为"行部"。东汉时州成为地方最高行政区划，"诸州常以八月巡行所部郡国，录囚徒"。④

---

① 参见彭浩、陈伟、［日］工藤元男主编：《二年律令与奏谳书——张家山二四七号汉墓出土法律文献释读》"奏谳书释文"，上海古籍出版社 2007 年版，第 335 页。
② 《晋书·刑法志》。
③ 《周礼·秋官·朝士》郑玄注引郑司农说。
④ 《续汉书·百官志》。

第三，皇帝亲自参与录囚。该制开始于东汉明帝，"及明帝即位，常临听讼，观录洛阳诸狱"。① 永平年间，明帝一次录囚，就"理出千余人"。

四、"春秋决狱"与司法制度的特点

汉初法律制度存在诸多法家思想的痕迹，如定罪只看客观效果而不论主观动机、量刑偏重等问题。汉武帝时独尊儒术，随着儒家思想对法律的渗透，司法上以儒家经义为定罪依据的审判方式也随之兴起，因所依据之儒家经义主要为孔子《春秋》及解释《春秋》之《公羊传》，故称为"春秋决狱"或"公羊春秋决狱"，也称"引经决狱"。

拓展阅读

"春秋决狱"

"春秋决狱"为董仲舒首倡。《后汉书·应劭传》记："董仲舒老病致仕，朝廷每有政议，数遣廷尉张汤亲至陋巷问其得失，于是作《春秋决狱》二百三十二事。"《汉书·艺文志》记有"《公羊董仲舒治狱》十六篇"，二者可能是同一书，已佚，个别几个案例留存于《通典》《太平御览》等传世文献。所谓春秋决狱，就是在审判定罪阶段避开律令，直接以儒家经典《春秋》的经义与事例为标准审核被告的行为是否构成犯罪。也就是说，《春秋》经义的法律效力高于《九章律》。如按《九章律》为有罪，按《春秋》为无罪，则无罪释放；如按《春秋》为有罪，但如何量刑则仍须依据《九章律》。可以说春秋决狱类似于西方的陪审团，其作用均在于确定被告人有罪与否，所不同在于定罪结论一出于陪审团表决，比较明确，一出于法官对经义的理解，比较随意，易导致"酷吏舞文"。

关于春秋决狱的原则，《盐铁论·刑德论》评价："故《春秋》之治狱，论心定罪。志善而违于法者免，志恶而合于法者诛。""心"和"志"都是指主观动机。但现存三十多个汉朝引经决狱的案例，无一例证明"志恶而合于法者诛"，可见"论心定罪"的结论比较绝对和武断。董仲舒自己在《春秋繁露·精华》中解释春秋决狱的原则是："《春秋》之听狱也，必本其事而原其志。志邪者不待成，首恶者罪特重，本直者其论轻。"既根据案情事实也考虑其主观动机：主观动机恶，即使未遂犯罪也要追究刑事责任；主观无恶意，则可根据案情事实减轻或免予处罚。这才是对春秋决狱原则的正确释解，所以春秋决狱的原则应该是"本事原志"。

"春秋决狱"反映了汉朝司法制度的一个重要特点，即儒家思想开始向法律渗透。由于《九章律》本为高祖时所定，后世子孙均不许随意更动，故董仲舒以"春秋决狱"将儒家思想向司法方面渗透，在案件定罪上影响司法，开儒家思想法

---

① 《晋书·刑法志》。

律化之先河。东汉后期律学兴起，学者以儒家思想注释《九章律》，称为"章句"，司法上也往往被引用断狱，影响极大。《晋书·刑法志》称："叔孙宣、郭令卿、马融、郑玄诸儒章句十有余家，家数十万言。凡断罪所当由用者，合二万六千二百七十二条，七百七十三万二千二百余言。"春秋决狱直接影响了魏晋以后的法律儒家化进程。

思考题：

1. 试论汉朝立法思想的演变。
2. 试论汉朝的法律形式及"汉律六十篇"。
3. 简述汉朝的刑法原则。
4. 简述汉朝危害皇权的主要罪名。
5. 论述"春秋决狱"及其所反映的汉朝司法制度的特点。

▶ 自测习题及参考答案

第七章　魏晋南北朝时期的法制

东汉末年，汉献帝禅让，曹丕称帝建魏国。公元 265 年，司马炎代魏称帝，建立晋朝，史称"西晋"。由于"八王之乱"，西北各族乘虚而入灭西晋。晋室南迁建康，于 317 年重建晋朝，史称"东晋"。420 年，刘裕篡位建宋，此后又为齐、梁、陈取代，史称"南朝"。在北方，鲜卑拓跋氏建北魏，后分裂为东魏、西魏，不久分别被北齐、北周取代，史称"北朝"。581 年，北周大臣杨坚受禅称帝，建立隋朝。589 年，隋朝灭南方的陈朝，全国再度统一。魏晋南北朝时期是中国法制史发展的重要历史时期。经学的去玄学化与思辨学说的发展，深刻影响律学发展。律典体例趋于完备，条文规定简约明晰，一些具体制度创制建立。另外，晋朝以后，南北对峙，法律制度也分为南北两大系统。南朝宋、齐、梁、陈各朝法律，均以晋律为蓝本。而北朝法律不仅上承汉魏，而且有诸多创制，表现出整体上优于南朝法律的特点。北朝法律的发展，也为隋唐法制的完备奠定了基础。

第一节　魏晋时期的法律制度

一、曹魏法律制度

（一）立法概况

魏国立法较蜀、吴更有成效。"魏之初霸，术兼名法"，早在曹操被封魏王时，就针对汉律的繁芜和不适于动乱年代的状况，而对汉律有所改易。但迫于汉臣名分，遂有"科"这一独立性的临时法律形式的出现，制"新科"和"甲子科"①。至魏明帝时始定新律。史载：太和三年（229 年）诏令陈群、刘邵、韩逊等"删约旧科，傍采汉律，定为魏法，制新律十八篇"②。还颁定了《州郡令》《尚书官令》《军中令》等，与《新律》共计一百八十多篇。③ 较东汉末年以来"律令紊乱，科比冗杂，章句歧义，览者艰难"的汉律，魏律"都总事类"，显得"文约而例通"，直接影响了晋律的制定。

（二）法典结构的变化

这一时期律仍是法律（尤其是刑事法律）的主要形式。其变化较大的是律典

---

① "新科"见《三国志·魏书·何夔传》，"甲子科"见《晋书·刑法志》。
② 《晋书·刑法志》。
③ 《晋书·刑法志》。

的篇章体例和逻辑结构。魏《新律》对汉旧律的改革，主要有如下几项：

1. 篇目的增加

将刑事条款尽入于律，作为正典，所谓："律以正罪名。"① 针对汉律"一章之中或事过数十，事类虽同，轻重乖异"，篇章间"错糅无常"的庞杂状况加以损益调整。如汉《九章律》《盗》律中有劫略、恐吓等项，皆非盗事，魏律遂增《劫略律》一篇；汉《贼》律有欺谩、矫制、诈伪等项，《囚》律有诈伪生死，《令丙》有诈自复免，事类众多，所以魏律增《诈伪律》一篇②。这样虽较《九章律》多了九篇③，但比之东汉末年，那种除汉律六十篇外，令三百余篇，法比九百余卷，章句④七百余万言的状况，仍可说是"文约而例通"了，基本解决了汉末以来"篇少则文荒，文荒则事寡，事寡则罪漏"⑤ 的缺陷。

2. 体例上的调整

汉《九章律》中《具律》在第六篇，《具律》类似于现代刑法总则，放在中间很不恰当，故魏《新律》将其改称《刑名》列于律首。这一改动为以后的晋律、北齐律所肯定。晋在《刑名》后又增加《法例》一篇，北齐律则将二者合为《名例》一篇，此后相沿未改，直至于清末。此外是对新增篇目与"故五篇"的统一调整，其中《告劾》《捕》《系讯》《断狱》四篇的先后排列顺序，正与当时的司法程序相吻合，不能不说是立法技术的进步。魏《新律》成为三国时期具有代表性的法典，并成为晋律的直接渊源。

（三）法律形式的扩展

1. 律令的发展

曹魏立国之初，以汉为宗，不便更替汉制，新设立颁行的法令也没有以律或者令为名称，而是以"科"代之。此外，发展了以军令为主的令。随着魏国的强大，以律与令作为主要的法律形式，以格代科并回归以律为主的法律形式。晋朝后，法律形式日益丰富。

这一时期令仍为法律的主要形式，虽有发展与变化，但其内涵已开始有别于秦汉时代。汉时律令无严格区别，所谓："前主所是著为律，后主所是疏为令"⑥，"天

---

① （宋）李昉等：《太平御览》引杜预注《律序》，中华书局 1960 年影印本。

② 《新律序》对旧律的批判及其修律主旨具体为："旧律所难知者，由于六篇篇少故也，篇少则文荒，文荒则事寡，事寡则罪漏，是以后人稍增，更与本体相离。今制新律，宜都总事类，多其篇条。"参见《晋书·新律序》。

③ 魏《新律》十八篇，计：刑名、盗、劫略、贼、诈伪、毁亡、告劾、捕、系讯、断狱、请赇、杂、户、兴擅、乏留、惊事、偿赃、免坐，其中盗、贼、捕、杂、户乃"故五篇"。

④ 章句：法律解释之谓。

⑤ 《晋书·刑法志》。

⑥ 《汉书·杜周传》。

子诏所增损，不在律上者为令"①。令实际上是律的补充形式。所以汉朝时有些单行律如《除钱律》《除挟书律》也称《除钱令》《除挟书令》等。除律的编修外，也有令，但区分仍不明确。

2. 魏科的变化

科作为变通的法律形式，是律成为一种稳定的法律形式之前的重要一环。三国时期以"科"作为变通的法律形式，随着曹魏统一中原，律回归为正典，具有临时性的法律形式也发生了转变，据《唐六典·刑部》载："后（东）魏以格代科"。由此可知格与科有相承关系，格是科的发展和延续。

法律上科的统治局面自汉末一直继续到魏明帝制定《新律》，将科按性质分列为律、令才告结束。科本来从形式和内容上都带有变通的特性，在把其中有关刑罚部分抽出厘为律，其他则按类归纳为令之后，科的使命也就完成了。

魏科作为一种法律形式存在时间不长，但具有重要的历史意义。三国时期，"科"是主要的法律形式，其中，尤以曹魏为盛。曹魏成为三国中最强的一个，科的作用不容否认。科的制定本身也是对汉律进行重大改革的关键一步，亦直接为魏晋修订正式法典开辟了道路。此外，魏科对当时的蜀、吴两地也有影响。换言之，魏科是传统法制由不成熟走向成熟的重要一环。

（四）法律内容的发展

1. 刑罚制度的完善

魏《新律》将法定刑分为死、髡、完、作、赎、罚金、杂抵罪②等数种。并减轻某些刑罚，如废除投书弃市，限制从坐范围，禁诬告和私自复仇等。

2. 缘坐范围的变化

缘坐指一人犯罪而株连亲属，使之连带受刑的制度，又称"从坐""随坐"。秦汉以来有此类规定。尤其妇女因父亲犯族刑，要从坐受戮；而夫家犯族刑亦须"随姓之戮"，使妇女"一人之身，内外受辟"。③ 直至曹魏高贵乡公时才有改革。《新律》颁布后，又据程咸上议，修改律令，规定：在室之女从父母之诛，既醮之妇，从夫家之罚④，开缘坐不及出嫁女之先例。后世多循此制。《新律》对缘坐范围也有缩小，律定："大逆无道，腰斩，家属从坐，不及祖父母、孙。"

3. "八议"入律

以往将"八议"视为传统帝制社会官僚等级特权制度的主要内容之一，实则，视其为传统法律的刑罚适用原则或更准确。传统刑罚体系向以简约为特征，由先

① 《汉书·宣帝纪》注。
② 以夺爵、除名、免官来抵罪的总称。
③ 《晋书·刑法志》。
④ 《晋书·刑法志》。

秦时期的旧五刑，经历秦汉时期的变化调整，至魏晋时期，渐次形成了新的五刑体例；而正如古人所言："法制有限，而人情变幻无穷。"① 以五刑应对个案中情状万千的犯罪，虽有简约之明，但难达平允之效；现实需要新的刑罚适用原则的出现。在其时门阀世族把持朝政的格局下，形成的"八议""官当"等制度，既体现了官僚等级制度的传统价值，也完善了新的刑罚制度的适用原则，成为日后官僚制度的重要内容之一。

"八议"是指对八类权贵人物，在他们犯罪以后在刑罚适用上给予特殊照顾，所谓"大者必议，小者必赦"②，官府不得专断。这八类人是："亲"（皇帝宗室亲戚）、"故"（皇帝故旧）、"贤"（朝廷认为有大德行的贤人君子）、"能"（政治、军事等方面有大才能者）、"功"（对国家有大功勋者）、"贵"（有一定级别的官爵者）、"勤"（为国家服务卓著有大勤劳者）、"宾"（前朝皇帝及后裔）。

"八议"之说源于《周礼·八辟》。周有"刑不上大夫"，汉有"先请"之制，③ 但未必已成完整体系。曹魏总结前代经验，制定魏律时，将"八议"列为传统法典主要内容之一。"八议"的入律，使贵族官僚享有法定特权，变通适用一般法典中所规定的刑罚的制裁，成为传统社会等级身份价值观的直接体现。

4. 九品中正制与任官考绩制度

曹操曾经提出"唯才是举"的选官理念，只要有才能的，都可选拔为官。他选择各地方上有民望的人士出任"中正官"，将当地之士按才能分成九等，由官府按等选任官吏。这是后来实行"九品中正制"的萌芽。

九品中正制，又称"九品官人法"，是魏文帝黄初元年（220年）采纳尚书陈群的建议而定的。规定郡设小中正官，州设大中正官，中正官的职责是依照家世、才能、德行将辖区内的士人分成上上、上中、上下，中上、中中、中下，下上、下中、下下九等；由小中正将品评结果申报大中正，再经大中正申报司徒，最后由中央按品第高下任官。九品中正制创始于魏，沿用至宋、齐、梁、陈各代。这一制度的实行，巩固了士族制度，保障了士族垄断政治统治权的特殊地位。

由于"九品"之分标准不确定，不免凭中正官的主观臆断，再加上请托、权势、裙带关系等影响，不但造成"上品无寒门，下品无世族"的状况，使士族与庶族相隔天壤，矛盾愈益加深，而且弊端丛生，贿赂公行，加速了士族、官员的腐化。

这一时期值得一提的是任官、考绩制度。魏明帝曾令散骑常侍刘劭作"都官

---

① （清）沈家本：《历代刑法考·明律目笺三》，邓经元、骈宇骞点校，中华书局1985年版，第1824页。

② 《晋书·傅玄传》。

③ 汉代应劭曾提议援用"八辟"，但未被确认。

考课之法七十二条"，考核百官之政绩，但未施行。

（五）司法制度

1. 司法机构

这一时期司法制度基本承用汉制，但也有一些变化。东汉后三省制渐成，这一重大变革，给司法机构发展以深刻影响。此时虽尚无刑部，但尚书台之下均置有负责司法行政和兼理刑狱的机构①。曹魏承汉制，保留三公曹、二千石曹，又增设比部郎，"以司刑狱"。地方司法机构仍沿汉代旧制，司法权由县令、郡太守、州刺史掌领。

2. 审判制度

第一，死刑复核制度形成。魏明帝青龙四年（236年）诏："廷尉及天下狱官，诸有死罪具狱以定，非谋反及手杀人，亟语其亲治，有乞恩者，使与奏。"②从而使死刑决定权唯归皇帝，一方面是慎刑，另一方面也是控制。第二，上诉制度变化。曹魏时为简化诉讼，防止讼事拖延，改汉代上诉之制，特别规定："二岁刑以上，除以家人乞鞫之制。"③第三，加强自上而下的司法监督。秦汉时郡县有权判决死刑，至曹魏时期，县令审判权受到限制，凡重囚，县审判后须报郡，由郡守派督邮案验。第四，妇女犯罪行刑上享有特殊规定。魏明帝时，为免对女犯用刑使身体裸露，改妇人加笞还从鞭督之例，以罚金代之。

3. 监察制度

这一时期，中央监察机关仍为御史台，但已从少府独立出来，成为皇帝直接掌握的独立监察机关。长官仍为御史中丞，职权广大，"自皇太子以下，无所不纠"。因地位渐高，中丞以下，设有名目繁多的御史。东汉时的司隶校尉，曹魏时仍设，与御史中丞"分督百僚"。自曹魏以后，地方不设监察机关，由中央派御史监察，形成御史出巡制度。御史甚至可"风闻言事"，对各级官吏进行弹奏。但御史中丞失纠则要免官。

二、晋朝法律制度

（一）两晋的立法

曹魏末年，晋王司马昭即命贾充、羊祜、杜预、裴楷等人以汉、魏律为基础，修定律令。历时四年，至晋武帝司马炎泰始三年（267年）完成。次年颁行全国。史称《晋律》或《泰始律》。该律又经张斐、杜预作注释，为晋武帝首肯"诏班天下"，与律文同具法律效力，故《晋律》又称"张杜律"，开以《唐律疏议》为代

---

① 曹魏之都官尚书、南北朝之都官尚书、隋唐之刑部尚书源于此。
② 《三国志·魏书·明帝纪》。
③ 《晋书·刑法志》。

表的律疏并行之先河。《晋律》共二十篇，六百二十条，二万七千六百五十七字。①
同时颁行的还有《晋令》四十篇，二千三百零六条，九万八千六百四十三字，此外
还有《晋故事》三十卷，与律令并行。"式"作为一种法律形式也已出现。《晋律》
为东晋、宋、齐沿用，至南朝梁武帝改律共承用达二百三十五年，是两晋、南北朝时
期行世最久的一部法典，对后世立法影响深远，促进了传统法律和律学的发展。

（二）法典结构的变化

晋律，又称《泰始律》，其设置较前代更有进步，主要体现在以下两点：第
一，严格区别律令界限，这是较魏律的重大进步。第二，篇章体例合理，分魏律
《刑名》为《刑名》《法例》两篇。所谓"刑名所以经略罪法之轻重，正加减之等
差，明发众篇之多义，补其章条之不足，……名例齐其制"②。并因关津交往频繁，
贸易活动发展，救火防火，分封侯王、郡国并行而增设《关市律》《水火律》和
《诸侯律》。《晋律》在魏律基础上共分二十篇，计：刑名、法例、盗律、贼律、诈
伪、请赇、告劾、系讯、捕律、断狱、杂律、户律、擅兴、毁亡、卫宫、水火、
厩律、关市、违制、诸侯。③ 晋代律令将多达七百余万字的汉末律令，精简到约十
二万六千字，称得上是"蠲其苛秽，存其清约"。

晋律对魏律的改进，特别是张斐、杜预二人对律文的注释，促进了传统法制
和律学的发展。此后，法典篇目的增减，多是在《晋律》的基础上改进、完善。

（三）法律形式的扩展

晋朝开始明确区分律令。有所谓"律以正罪名，令以存事制"④ 的说法。律为
固定之规范（主要是刑事法律），令是一时之制度（主要规定国家制度），违令有
罪者，依律定罪处刑。

晋朝法律形式有律、令、故事三种。东晋咸康二年（336 年）的壬辰之科⑤，
其科字含义指汉故事之谓，仅为一种代称而非法律形式。南朝时，作为法规的科
再现，而其内容则与前不同。"梁易（晋）故事为梁科三十卷。"⑥

（四）法律内容的发展

1. 刑罚制度的完善

晋律定刑为五种：死、髡、赎、杂抵罪和罚金。死刑有三，分别是枭首、

---

① 《晋律》篇目与条文的文献记载颇有出入，篇目有二十篇和二十八篇的记载，条文有的记载
　　为六百二十条，有的是六百三十条，还有的是一千五百三十条。通说多采《晋书·刑法志》
　　所载二十篇，六百二十条。

② 《晋书·刑法志》。

③ 《晋书·刑法志》。

④ （宋）李昉等：《太平御览》引杜预《律序》，中华书局 1960 年影印本。

⑤ 《南史·羊玄保传》。

⑥ 《唐六典·刑部》卷六注，中华书局 1992 年版，第 185 页。

腰斩、弃市；髡刑有四，分别是：髡钳五岁刑，笞二百；四岁刑；三岁刑；二岁刑。赎罪有五（适用于非恶意的犯罪），分别是赎死缴金二斤，赎五、四、三、二岁刑则依次缴金一斤十二两、一斤八两、一斤四两和一斤；杂抵罪和罚金也各有五等。

（1）准五服以制罪

准五服以制罪是《晋律》首创，目的在"峻礼教之防"。它是指亲属间的犯罪，据五等丧服所规定的亲等来定罪量刑。尊长杀伤卑幼，关系愈近则定罪愈轻，反之加重。但有些犯罪，如卑幼盗窃尊长财物，则恰恰相反。这是自汉以来礼法合流的又一体现。以后历代律典均相沿用，明代更将丧服图列于律首。

（2）对"八议"的批判

东晋成帝时，庐陵太守羊聃专擅刑罚，一次错杀无辜一百九十人，"有司奏聃罪当死"，但因景献皇后是他祖姑，属"议亲"之列，竟免处死。[1] 西晋时傅玄就曾指出："八议"是"纵封豕于境内，放长蛇于左右"。[2]

（3）官当

"官当"是在"八议"对应的八种人以外的基础上，进一步扩大主体的适用范围，因被刑人身份不同，而在刑罚适用上予以减免的制度；其特点是因犯罪者（及其一定亲等关系的亲属）的官职爵位而依法律规定减免刑罚。《晋律》在沿用"八议"同时，规定"除名比三岁刑"，"免比三岁刑"。[3] 虽不能确定晋代以"除名""免"抵罪，但这种相比的做法，实为以后"官当"之制的滥觞。两晋时期，多行"九品中正制"，朝廷用人以家世门第为标准，为保证士族地主在国家政权中的地位，进一步扩大官僚的律上特权，"官当"制度遂应运而生。

2. 任官的规定

晋制明令规定："不经宰县，不得入为台郎。"[4] 这是重视官吏基层实际工作经验，依此作为选任中央官吏的条件之一。

3. 土地、婚姻与财产立法

（1）确认和保护贵族官员按等级占田特权

其一，颁布"占田令"或"均田令"以确认土地等级占有制。曹魏时，曾颁布"赐公卿以下租、牛、客户各有差"的法令，西晋进一步制定了按官品占田、

---

① 《隋书·刑法志》：后来其甥琅琊太妃山氏请命，免其死刑。
② （宋）李昉等：《太平御览·傅子》卷五二，中华书局 1960 年影印本。
③ （宋）李昉等：《太平御览》引杜预《律序》，中华书局 1960 年影印本。
④ （唐）杜佑：《通典·职官十五》，中华书局 1988 年版，第 918 页。

占客，荫亲属的法规——"品官占田荫客令"和"占田令"。① 其二，施行租调法令保障国家的财政收入。颁布均田令目的在保护门阀士族经济特权，把农民束缚于土地，强制其垦荒，以保障国家财政收入和徭役来源。所以在颁布均田令同时还要推行租调法令。这一时期因士族豪门大量并兼土地，占有劳力，使官府直接控制的农户减少，损害了赋税徭役来源。为此朝廷颁均田令、行租调法，一方面将被兼并的民田、招募的佃户、荫庇的免役人口等予以法律承认和保护；另一方面为维持官府租调徭役来源，对官僚、士族上述特权从数量上略加限制。对普通农户则定有占田数额和相应的租调数，"督农归田"，"寓劝于课"，以保证国家财政来源。

（2）维护尊卑良贱等级关系的婚姻制度

当时是士族豪门控制国家政权，身份尊卑良贱等级森严，反映在婚姻关系上，则是所谓士庶、良贱不婚。法律保护尊卑士庶良贱的不平等社会关系和士族占有部曲、奴婢的特权。如杀继母同生母，处死。殴兄姊处徒刑五年。

在婚姻方面特别重视门第家世，为不使家族系统被外族冒认，续有家谱，由官府掌握。高门世族孩子一出生就有官职。这一时期纳妾被认为合法。晋令规定可依官品纳妾一至四人。实际上不止此数。

在继承上严格区别嫡庶，唯嫡子有继承权，庶子一般没有。凡此种种都在维护士族的政治经济垄断地位，并以此达到巩固皇权统治的目的。

（3）增加有关买卖、借贷的法律规范——红契与严禁高利贷

汉代以来买卖关系成立，一般要订立"券书"（即契约），由买卖双方各执其一，"讼则按券以正之也"②。到晋代，规定买卖田宅牛马，必须订立"文券"，写

---

① "品官占田荫客令"颁于太康元年（280 年）。主要内容是：一品官占田五十顷、占佃客十五户，按品级逐级减少，至九品官占田十顷、占佃客一户。此外可依官品高低，荫其亲属，高者可荫"九族"，低者亦可荫三世；不在官府任职之士族地主，均可依门第高低享受荫庇特权，受荫庇的本属佃客不在官府立籍，不向国家纳税服役。从法律上确认豪门士族从国家总户口中割取一部分为私属，从国家总赋税中割取一部分为私租。与"品官占田荫客令"同时颁行的"占田令"规定：男子占田七十亩，女子三十亩；丁男课田五十亩，丁女二十亩；次丁男课田二十五亩。所谓"占田"，是指农民可占土地数的额定指标；"课田"则是应负田租的土地数。北魏以降，因长期战乱，人口逃亡，土地荒芜，留居农民亦不堪沉重租调徭役，多荫附士族豪门。针对这一状况，太和九年（485 年）颁《均田令》：十五岁以上男子受露田（植谷物）四十亩，女二十亩；男授桑田（植树）二十亩，女五亩，产麻区男授麻田十亩。桑田"皆为世业，终身不还"；露田所有权归官府，授者年老免役或死时，归还朝廷，并规定奴婢与良人一样授田；四岁以上耕牛每头授露田三十亩，以四头牛为限。北魏后的历代也颁有类似的均田令。参见（唐）杜佑：《通典·食货一》，中华书局 1988 年版，第 15、17-18 页。
② 《周礼·秋官·士师》注。

明买卖成交的价值，官府按成交总额百分之四"契税"，卖方负三分，买方负一分。① 买卖他物则可不立文券，但依上例"契税"，叫作"散估"。此制为南朝沿用。这有增加财政收入之利，客观上也对买卖关系加以法律确认。如生纠纷，官府依"契税"单据（"文券"上有纳税之红色印章，称红契）为据进行裁决。

（五）司法制度

晋初以三公尚书"掌刑狱"，晋武帝太康年间以吏部尚书兼领刑狱，废三公尚书。

直诉作为制度成于西晋。直诉，即不依诉讼等级直接诉于皇帝或钦差大臣，是诉讼中的特别上诉程序。传说周代有路鼓、肺石之制，汉代有缇萦上书文帝，以己身赎父罪，但均非一种定制。晋武帝设登闻鼓②，悬于朝堂外或都城内，百姓可击鼓鸣冤，有司闻声录状上奏。此后历代相承。③

晋代又允许上诉，规定："狱结竟，呼囚鞫语罪状，囚若称枉，欲乞鞫者，许之也。"

对妇女犯罪行刑上享有特殊规定。《晋律》规定："女人当罚金杖罚者，皆令半之。"④

（六）中央废司隶校尉

这一时期，中央监察机关长官仍为御史中丞（北魏称御史中尉，南朝叫南司），至东晋废司隶校尉，分其行政权归扬州刺史（京师在扬州），分其监察权归御史台。司隶校尉一职不复存在。

第二节　南北朝时期的法律制度

一、南朝时期的法律制度

（一）南朝的立法

宋、齐均沿用晋律。统治阶级崇尚玄学与佛学，蔑弃礼法，以清谈为高雅，以法理为俗务，优于辞章，疏于律令。刘宋朝五十多年未立新制，萧齐朝仅于齐武帝永明七年（489年）由王植之、宋躬据《晋律》张斐、杜预二人注，抄撰同

---

① 《隋书·食货志》。
② 《晋书·武帝纪》。
③ 《梁书·吉翂传》有载：北魏太武帝时，于宫阙左面悬鼓，人有冤则挝之，由公车上奏其表。南朝梁亦有"击鼓乞代父命"的记载。
④ 《晋书·刑法志》。

异，旨在统一二注，成律文二十卷，史称《永明律》，共一千五百三十二条，终因意见不一，"事未施行，其文殆灭"①。

梁武帝萧衍代齐，于天监元年（502 年）诏蔡法度、沈约等人依《永明律》修订《梁律》，次年成二十篇，共二千五百二十九条。但与《晋律》相比，篇目次第依旧，仅名称有所改易，作了些删削词句统一注释的工作，未超出《晋律》范围。同时，还颁有《梁令》《梁科》各三十卷。梁季丧乱，陈霸先废梁敬帝萧方智，自立为帝。认为《梁律》"纲目滋繁""宪章遗紊"②，诏尚书删定郎范泉等修订律令，撰成《陈律》、令、科各三十卷，皆早失传。史载《陈律》"条流冗杂，纲目虽多，博而非要"，其"篇目条纲，轻重简繁，一用梁法"。③ 因而《陈律》实质上仍是《晋律》的继续。

（二）法典结构的变化

东晋以后的宋、齐、梁三代均承用晋律，其间有《永明律》和篇目同于《晋律》的《梁律》，都无创建。《陈律》不过是《梁律》的翻版，故仍无出《晋律》之右。

南朝多沿用《晋律》，晋又以魏律为蓝本，修订法律时重新分类："其常事品式章程，各还其府，为故事。"④ 史载："晋贾充等撰律令，兼删定当时制诏之条，为故事三十卷。"⑤ 似晋故事多属行政性规范，梁不过是把晋故事易名为科。陈袭《梁律》形式，有《陈科》三十卷。

（三）法律内容的发展

1. 缘坐范围的变化

《梁律》进一步缩小缘坐范围，规定：谋反、降叛、大逆等罪虽缘坐妇人，但"母妻姊妹及应从坐弃市者，妻子女妾同补奚官为奴婢"。创从坐妇女免处死刑的先例。梁武帝中大同元年（546 年）诏："自今犯罪，非大逆，父母、祖父母勿坐。"⑥ 但《陈律》又"复父母缘坐之刑"⑦。

2. 减死从流

秦汉以降的死罪减等之刑——徙（迁）刑至此时期已改为流刑。《隋书·刑法志》载，梁武帝天监三年（504 年）建康女犯拐骗人口罪，其子景慈证明其母确有此罪行。后景慈以"陷亲于极刑伤和损俗"而被流放交州，"至是复有流徙之

---

① 《隋书·刑法志》。
② 《隋书·刑法志》。
③ 《隋书·刑法志》。
④ 《晋书·刑法志》。
⑤ 《唐六典·刑部》卷六注。
⑥ 《隋书·刑法志》。
⑦ 《隋书·刑法志》。

罪"。

3. 官当的出现

继用晋律的梁，在官身犯，只处罚金①，《陈律》则正式使用"官当"一词，规定品官犯罪判五年、四年徒刑的，准用官职抵二年刑，余刑居作外，属公罪过误，可处罚金；判二年徒刑的，可用赎刑。② 及至隋、唐律中，"官当"制日臻完备，至明、清始为加强官吏控制而被取消。

4. 不孝罪与不敬罪、不道罪

晋律有不孝罪弃市的规定。张斐上《律表》解释："亏礼废节，谓之不敬"，"逆节绝理，谓之不道"。南朝宋律严惩不孝罪。由此可见，此时的概念仍较笼统，不像后世明确。

南梁律则规定："其谋反，降、叛、大逆以上，皆斩；父子同产男无少长，皆弃市；母妻姊妹及应从坐弃市者，妻子女妾同补奚官为奴婢；赀财没官。"③

5. 重婚姻门第

在婚姻方面特别重视门第家世，为不使家族系统被外族冒认，续有家谱，由官府掌握。高门世族孩子一出生就有官职。士庶良贱通婚，被视为"失类"，受讥评或弹奏和法律制裁④。

（四）司法制度

1. 司法机构的变化

这一时期司法制度基本承用汉制，但有变化。南朝宋"始置都官尚书，掌京师非违得失事，兼掌刑狱"；地方仍沿汉代旧制，审判权由县令、郡太守、州刺史掌领。南朝时重视京畿地区司法职能，赋予其与中央同等权力。如梁在建康设有与廷尉属官相同的正、监、平三官⑤。并以廷尉寺、建康县为两大司法机构，称"廷尉寺为北狱，建康县为南狱，并置正、监、平"⑥。

2. 皇帝与武臣断案

南朝宋武帝也常"折疑狱"，"录囚徒"，仅永初二年（421 年）即有五次

---

① 《隋书·刑法志》。
② 《隋书·刑法志》。
③ 《隋书·刑法志》。
④ 如南朝梁士族王源嫁女与富阳满氏，被御史中丞沈约弹奏："唯利是求，玷辱流辈，莫斯为甚"，"请以见事免源所居官，禁锢终身，辄下禁止，视事如故。"（萧统《文选》卷四十《弹事》沈约奏）又如权重一时的河南王侯景，曾对梁武帝说要请婚于王、谢之家，武帝因侯景门第不高，明确回答："王、谢门高非偶，可于朱、张以下访之。"（《南史·侯景传》）
⑤ 《隋书·百官志》。
⑥ 《隋书·刑法志》。

之多。

由于战事频繁，地方长官可以"军法从事"为借口擅杀部属平民，而不受通常司法约束。南朝宋曾限定军官"非临军战阵，一不得专杀"①，违者以杀人论；陈时也有"将帅职司军人犯法，自依常科"② 的规定，但多流于形式。

3. 限制诉讼权利

秦汉时许未决犯告发犯罪，秦律有"葆子狱未断而诬告人，其罪当刑为隶臣"③ 的规定。晋律定："囚徒诬告人反，罪及亲属。"④

4. 刑讯用测立法

《梁律》首定测罚之制。凡在押人犯，不招供者均施以"测罚"之刑。⑤《陈律》在此基础上创立"测立"之制⑥，此方法入隋而止。

5. 死刑复核制度的延续

南朝曾规定："其罪甚重辟者，皆如旧先上。"⑦

6. 妇女犯罪行刑上享有特殊规定

据《隋书·刑法志》载，《梁律》扩大对女子用刑的限制，规定："女人当鞭杖罚者，皆半之。""女子怀孕者，勿得决罚。"

7. 加强自上而下的司法监督

秦汉时郡县有权判决死刑，至曹魏、晋代，县令审判权受到限制，凡重囚，县审判后须报郡，由郡守派督邮案验。南朝宋改为将案卷及人犯一并送郡，由郡太守复审后方可执行。如郡太守不能决，再送州刺史，州刺史不能决，上交中央廷尉。

二、北朝时期的法律制度

（一）北朝立法

北魏首开北朝重视法典编纂之风。自太祖拓跋珪天兴元年（398 年）命三公郎中王德定律令、"申科禁"，至孝武帝太昌元年（532 年）诏议改条格的百多年中，

---

① 《宋书·孝武帝本纪》。

② 《陈书·宣帝纪》。

③ 《睡虎地秦墓竹简》。

④ 《晋书·刑法志》。

⑤ 具体做法是："断食三日，听家人进粥二升，女及老小，一百五十刻乃与粥，满千刻而止。"

⑥ 对证据确凿而不招供的囚犯，戴刑具，鞭二十笞三十后，站在高一尺、上尖圆、仅容两足的土堆上。首次为七刻；再次分两回，朝三刻，夕七刻。七日一行鞭，至鞭杖数满一百五十仍不招供，可免死。

⑦ 《晋书·孝武帝纪》。《南齐书·王敬则传》记载，征东将军王敬则杀路氏，武帝责问："谁下意杀之？都不启闻。"

大大小小的立法活动见于记载的有九次，前八次均是修订《北魏律》，直至孝文帝太和年间（477—499 年）始告成，前后经历了一个多世纪的改定，可谓史上修订最久的一部法律。虽有后续纂修但变化不大。《北魏律》共二十篇（今篇目可考者十五篇），它的颁行，一改魏初"礼俗淳朴，刑禁疏简""临时决遣"① 的状况。因参与修律的崔浩、高允、游雅等人均是当时汉族著名律学家，加之北魏历代君臣都重视法律②，使《北魏律》"能综合比较，取精用宏"，③ 冶汉、魏、晋律于一炉，"开北系诸律之先河"。

东魏孝静帝兴和三年（541 年）命群臣议定新法。天平年间（534—537 年）曾诏高澄与封述定新格，"以格代科，于麟趾殿删定，名为《麟趾格》"④，颁行天下。西魏于大统十年（545 年）着手制定新法。命苏绰编订《大统式》，"以太祖前后所上二十四条及十二条新制"，加以损益，"总为五卷，颁于天下"⑤。

拓展阅读

"北律优于南律"

公元 550 年，东魏权臣高洋自立为帝，改东魏为北齐。初沿用《麟趾格》，至武成帝河清三年（564 年）在封述等人主持下，以《北魏律》为蓝本，校正古今，锐意创新，省并篇名，务存清约，制定《北齐律》十二篇，共九百四十九条，以"法令明审，科条简要"著称于世。⑥ 上承汉魏律之精神，下启隋唐律之先河，成为隋唐法典的蓝本。近人程树德曾评说："南北朝诸律，北优于南，而北朝尤以齐律为最。"⑦

西魏权臣宇文觉于公元 557 年废魏恭帝自立，改国号曰周，史称北周。初用制诏，至武帝保定三年（563 年），命越肃、拓跋迪等撰定法律，仿《尚书·大诰》制《大律》，共二十五篇，一千五百三十七条，原文早佚。因《大律》仿《尚书》《周礼》，杂采魏、晋诸律，使"今古杂糅，礼律凌乱"⑧，不合时宜。《隋书·刑法志》评述其为"大略滋章，条流苛密，比于齐法，烦而不要"。因此，隋虽承周立国，但在立法上以《北齐律》为本。

---

① 《魏书·刑罚志》。

② 《魏书·李冲传》载：孝文帝主持"议礼仪律令"，多次诏群臣聚议，有疑议"亲临决之"，并亲自下笔"润饰辞旨，刊定轻重"。

③ 陈寅恪：《隋唐制度渊源略论稿·唐代政治史述论稿》，生活·读书·新知三联书店 2001 年版，第 124 页。

④ 《唐六典·刑部》卷六注。

⑤ 《周书·文帝纪》。

⑥ 《隋书·刑法志》。

⑦ 程树德：《九朝律考·北齐律考序》，商务印书馆 1927 年版，第 461 页。

⑧ 程树德：《九朝律考·北齐律考序》，商务印书馆 1927 年版，第 481 页。

（二）法典结构的变化

继《晋律》之后有所进取的是北朝《北魏律》和《北齐律》。

《北魏律》共二十篇，篇目可考者有刑名、法例、卫宫、违制、户律、厩牧、擅兴、贼律、盗律、斗律、系讯、诈伪、杂律、捕亡、断狱十五篇。其中《捕亡律》似是《晋律》中《捕律》和《毁亡律》的合并，并从《晋律》的《系讯律》中分出《斗律》。

《北齐律》进一步改革体例，省并篇目确定为十二篇。① 将《刑名》《法例》合为一篇，称《名例》，冠于律首增强了法典结构上的科学性。改《宫卫》为《禁卫律》，将原来宫廷警卫扩及关禁。增加《违制律》，完善吏制的法律规定，以保证国家机器的正常运转。其他篇目也多有损益。史称"科条简要，法令审明"。

（三）法律形式的变化

1. 以格代科

北魏以格代科。北魏初，科作为副法仍在行用。② 后世以格代科，从其表面形式上推测有两个原因：一是格、科读音相近③，二者一清一浊，古音可以相通。二是格、科字义相近。《说文解字》中释科曰："程也，条也"，格亦有"条文"之意。《魏书·高宗纪》载："（和平四年）十二月辛丑诏曰：……有司可为之条格，……著之于令。"此处言条格即条款之意。由于格科相近，晋时即有混用④。当然，科、格读音字义相近，只是以格代科的表面原因，更为主要的原因或许是北朝统治者未像南朝一样直接承袭汉制。其对汉文化需要有一个接受、融合的过程。其间，既仿效汉制，又更新汉制，格或许便是这一过程的产物。

北魏以格代科经历了一个发展变化的阶段。⑤ 此时的格已有别于初期阶段。首先，此时修订律令的立法活动已停或不了了之，律已成虚设之文，格则作为主法而常有检修更定。《洛阳伽蓝记·景明寺》卷三中记："法吏疑狱，簿领成山，乃

----

① 十二篇为：名例、禁卫、婚户、擅兴、违制、诈伪、斗讼、贼盗、捕断、毁损、厩牧、杂律。

② 参见《魏书·太祖纪》卷二略云："天兴元年（398年）十有一月，诏三公郎中王德定律令，申科禁。"又可见《魏书·刑罚志》："（太祖）约定科令，大崇简易。"

③ 格，见母；科，溪母。

④ 《晋书·陈宠传》："初，赵王伦篡位，三王起义，制己亥格。"《南史·羊玄保传》记有"壬辰之科"。刘宋时羊希奏"依定格条上赀薄""停除咸康二年壬辰之科"等。

⑤ 北魏中期前为第一阶段。此阶段格刚从科演变而来，在内容上与汉晋之科无大区别，作为补律令的副法使用。北魏后期至北齐初是格演变的第二阶段。为应付动乱局面和阶级、民族、统治集团内部的各种日趋激化的矛盾，魏孝武帝太昌元年（532年）诏："前主为律，后主为令，历世永久，实用滋章。"（《魏书·出帝平阳王纪》卷十一）从此，格取代律文成主要法律形式。

救（邢）子才与散骑常侍温子升撰麟趾新制十五篇，省府以之决疑，州郡用为治本。"《北史·封述传》中也载："天平中，……增损旧事，为麟趾新格。其名法科条皆述所删定。"其次，这一时期的格以尚书省诸曹名为篇目，开创了新的体例。①由于形势的特殊需要，格已由补律令的副法上升为代律令行事的主法，由"疑事"判例的编修变为正刑定罪的条文。

2. 回归以律为主

北齐中后期，政局相对稳定，"格"虽为"通制"，但在人们的传统观念中，律令才是正统制度。北齐初期，司徒功曹张老上书，反对废律用格，他指出："大齐受命已来，律令未改，非所以创制垂法，革人视听。"②

至武帝即位，河清三年（564 年）成《齐律》，以格代律局面才告衰止，③格复退回副法地位，在律无正条情况下暂作定刑依据。《隋书·刑法志》记："后平秦王高归彦谋反，须有约罪，律无正条，于是遂有别条权格，与律并行。"此处的权格与第一阶段的别格类似均为补律令的副法（临制性的律外条目）。

就以后格与律令关系来说，隋代延续北齐后期重律轻格的发展趋势。时人以为格令章程"颇伤烦碎"，"非简久之法"。④后隋文帝划一制度时，"杂格严科并宜除削"⑤。隋唐后虽形成律令格式并行，但格的地位与作用已经远不能与律令相比了。

3. 式的出现

式，最早见于秦，如《秦简·封诊式》，多属于行政性法规。汉初有品式章程，西魏文帝时编订《大统式》，成为隋唐以后律令格式四种基本法律形式之一"式"的先声。此外，这一时期仍沿用汉以来用"比"和经义断案的传统。

综上可见，魏晋南北朝时期法律形式有较大变化。特别是律令有别，以格代科，成为隋唐以降律令格式并行的渊源。

（四）法律内容的发展

1. 刑罚制度的完善与五刑体例的形成

《北魏律》定刑为六，计：死、流、宫、徒、鞭、杖。《北齐律》承其后，最终确立死、流、徒、鞭、杖五刑，为隋唐以后死、流、徒、杖、笞的刑罚体系奠定了基础。综括这一时期的刑罚变革，总的趋势是逐渐宽缓。

---

① 《魏书·窦瑗传》。
② 《隋书·刑法志》。
③ 参见《隋书·刑法志》《册府元龟·刑法部》等。
④ 《北史·苏威传》。
⑤ （宋）王钦若等：《册府元龟·刑法部·定律令》卷六，中华书局 1960 年影印本。魏征《隋书·刑法志》卷二五，中华书局 1973 年版，第 711—712 页。

2. 废除宫刑

自汉文帝改革刑罚以来，宫刑兴废无常。北魏、东魏时仍有施用宫刑记载。西魏文帝大统十三年（547 年）诏："自今应宫刑者，直没官，勿刑。"① 北齐后主天统五年（569 年）亦诏令："应宫刑者，普免刑为官口。"② 从此宫刑不复作为一种法定刑。

3. 缘坐范围的扩大

《北魏律》缘坐范围广泛，至孝文帝时方有缩小。延兴四年（474 年）下诏："自非大逆干犯者，皆止其身。"③ 然而法律上尽管有缩小的规定，而司法实践中往往有扩大的趋势。

4. 定流刑为减死之刑

北魏、北齐均据"降死从流"的原则，将流刑列为法定刑，作为死与徒的中间刑，从而填补了自汉文帝改革刑罚以来死、徒二刑间的空白，为隋唐时期刑罚制度的完善奠定了基础。北周律又分流刑为五等，计二千五百里、三千里、三千五百里、四千里、四千五百里。隋唐因之。如沈家本言："开皇元年定律，流为五刑之一，实因于魏周，自唐以下，历代相沿莫之改也。"④

5. "重罪十条"的由来及影响

为加强镇压危害皇权专制统治和违反伦理纲常的行为，"重罪十条"自北齐始正式入律。此"重罪十条"即后世法典中之"十恶"。即将直接危害朝廷根本利益的最严重的十种犯罪置于律首。这十条是："一曰反逆，二曰大逆，三曰叛，四曰降，五曰恶逆，六曰不道，七曰不敬，八曰不孝，九曰不义，十曰内乱。其犯此十者不在八议论赎之限。"⑤

北魏律严惩不孝罪。《北魏律》规定："大逆不道腰斩，诛其同籍，年十四以下腐刑，女子没县官。"且将"害其亲者"视为大逆之重，处圜刑；将"为蛊毒者"视为不道，"男女皆斩，而焚其家"⑥。北齐则将此罪列入"重罪十条"，虽属八议，亦不减免。

---

① 《北史·西魏文帝纪》。

② 《北齐书·后主纪》。

③ 《魏书·刑罚志》。

④ （清）沈家本：《历代刑法考·刑法分考》，邓经元、骈宇骞点校，中华书局 1985 年版，第 43 页。

⑤ 《隋书·刑法志》。汉代已有"不道""不孝"等罪名，《唐律疏议·名例》"十恶"有谓："汉制九章，虽并湮没，其'不道''不敬'之目见存。"其他如"作上""犯上""大不敬""大逆""降叛""禽兽行"等罪名，早见于秦汉以来律令之中。魏律规定："夫五刑之罪，莫大于不孝。"（《三国志·魏书·少帝纪三》）

⑥ 《魏书·刑罚志》。

隋唐律在《北齐律》规定的"重罪十条"基础上发展为"十恶"定制，并为宋、元、明、清历代所承袭。

6. 存留养亲的出现

亦称留养，指犯人直系尊亲属年老应侍而家无成丁，死罪非十恶，允许上请，流刑可免发遣，徒刑可缓期，将人犯留下以照料老人，老人去世后再实际执行。《北魏律·名例》规定："诸犯死罪，若祖父母，父母年七十已上，无成人子孙，旁无期亲者，具状上请，流者鞭笞，留养其亲，终则从流，不在原赦之例。"① 这是中国古代法律家族化、伦常化的具体体现。这一内容亦为后代法律所承袭。

7. 官当的适用

《北魏律·法例》规定：公、侯、伯、子、男五等爵，每等抵三年徒刑。官品从第五品起一阶当刑二年；免官者，三年后照原官阶降一级叙用②。

8. 任官考绩制度

北魏孝明帝时，武人退役争相为官，吏部尚书崔亮创制《停年格》，规定以停解日月为断，依年资深浅而定选用的顺序。

9. 禁止高利贷

有关借贷，官府常以强力助放贷者收回本利。③ 贪官污吏往往与富户勾结，催逼无力纳赋税者借高利贷，北魏文成帝时（461 年）针对此弊曾下诏令禁止。④

（五）司法制度

1. 中央审判机关廷尉改称大理寺

北周称秋官大司寇。北齐改廷尉为大理，并扩建其机构为大理寺，设卿、少卿、丞各一人为主官，其下设正、监、评各一人，律博士四人，明法椽二十四人，司直、明法各十人。

2. 刑部的前身——殿中尚书、都官尚书

北齐以尚书省六尚书分统列曹，其中殿中尚书统三公曹，"掌五时读时令，诸曹囚帐、断罪、赦日建金鸡等事"。都官尚书统比部曹，"掌诏书律令勾检等事"⑤。中央机构兼领司法事务，为隋唐司法机构和中央三省制的确立提供了雏形。

---

① 《魏书·刑罚志》。
② 《魏书·刑罚志》。
③ 如《北齐书·循吏苏琼传》记："济州沙门统，资产巨富，在郡多有出息（放债取息）常得郡县为征。"
④ 《北史·魏本纪二》卷二有载："自顷每因发调，逼民假贷，大商富贾，要射时利，旬日之间增赢十倍，上下通同分以润屋。为政之弊莫过于此，其一切禁绝，犯者十匹以上皆死。布告天下，咸令知禁。"
⑤ 《隋书·百官志》。

3. 皇帝断案

北周武帝常"听讼于正武殿，自旦及夜，继之以烛"①。

4. 限制诉权与上诉制度变化

《北魏律》规定："诸告事不实，以其罪罪之。"② 北齐文宣帝时禁囚犯告诉。制定《案劾格》规定："负罪不得告人事。"③ 唐律亦承之。《北魏律》规定："狱已成及决竟，经所绾，而疑有奸欺，不直于法，及诉冤枉者，得摄讯覆治之。"④

5. 死刑复核制度的延续

《北魏律》规定："诸州国之大辟，皆先谳报乃施行"，"当死者，部案奏闻"。⑤ 又："狱成皆呈，帝亲临问，无异辞怨言乃绝之。"⑥ 从而使死刑决定权唯归皇帝，一方面是慎刑，另一方面也是控制。

6. 妇女行刑上享有特殊规定

《北魏律》进一步明确："妇人当刑而孕，产后百日乃决。"这其中有礼教因素，但也是社会文明程度提高的结果。

三、南北朝时期法制发展特点

（一）魏晋律学的发展对法律的影响

西汉以来"引经决狱""经义注律"的盛行，私家为律注疏开始成为一种新的法律解释形式，魏晋律学的规范化与体系化由此形成。

1. 门阀士族阶层与律学的发展

魏晋时期，门阀士族地位不断上升，政治势力不断膨胀，以高贵血统为说辞，推行不与寒门、贫民通婚交往的政策。在经济上的"品官占田荫客制"和政治上所确立的"九品中正制"的双重作用影响下，门阀士族与国家统治阶层开始融为一体并控制了国家政权。并且，通过制定法律将各种经济与政治特权规范化与法律化。

拓展阅读

法律儒家化进程

此外，门阀士族阶层重视儒家经学的发展，并直接参与法律的制定，进一步将儒家的宗法观念、礼仪习俗和道德观念以法律的形式固定了下来，成为重要的法律

---

① （宋）李昉等：《太平御览·后周书》卷六三九。

② 《魏书·韩麒麟子熙传》。

③ 《隋书·刑法志》。

④ 《魏书·刑罚志》。

⑤ 《魏书·刑罚志》：太祖武帝时，"以死不可复生，惧监官不能平"。

⑥ 《魏书·刑罚志》。

原则与法律观念，实现了法律与礼义道德的融合，既是门阀士族地位的重要依托与保障，也是法律儒家化的具体呈现。

2. 律学对传统法律发展的影响

律学的发展直接影响了传统法典体例编排与法律解释学的发展。两汉引经注律，律学与政治伦理结合而日兴。但经学的发展，造成专门索隐发微的章句之学大兴，流于繁琐迂腐，日近绝路。另一方面，东汉以来的阴阳谶纬等神学思想，经桓谭、王充等人从哲学上的批判已无甚作用。"名教"出于"自然"说（非董仲舒的"天意"说）的"玄学"抬头，并对法学理论有一定影响。加之汉初尚黄老之术，道学在思想意识领域的潜在影响，导致这一时期明辨之术和《易》学的盛行。多重因素影响下，律学在魏晋时期开始从伦理政治的束缚中解脱出来。研究的对象不再仅限于对古代法律的起源、本质和作用的一般论述，而是侧重于律典的体例、篇章结构和概念，以及定罪量刑等问题的研究。譬如，曹魏《新律》改汉《九章律》第四篇《具》律为《刑名》，"冠于律首"。

（二）《北齐律》奠定了传统法典体例

至南北朝时期，基于南北沿承经学义理的不同，法律发展的侧重点各异。但就总体而言，南北朝时期开始进入法律体系化发展的阶段，法律文本的体例与结构实现了科学化，法典模式初步定型，尤以《北齐律》为最。传统法律思想、法律制度及作为其重要一环的法律文本的互相影响作用在此可见一斑。

后世评价，南北朝法律的发展"北优于南"，与《北齐律》结构内容的典型代表性及其承上启下的意义不无关系。

（三）法律解释的规范化

随着传统法律和律学的发展，这一时期的法律解释也趋于规范化，对后世立法、司法和法制的统一有着深远影响。有代表性的如晋代张斐、杜预对《泰始律》的解释，对法律概念的科学化与规范化作出了较大贡献。特别是张斐对一些法律名词的说明，如："故意"是"知而犯之谓之故意"；"过失"是"不意误犯谓之过失"；"谋"指"二人对议"；"群"指三人以上；"赃"是以图利为目的；"戏"重在双方相和斗；"斗"着重在双方争执；"诈"是以背信为要件；"率"指力能指挥众人；"强"是以不和为原则；"造意"重在首先倡议；等等。① 对晋律中一些相类似易混的罪名也作了解释。又如，张斐在《律注要略》一书中对《晋律》二十个名词的解释。特别是他对犯罪性质、区分犯罪情节的十五个名词的解释②，

---

① 参见程树德：《九朝律考》，中华书局1963年版，第234页。

② 他所解释的二十个名词中，罪名有五：谩、诈、不敬、不道、恶逆；其余是：戏、斗、贼、盗、强、略、故、失、过失、戕、故意、谋、率、群、赃。其中对"故""失""过失"的解释，比之今天刑法典对故意和两种过失的说明，也是大同小异。

多为后世法律所遵奉。这一时期，律学成果逐渐为传统律法所吸收，以后《北魏律》的"累犯加重""共犯以造意为首"就是例证。①

（四）五刑体系与死刑复奏等制度的形成

南北朝时期，经过不断的司法实践，《北齐律》最终确立的死、流、徒、鞭、杖五刑体例，为隋唐以后死、流、徒、杖、笞的刑罚体系奠定了基础。死刑复核制度经过此时期的延续，影响至隋唐，从而确立了此后的死刑复奏制度。

皇帝审案制度、妇女处刑的限制、直诉制度的出现等，均对后世立法司法制度影响深远。

思考题：

1. 简述魏晋南北朝时期法律形式的变化与发展。
2. 试论"八议"入律。
3. 简述魏晋南北朝时期的"法律儒家化"过程在立法与司法中的具体反映。

▶ 自测习题及参考答案

---

① 杜预在《律释》的上奏中说："法者，盖绳墨之断例，非穷理尽性之书也。"律学也成了注释学，加之东晋以降官方注释的确立，使私家言论大受限制，律学研究走向衰微，法理学意义上的探讨大大落后于对律文的注释，结果是律学也回到了训诂之类的老路，像张斐这样的律学家也渐次消失了。除了注释章句的律学内容得以发展外，律学中"学"的内容已近衰竭。然而，律学仍不失其在中国法律史中的重要地位。《唐律疏议》这部集古代中国传统法典之大成的法典，对东南亚各国均有影响。无论就刑名概念的解释，还是法律适用原则的确定；无论是其语言特色及注释风格，还是其内容的周密与完整等，均一定程度受到律学的浸润。换言之，没有汉魏律学的发展，唐律及其疏议不可能如此卓著。

第八章 隋唐法制

581 年，掌握北周军政实权的大丞相杨坚逼迫周静帝让位，建立隋朝。589 年，隋军渡江南下，攻占建康，消灭陈朝，从而结束了南北朝国家分裂的局面，实现了全国的统一。隋朝统治后期，农民负担加重，阶级矛盾激化，爆发了波及全国的农民起义。农民起义动摇了隋朝统治基础。618 年，隋朝灭亡。同时，李渊在长安称帝，建立唐朝。在中国法制历史上，隋朝法制具有重要的承上启下作用。隋朝统治者总结秦汉以来在立法、司法等方面的经验和教训，确立了以《开皇律》为代表的隋朝法律制度。唐朝经历二百九十年，经济发展，国力强盛，前有"贞观之治"，后有"开元之治"，中华文明发展至鼎盛。"盛唐气象"的出现，得到政治、经济、法律、文化、社会、军事各项制度的有效支撑。其中，唐朝法律不仅在调整社会关系、维系统治秩序方面起到重要作用，也以其先进的立法原则、完备的法律体系、精湛的立法技术，而成为中国传统法律的成熟形态，代表着中国传统法律的最高水平。

第一节 隋朝法律制度

一、隋朝立法概况

隋朝重要的立法活动有两次：隋文帝开皇朝制定《开皇律》，隋炀帝大业朝制定《大业律》。其中，《开皇律》在中国法典编纂史上占有重要地位，在法典体例、篇章结构、概念术语、具体制度等方面取得重大进展，并为唐朝法典编纂打下良好的基础。

隋文帝初即位，即开始制定新律。隋文帝要求在制定新律过程中，总结魏晋南北朝各朝法律的立法经验，在刑罚轻重程度方面，取其折衷。[①] 此次定律，主要以《北齐律》为蓝本，在其基础之上，作了一些去重就轻、删繁为简的修改。开皇三年，对新制定的法律再次修订。经开皇三年修订后的隋律，史称《开皇律》。《开皇律》共十二篇五百条。

隋炀帝即位后，以文帝晚年法网烦密、刑罚严苛，因而下诏修改律令。大业三年（607 年），完成对《开皇律》的修改，并颁行天下，是为《大业律》。《大业律》主体内容基本仿自《开皇律》，仍为五百条。但在条目安排上，改变了《开皇

---

① 《隋书·刑法志》："上采魏晋刑典，下至齐梁，沿革轻重，取其折衷。"

律》所定的分类标准，并在篇目上由《开皇律》的十二篇增为十八篇。①

隋朝的法律形式主要有四种：律、令、格、式。开皇、大业两朝在制定律的同时，也分别制定、修改了令、格、式。开皇初年，编订《开皇令》，共三十卷二十七篇。令的内容多涉及职官的职责、选用、考绩及各级行政机构的议事程式等，同时也包括田土赋税、军事行政、司法行政等。② 大业初年，又编订《大业令》三十卷。开皇及大业两朝，又先后编订格、式。

二、隋朝法律内容

隋朝统治者充分借鉴汉魏以来法律制度的成果，在立法、司法等方面，有诸多建树。

（一）体例篇目

在体例篇目上，隋初立法者确立以《北齐律》为蓝本，并根据内在逻辑关系以及所调整对象的重要性等因素，对于原十二篇的名称、排列顺序等作了一些修改、调整。《开皇律》以《名例律》为首篇，共设十二篇：名例，卫禁，职制，户婚，厩库，擅兴，贼盗，斗讼，诈伪，杂律，捕亡，断狱。总条目经删减、合并，确立正式律文五百条。《开皇律》在体例结构上的调整，使其自身在形式上进一步趋于合理。它表明中国古代立法者在立法技术上的进步和成熟。

（二）刑事法律

在刑事法律方面，隋朝总结秦汉以来的立法、司法经验，尤其是将北朝时期有关刑事法律的诸多创制加以修改、协调，使其系统化，定型化。

封建五刑制自秦汉以后渐次确立。但直到隋以前，仍处于变动之中，未最终定型。③ 隋朝立法者以北朝五刑制为基础，在名称、刑等方面稍做变化，尤其是基于减少重刑种等级的原则，对刑等作了适当的调整，使其进一步趋于合理。《开皇律》所定五刑为：死刑、流刑、徒刑、杖刑、笞刑。死刑等级减至二等：斩、绞；

---

① 名例，卫宫，违制，请赇，户律，婚律，擅兴，告劾，贼律，盗律，捕亡，斗律，仓库，厩牧，关市，杂律，诈伪，断狱。

② 《唐六典·刑部郎中令》。

③ 魏律刑罚有七种：死刑、髡刑、完刑、作刑、赎刑、罚金、杂抵等，共三十七等。由晋至南陈，主刑多有变化，一般有死刑、耐刑、髡钳刑、赎刑等。北魏创设死、流、徒、鞭、杖五刑，其中死刑分作辕、腰斩、斩、绞四等。北齐所设法定刑主刑亦为五种：死、流、耐、鞭、杖，其中死刑分作辕、枭、斩、绞四等，其他刑种的等级设置不均，其流刑内未再分等，一概发至边疆地区为兵卒。北周使五刑制进一步发展，确立了"五五制"。刑种包括五种：死、流、徒、鞭、杖。每一刑种又分作五等，其中死刑包括磬、绞、斩、枭、裂；流刑分五等：流卫服、流要服、流荒服、流镇服、流蕃服。

流刑等级亦降至三等：一千里、一千五百里、两千里。徒刑仍为五等，但各等年限均已缩短，分别为：一年、一年半、二年、二年半、三年。杖刑与笞刑的等级未作变动，仍各为五等：杖刑数自六十至一百，笞刑数自十至五十。《开皇律》所定五刑制以其较为合理的刑种、刑等设计，构成封建刑罚制度的成熟形态，为隋以后历代封建王朝的法律制度所采用。

十恶重惩原则是封建制中后期为维护皇权、维护伦理纲常所确立的重要法律原则之一。北齐制定"重罪十条"。隋《开皇律》在此基础上将其修改为"十恶"条款："一曰谋反，二曰谋大逆，三曰谋叛，四曰恶逆，五曰不道，六曰大不敬，七曰不孝，八曰不睦，九曰不义，十曰内乱。"① 由于这十种犯罪严重危害到国家政权和社会秩序，破坏了封建国家赖以存在的伦理纲常关系，因而在法律上被单独列出，并在量刑及适用法定减免条款方面给以特殊规定。在量刑方面，犯十恶罪者，将受到严重处罚。《开皇律》所确定的十恶重惩原则为唐律所采纳；十恶条目的具体规定为唐律所引用。

《周礼》有"八辟"之条，凡属于亲、故、贤、能、功、贵、勤、宾者犯法，须经特别审议程序，以减免其罪。曹魏时期，"八议"正式入律。《开皇律》继承《魏律》，保留"八议制"作为一项对于贵族、官僚犯罪减免处罚的法定特权。《开皇律》规定：具有八议所确定的身份者犯罪，以及官品第七以上者犯罪，皆例减一等处罚。官员犯罪，还可以适用"官当"制，以官抵罪，减免处罚。据《开皇律》，对于犯罪之官员，可根据所犯之罪的性质、应处刑罚的种类、官吏本人的品级等，分别适用不同的抵罪方法，以实现减免处罚的目的。《开皇律》所确定的"八议制"及"官当制"，对于官僚、贵族给予特殊的法律保护，集中体现了法律上的等级身份制，符合封建法律的基本精神，因而为后世封建统治者所称道。唐、宋、明、清各朝无一例外地在法律中保留了这两项制度。

（三）行政法律

隋王朝是在中国社会经历了二百七十余年南北大分裂后确立起来的第一个统一的中央政权。隋文帝即位后，即致力于建立统一的中央集权政府，完善维护皇权、维护中央集权的行政管理体制。开皇初年，统治者以南北朝后期的政治制度为基础，结合统一的中央集权政治的需要，确立了一整套较为完善的政权体制。其中包括中央三省制和地方州县制的建立。在中央，设尚书省、门下省、内史省②，分掌国家政务。三省在职责上互有分工，相互制约，又共同配

① 《隋书·刑法志》。
② 内史省，原称中书省，隋朝因避讳，改称此名。

合，初步形成在皇帝统领下共同行使中央权力的分权体制。在地方，减少地方行政层次，改州、郡、县三级地方行政体制为州、县二级体制，全面强化中央集权。

官吏选拔制度是行政法律制度中的一项重要内容。魏晋南北朝时期实行的九品中正选官制度为门阀士族把持朝廷用人大权创造了便利条件。门阀士族通过九品中正制度的实行，在中央，形成对皇权的侵削；在地方，其势力不断自我膨胀，作为地方割据势力，对皇权，对中央集权均形成直接的威胁。隋王朝统一全国以后，为巩固中央集权，强化皇权，并为适应统治基础的变化，废除九品中正制，确立科举制。由朝廷设立科目，并由朝廷定期组织全国统一的考试，按照考试成绩的优劣，录取考生，并授以官职。科举制度的实行以及相关法律的建立，使得政治权力的重要内容——官吏选拔任用权——直接控制在皇帝和中央政府手中，在很大程度上能够防止国家政治生活中相对于皇权及中央权力的异己力量的产生和膨胀，防止地方割据势力产生。唐宋明清历代王朝均保留科举制度，并以其作为录用官吏、选拔人才的主要途径。

三、隋朝司法制度

隋朝司法机构，在中央，以大理寺为最高审判机关，御史台主监察，都官省为最高司法行政机关。在地方，仍由州、县行政机关兼掌司法权；同时，设立一些司法佐吏，如户曹参军、法曹参军等。

诉讼的提起方式有两类。其一，官府代表国家提起诉讼。在中央，一般由专司监察的御史纠举各级官吏的违法犯罪行为。在地方，除了行使监察权的监察官之外，地方行政长官对于所辖范围内的犯罪行为负有监管、提起诉讼的责任。其二，当事人可直接向官府提起诉讼。

诉讼案件，应首先向州、县基层机构提起。如果地方机构不受理，当事人可逐级向上级机构提起，直至到京城向皇帝提起。[1] 司法机关受理诉讼案件后，可对当事人实施拷讯。为防止审判官滥用拷讯，并防止在重刑之下冤案的发生，开皇中期定制：第一，拷讯人犯，拷打杖数不得过二百；第二，人犯所用枷及拷讯所用杖，必须按照一定规格制作，不得超限；第三，拷讯同一名人犯，行杖之人不得中途更换。[2]

死刑案件经审理、判决后，须经大理寺复核，并由皇帝批准，方可执行。开

---

[1] 《隋书·刑法志》："有枉屈县不理者，令以次经郡及州，至省仍不理，乃诣阙申诉。有所未惬，听挝登闻鼓，有司录状奏之。"

[2] 《隋书·刑法志》："讯囚不得过二百；枷杖大小，咸为之程品；行杖者不得易人。"

皇十二年（592 年），文帝发布诏令：对于死罪的处理，必须严格程序。所有死罪案件均由大理寺复核，并由都官省上奏皇帝批准。① 开皇十五年（595 年）又定制：对于死刑犯案件，必须上报皇帝三次，批准后方可执行。②

隋朝立法者在司法制度方面有诸多建树。尤其是死刑复奏、拷讯程式等制度，一定程度上体现了恤刑慎罚的原则。唐以后历朝法律均不同程度地继承了隋朝法律的这些制度。

第二节　唐朝立法活动

一、立法原则

"德礼为政教之本，刑罚为政教之用"是唐朝立法所遵循的重要原则。

自西汉初年"罢黜百家，独尊儒术"政策的确定，儒家思想逐渐影响法律，道德信条与伦理精神逐渐渗入法律规范之中，开启了中国法律儒家化进程。经过魏晋南北朝的政治实践与法律实践，法律儒家化进程逐渐深化。隋末严刑酷罚激化社会矛盾、加快政权灭亡的教训，深刻地影响了唐初统治者的政治法律思想。唐朝立法者明确提出，国家治理，德礼与刑罚，缺一不可；而德礼与刑罚之间，德礼为本，刑罚为用。

（一）德礼、刑罚，不可或缺

德礼的作用在于教化万民，而刑罚的作用则在于禁顽止奸。二者功能不同，作用互补，缺一不可。日有早晚，年有春秋，相辅相成，不可或缺。③

（二）德主刑辅

虽然德礼与刑罚均为国家治理所必需，但二者的性质以及发挥作用的顺序有不同。德礼重在通过教育感化的方式，劝民以礼，导民向善，不仅能够使得万民安分和谐，而且有利于社稷政权的长期稳定。因此，弘德倡礼是国家治理的核心、本原，也是国家治理的优先手段。刑罚重在禁顽止奸，打击危害政权、侵害社会的犯罪行为。虽然刑罚为国家治理所必需，但由于刑罚以剥夺生命、残害肢体、限制自由等手段来实现其目标，违反人的本性，而且通过刑罚，只能实现目标于

---

① 《隋书·刑法志》："诸州死罪不得便决，悉移大理案覆，事尽然后上省奏裁。"
② 《隋书·刑法志》："死罪者三奏而后决。"
③ 《唐律疏议·名例》："其有情恣庸愚，识沈愆戾，大则乱其区宇，小则睽其品式，不立制度，则未之前闻。故曰：'以刑止刑，以杀止杀。'刑罚不可弛于国，笞捶不得废于家……《易》曰：'天垂象，圣人则之。'观雷电而制威刑，睹秋霜而有肃杀。惩其未犯而防其未然，平其徽纆而存乎博爱，盖圣王不获已而用之。……德礼为政教之本，刑罚为政教之用。"

一时，不能保持政权的长期稳定。因此，治理国家的有效方式是以德为主，辅之以刑。

（三）轻刑慎罚

刑法只能作为国家治理的辅助工具，作为维护社会秩序不得已而用之的手段，即使在刑法本身，也要充分体现轻刑慎罚原则。一方面，在立法上，通过减少死罪、减轻刑罚，体现德主刑辅的基本方针。唐初修订法律，死刑罪的数量减少近一半。另一方面，通过制度建设，严格死刑案件的审核程序。贞观年间，为慎重死刑判决，先后形成死刑案件"九卿共议"制①、多次覆奏制。后世著名的死刑案件"九卿会审"制，于此发端。

"德礼为政教之本，刑罚为政教之用"既是唐朝制定法律的重要原则，也是唐朝所实施的国家治理的重要方针，体现了西汉以来儒法合流、道德法律共同治理的基本模式。这一原则的有效实施，推进了"贞观之治""开元之治"的形成，影响了唐以后历代王朝政治法律制度，并构成中华民族独具特色的治国理政方式的核心内涵。

拓展阅读

"德礼为政教之本，刑罚为政教之用"

二、法律形式

唐朝统治者总结汉魏以来各朝的立法经验，并在国家治理实践中逐步完善法律体系。在法律形式方面，唐朝根据所调整社会关系的不同，建立了具有自身特色、较为系统的法律形式。

唐朝法律形式主要包括四种：律、令、格、式。在性质上，律的作用在于确定犯罪与刑罚，但其内容也涉及一些与民事关系、行政关系及诉讼程序相关的规定。令、格、式多涉及国家行政体制、各级政权机关的行政制度以及各项有关行政行为的程序、规范等。②

"律"是唐朝法律的主体形式。唐朝律的制定与修订活动，主要集中在唐初，包括：唐高祖武德七年（624年）颁布实施的《武德律》，唐太宗贞观十一年（637年）颁布实施的《贞观律》，唐高宗永徽二年（651年）颁布实施的《永徽律》，唐玄宗开元二十五年（737年）颁布实施的《开元律》。

"令"的内容，主要涉及国家行政体制、尊卑贵贱等级制度等方面。据《唐六典》记载，开元年间所定令共三十卷一千五百四十六条，分为二十七篇。包括：

---

① 《贞观政要》卷八《刑法》："自今以后，大辟罪，皆令中书、门下四品已上及尚书九卿议之。"

② 《唐六典》："律以正刑定罪，令以设范立制，格以禁违正邪，式以轨物程式。"

官品令、户令、选举令、考课令、衣服令、仪制令、卤簿令、公式令、田令、赋役令、关市令、杂令等。

"格"主要来源于对皇帝诏敕的整理、编纂。历朝皇帝都重视通过编订格的方式使就一时一事所做的诏敕上升为具有一般约束力的法律。唐朝先后编订有武德格、贞观格、永徽格、垂拱格、开元格、元和格敕等。格的篇目按中央六部及所属各司的名称划分。

"式"主要涉及中央政府内部各机构关于行政管理、行政程序及具体办事规则的规定。中央政府内的每一行政机构，均有相应的"式"作为其行使职权、处理政务的规章。据《唐六典》，"式"有三十三篇，包括吏部式、户部式、礼部式、兵部式、刑部式、工部式、考功式、度支式等。

唐玄宗时期，还编订了一部具有行政法典性质的官修政书，即《唐六典》。《唐六典》采取"以官统典"的体例，汇集了当时关于政制、官规的各类规定。同时，还记述了各官署、职位的历史演变。

三、《唐律疏议》的内容及其影响

唐初，先后颁布实施了《武德律》《贞观律》《永徽律》。由于律文言简意赅，在实施过程中常引起不同理解。再加上某些地方官刻意错误解读律文，导致法律实施过程中存在误解、不统一现象。为帮助各级官吏在司法活动中准确把握立法意图，加强法律实施的统一性，长孙无忌受命主持编订"疏议"，对《永徽律》律文进行阐释、说明。"疏议"以儒家思想为基本依据，对于《永徽律》进行逐条解读。永徽四年（653 年），律文与"疏议"合为一体，正式颁布实施，即《唐律疏议》。"律""疏"合体，同等效力，使得律文与解释律文的"疏议"具有同样的效力，开创了中国古代独特的法典编纂形式。

拓展阅读

《唐律疏议》
（全文）

（一）《唐律疏议》的内容

《唐律疏议》在体例安排、篇目设置上以北齐律、隋《开皇律》以及唐初《武德律》《贞观律》为蓝本。全律共十二篇：名例、卫禁、职制、户婚、厩库、擅兴、贼盗、斗讼、诈伪、杂律、捕亡、断狱。

名例律，主要规定刑种、定罪量刑一般原则以及律文之中有关专门术语的界定。

卫禁律，涉及对宫殿的保卫和关津要塞的守护。

职制律，主要涉及职官与行政职责、行政程序、公文递送等内容相关的职务犯罪，也包括一些职官非职务犯罪。

户婚律，主要涉及户口、婚姻、赋税、土地管理等内容。

厩库律，涉及马牛供养使用以及兵甲财帛仓库的保护。

擅兴律，主要涉及军队控制与工程兴造。

贼盗律，明确规定了对于谋反、谋大逆、谋叛、造妖书妖言等危害国家统治的政治犯罪的严厉处罚；盗与贼是历朝法律的重点打击对象。同时，还规定了对于谋杀、杀害、强盗、窃盗等重大刑事犯罪的处罚。

斗讼律，主要涉及斗殴犯罪、告讼犯罪。

诈伪律，伪即伪造，诈似诈骗。前者限于对于皇权或政权产生直接危害的行为，包括伪造皇帝御玺及各级官印、伪造宫殿门符和发兵符等。后者涉及某些特定的欺骗行为，包括身份性欺骗和行为性欺骗。

杂律，主要起到对于犯罪规定的拾遗补阙作用。其内容涉及面较宽，主要包括涉及市场管理、债权债务、犯奸失火以及其他一些轻微危害社会秩序和经济关系的行为规范。

捕亡律，主要涉及对逃亡罪犯以及其他逃亡者的捕捉规定。

断狱律，主要涉及监狱管理、拷讯囚犯、审判原则、法官责任以及刑罚执行等方面的规定。

（二）《唐律疏议》的影响

《唐律疏议》作为唐律的代表，体现了以儒为主、儒法并用的国家治理理念。特别是"德礼为政教之本，刑罚为政教之用"原则在法律领域的运用，有效化解了儒家思想与法律治理的内在冲突。同时，《唐律疏议》在罪名刑罚、诉讼程序、特别救济，以及体例、结构、概念等方面的精细设计，展示了高水平的立法技术。唐以后宋、元、明、清各朝立法，多以《唐律疏议》为基本参照，而且将其中一些重要制度和原则直接沿用。

《唐律疏议》对东亚各国立法也产生重要影响。8世纪初，日本先后制定了两部重要法典。其一，文武天皇大宝元年（701年）制定《大宝律》，在篇目、体例、罪名、原则等方面，高度仿照唐律。《大宝律》共十二篇，包括名例、卫禁、职制、户婚、厩库、擅兴、贼盗、斗讼、诈伪、杂律、捕亡、断狱。刑种亦采用五刑制，只是将唐律的"十恶"改作"八虐"，将唐律的"八议"改作"六议"。其二，元正天皇灵龟四年（718年）制定《养老律》，同样在篇目、体例、原则、制度等方面，基本采用唐律。日本学者提出："我国《大宝律》大体上是采用《唐律》，只不过再考虑我国国情稍加斟酌而已。"[1] 朝鲜高丽王朝（918—1392年）于10世纪初制定、实施的《高丽律》，共十三篇，其中十二篇与

---

[1] ［日］桑原隲藏：《中国法制史论丛》，弘文堂书房昭和十年（1935年）版，第357页。

唐律同。《高丽律》的主体内容，也大多取自唐律。① 越南李朝明道元年（1042年）颁布《刑书》，陈朝建中六年（1230年）颁布《国朝刑律》，其原则、内容亦多以唐律为依据。

第三节　唐朝行政法律制度

唐朝法制建设的重要特色之一，是建立了较为完备的行政法律制度，特别是在职官管理、监察制度方面，取得了重要成就。

一、职官管理

在职官管理方面，唐代进一步完善了对于职官的录选、考核、退休等项制度。

（一）职官的录选

唐因隋制，继续实行科举选官制度，并使其进一步系统化、完备化。唐制，为选录人才，各地每年举行考试。在京国子监的生徒，地方各州县的报考者均可参加。在地方考试合格者再由州县保举送京城，参加由尚书省组织的考试。此种考试每年定期举行，故又称"常举"。常举考试，设有多科，以"明经""进士"二科最受重视。尤其是中进士者，是朝廷任用重要官员的主要人选。

常举之外，皇帝根据一些特殊需要，专门下诏考录人才，即"制举"。制举所确定的项目及日期，均无定准，由皇帝临时决定。唐朝皇帝根据需要，先后开设贤良方正、直言极谏科、文词清丽科、博通坟典达于教化、军谋宏远等制举名目。制举考中者，随即能受到重用：原为平民者立即得以授官，原为有官品者即晋品升职。但由于由制举而为官者未参加常举的考录程序，因此，他们在社会上常被看作非正途出身。

通过各科考试，即取得为官资格。再经过吏部组织的考试，合格者即可由吏部根据需要授其官职。吏部考试主要从四个方面进行考察。"择人有四事。一曰身，取其体貌丰伟；二曰言，取其言词辨正；三曰书，取其楷法遒美；四曰判，取其文理优长。四事皆可取，则先德行，德均以才，才均以劳。其六品以降，计资量劳，而拟其官；五品以上不试，列名上中书、门下，听制敕处分。"②

（二）职官的考核

职官任职，应忠于职守，勤于施政，以保证各级政府较高的行政效率及良好

---

① ［朝］郑麟趾等：《高丽史·刑法志》："高丽一代之制，大抵皆仿乎唐。至于刑法，亦采唐律，参酌时宜而用之。"

② 《通典》卷一五《选举三》。

的政府形象。唐代法律确立了严格的职官考核制度。考核分岁课与定课。岁课在基层机构进行,每年举行一次。在中央,由各司自行主持对本司职官的考核;在地方,由各州县主持对本属职官的考核。定课为全国性的统一考核,由吏部考功司统一组织。在全国范围内对于各级职官实施考核。

对职官的考核,唐代法律确定了明确的范围和标准。《唐六典》规定,对品官按"四善二十七最"进行考核。[①] 根据被考核对象所符合"善"与"最"的数量,分为上、中、下三等;每等再分为上、中、下三级,共分为三等九级。对于考核结果,区别等级,分别给予奖赏、惩罚的处理。岁课之时,以增加俸禄作为奖赏,以减少俸禄作为处罚手段。而由吏部考功司主持的全国性定课之时,则以升、降职级甚至免官作为奖赏和惩罚的手段。《考课令》规定:考核结果在中上级以上者,给予奖励,增加俸禄;中中级者,继续维持原俸禄标准;中下级以下者,则要给以夺禄的处罚。

(三)职官的致仕

为提高行政效率,保证各级行政机构在人员上正常的新老交替,唐代确定了严格的职官致仕(退休)制度。职官致仕的法定年龄为七十岁。一般情况下,职官年满七十岁欲致仕者,本人提出申请,经批准后即可致仕。由于职官品级的不同,唐律规定了不同的审批程序。六品以下官致仕,本人首先向尚书省提出申请,再由尚书省统一奏请皇帝,由皇帝批准。五品以上官致仕,直接奏请皇帝批准。职官致仕后,按其品级的不同,分别享受不同的政治待遇和经济待遇。在政治方面,三品以上的致仕官,可参加朝朔望。在经济待遇方面,致仕官亦可根据其品级,分别获得不同数额的俸禄或田产。

唐代较为完备的以录选、考核、致仕等为主要内容的职官制度,在很大程度上保证了唐前期职官队伍的素质和行政效率的提高,为唐王朝的"贞观之治""开元之治"提供了有效的组织保障。

二、监察制度

为强化对行政体制运作状况的监督,强化对各级职官的督察,唐朝确立了较为完备的监察制度,并使监察活动法律化。

朝廷设御史台,专司监察。御史台以御史大夫为长官,御史中丞二人为辅臣。

---

① 《唐六典·考功郎中》:"凡考课之法有四善:一曰德义有闻,二曰清慎明著,三曰公平可称,四曰恪勤匪懈。""二十七最"为:献可替否,拾遗补阙,为近侍之最;铨衡人物,擢尽才良,为选司之最;扬清激浊,褒贬必当,为考校之最;决断不滞,与夺合理,为判事之最;推鞠得情,处断平允,为法官之最;访察精审,弹举必当,为纠正之最;赏罚严明,攻战必胜,为将帅之最;等等。

御史台有权弹劾百官，参与重要案件的审理，监督府库的收支。《唐六典》称：御史台"掌邦国刑宪、典章之政令，以肃正朝列"，"掌以刑法典章，纠正百官之罪恶"。

御史台内设台院、殿院、察院。台院承担御史台在朝中的主要职责。包括：纠弹百官、参加大理寺审判及处理皇帝交办的案件。台院设侍御史六名。侍御史在朝中实际承担御史监察的主要任务，因此，在中央一级监察体制中，侍御史具有较高的地位。侍御史人选，多由皇帝亲自确定，或者由三省长官与御史大夫共同商定。殿院主要承担对朝仪的监察，包括朝廷礼仪、皇帝郊祀及出巡的礼仪。殿院设殿中侍御史九名。察院的主要任务之一是承担对尚书省所属六部的监察、纠弹任务。"掌分察百僚，巡按郡县，纠视刑狱，肃整朝仪。"① 唐初设监察御史十五人，其中三人专司对尚书省所属吏、户、礼、兵、刑、工六部职官的监察，每人分工各对二部行使监察权。

对于地方州县职官的监察任务，主要由察院承担。贞观时将全国划分为十"道"，作为相对独立的监察区。察院派监察御史到各"道"，行使对于各道所属州、县职官的监察权。同时，参与对各州、县重要案件的审理。对于地方官的监察，除了察院定期派出监察御史之外，各道还有常设性质的按察使，行使对于地方官的经常性监察。

监察御史行使监察职能，其主要依据为开元时期确定的"六察法"。内容包括：（1）察官人善恶；（2）察户口流散，籍帐隐没，赋役不均；（3）察农桑不勤，仓库减耗；（4）察妖猾盗贼，不事生业，为私蠹害；（5）察德行孝悌，茂才异等，藏器晦迹，应时用者；（6）察黠吏豪宗，兼并纵暴，贫弱冤苦不能自申者。②

御史台之外，中书、门下两省还设有谏官，其名称有左右散骑常侍、左右谏议大夫、左右补阙、左右拾遗等。谏官的主要职责是就国家重大决策、重要制度提出具有规谏性质的不同意见，供皇帝及朝廷大臣参考，以修改决策或制度，使其能更有效地实现既定的统治意图。

第四节　唐朝刑事法律制度

一、刑法原则

唐朝立法者重视刑法在维护政权统治、维持社会秩序方面的作用，并在总结

---

① 《唐六典》卷十三。
② 见《新唐书·百官志》。

前此各朝立法司法经验的基础上，确立了一系列刑法原则。

（一）十恶重惩

唐律沿用隋朝制度，保留"十恶"罪名，并开宗明义，在"十恶"条起首位置提出："五刑之中，十恶尤切，亏损名教，毁裂冠冕，特标篇首，以为明诫。"唐律确立了对十恶罪加重处罚的原则。

唐律所定"十恶"包括：谋反、谋大逆、谋叛、恶逆、不道、大不敬、不孝、不睦、不义、内乱十种犯罪。十恶重罪，侵害法律所重点保护的各种特定的社会关系。因此，法律对其加以专门规定。一方面，确定了比一般犯罪加重的处罚；另一方面，确立了更为严格的适用减免条款的条件与程序。

（二）皇亲、官员减免

为保护皇亲、官员的特殊地位，唐律确立了对于犯罪的皇亲、官员给以特别减免或适用特殊审理程序的制度。其具体制度包括：八议、请减赎、官当、免官等。

1. 八议

《周礼》有"八辟"之制；曹魏时，八议入律；北朝八议制进一步具体化。唐律则在该基础上，使其完备化。唐《名例律》专设"八议"条，规定，对于有特殊身份的八种人在法律上给予特别对待。疏议对此作说明："《礼》云：'刑不上大夫。'犯法则在八议，轻重不在刑书也。"这八种人是：亲、故、贤、能、功、贵、勤、宾。具体包括：皇亲国戚，皇帝故旧，德行高尚的贤人君子，才能突出的重臣，功勋卓著的功臣，高级官僚贵族，恪守臣道的将吏，前朝贵族等。

八议之人犯罪，法律区别情况，给以不同处理。若所犯为流以下罪，由司法机关据常律减一等处罚。若所犯为死罪，则适用特别程序：由司法机关将犯人所犯罪行及符合八议范围的身份，上报朝廷，由刑部提出处理意见，再报请皇帝批准。

2. 请、减、赎

对于享受"八议"特权法定范围之外的官员、贵族，唐律又规定了"请""减""赎"制度，以使得已构成犯罪、又不享受八议特权的官员、贵族因其身份而获得宽免刑罚的处理。《名例律》分别设有"请章""减章""赎章"，具体确定了请、减、赎的适用范围及宽免方式。

3. 官当、免官

官当，即以官抵罪，以官品或爵位折抵所犯罪刑。官当之制，始于南陈。唐律规定，官员犯罪，可以其官阶品级，区别公罪、私罪，分别给以抵罪，从而达到减免处罚的目的。

免官，即撤免官职以抵罪，分作免官、免所居官两种。免官为撤免官职，免所居官则为撤免现任官职。唐律规定，官员犯罪，可以官职抵罪：撤免官职者，抵徒罪二年；撤免现任官职者，抵徒罪一年。

"议""请""减""赎""官当""免官"等制度的确立，既从立法上保证了皇亲、官员、贵族的特权，也有效地保障了皇帝的最高司法权，尤其有利于皇帝对各级官吏生杀大权的把握。

（三）亲属相犯增减处罚

为维护亲属伦理关系、加强家庭凝聚力，唐律特别规定了亲属之间犯罪不同的加重、减轻处罚原则。法律规定，涉及人身伤害案件，根据当事人之间的亲属关系，分别确定加重或减轻的刑罚；涉及财产案件，则根据当事人之间的亲属关系确定减轻刑罚的程度。在人身伤害案件中，尊长伤害卑幼，较普通人之间伤害行为减轻处理，而且亲属关系越近，减轻幅度越大；卑幼伤害尊长，则较普通人之间伤害行为加重处罚，亲属关系越近，加重程度越大。在侵犯财产案件中，若加害人与被害人之间存在亲属关系，一般较普通案件减等处罚，亲属关系越近，减轻程度越大。

该原则的确立，基于法律对于家庭亲属关系的基本定位。一方面，尊长的身份优于卑幼，因此法律重点保护尊长的地位，既通过重刑防止卑幼侵害尊长，又减轻尊长侵害卑幼的法律责任。另一方面，亲属之间承担经济上相互扶持的义务，关系越近，义务越重，因此亲属之间的财产犯罪，一般减轻处罚。

（四）划分公罪与私罪

秦汉律即已确定对公罪与私罪的划分标准。唐律界定公罪与私罪：第一，公罪与私罪，其犯罪主体均为官吏；第二，官吏在执行职务过程中，由于对法律的理解错误，或因行为上的过失，导致触犯刑律而构成的犯罪，即为公罪；第三，官吏非因职务而犯罪，或虽因职务，但事关私利、私情而构成犯罪者，则为私罪。[①] 唐律对公罪的处罚程度较轻，官员依法以官抵罪时，若所犯为公罪，则其官职能折抵较重的罪；相反，若所犯为私罪，则只能折抵较轻的罪。

（五）举重明轻与举轻明重

为减少律文的烦琐，唐律确定了"举重以明轻"及"举轻以明重"的原则。在不伤法律本意、不至于引起歧义理解的前提下，体现了立法者"律文简约"的精神。唐律规定：在案件审理无严格相对应的法律条款可援引时，如果对该案处理应减轻时，可引用相关联的重罪条款，以比照确定轻刑；如果对该案处理应加重时，则引用相关联的轻罪条款，以比照确定重刑。[②]

---

① 《唐律疏议·名例》"官当"："公罪，谓缘公事致罪而无私曲者"；"私罪，谓私自犯及对制诈不以实、受请枉法之类"。

② 《唐律疏议·名例》"断罪无正条"："诸断罪而无正条，其应出罪者，则举重以明轻；其应入罪者，则举轻以明重。"

法律所规定的某些犯罪，其轻重程度在法律上已有确定的对应关系；同样，与等级制相关的身份性差别，包括官员的品级高低、亲属的亲疏程度等，在法律上也有确定的序列。前者如强盗重于窃盗，致死重于致伤等，后者如一品高于二品，大功亲于小功等。对于某些犯罪，在其他情节相等的情况下，只规定既定的对应关系或既定的序列之中的某一种行为的量刑标准，根据"举重以明轻"及"举轻以明重"的原则，即可准确地确定其他行为的量刑标准。"举重以明轻"及"举轻以明重"原则的确立，表明了唐律在立法技术方面的提高。

（六）外国人犯罪

外国人在中国境内犯罪，分别不同情形，适用不同法律。第一，同一国籍的外国人在中国境内犯罪，适用该国法律。[①] 第二，不同国籍的外国人在中国境内犯罪，包括外国人在中国境内对中国人实施的犯罪，均适用中国法律。[②] 第三，唐朝还作了一些特别规定，专门适用于外国人在中国境内的活动。外国人非法入境，与中国人从事货物交易活动，比照中国人非法出境从事货物交易活动治罪。外国人因出使进入中国境内而从事货物交易活动，计赃准盗论。

二、主要罪名

唐律已形成较为完整的罪名体系。

（一）侵害皇权罪

皇权是国家政治权力的核心，因此，维护皇权是法律的首要任务。唐律所定"十恶"罪中，其第一条"谋反"、第二条"谋大逆"和第六条"大不敬"即为直接侵害皇权的重罪。对于这几项犯罪，唐律规定了极为严厉的刑罚，而且规定，区别于其他犯罪，不适用普通减刑、免刑条款。

除此之外，唐律还从不同角度确定了对于皇权的维护。

皇帝诏令是行使皇权的最重要方式。皇帝关于国家政治、经济、军事活动的决策和计划，各项重大的人事安排，对于各类突发事件的处理等，绝大多数通过诏令、制书的形式实现。因此，诏令、制书的发布渠道是否畅通，接受诏令、制书者是否严格按照皇帝的旨意执行，就直接影响了皇权的实际行使。唐律就诏令、制书的誊抄、发布、执行一系列活动中的不规范行为确定了相应的罪名，包括"稽缓制书""被制书施行有违""受制忘误""写制书误""受制出使辄干他事""盗制书""诈为制书"等罪名。甚至制书本身有明显错误，"旨意参差，或脱剩文字，于理有失者"，其他人也不得擅自改动，否则构成"制书误辄改

[①]　《唐律疏议·名例》"化外人相犯"："诸化外人，同类自相犯者，各依本俗法。"

[②]　《唐律疏议·名例》"化外人相犯"："异类相犯者，以法律论。"

定”罪。

法律注重保护皇帝的人身安全。皇帝起居生活和议事论政的地方，均受到特殊的保护。唐律设有“阑入宫殿”“阑入御在所”“冒名宿卫”“登高临宫中”“行御道”“向宫殿内射”“御在所误拔刀”“冲突仪仗”等罪名。另外，法律还有“盗御宝”“伪造御宝”等专门保护御玺、皇帝印章的罪名。

（二）侵犯人身罪

侵犯人身罪包括杀人罪和伤害罪两大类。

依据杀人者实施杀人行为时的主观状况等情节，唐律将杀人罪分作六种：故杀、谋杀、斗杀、戏杀、误杀、过失杀。故杀即故意杀人；谋杀分两种情况，其一为二人以上谋划杀人，其二为独自一人，谋划杀人、并已进入实施过程；斗杀为本无杀人意图、相互斗殴过程中杀死对方；戏杀指二人友好无仇、戏耍而杀；误杀指有杀人意图、但杀错对象；过失杀指因过失而致人死亡。

伤害罪分作故意伤害、过失伤害、共同伤害、两相伤害、持械伤害等。唐律将伤害的程度分作伤与折伤。“见血为伤”；“折伤，谓折齿以上”，包括折齿、毁缺耳鼻、眇一目及折手足指、若破骨及汤火伤人等。伤害人实施伤害行为时若持兵器或其他器械，均加等处罚。

在对伤害行为的定罪量刑方面，唐律规定了“保辜”制度。伤害行为发生后，由于被害人的伤势未定，是否会因伤势而致死亡，尚难以确定。过早地对该行为定罪量刑，有可能造成罪刑判定不准确的结果。因此，唐律规定：伤害行为发生后，确定一定的时间限度，以时限结束时被害人的死伤状况作为对伤害人定罪量刑的依据。在规定的期限内，伤害人可采取积极措施，挽救被害人的生命，以减轻自己的罪刑。保辜的期限，以伤害的方式及伤害的程度而定，[①] 在期限内被害人因伤死亡，对加害人以杀人罪论处；期限内未死亡，或者期限外死亡，以及虽在期限内、但不因所伤而死亡者，对加害人以伤害罪论处。

（三）侵犯财产罪

唐律保护公有财产和私人财产，并确立了以打击盗取财产行为为核心的罪名体系。唐律关于财产犯罪，集中体现在“六赃”罪之中，即六种涉及财产的犯罪。六赃包括：强盗、窃盗、受财枉法、受财不枉法、受所监临、坐赃。

唐律特别注重严厉打击官员财产犯罪，打击贪官污吏。官吏是否清廉，处理行政事务及审案断狱是否依照法律规定，事关行政机构在社会中的形象，并直接影响政权的统治效果。六赃罪中，“受财枉法”“受财不枉法”“受所监临”均直接

---

① 《唐律疏议·名例》：“手足殴伤人，限十日；以他物殴伤人者，二十日；以刃及汤火伤人者，三十日；折跌支体及破骨者，五十日。”

针对官员贪贿及利用职务之便获取财产利益等行为。官员接受当事人的财物，因而对相关案件曲法处断者，构成"受财枉法"罪。虽接受当事人的财物，但并未曲法处断，则构成"受财不枉法"罪。官员在主管范围之内，接受他人财物，即使他人无任何请托要求，接受财物之官员即构成"受所监临"罪。

（四）官吏职务犯罪

为保证国家机器的正常、有效运转，唐朝统治者极其重视加强对官吏的管理。一方面，贯彻封建等级制原则，区别对待官与民、高品官与低品官，分别给予前者较多的特权。另一方面，要求各级官吏忠于职守，清廉勤勉。唐律分别设立不同罪名，对于守职有阙、未按规程行政、贪赃枉法等的官吏给予重惩。

官吏在任不能忠于职守，无论是否造成不良后果，均构成犯罪。州县地方官必须在其辖区内守土治民，非因公事不得越出本管地界，违者，构成"刺史、县令等私出界"罪。各州、县地方官府必须严格管理本管地方。如果本管范围之内发生杀人、强盗、窃盗等刑事案件，州、县官亦承担管理不力的责任，并要受到法律的惩罚。

（五）破坏家庭秩序罪

家庭秩序、伦常关系是古代法律保护的重点之一。唐律除了对于一般犯罪中因当事人涉及家庭伦理关系而变通处罚程度外，还规定了一些特别的罪名，对家庭伦常秩序给予特殊保护。"十恶"之中，与家庭伦常秩序有直接关系的有五种：恶逆、不孝、不睦、不义、内乱。

家庭秩序的核心是以父权、夫权为基础的家庭关系。相对于子孙，父权是指父、母及祖父、祖母等在家庭中所拥有的特殊权利和特殊身份。唐律重点保护父权、夫权，若有侵犯，即构成犯罪。唐律规定：子孙必须服从祖父母、父母的教令，违者构成"违反教令"罪。子孙对于年老的祖父母、父母，在生活上必须尽心供奉，否则构成"供养有阙"罪。

（六）破坏社会秩序罪

稳定的社会秩序是巩固政权、维持统治的前提条件之一。唐律设定了不同的罪名，禁止各种对社会秩序造成危害的行为。

城与市分别是各级行政、军事机构所在地及从事集市贸易的地方。在城与市中，文化相对发达，人口相对集中。为保证城、市的治安秩序，保证行政、军事机构正常开展活动，保证经济贸易活动的正常进行，唐律专设一些罪名。无特殊情况，在城、市内快速行驶车、马，构成"无故于城内街巷走车马"罪。向城内及官私宅屋射箭、投掷石块者，构成"向城官私宅射"罪。在市内散布流言，以惊扰民众者，构成"在市人众中惊动扰乱"罪。私自越过圈围各州、镇、坊市的城垣、篱栅等，构成"越州镇戍等城垣"罪。

三、刑种

唐代继承隋朝所确立的五刑制度，并在刑种含义、等级、刑具规格、执行方式等方面，作出进一步系统、明确的规定。

笞、杖、徒、流、死五种法定主刑，按轻重等级，共分作二十等。

（一）笞刑

拓展阅读

封建制五刑

笞刑，五刑之中最轻的一种。笞刑的轻重，以次数区分；每十次为一个等级。笞刑分五等，分别为：笞十，笞二十，笞三十，笞四十，笞五十。执行笞刑所用的刑具为两端粗细不等的楚条。依《狱官令》，楚条长三尺五寸，粗的一端为二分，细的一端为一分。执行笞刑时，以楚条抽打被刑者的腿部和臀部，不得抽打人体的其他要害部位。

（二）杖刑

杖刑，重于笞刑，而轻于徒、流、死刑。杖刑亦以次数区分等级。最低的杖刑为杖六十，每十次为一个等级。杖刑分为五个等级，分别为：杖六十，杖七十，杖八十，杖九十，杖一百。执行杖刑所用的刑具与笞刑刑具一样，也是两端粗细不等的楚条。但在规格上则大于后者。依《狱官令》，杖刑刑具长三尺五寸，粗的一端为二分七厘，细的一端为一分七厘。执行杖刑时，以楚条抽打被刑者的腿部、臀部和背部。

（三）徒刑

徒刑，剥夺犯人的自由，并强制其从事奴辱性劳役。徒刑以时间区分等级。最低的徒刑为徒一年，每半年为一个等级。共分五等：徒一年、徒一年半、徒二年、徒二年半、徒三年。服徒刑者，须从事劳役。在京城者，于将作监服劳役；妇女犯徒刑者，于少府监从事缝制劳役；在地方各州者，于当地官府服役，或者听从差遣，修理城隍庙、仓库等。

（四）流刑

流刑，五刑之中，仅次于死刑的重刑。将罪犯流放远方，并强制服苦役。流刑以距离区分等级。最轻的流刑为流二千里，每五百里为一个等级。共分三等：流两千里、流两千五百里、流三千里。服流刑者，同时服苦役一年。三等流刑之外，又设"加役流"刑：流三千里，服苦役三年。

（五）死刑

死刑，剥夺生命之刑，为刑罚之极。死刑分绞、斩二等，斩重于绞。受绞刑者，生命结束，但得以完尸；而受斩刑者，不仅结束生命，而且身首分离。

第五节 唐朝民事法律制度

在民事法律关系方面，唐朝沿袭前此各朝的传统，采取以法律、习惯、礼等数种规范共同调整的方式。

在形式上，《唐律》是规定犯罪与刑罚的刑事法律。但在内容上，《唐律》中包含了大量涉及身份、所有权、契约、婚姻、家庭、继承等民事关系的规范，尤以《名例律》《户婚律》《厩库律》《诈伪律》《杂律》等篇多见。唐律中以刑事惩罚手段调整的部分民事法律关系，多涉及婚姻、家庭、身份、亲属关系以及与田产相关的所有权关系。它体现了唐代法律重宗法伦理的典型特征以及对于稳定土地所有权的重视。唐代的令、格、式主要为调整国家行政机构、行政程序、职官职责的行政法律规范，但也有部分条款涉及民事法律关系。

礼法合一是唐代法律的重要特征。礼作为一种原则和精神，既贯穿在刑事法律、行政法律中，其训条更作为处理民事法律关系的依据直接具有民事法律规范的效力。唐贞观、显庆、开元时期，先后几次制定、修改礼典。尤其是开元二十年（732年）修订颁行的《开元礼》，其内容广泛涉及各类民事法律关系，并成为各级司法机构处理民事关系的重要依据。另外，根据诉讼活动审级管辖的规定，大量涉及财产关系的诉讼案件必须在州县审级中审理、判决、结案。而州县官审断该类案件，多以本地流行的习惯、传统为依据。从总体上看，唐代州县官处理以财产纠纷为主要内容的民事案件，除了律、礼有明文规定的以外，多以当地的习惯、传统为重要依据。

一、身份

唐代法律注重保护身份性等级秩序。与民事法律关系直接相关的身份性区别首先是人的"良""贱"之分。"良"指普通百姓。在单纯的民事法律关系中，良人之间具有相互平等的民事主体身份。良人在职业上，大体分为四类：士、农、工、商。开元七年（719年）所定《户令》规定："凡习学文武者为士，肆力耕桑者为农，功作贸易者为工，屠沽兴贩者为商（工商皆为家专其业，以求利者。其织纴组紃之类，非也）。工商之家不得预于士，食禄之人不得夺下人之利。"从事不同的职业者，具有不同的社会地位，也享有不同的政治权利以及在某些方面不同的法律特权。但在单纯的以财产交换为内容的民事法律关系中，一般情况下，他们仍处于同等的地位。

"贱"指贱民。相对于良人，贱民不具备独立的民事法律主体身份。贱民中的某些部分，甚至不具备独立的人格，而只作为一种特殊的财产。贱民由其身份上的不同，又可分作两大类：官贱民与私贱民。官贱民包括：官奴婢、官户、工乐户、杂户、太常音声人等；私贱民包括：奴婢、部曲、客女等。同属贱民，其身份仍有区别。奴婢在法律上不具备独立的人格，而只被视为财产。《唐律·贼盗》规定部曲不同资财，奴婢同资财。私贱民可以因"自赎"或主人"放良"，而改变贱民身份，获得良人身份。但主人"放良"，须经官府备案；贱民"自赎"，须得主人同意。

良人何时具有民事行为能力，法律无明确规定。但与承担徭役与赋税相关，法律规定了以成丁为主要内容的丁年制度。在具体的年龄界限上，不同的时间有不同的规定。开元二十五年（737年）《户令》规定：良人基于年龄而分为老、丁、中、小、黄。其中：六十以上为老；男子二十一以上为成丁；十五以上为中；三岁以上为小；三岁以下为黄。男子二十一以上、五十九以下为成丁，承担为国家服徭役和交纳赋税的法定义务，由此推定，亦具有了完全的行为能力。

二、物权

唐律对于物权的保护，涉及对不动产和动产所有权的保护。

为保证农业生产的稳定性，唐代禁止土地买卖。唐律设"盗卖口分田"罪，非符合法定条件，不得通过买卖方式，转让土地所有权。即使符合法定条件，也不得在民间自行买卖。开元二十五年（737年）《田令》规定："诸卖买田，皆须经所部官司申牒，年终彼此除附。若无文牒辄卖买，财没不追，地还本主。"

地下埋藏物的所有权，原则上属于土地所有人所有。官有土地内的地下埋藏物，属官府所有，任何人发现，均应上交官府。私人土地内的埋藏物，由该土地所有人所有。但若由他人发现该埋藏物，则由发现人与所有人共同所有该埋藏物。对于在私人土地内发现的具有文物价值的古器具，则必须上交官府，而由官府给付报酬。①

拣拾到他人物品，不得据为己有，而必须送交官府。由官府告示，通知物主认领。满一年尚无人认领者，其物收为官府所有。拣拾物品人若在五日之内

---

① 《唐律疏议·杂律》"得宿藏物隐而不送"。

尚未将所拣物品送交官府，即被视为非法侵犯该物品的所有权，从而构成犯罪。①

对于山间野外的自生、无主之物，唐律规定了一种"加功所有"的原则。即对于山野之无主物，由首先对其实施收集性劳动者所有。②

三、契约

唐代经济活动的发展，使得契约文书在社会上普遍存在。不动产所有权的转让、重要动产的买卖、财物借贷、田产租赁、劳役雇佣等，多以缔结契约的方式确定当事人之间的权利与义务。

契约订立的前提是当事人双方"两情和同"，即在双方自愿的条件下，订立契约。唐代契约在种类上，主要包括买卖契约、借贷契约、租赁契约等。

由于买卖行为而形成的契约关系是唐代契约关系中最为普遍的一种。买卖行为中，由于标的性质的不同，又分为不动产买卖与动产买卖。

拓展阅读

敦煌契约

不动产买卖专指以土地、房屋等为标的的买卖。依据法律，一般情况下，土地买卖属于被禁止的行为。但符合法定条件者，不在禁止买卖之限。例如，官僚贵族的永业田及赐田，可以进入流通领域；百姓因迁徙或因贫而无力丧葬者，可卖其口分田等。进行土地交易，必须经官府批准，并订立契约。土地买卖契约中，除了包括买卖双方姓名、价金、亩数、担保等一般性条款外，还特别说明所卖土地的方位、四至等。

部分动产买卖亦必须订立契约。唐律规定，买卖奴、婢、马、牛、驼、骡、驴等，必须订立契约。订立契约，一方面，便于官府从中收税；另一方面，确定买卖行为正式生效，进而保护买卖双方当事人的权利和义务。唐律规定，买卖成交后，必须于三日之内于市司订立契券，从而使买卖行为在法律上正式生效。

四、婚姻、家庭与继承

唐代在婚姻、家庭与继承制度中，集中体现了区别对待尊卑、长幼、亲疏、嫡庶的宗法等级原则。

（一）婚姻制度

宗法社会，首重血统的延续。《礼记·昏义》说："昏礼者，将合二姓之好，

---

① 《唐律疏议·杂律》"得阑遗物不送官"。
② 《唐律疏议·贼盗》规定："诸山野之物，已加功力刈伐积聚，而辄取者，各以盗论。""疏议"解释"山野之物"为山野之中无主的草、木、药、石之类。

上以事宗庙，而下以继后世也。"缔结婚姻的直接目的之一是传宗接代。唐代法律从婚姻关系的建立、夫妻相互间的地位，婚姻关系的解除等方面，确立了较为完备的婚姻制度。

建立婚姻关系，需订立"婚书"。因尊长享有对于子女的主婚权，故婚书由婚姻当事人双方的尊长合意订立。婚书订立，男女双方的婚姻关系即初步确立，受到法律保护。《唐律·户婚》规定："诸许嫁女，已报婚书及有私约而辄悔者，杖六十。"订立婚书之后，男女之家必须确保依婚书所定，正式确立婚姻关系，不得以他人假冒。①

依据礼的规定，男女双方正式建立婚姻关系，须通过特定的婚姻程序，即"六礼"：纳采、问名、纳吉、纳征、请期、亲迎。履行了六礼程序，婚姻关系即正式形成，男女双方的夫妻法律地位亦即正式确立。

由于当事人之间存在某种特定的关系，因而法律禁止其相互间结成婚姻关系。这种特定的关系，既有自然血缘因素，也有社会政治原因。属于自然血缘因素的关系，包括：同姓同宗；虽非同姓、但有血缘关系的尊卑之间，均属禁止为婚之列。属于社会政治原因者包括：不得与逃亡妇女为婚，监临官不得与所监临内的妇女为婚，良贱之间不得为婚等。

婚姻关系中的夫妻双方各具不同的法律地位。"夫者，妻之天也。"②"妻之言齐，与夫齐体，义同于幼。"③夫的地位优于妻。妻从于夫，不仅是道义上的要求，也是夫妻法律关系的基本原则。夫妻之间若发生相互骂詈、殴打、致伤、杀害等人身侵害时，法律对于夫的处罚总是实行减免原则，而对于妻的处罚则相反，实行加重处罚的原则。唐代实行一夫一妻制，夫在有妻的情况下，可以另外娶妾。妻与妾在身份上有着明显的差别。若以妻为妾，则构成犯罪。同样，婢属贱民身份，良人不得娶其为妻，违者亦构成犯罪。④

离婚方式分作强制离婚与协议离婚两种。

强制离婚包括法定强制离婚与丈夫强制离婚。婚姻违反法律规定，即当事人在身份上属于法律所禁止为婚的范围，构成"违律为婚"。违律为婚者，所缔结的婚姻关系属于无效婚姻，不受法律保护，并须强制离异。主婚者还将受到刑事处罚。另外一种情况，所缔结的婚姻关系本身合法有效，但由于夫妻一方对于对方

---

① 《唐律疏议·户婚》"为婚妄冒"："女家违约妄冒者，徒一年；男家妄冒者，加一等。"
② 《唐律疏议·名例》"十恶"条《疏议》。
③ 《唐律疏议·斗讼》"殴伤妻妾"条《疏议》。
④ 《唐律疏议·户婚》"以妻为妾"："妻者，齐也，秦晋为匹。妾通买卖，等数相悬。婢乃贱流，本非俦类。若以妻为妾，以婢为妻，违别议约，便亏夫妇之正道，黩人伦之彝则，颠倒冠履，紊乱礼经。"

的亲属实施侵害行为，或者夫妻双方亲属之间发生侵害行为，符合法定"义绝"条件者，即必须离异。①

在离婚方面，唐律有"七出""三不去"制度。由于妻的行为而影响夫家的伦常关系及一般生活秩序，丈夫有权解除婚姻关系。该类行为唐律规定为七种，故称"七出"。"七出"之条，原本于礼。② 唐《户令》具体规定了"七出"的内容。③ 可见，七出是礼与法要求妻所承担的单项性义务，集中体现了婚姻关系中夫妻地位的不平等。考虑夫妻关系的特殊性，礼又为妻设置"七出"的免除性条款——"三不去"。妻只要符合三种情况，夫即不得引用"七出"之条，解除婚姻关系。④

妻无权解除婚姻关系。如果妻擅自离夫而出走，即构成犯罪。⑤

协议离婚即"和离"：两和相离。唐律解释"和离"为"夫妻不相安谐，谓彼此情不相得，两愿离者"。法律允许夫妻因"情不相得"而双方自愿解除婚姻关系。

（二）家庭制度

家庭制度的核心是对家长权的维护。法律从教令权、财产处分权、主婚权等方面，保护家长在家庭中的特权地位。唐律规定，子孙必须遵从祖父母、父母的教令，否则构成"违犯教令"罪；祖父母、父母在，子孙不得别立户籍，不得分异财产，违者构成"别籍异财"罪；子孙缔结婚姻关系，由祖父母、父母主婚，子孙不得自专；家庭财产由家长支配，其他成员未经许可，不得占有、使用家庭财产，否则构成犯罪。

家长在家庭中享有较多权力。同时，法律规定，在某些法律关系中，由家长独自承担家庭向国家应尽的义务。家庭成员共同犯罪，一般不依普通的共同犯罪处罚主、从犯的原则，而是由家长独立承担刑事责任。

（三）继承制度

继承包括宗祧继承与财产继承。宗是近祖之庙，祧是远祖之庙，联称表示祖

---

① 唐《户令》规定"义绝"条件："诸殴妻之祖父母、父母，及杀妻外祖父母、伯叔父母、兄弟姑姊妹，若夫妻祖父母、父母、外祖父母、伯叔父母、兄弟姊妹自相杀，及妻殴詈夫之祖父母、父母，杀伤夫外祖父母、伯叔父母、兄弟姑姊妹，及与夫之缌麻以上亲，若妻母奸，及欲害夫者，虽会赦，皆为义绝。"
② 《大戴礼·本命》："妇有七去……，不顺父母去，为其逆德也；无子，为其绝世也；淫，为其乱族也；妒，为其乱家也；有恶疾，为其不可与共粢盛也；口多言，为其离亲也；盗窃，为其反义也。"
③ 唐《户令》："凡弃妻须有七出之状，一无子，二淫佚，三不事舅姑，四口舌，五盗窃，六妒忌，七恶疾。"
④ 唐《户令》规定"三不去"："一经持舅姑之丧，二娶时贱后贵，三有所受无所归。"
⑤ 《唐律疏议·户婚》："妻妾擅去者，徒二年。"

庙祭祀，引申为对祖宗血脉的延续，对宗统的继承。宗祧继承采取单人继承的方式，一家之中，只能由一人继承宗祧。唐代继续实行嫡长子继承宗祧制度。并确定宗祧继承人的法定顺序。① 如果法定顺序之内没有合适的宗祧继承人，可收养同宗之人，以其继承宗祧。② 法律设立这一严密的宗祧继承递补程序，目的在于确保宗统血脉后继有人。

在财产继承方面，唐代仍实行诸子均分制。开元七年（719 年）定令规定："诸应分田宅及财物者，兄弟均分。"在诸子均分制这一总的原则之下，法律还对于一些具体的情形作了专门的规定。财产继承，一般在父母双亡之后进行。由兄弟平均分配家庭内所有财产。若兄弟之中有已经死亡且留有儿子者，则由其儿子继承其父应得之份，而不论其有几个儿子。如果享有继承权的兄弟已全部死亡，则将财产在各兄弟所有的儿子之间平均分配，不再实行"子承父份"的原则。若兄弟尚未娶妻，则在得平均份额之外，另加一定数量的聘财，专门用作娶妻之用。姑、姊、妹已出嫁，不再享有继承权。但若尚未出嫁，则可比照未娶妻之兄弟应得聘财的数额，减半继承。

第六节　唐朝经济法律制度

唐朝统治者注重通过法律手段，规制经济发展，保障财政收入，维持市场繁荣。

一、土地制度

唐朝实行均田制。在均田制度下，土地归国家所有。国家根据民人的身份、职业、年龄、身体状况、在家庭中地位、当地人口与土地的比例等，分别授予不同数量的田地。所授土地以授予依据不同，又分为永业田、口分田、职分田、赐田等。永业田授出后，由被授者永远执业，子孙可继承；经特别批准，可买卖交易。口分田与被授者生死相关联。被授者死亡，口分田由政府收回。职分田为职官按照品级得到的田地。

唐律规定：丁男每人授田一百亩，其中包括永业田二十亩，口分田八十亩。幼男、老男、寡妇、残疾人、以工商为业者、道士、僧尼等，均减量授田。职分田既分品级，也分京内外。例如：在京二品官得授职分田一千亩,在京九品官得授

① 《唐律疏议·户婚》引令文："无嫡子及（嫡子）有罪、疾，立嫡孙；无嫡孙，以次立嫡子同母弟；无母弟，立庶子；无庶子，立嫡孙同母弟；无母弟，立庶孙。曾、玄以下准此。"
② 唐开元二十五年定令："无子者，听养同宗于昭穆相当者。"

二百亩；京外二品官得授一千二百亩，京外九品官得授二百五十亩。

为保证民人基本的生存条件，同时防止因田地兼并引发的社会矛盾与政治风险，唐朝严禁口分田买卖。唐律专设"买卖口分田罪"①。

二、赋税制度

国家机器的正常运转，需要稳定、充分的财政支持。封建时代国家财政的主要支撑来自赋税制度。在赋税劳役制度方面，唐朝先后实施租庸调制、两税法，在确保国家财政收入、以赋税调节社会公平方面起到积极作用。

唐武德二年（619年），初定租庸调法。其内容主要有三：其一，接受国家授田的男丁，每丁每年向国家缴纳粟二石，此为"租"；其二，每丁每年须为国家服劳役二十日，若国家当时不需要服劳役，则由应役者按每天三尺绢的标准，交纳绢布，以代劳役，此即"庸"；其三，每户每年向国家交纳绢二丈、绵二两，或者布二点五丈、麻三斤，此为"调"。租庸调法还规定，逢自然灾害之年，依据灾情轻重，减收或免收租庸调。唐前期均田制的普遍实施，有效支撑了租庸调法实施。另外，与前朝相比，唐前期的租庸调法，其赋税劳役比例较低，一定程度上减轻了农民的负担，因而在稳定社会秩序、恢复经济发展方面，起到积极作用。为了推行租庸调法，唐律规定，主管官吏必须严格按照法定标准收取派发，违者治罪。

唐中期以后，均田制逐渐被破坏，导致租庸调制也不能有效实施。唐德宗开始，取消租庸调制，代之以"两税法"。区别于以人丁为赋役依据的租庸调制，两税法以土地、财产为赋役依据。根据两税法，一方面，人户以其贫富程度划分等级，并按等级征收户税；另一方面，按照田亩数量，征收地税。两税法以财产多寡为计税依据，拓宽了征税范围，增加了国家财政收入；同时，很大程度上减轻了贫苦农民的赋役负担，也提升了赋役制度的合理性。

三、市场管理

唐朝继续实施"重农抑商"的基本政策。法律首先从身份上明确士农工商的职业分类，规定工商之家，世为其业，既不得转士为官，也不得转业为农。同时，法律也积极规制市场的规范性，以方便生活，发展经济。

唐在州县设"市令"，专司市场管理。② 市令的职责之一，是"以三贾均市"，就是根据商品质量好坏，进行品种分类，并确定相应的价格。同一类商品，分为

① 《唐律疏议·户婚》："诸卖口分田者，一亩笞十，二十亩加一等，罪止杖一百；地还本主，财没不追。"
② 《唐六典·州县官吏》："市令、丞，掌市廛交易，禁斥非违之事。"

三个等级：精品为上贾，次者为中贾，差者为下贾。根据等级，确定不同的价格。①市令评品物价，关系市场交易公平，关系买家、卖家利益，必须秉公行事，精确评品。如果评品物价不平，即构成犯罪。唐律规定，对于评品物价不平者，计价格差距，按坐赃罪处理。②

为确保市场交易的公平性、规范性，唐朝对于某些进入市场交易的商品确定标准、规格，并以法律的形式确保规格与标准的强制性、统一性。对于布罗绵丝之类商品，唐朝确定统一规格：锦、罗、纱、绢、布，统一宽度为一尺八寸，四丈为一匹；绵六两为一屯，等等。唐律规定，制造、贩卖不符合规格、标准的商品，构成犯罪。

对于市场交易，基本要求是买卖双方就商品质量、数量、价格达成一致。法律确认双方达成一致的交易，进而保护买卖双方的利益。法律严禁市场交易中的强买强卖，严禁买方或卖方串通第三人，故意哄抬物价、刻意压低物价，干扰买卖行为。上述违禁行为，情节严重者均构成犯罪。

根据《关市令》，每年八月，市场所用斛、斗、秤，必须提交官府校验，在京提交太府寺，地方提交州县衙署。校验合格者才能置放市场使用。校验机构根据法律规定，依据客观标准进行校验。量器的校验以北方产中等颗粒的黑黍为准，一千二百粒为一龠，十龠为一合，十合为一升，十升为一斗，十斗为一斛。③ 再如，对于衡器的校验，仍然以北方产中等颗粒的黑黍为准，一百粒的重量为一铢，二十四铢为一两，十六两为一斤。④

第七节　唐朝司法制度

一、司法机构

中央司法权由大理寺、刑部、御史台三个机构共同行使。在职能上，三机构各有分工。大理寺是最高审判机关，负责审理朝廷文武百官犯罪以及京城徒刑以上案件。对于徒、流刑案件的判决，必须经由刑部复核后，方能生效；对于死刑罪的判决，尚须奏请皇帝批准。刑部是最高司法行政机关，掌理"天下刑法及徒隶勾覆关禁之政令"等司法行政事务，并参加重大案件的审判活动。御史台为最高监察机关，职掌为纠弹百官，并负责监督大理寺、刑部的司法审判活动；另外，

---

① 《唐六典·两京诸市署》："精为上贾，次为中贾，麄为下贾。"
② 《唐律疏议·杂律》："诸市司评物价不平者，计所贵贱，坐赃论。"
③ 《唐会要》卷六六《太府寺》。
④ 《杂令》。

还参与对于重要案件的审理。

唐代还形成了三司会审制度。遇有特别重大案件，由大理寺、刑部、御史台三机构的长官大理寺卿、刑部尚书、御史中丞共同审理，即"三司推事"。

中央司法权由各自独立的三个机构分别行使，既有利于三机构明确分工，通过机构职能专门化，有效地行使职权，又能使三机构相互牵制，保证案件审断能在更大程度上符合法律规定；另外，也更有利于皇帝对于司法权的直接控制，防止由于臣下擅权专法而形成对皇帝最高司法决定权的侵害。

在地方，司法权由行政机关行使。由于诉讼事务的增加，地方行政机构内已增设一些专门的司法佐吏。在州一级行政机构内，设司法参军事、司户参军事之职；府、都督府、都护府设户曹参军事及法曹参军事之职。司户参军事、户曹参军事职责在于涉及户婚田土等案件的处理；司法参军事、法曹参军事职责在于对定罪量刑等案件的处理。[①]

二、诉讼制度

对于诉讼的提起，根据当事人诉讼地位的不同，可分为两种："举劾"和"告诉"。

（一）举劾

由监察机关或各级官吏代表国家纠举犯罪，提起诉讼，唐律称为"举劾"。举劾犯罪，是相关人员的法定义务。首先，以监察百官为职责的监察官对于所监察对象负有举劾义务；如果知道所监察对象有犯罪行为而不举劾者，即构成犯罪。其次，监临主司对于所监临、主管范围之内的人员犯罪，亦承担举劾义务；知有犯罪而未履行举劾职责者，要受到法律制裁。另外，唐代实行"伍家相保"制度。同保之内有人在家犯罪，其他人知道而不向官府纠举者，构成"知而不纠"罪。唐代通过这种由专职监察官、行政主官、邻居等不同层次的举劾、纠举制度，加强对整个社会犯罪行为的控制。

（二）告诉

由当事人就所受伤害或所涉纠纷，向官府提起诉讼，唐律称为"告诉"。告诉案件，当事人可直接诉至官府，也可以由其亲属代为提起。提起告诉案件，告诉人应向官府提交"辞牒"，即诉状。当事人自己不能作"辞牒"者，可由官吏代为

---

① 《唐六典》卷三〇：司户参军事、户曹参军事"掌户籍、计帐，道路、逆旅，田畴、六畜、过所、蠲符之事，而剖断人之诉竞。凡男女婚姻之合，必辨其族姓，以举其违；凡井田利害之宜，必止其争讼，以从其顺"；司法参军事、法曹参军事"掌律令格式、鞫狱定刑、督捕盗贼、纠逖奸非之事，以究其情伪，而制其文法，赦从重而罚从轻，使人知所避而迁善远罪"。

书写，也可由当事人雇请他人书写。对于告诉权的行使，唐律还作了一些限制。包括，卑幼对于尊长，奴婢对于主人，不得行使告诉权，违者构成犯罪，但若告谋反、谋大逆、谋叛等重大犯罪，不在此限；在押囚犯及年八十以上、十岁以下、笃疾者，对于一般犯罪无告诉权。无告诉权人所告诉的案件，官府不得受理，违者构成犯罪。另外，唐律还规定，不得以匿名方式向官府告发他人犯罪；对于赦以前的犯罪行为，除了法律规定须追究者外，不得再向官府告发。

无论是举劾案件，还是告诉案件，都必须向当事人直接受管的府衙或主管部门提起。《公式令》规定："诸辞诉皆从下始。先由本司本贯，或路远而蹠碍者，随近官司断决之"。违反这一规定，即构成"越诉"罪。同样，按照法律规定官府应受理案件而不受理者，也构成犯罪，主管官要受到刑事处罚。"诸越诉及受者，各笞四十。若应合为受，推抑而不受者，笞五十。"①

三、审判制度

在审级管辖上，唐代采取基层初审、节级判决制度。所有的刑、民事案件，不论其重要程度，均首先由基层司法机构立案、审理。经基层司法机构审理后，对于一般民事案件直接作出生效判决；对于刑事案件，则根据罪、刑轻重，分别由不同级别的司法机构作出生效判决。在京城，基层司法机构为各部所属诸司；在地方，基层司法机构则为各州县。② 对于笞、杖刑犯罪案件，经县审理后，即作出生效判决。对于徒刑以上的犯罪案件，则由县审理后，作出初步判决，并报州复审。经州复审，对于徒罪案件的判决即正式生效。而有关流罪以上的判决，以及符合除名、免官、免所居官条件的案件，经州复审后，仍得上报刑部。而死刑案件，则必须奏请皇帝裁定。

官吏审理案件，对于有据可依、但被告不供认者，可实施合法拷讯。唐律在拷讯的方式、次数等方面都做了明确的规定。③ 对于具有一定的身份，或符合一定的年龄等条件者，不得实施拷讯。前者如享有议、请、减等特权的贵族、官员；后者包括老、幼、笃疾、妇女怀孕期间、产后百日之内等。

为保证审判活动的公正性，唐代确定了审判回避制，唐律称其为"换推"制。凡是主审官与当事人之间具有一定的利害关系，均属换推范围。第一，亲属关系，

---

① 《唐律疏议·斗讼》。
② 《狱官令》："凡有犯罪者，皆从所发州县推而断之。在京诸司，则徒以上送大理，杖以下当司断之。"
③ 《狱官令》："诸察狱之官，先备五听，又验诸证信，事状疑似，犹不首实者，然后拷掠。每讯相去二十日。若讯未毕，更移他司，仍须拷鞫者，则连计前讯，以充三度。即罪非重害，及疑似处少，不必皆须满三。"

包括，主审官与当事人是五服内的亲属，或其大功以上亲之间有婚姻关系；第二，师生关系；第三，曾为本部都督、刺史、县令者；第四，此前曾有仇嫌关系。①

为减少诉讼活动对农业生产的影响，唐律还规定，在每年三月三十日至十月一日的农忙季节，官府不得受理涉及田宅、婚姻、债负等方面的诉讼。

审判官对各类案件作出判决，必须以法律条款的正文为依据。可作为定罪、量刑依据者，限于唐代四种主要的法律形式：律，令，格，式。超出此四种法律形式之外，均不得作为法律依据。即便皇帝诏令，若该诏令只是对于某项具体的案件所作专门处断，而并未按照立法程序，将其定为正式的"格"，则仍不得作为处断其他案件的法律依据。如果审判官以未定为正式"格"的皇帝敕令作为审理其他案件的依据，导致其处理结果与依律、令、格、式的处理结果不相符者，审判官应承担刑事责任。

唐律要求审判官应正确理解法律条文，切实掌握案情事实，以作出公正、合法的判决。如果因审判官的错误，导致对人犯定罪、量刑的不准确，无论是因故意，还是因过失，均由审判官承担相应的刑事责任。唐律将定罪量刑不准确的情况分作两大类："出罪"与"入罪"。"出罪"为将重罪判作轻罪，或将有罪判作无罪；"入罪"则相反，将轻罪判作重罪，或将无罪判作有罪。对出、入罪的处理，又区别故意、过失而有不同。故意出、入人罪，对审判官的处理，采取类似于反坐的原则：以其所涉罪罪之；因过失而致出、入人罪者，对审判官的处理则相对较轻。②

在案件审理过程中，若审判官对案件的定性或对于刑罚的确定不能准确把握，则作为疑狱，由原审官逐级向上级审判机构申报，由上一级审判机构定夺；若上一机构仍不能确定，则继续向上级机构申报，直至尚书省。

对于判决的执行，因刑种不同而有不同规定。笞、杖刑的判决，由县执行。徒刑的执行，在京城，男犯送将作监、女犯送少府监服劳役；在州县，则送当地官府服劳役。流刑的执行，根据所流里数的不同，分别送指定的地方服役。

对于死刑的执行，法律又作出特殊规定，即必须履行特别的"覆奏"程序，报经皇帝批准。京城地区的死刑案件，须经"五覆奏"，先后五次向皇帝奏告，由皇帝批准；地方州县的死刑案件，须经"三覆奏"，向皇帝奏告三次。另外，死刑的执行，在时间上也有一定的限制。唐律规定：每年的立春以后、秋分以前，不得奏决死刑；在每月的朔、望日，上下弦，二十四节气等，均不得奏决死刑。但

---

① 《狱官令》。
② 《唐律疏议·断狱》"官司出入人罪"："若入全罪，以全罪论；从轻入重，以所剩论。刑名易者，从笞入杖、从徒入流，亦以所剩论；从笞杖入徒流、从徒流入死罪，亦以全罪论。其出罪者，各如之"；"断罪失于入者，各减三等；失于出者，各减五等。"

对于一些重大犯罪，例如谋反、谋大逆、谋叛等，既不须履行"五覆奏""三覆奏"特别程序，也不受特定时间不得奏决死刑的限制。

思考题：

1. 简述隋朝法律的主要内容。
2. 试论"德礼为政教之本，刑罚为政教之用"。
3. 简述《唐律疏议》的内容及其影响。
4. 简述唐朝五刑制。
5. 简述唐朝刑法原则。

▶ 自测习题及参考答案

第九章 宋朝法制

朱温灭唐以后，唐朝原有的藩镇纷纷割据自立，在短短的五十几年的时间里（907—960年），中原地区相继出现了梁、唐、晋、汉、周五个朝代，史称后梁、后唐、后晋、后汉、后周。在这五个朝代之外，还相继出现了吴越国、闽国、荆南国、楚国、吴国、南唐、南汉、北汉、前蜀、后蜀十个割据政权，这些割据政权统称为"十国"。"五代十国"时期，是中国历史上的乱世。由于军阀政权之间的连年征战，政权更迭频繁，这一时期赋税繁重、民生困苦。为维持政权稳固，很多军阀政府在常法之外创设酷刑，并且不依法律程序滥用刑罚。"五代十国"的割据局面最终为宋朝所终结。

960年，后周大将赵匡胤发动陈桥兵变，夺取政权，建立宋朝，定都汴梁（今开封），史称北宋。北宋统治期间，先后有北方的辽国、金国，西北的西夏，以及西南的吐蕃、大理等与之并存。1127年，金兵进占中原，宋王朝迁都临安（今杭州），史称南宋。1279年，南宋为元所灭，两宋共历三百二十年。宋朝法制为适应社会发展变化，在职官管理方面的规范更为系统化，在民事经济立法方面呈现出精细化的趋势，在刑事立法方面趋于严苛，但在司法程序方面则尽可能地宽缓。

第一节 立法活动

一、立法原则

经历了五代十国的军阀混战，又有周边少数民族政权的威胁，宋王朝建立之初，统治者将削弱地方势力，巩固国家统一，加强中央集权作为基本国策。为适应经济的发展，宋王朝采取了"不立田制""不抑兼并"的土地政策，允许土地自由买卖。土地的自由流转促进了劳动者的人身自由和身份平等，特别是佃农摆脱了部曲制下依附于主人的私属身份，成为租佃制下国家的"编户齐民"。人身束缚的减弱大大提高了劳动者的生产积极性，有力地推动了农业、手工业和商业的发展。但是自由买卖的土地制度，导致了土地兼并，社会贫富分化加剧，阶级矛盾不断激化，两宋又是我国古代农民起义最频繁的王朝。

中央集权的加强，经济的发展，文化的繁荣，社会关系的复杂化，促使宋王朝在立法原则方面发生了以下变化。

（一）在承袭唐朝法制的基础上，因时变通，多有创新

宋朝建国之初，律、令、格、式多承袭旧制，特别是作为基本法的《宋刑

统》，其律文全面沿袭唐律。但宋朝在政治、经济、社会文化方面已有巨大变化，统治集团为适应新形势，将编敕、编例作为重要的法律形式，通过特别法变通旧制度，创设新制度。宋朝的中央决策机构仍称作中书门下，但其组织、职权与唐朝已有很大不同；《宋刑统》沿袭唐朝五刑制度与罪名体系，五刑之外又有折杖法、刺配、凌迟，律外又有贼盗加重之法。在民事、经济方面的创制更为繁多，多以单行法形式发布施行，又经整理汇编，形成较为系统的制度体系。

（二）以法律推行中央集权

自唐朝中后期以来，掌握地方军政大权的节度使逐渐形成割据势力，不仅不能拱卫中央，反而造成臣强君弱的局面。五代十国时期，绵延不绝的战祸多起自拥兵自重的军阀，赵匡胤的陈桥兵变也因军队而起。宋太祖立国以后，以法律推行中央集权，将军事权、财政权、人事权、司法权统一于中央，通过繁多细密的法令，规范中央和地方的隶属关系。在皇帝之下设置叠床架屋式的政府机构，使各机构相互牵制，进而强化皇帝对国家机构的操纵权和对国家事务的最终决定权。为应对高发的刑事犯罪，宋朝以特别法的形式，划定了重法地区，规定了重法人，加重刑罚镇压，并使用刺配、凌迟等酷刑。

（三）法出于道，立法以尽事

宋朝统治者既尊崇儒家思想，以儒家之道为立法指导，又注重经世致用。宋太祖、宋太宗在五代十国丧乱局势下建国，其立法较之乱世已是宽仁之制。随着社会经济的发展，社会关系的复杂化，统治者坚持以儒家思想为指导，但能够义利并重，以法律实现有效治理。宋神宗曾谓："法出于道，人能体道，则立法足以尽事。"[1] 反映了宋朝君臣明察世事，体道立法，以法律竞事功的治理思想。两宋时期，是中国古代社会商品经济繁盛的时代，其民事、经济法律空前完备，达到了中国法制史上的高峰。两宋在科举考试、官吏选任、考核监察等方面规定愈加科学详备，超越了前朝。无论是民事经济法律，还是行政管理方面的法律，大多是统治者顺应社会发展趋势，依照客观规律颁行单行法，在实践中不断积累经验，逐步形成较为完备的制度体系。

因官吏队伍的膨胀、军队规模的急剧扩大，社会贫富分化的加剧，宋朝陷于政府效能低下、内部矛盾激化的困境。为改变积贫积弱的现状，北宋时期曾多次变法。其中，北宋神宗时期的王安石变法影响最大。宋神宗继位的时候，北宋的统治已经延续了百余年，一方面要与周边少数民族政权进行军事对抗，另一方面要镇压内部的民变，还要解决政府冗兵、冗员的问题。宋神宗即位不久，便在熙宁元年（1068 年）任用王安石进行变法，因此这次变法又称作"熙宁变法"。王

---

[1] 《宋史·刑法志》。

安石在变法之初，首先设"制置三司条例司"，由该机构决定国家财政的收支计划，统筹财政；同时，该机构负责谋划财政改革，研究变法方案。熙宁二年七月之后，在王安石主持下，先后发布了青苗法、农田水利法、方田均税法、市易法、募役法等，并改革科举考试制度，在选拔人才时更加注重考察实务能力。王安石变法涉及国家财政经济、组织机构、军事管理、人事制度等诸多方面，力图改造国家治理体系，提高国家治理能力，适应商品经济的发展，可是改革触动了守旧派官僚地主的利益，因而遭到守旧派的激烈反对。加之，王安石在变法过程中急于求成，虽然改革取得一些成效，但是适应商品经济发展、改造国家治理体制的努力最终以失败告终。

二、法律形式

北宋建国初期，沿袭唐朝中后期以来的建制，其法律体系由《宋刑统》、敕、令、格、式组成。北宋中期以后，敕和例成为中央政府各部以及地方广泛采用的法律形式。至北宋后期，各种法律形式颇为繁杂，南宋开始出现了各种法律形式的汇编——条法事类。"宋法制因唐律、令、格、式"①，与唐朝不同的是，敕和例在两宋法律体系中发挥重要作用。

（一）敕

敕是皇帝诏令的一种形式，一般是针对特定的人和事所发布，为一时权宜之制，并不是具有普遍性和稳定性的法律规范。编敕就是对分散颁布的敕进行整理、删定，分门别类汇编在一起，颁行天下，使之成为具有稳定性和普遍适用性的法律形式。宋沿袭唐代编敕的传统，并使之成为一项经常性的立法活动。《宋刑统》之外另编敕，原因是《宋刑统》作为祖宗成法，律文不能修改，而宋又处在一个急剧变动的时代，随着社会的发展，《宋刑统》难以满足社会的规范需要，因此就以更灵活的编敕，来弥补刑统的不足。其次，敕令作为一种由皇帝来发布的法律形式，具有最高的法律效力，是极为便利的治理手段，它的广泛使用反映了君主专制的加强。

宋朝编敕始于建隆四年（963年），窦仪将刑事方面的敕、令、格、式编入《宋刑统》，将非刑事的敕令单独汇纂成四卷，名曰《新编敕》。两宋时期的编敕有以下特点：

第一，编敕活动极为频繁，编成的敕条数量繁多。据《宋史·刑法志》不完全统计，宋朝编敕有八十余部，既有通行全国具有普遍法性质的编敕，宋人称之为"海行编敕"；还有适用于朝廷各部、司、监具有特别法性质的"一司一务编敕"，以及适用于地方的"一州一县编敕"。

---

① 《宋史·刑法志》。

第二，国家设有专门的编敕机构。仁宗之前由大理寺兼管编敕，仁宗年间设立"详定编敕所"，定期编修敕令，以适应现实需要。

第三，所编的敕令不再局限于非刑事的法律规范，从仁宗《天圣编敕》开始，编敕的法律地位也在不断地提高。神宗时出于变法的需要，更是极力主张"凡律所不载者，一断以敕"①，在司法实践中甚至出现以敕代律的现象。神宗年间曾发生民女阿云砍杀未婚夫的命案，围绕着该案应该适用《宋刑统》的有关条文，还是依照敕令判决，从地方官到中央的朝官，持不同意见者展开了一场激烈的律敕之争，卷入这场争论的朝臣之多、持续时间之长，在中国历史上极其罕见。最终，该案依照敕令裁断定案。

第四，大量的民事、经济、行政方面的法律规范以编敕的形式颁布天下，如仁宗年间的《天圣户绝条贯》《遗嘱财产条法》，南宋的《推赏条格》等。

（二）例

宋朝的例有三种形式：一是"条例"，即皇帝发布的特旨；二是"断例"，即审判案件的成例；三是"指挥"，即中央官署对下级官署下达的命令。例最初是临时性的决定，编例则是将原本临时性的例，上升为具有普遍效力的法律形式。由于例被广泛运用于政府活动尤其是司法实践，其地位越来越高，编例也演变成重要的立法活动。编例活动始于北宋中期，盛于南宋。神宗时有《熙宁法寺断例》《元丰断例》，哲宗时有《元符刑名断例》，南宋高宗朝有《绍兴刑名疑难断例》等。在宋朝法律体系中，例是制定法的补充，适用法律时"法所不载，然后用例"，若"引例破法，非理也"。但在实践中，例因其规范具体，援用方便，经常出现"法令虽具，然吏一切以例从事，法当然而无例，则事皆泥而不行"②的现象，往往造成规范适用的不统一。为此南宋孝宗乾道元年（1165 年）对所有断例进行删定，删除与法令抵触的内容，选取五百四十七件，按《宋刑统》十二篇的体例编排成《乾道新编特旨断例》。

以往按敕、令、格、式的类别和发布的时间来汇编，缺少条理，难以检索和适用，所以南宋淳熙年间改为根据法律的内容、性质、功用，分门别类，依事编排，并将这种汇编体例命名为"条法事类"。南宋所颁布的条法事类至今只保留下一部《庆元条法事类》残卷。《庆元条法事类》原有八十卷，残存四十八卷，共十六门，是研究宋朝法律制度的珍贵文献。

三、《宋刑统》

宋太祖建隆三年（962 年），乡贡明法张自牧、工部尚书窦仪奏请更定刑统，

---

① 《宋史·刑法志》。
② 《宋史·刑法志》。

得到太祖的批准，令窦仪主其事。建隆四年告成，下诏模印颁行，此即《建隆重详定刑统》，简称《宋刑统》。《宋刑统》颁行以后，一直沿用到南宋，是宋朝的基本法典。清末沈家本曾指出："《刑统》为有宋一代之法制，其后虽用编敕之时多，而终以《刑统》为本。"①

《宋刑统》承袭唐末《大中刑律统类》和后周《显德刑统》的编纂体例，首列律条、律疏，以下附列敕、令、格、式，分十二篇，三十卷，二百一十三门。《宋刑统》的律文和律疏均照录《唐律疏议》，但与唐律相比较，它具有以下特点：

拓展阅读
《宋刑统》

第一，名称之变，法典不称"律"，而改称"刑统"。我国古代自商鞅"改法为律"以后，"律"便成为封建王朝的基本法，如秦律、汉律、晋律、唐律等。宋不称"律"而称"刑统"，"刑统"的意思是以类统编本朝刑事法律法规。

第二，篇下分门类编，《宋刑统》将同一性质的法律条文归结为一个单元，称为"门"。法典的十二篇又分为二百一十三门，每篇之下少则如捕亡律有五门，多则如斗讼、杂律有二十六门。每一门之内，律文、律疏之后，附有敕、令、格、式。这些敕、令、格、式是从唐开元二年（714 年）到建隆三年期间筛选出来仍然有效的部分。所有的敕、令、格、式的前面都有一"准"字，以示经过皇帝的批准。

第三，新增"臣等起请"三十二条。所谓"臣等起请"，是指窦仪等修律者为适应当时形势发展的需要，对前朝行用的敕令格式经过审核详订后，向朝廷提出的变动建议。这些建议条文特标"起请条"字样，低三格附于敕令格式之后，每条冠以"臣等参详"四字，作为新增条款，与所附敕令相区别。

第四，总括"余条准此"条，附于名例律后。所谓"余条准此"，是指具有类推适用性质的条文。《唐律疏议》内原有该类条文四十四条，散列在有关律文之后。《宋刑统》编纂者虽将该类逐条照录，但编辑时汇总为一门，集中附在《名例律》之后，而不是散列于各条之中。这是《宋刑统》编撰技术上的一大变化，更有利于司法人员检索适用。

《宋刑统》是中国古代第一部刊印颁行的封建法典，在律文之后增加敕、令、格、式、起请条等，开创了中国古代刑律编纂的新体例。后世的法典，如《大元通制》《大明律例》《大清律例》，其律文与条格、条例合编的体例，皆渊

① （清）沈家本：《历代刑法考·律令六》，邓经元、骈宇骞点校，中华书局 1985 年版，第 969 页。

源于《宋刑统》。

第二节　行政法律制度

一、官吏管理制度

（一）中央集权的加强与国家管理体制的调整

宋初为了强化中央集权，对中央和地方的管理体制作了较大的调整，其调整的基本原则是"通过分权来实现集权"：将国家中央机构既有的权力分置于不同机关，然后将各机关的权力最后统一于皇帝；将地方相对集中的权力，进行纵向分割，最后再统一于中央。

唐朝以中书门下为国家决策中枢，中书门下长官即宰相，综合掌理政务、军事、财政等重大权力。北宋建国之初，以"二府三司"取代中书门下体制。所谓"二府"，是指中书门下与枢密院。中书门下是宋朝皇帝之下的最高权力机关，其长官"中书门下平章事"，通常由两三个大臣担任，实际行使宰相的权力。但是为防范宰相权力过重，又设副宰相"中书门下参知政事"。枢密院为皇帝之下的最高军事机关，与中书门下并称"二府"，枢密院的长官"枢密使"与宰相品级相等。"三司"是指宋把晚唐以来中央所设的盐铁司、度支司和户部司加以整合，称为"三司"。其长官为三司使，副长官为三司副使。三司使统领三个部门，总管国家财政，其地位略低于参知政事，故有"计相"之称。宋通过"二府三司"体制，将宰相原有的军权、财权分离出来，又通过多相制对政务权进行分化，使之难以独揽大权，以免造成臣强君弱的局面。

拓展阅读

包拯

宋朝地方政府机构分为路、州（府、军、监为其同一层级机构）、县三级。为加强中央对地方的控制，宋设路一级中央派出机构，其长官为经略安抚使、转运使、提刑按察使、提举常平使，称之为"四司"（帅司、漕司、宪司、仓司），分别监管地方军政、财赋、司法、盐铁专卖等事。如此纵向分割地方权力，地方已不可能聚集力量割据一方。州是路以下重要的一级地方政权，宋初州一级地方官必须由中央派文官出任，并"三岁一易"；为了防止知州权力过重，另置通判，与之联署公文，共同处理地方政务。通判可以随时向皇帝报告情况，素有"皇帝耳目"及"监州"之称。州以下为县，以知县为长官，由皇帝任命文官担任，改变了五代以来由节度使委派亲信把持政务的局面，加强了中央对地方基层的控制。

（二）君主专制与差遣制度

为了扫除君主专制的障碍，宋朝还建立官、职分授的职官制度。所谓官职分授，是指官员的实际职掌与其官名、待遇不符，如六部尚书、侍郎等官名在宋朝只是表示官阶，作为确定品秩、俸禄的根据。而官员只有经过差遣，才能获得实职，通常称之为"职事官"。职事官的名称常带有知、权、直、试、提举等字。任命职事官的差遣制度始于武则天统治时期，但当时只是一种临时性措施。五代时期军阀主政，习惯于随意任用亲信，因此任官授职全部是临时差遣。宋初为了笼络勋臣，达到君主专制的目的，采取了授予高官、优加俸禄以安抚人心的做法。而位居高官的功臣故旧、藩镇重臣实际上丧失了一切职权，真正掌握实际权力的是忠于皇帝并确有才干的人。这一制度保证了皇帝直接控制用人权，随时提拔官阶较低但忠诚贤能的人担任官职，也便于随时撤换重要岗位上的不忠之臣或无能之辈。由于实行差遣制度，职掌重要权力的官员定期调换，避免了官员盘踞一方、权重难制的弊病。但是职官分授与差遣制度，造成职官只知道尽忠于君主、服从权力，不知以天下为己任的弊端；同时，还使得官吏数量激增，形成了前所未有的庞大的官僚队伍，冗闲的官员极大地加重了国家的财政负担。特别是官员的品秩、俸禄只能不断提升，纵然有职无权碌碌无为之辈一样可以坐等升迁，助长了因循苟且的官场之风。神宗元丰年间，虽然曾进行职官改革，但仅局限于中央文官系统，差遣制度实际一直沿用至南宋。

（三）官吏选任与考课制度

宋朝的职官管理制度比唐朝更为完备，特别体现在官吏的选任和考课制度方面。

1. 选任制度

宋朝选任官吏的途径有：科举、恩荫和捐纳。恩荫是指贵族官僚子弟，根据祖父辈的爵位、官品，荫补任官。捐纳是指富家子弟，出资买得官职。在宋朝，科举为选任官吏的正途，也最为公平；恩荫和捐纳皆有制度的限制。

宋朝的科举制度和唐朝相比，有显著的发展，主要表现在：第一，录取和任用的范围较宽。仅以进士科为例，唐代进士及第每科不过二三十人。宋朝进士分为三等，一等称及第，二等称赐进士出身，三等称同进士出身，录取的总额通常在二三百人左右，多时达到五六百人。唐代录取只是取得了做官的资格，实际授予官职还须通过吏部考试。而宋朝一经录取便可任官，排名在前的即可得到高官。宋朝还不限制应试者的出身，甚至僧道之人也可以参加科举。第二，宋英宗定制"皇帝三年一次亲自殿试考选"，由此考生一律成为天子的门生，避免考生与主考官之间以师生为名结成同党。第三，创造了"糊名"（弥封）、"誊录"和"回避"等考试制度，以防止考场舞弊，做到公平竞争。这些制度都被后世所继承。第四，在考试的内容上，改变了唐代只考诗赋的做法，进士科增加了经义等内容；还设有"明法"科，"试律令、《刑统》大义、断案"①，考中者出任司法官员。宋神宗时，还规定进士也须经过"试法"，方能授官。

由于宋朝科举制度从各个方面严防贵族官僚凭借权势培植私人势力和世袭固定官职，使科举选拔人才的优势得到真正的显示，并出现了中国科举史上的人才高峰，不仅数量之多前所未有，而且其中名公巨卿、才华横溢之辈源源不断脱颖而出。根据《宋史》的记载，北宋出任宰相的七十一人之中，有六十四人进士出身，所占比例超过百分之九十。

2. 考课制度

宋朝出于强化中央集权、控制各级官吏、提高工作效能的目的，非常重视考课，这主要表现在以下几个方面。第一，设立专门机构主管官员考课，审官院负责京朝官的考课，考课院负责幕僚官和地方官的考课。考课的程序是由上级负责考课下级，由下至上逐级进行。第二，考课制度高度规范化、法律化，南宋所编的《庆元条法事类》的"职制门"汇编了有关考课的敕、令、格、式及申明，从中可见宋朝考课制度相当细密和规范。第三，考课的方法主要有二：一是磨勘制，二是历纸制。磨勘制，即磨勘转官，是指定期勘验官员的政绩，以定升迁。真宗时文武官员三年一磨勘，仁宗时改为文官三年、武官五年。磨勘在很大程度上是凭资历升官。历纸制，类似于现代的考勤工作登记，规定官吏按日自计功过，并上交给主管的官员，或由长官平时记录其属下官员的善恶，作为考核的依据。第四，对各级官吏规定了不同的考课标准和考课内容，尤其对地方官的考课标准最为具体，如"以七事考监司：一曰举官当否，二曰劝课农桑、增垦田畴，三曰户口增损，四曰兴利除害，五曰事失案察，六曰较正刑狱，七曰盗贼多寡"②。以唐代的"四善四最"考守令。

虽然宋朝确定了比较详细的考课标准，但是磨勘方法的推行，实际是将年资置于政绩之前，不仅不能激励贤能与勤政之士，反而造成了官场中安于现状、因循守旧的风气盛行。

二、监察制度

宋朝的监察机关沿袭唐制，中央设御史台，以御史中丞为长官。御史台内设台院、察院和殿院，由侍御史、监察御史、殿中侍御史，分掌三院监察事务。但是为了加强中央集权和君主专制，宋朝的监察制度与唐又有所不同：

---

① 《宋史·选举志》。
② 《宋史·职官志》。

第一，宋朝将不同的台、谏机关，职能划归一致。宋以前谏官专门负责监督皇帝，向皇帝规谏讽谕；而宋朝谏官和台官职能趋于一致，把百官作为监督的对象，"凡朝政阙失，大臣至百官任非其人，三省至百司事有违失，皆得谏正"①。谏官由代天下谏议君主，转变为代君主监察百官，这无疑使君主的权力更无羁绊。

第二，台谏官必须由皇帝亲自任命，并拥有风闻弹奏的权力，只对皇帝负责而不受其他机关的限制。宋朝台谏官在政治斗争中起到了很重要的作用，往往成为皇帝独裁或权臣排斥异己的工具。因为台谏官可以发挥败事、废人的作用，其他大臣的施政如果不符合自己的利益，即可由台谏官加以弹劾，轻则事败，重则施政者被罢黜或治罪。

第三，加强了对地方的监察。路一级以监司行监察之权，州则由通判监察，沿边和战事地区以走马承受行使监察权，形成了以监司为主，辅以通判、走马承受等的地方监察体系。为了保证监察官履行其职责，宋朝规定了监司出巡制度和失察受罚制度，并对监察官进行再监察。由尚书省监察御史，由御史台监察地方监司官，再由监司监察走马承受。

第三节　刑事法律制度

宋朝的刑事法律制度大体承袭唐制，鉴于社会政治经济条件和社会关系的变化，宋朝的刑法在以下几方面体现了其时代特点：第一，刑法原则方面，以宽仁为本，却大大加重了对贼盗罪的处罚；第二，犯罪种类方面，细化对造妖书妖言、贼盗、官司出入人等犯罪的规定，并加重惩治；第三，刑罚制度方面，在"五刑"之外创制了折杖法、刺配、凌迟等刑罚。

一、刑法原则

（一）宽仁为本，规范刑制

五代十国时期，军阀混战，上有暴君，下有酷吏，刑罚酷滥，多不依常法定罪量刑。北宋建立之初，虽承乱世，仍以宽仁为治国之本，所修订《宋刑统》，大体恢复了唐代文明的刑法体系。与唐律相比，《宋刑统》之中敕令有刑罚加重的倾向，但在动荡的社会，却发挥了规范刑制、重建文明秩序的作用。宋王朝之所以能够维系三百余年的统治，不在于其重典治世，而在于统治者与文官群体秉持宽仁治国，规范刑制。当统治者以刑杀为威，也正是其走向衰落的时候。

---

① 《宋史·职官志》。

（二）重典惩治贼盗，以救时弊

自建国始，宋王朝即危机四伏。从外部环境来看，周边的少数民族政权不断侵犯边境，甚至深入内地，这是强敌入侵的外部危机；从内部环境来看，由于社会经济的多元化，贫富分化导致了社会矛盾的激化，朝廷常受民众起义的威胁，又常受府库空虚的困扰，这是内部危机。在如此危机的环境中，宋王朝虽欲恢复唐代的盛世法制，但迫于现实危机，不得不在基本法之外，加重刑罚，重典惩治贼盗，以救时弊。在《宋刑统》中，对贼盗罪的处罚加重。在常法之外，又颁行《窝藏重法》《盗贼重法》，还以京师为中心划定重法地，在重法地内犯罪，加重处罚。

二、主要罪名

（一）贼盗罪

宋朝贼盗罪涵盖范围甚广，内容复杂，包括谋反、叛逆、谋杀、劫囚、造畜蛊毒、造妖书妖言、夜入人家、强盗、窃盗、恐吓取财等多方面的犯罪。《宋刑统》所附敕文对于这些犯罪的惩罚明显重于唐律，另外编敕中还有大量重惩贼盗罪的规定。

1. 造妖书妖言罪

造妖书妖言罪，又称谋乱罪。依《宋刑统》之规定，该罪是指行为人编造怪力奇异之书、谎称鬼神之语、妄说吉凶、诡言灾祥、专行诳惑，或者利用邪教惑众，特别是"或僧俗不辩，或男女混居，合党连群，夜聚明散，托宣传于法会，潜恣纵于淫风"，危害宋王朝政权的行为，犯者皆处死。宋朝民众的反抗斗争与秘密宗教结合紧密，朝廷法律对"妖教""妖言"一类行为的镇压也越来越严厉。

2. 强盗罪与窃盗罪

强盗罪是指以暴力胁迫夺取财物或伤人、杀人的犯罪行为；窃盗罪是指秘密窃取公私财物的犯罪行为。宋朝法律对强盗罪和窃盗罪，自《宋刑统》到特别法，处罚呈加重的趋势，特别是对因强盗而杀人者，不分首从皆处死。

宋朝建立之初，出于缓和社会矛盾的需要，宋太祖曾经采取宽政待民的政策，对一般的刑事犯罪处罚比较宽松，但对贼盗犯罪的处罚一律较唐律加重。唐律规定，诸强盗，伤人者绞，杀人者斩。其持杖者，虽不得财，流三千里。《宋刑统》中惩治强盗的敕文规定：擒获强盗，不论有赃无赃，并集众决杀。持杖行劫，不问有赃无赃，并处死。其同行、同情、知情者皆同罪。唐律规定窃盗罪得财一尺杖六十，五匹徒一年，五十匹加役流。但《宋刑统》所准用的唐德宗建中三年（782年）的敕文规定："自今以后，捉获窃盗，赃满三匹以上者，并集众决杀。"宋朝虽以重典惩治强盗、窃盗，却并没有遏制住该类犯罪的多发。宋仁宗时天下盗贼纵横，统治者更重其法，颁布了一系列重惩贼盗的法令。宋仁宗景祐初年（1034年），宣布对京城地区"持杖窃盗者"加重处罚。其后嘉祐七年（1062年）颁布《窝藏重法》，该法将京师开封府和所属诸县、相邻四州划为重法地，在该区域内窝藏贼盗者，一律加重处罚。这种在常法之外，针对特定地区、特定犯罪单独制定实施特别法的做法，在中国古代是史无前例的。

宋英宗治平三年（1066年），再一次明确在重法地内，"获强劫罪，死者以分所当得家产给告人，本房骨肉送千里外州军编管"①。针对"十恶"之外的强盗罪株连家属、没收财产，这是唐律中所没有的。宋神宗继位之后，又补充规定在重法地区内的"强劫贼盗"，不论罪犯本人是否当地居民，案发是在立法之前或之后，"并用重法"，将重法的溯及力延伸到立法之前。宋神宗熙宁四年（1071年）又颁行《盗贼重法》，将重法地由开封府诸县扩大到十几个州。宋哲宗时重法地已占全国二十四路中的十七路。《盗贼重法》在这些地区完全取代了《宋刑统·贼盗律》，此外，又增加了"重法之人"的概念和地方官吏的责任规定：凡是复杀官吏、焚舍屋百间、群行州县之内、劫掠江海舟船者以及窝藏犯都是"重法之人"，即使犯罪行为不是发生在重法地，也要按重法处罚；知县、县尉等地方官吏捕盗不利，要劾罪取旨制裁。自此，重法惩治盗贼已由京畿地区发展到全国三分之二以上的地区。

划定重法地、重法人，加重对贼盗犯罪的处罚，虽能收到一时之效，但仅为外部威慑，并不能遏止民众对封建统治者的反抗。

（二）官司出入人罪

"官司出入人罪"是指司法官员在审判活动中因故意或过失，致使有罪判无罪、重罪判轻罪（即出罪），或无罪判有罪、轻罪判重罪（即入罪）。《宋刑统》明定司法官员出入人罪所负的刑事责任，保障了法律的严格统一适用。

1. 故出入人罪

故出入人罪，指司法官员因收受贿赂、接受请托或畏惧权势故意使有罪判无罪、重罪判轻罪或无罪判有罪、轻罪判重罪的行为。依《宋刑统》之规定，故意出入人罪的，分以下几种情况处理：故意出入人罪，全出全入的，以全罪论；故意从轻入重或从重出轻者，原则上以所剩余之罪论；在追究法官责任时，凡在文案上签署的官员都要负刑事责任，其轻重首从，要看错判是由谁开始造成的，依次每等递减刑罚一等。

2. 失出入人罪

失出入人罪，指司法官员因自己的过失而导致出入人罪的行为。《宋刑统》规

_____

① （清）徐松辑：《宋会要辑稿·兵一一》，中华书局1957年版，第6950页。

定："断罪失于入者，各减三等；失于出者，各减五等。"失出入人罪的处罚较之故出入人罪大为减轻。

三、刑种

宋朝的刑罚制度，基本上是沿袭唐代的五刑，以笞、杖、徒、流、死为常刑，但《宋刑统》及特别法中又增设了折杖法、刺配和凌迟。

（一）折杖法

所谓"折杖法"，是用决杖来代替笞、杖、徒、流的刑罚方法。五刑之中，除了死刑都可以用决杖来替代，同时折杖法不适用于反逆、强盗等犯罪。"折杖法"始见于建隆三年（962年）的敕令，至建隆四年颁行《宋刑统》时，正式列入《名例律》"五刑门"内。其内容是：

流刑：加役流决脊杖二十，配役三年；流三千里决脊杖二十，配役一年；流两千五百里，决脊杖十八，配役一年；流两千里，决脊杖十七，配役一年。

徒刑：徒三年，决脊杖二十，放；徒二年半，决脊杖十八，放；徒二年决脊杖十七，放；徒一年半，决脊杖十五，放；徒一年，决脊杖十三，放。

杖刑：杖一百，决臀杖二十，放；杖九十，决臀杖十八，放；杖八十，决臀杖十五，放；杖六十，决臀杖十二，放。

笞刑：笞五十，决臀杖十，放；笞四十、三十，决臀杖八，放；笞二十、一十，决臀杖七，放。

北宋初年之所以要创设折杖法，是因为宋太祖认为五代时期刑罚过于苛重，而折杖法具有"流罪得免远徙，徒罪得免役年，笞杖得减决数"的制度优势，体现了宽仁治国的精神。宋初采行折杖法，对于纠正刑罚越来越严酷的趋势、缓和社会矛盾起到了一定作用。可是其中的刑种和刑等设置并不完全科学合理，难免有轻重悬殊之弊。

（二）刺配

为了弥补折杖法轻重悬殊的缺陷，宋开始采用刺配刑。刺配，是将杖刑、刺面、配役三刑同时施加于一人，比唐朝的加役流更为严酷。刺配始创于五代后晋天福年间，原为宽恕死罪之刑，宋初继续沿用，但逐渐突破宽恕死罪的适用范围。宋真宗《祥符编敕》中规定适用刺配的条文有四十六条，庆历年间有一百七十多条，南宋淳熙时竟达到五百七十条，成为广泛适用的常刑。《宋史·刑法志》说："配法既多，犯者日众，黥配之人，所至充斥。"南宋时被刺配的罪犯竟达十余万人。

宋朝的刺配刑具体执行时相当复杂：杖责有数量之差和脊杖、臀杖之别；刺字有刺背、额、面之分，配役有军役和劳役的不同。军役编入军籍，劳役是从事煮盐、酿酒、烧窑、开矿、炼铁等苦役。宋初先是将犯人配往西北地区，后又改配登州沙门岛、通州海岛和岭南，均是边远荒僻之地。刺配集肉刑、劳役多种刑罚于一身，刑罚苛重，并且刺配之刑恢复了久已废除的黥刑，断绝了罪犯悔过自新之路。北宋中期以后，刺配使用过滥，未发挥预期的弹压威慑作用。

（三）凌迟

《宋刑统》规定的法定死刑有绞、斩两种，其后又增加了凌迟刑。凌迟，也作陵迟，是以利刃零割碎剐肌肤、残害肢体，再断其喉，是我国古代死刑中最为残酷的一种执行方法。它始见于五代，至辽代成为法定刑。北宋时期针对荆湖地区出现杀人祭鬼的恶行，仁宗敕令：有首谋若加功者，处以凌迟刑。首开凌迟先例。北宋中期凌迟刑开始被扩大适用，宋神宗大兴诏狱，对"口语狂悖者"皆处以凌迟刑。南宋《庆元条法事类》明确地把凌迟与斩、绞一起列入死刑之中，此后元、明、清三代皆沿用凌迟之刑。

第四节　民事法律制度

两宋商品经济繁荣，民事法律关系趋于复杂，身份趋于平等，为了适应社会的现实需要，无论是朝廷的立法还是民间的习惯，对民事法律关系的调整都更为精细，中国古代民事法律进入了一个新的发展时期。

一、物权

土地的自由买卖，工商业的迅速发展，使得宋朝社会生活中的财产关系趋于复杂，所有权及其基础上衍生的他物权产生了多种新形态。为适应现实需要，宋朝政府颁行了大量的单行法对物权加以调整，同时承认民间规约、习惯的规范效力。

（一）确认和保护所有权

宋朝的公私财产区分为不动产和动产。不动产主要指田宅，动产包括六畜、奴婢、日常用品，还有货币及债券等。对所有权的确认和保护是宋朝法律的重要内容。宋朝所有权的取得方式分为原始取得和继受取得两种。原始取得包括对无主物的先占取得、自然取得、生产取得、孳息取得等；继受取得包括买得、互易、受赠、继承等。凡合法取得的财产，其所有权都受到法律保护。

（二）完善他物权制度

所有权基础之上的他物权，在此时期主要表现为典当、倚当与抵当，这些权能的出现，反映了宋朝商品经济的活跃以及物权法律关系的复杂化。

1. 典当

典当，在宋朝既包括不动产的出典，也包括动产的质押。不动产主要是指田宅，田宅的典当也称为"典卖"。由于不动产的买卖关系人们的日常生活，更关系国家的财政税收，因此，宋朝法律对于田宅典卖的契据、手续都进行了严格的规定。而动产的典当，则多为民间行为，国家干涉不多。宋朝民间动产的典当非常流行，随着"当铺"在全国范围内的广泛出现，典当已经成为当时社会的一个重要行业。宋朝的典当契约称为"质卷""解贴"，在发生纠纷时，是官府用来断案的法律凭证。

为了规范田宅的典卖，宋朝对典卖田宅的规定更加完备。首先，一物不得两典，即本主不得将同一产业典给两个以上的不同权利人，违者包括本主、牙人，以及契据上署名的人，各按入己钱数，准盗论；典物归先典者。其次，契约中明确约定回赎的期限，期限内出典人有权回赎该项产业。典卖契约达成后，典主享有对典物的占有、使用、收益，但无处分权。如出典人要出卖该项不动产时，典主享有优先购买权。再次，对于没有约定回赎期限，或约定不清的典卖契约，法律规定在三十年内允许回赎，过期视同绝卖，不得回赎。最后，价金交付的期限为一百二十天，以钱交付的再以钱赎回，以纸币交付的再以纸币赎回，避免有人借货币贬值，从中渔利。

2. 倚当

倚当，指所有权人将土地、房屋等不动产使用权及部分收益权转让他人，以换取现钱的行为。倚当主要以田宅为标的，其标的转移的法律手续与典当非常相似。宋太宗太平兴国七年（982年）曾下诏：民人以田宅倚当他人，必须在交割时纳税，以避免诉讼纠纷。倚当与典当的主要区别在于收益分配的不同，倚当物的收益，超过约定的利息额的部分要归还倚当人，而典产的收益则全部归典权人所有。

3. 抵当

抵当，是指债务人向债权人提供田宅的契据作为债务的担保，债务人作为抵押人，不将田宅交付债权人占有；债务人作为抵押人不过税，不离业，在约定日期清偿借款后即可取回抵押的契据。抵当具有抵押的性质，不同于典当、倚当通过繁杂的法律手续实现标的物的转移，是一种更为便利的以不动产作为抵押的债务担保方式。

二、契约

随着商品经济的繁荣，两宋时期的买卖、借贷、租赁、抵押、典卖、雇佣等各种形式的契约均有发展。宋代特别强调契约的订立必须出于双方的"合意"，对于违背当事人意愿、强迫一方订立的契约无效，同时对强迫方加以制裁。

在各种契约中，买卖契约最为重要，宋朝的买卖契约发展为三种形态：绝卖、活卖和赊卖。绝卖，是以转移所有权为目的的买卖，买卖田宅等不动产还要经过先问亲邻、缴纳契税、过割赋役、交割过户等程序方为有效。活卖，又称典卖，为附条件的买卖，当所附条件达成，所有权才发生转移；在合理期限内，出卖一方也可以赎回典卖物。赊卖，是先以信用取得所买物，之后再支付价金。

三、婚姻、家庭与继承

宋代的身份法律制度受经济环境影响最为显著，表现为嫡庶身份的平等化、男女身份的相对平等。特别是妇女地位的提高，其法律主体性在很大程度上得到确认和保护，妇女的婚姻自主权和继承权均得到扩展。

妇女在婚姻的解除和再嫁问题上，自主权利有所扩大。关于婚姻关系的解除，宋朝法律承袭了"七出三不去""义绝""和离"等离婚原则，同时在立法和实际生活中发展出许多新的离婚方式。如南宋法律规定：已成婚而丈夫移乡或编管，其妻愿离者，听；妻子被同居亲属强奸，虽未成，而妻愿离者，听。在现实生活中，甚至出现了因丈夫相貌丑陋而要求离异的情形。在婚姻关系的解除上，给予了妇女相对较为宽松的制度环境。同时，宋朝妇女的再嫁权得到了法律的认可与保障。社会舆论对于女性的再嫁表现出了容认的态度，甚至对于寡妇在夫家招夫养亲的行为，也表现了相当的宽容。

在财产继承方面，宋朝的继承制度沿用唐代的规定，又针对出现的新问题，增加了"户绝资产""死商钱物"等内容，形成了一般财产继承、遗嘱继承、户绝财产继承、死亡客商财产继承等比较系统、相对平等的继承制度。

第一，一般遗产的继承。在唐律诸子均分遗产的基础上，进一步明确继承人的范围及其顺序。第一顺序为儿子、未嫁女。儿子在均分的基础之上，未娶妻者可多分聘财，而未嫁女则可分得男子聘财的一半。第二顺序是孙、守寡妻妾。若儿子死亡，孙子可以"子承父分"，代位继承。守寡而无子的妻妾也有权继承丈夫应分的遗产份额。改嫁妻妾、别居无户籍妻妾及其子女不得继承遗产。

第二，户绝财产的继承。户绝是指无男性子嗣之户。宋朝法律规定：户绝资产的范围是所有的田宅、店铺、奴婢以及其他资财。户绝者，其资产法定继承的顺序依次是女儿、近亲、官府。在法定继承的情况下，户绝资产除丧葬费外，全部由在室女继承；未有在室女的，出嫁女可分得三分之一，其余入官；无女儿则归近亲；无近亲则全部入官。户绝财产的继承亦可遵照遗嘱执行。

第三，遗嘱继承。北宋时遗嘱继承一般以户绝为前提，南宋时期私有观念加强，遗嘱继承的范围扩大，规定也越来越具体。首先，"无承分人"的财产可以用遗嘱来处分。其次，遗嘱继承人应该是缌麻以上的亲属，但是，所得到的份额只是遗产的三分之一。再次，遗嘱应"自陈，经官公凭"，或"经官投印"，由官府进行公证，或由族人进行见证，这是遗嘱成立的形式要件。最后，遗嘱纠纷的诉讼时效为十年。在该期限内，与遗嘱有关的人可就遗嘱内容向官府提起诉讼，过期则官不再受理。

第四，中外客商死后钱物的继承。宋朝内地及沿海地区贸易都较为发达，商人流动贸易和寓居的范围非常广泛，如中外客商客死他乡，其财产处理成为宋朝新的民事问题。有鉴于此，《宋刑统》专门新增了"死商钱物"一门，汇集唐中后期和五代时的敕令内容，对客死商人的财产处理做了详尽的规定：第一，如有父母、妻、子、亲兄弟、未嫁之姊妹、未嫁女和亲侄等随行者，可任其继承收管；如相随之人不在此范围的，只能由父母、妻儿持官府的公文前来收认。后来继承人的范围又有所缩小，亲兄弟、亲侄儿等均被排除在继承人范围之外。第二，如死亡客商无一人相伴，先由官府保管，并通知其原籍追访亲属，待父兄、子弟等有继承权人前来继承，依数酬还。第三，客死的外商在海外的直系亲属可以认领财物。这些规定加强了对于死亡客商亲属继承权的保护，有利于促进海内外贸易的发展。

第五节　经济法律制度

两宋时期农民身份的自由、科学技术的进步，极大地促进了农业和手工业的发展，进而推动了商业的发展以及海外贸易的繁荣。在经济总体发展的背景下，两宋时期的经济立法，比唐代范围更广泛、内容更丰富，对发展经济、规范市场秩序发挥了积极作用。但是，由于政权羸弱，且战争不断，经济立法在贯彻执行上存在诸多弊端，也未能通过国家的法制促进经济的转型和进一步的大发展。

一、土地制度

随着国家掌控土地能力的下降，唐代中期以后国家土地所有制日趋衰落，土地私有成为大趋势。宋朝建国之初即确立了"不立田制""不抑兼并"的国策，允许土地自由流转，并以法律的形式将土地流转的结果加以确认，其主要内容包括：

（一）承认新垦荒田的所有权，以提高土地利用效率

宋初太祖、太宗为鼓励百姓开垦荒田，规定"垦田即为永业"。对于战乱、灾荒之后的弃田，两宋均规定，耕种者可以享有事实上的占有，并在前几年内减免赋税，如果十年内原主不来复业，则官府承认占有者对土地的所有权。

（二）完善土地契据制度，以红契作为合法的产权证书

宋朝法令规定：不动产所有权的转移必须经官府承认，交纳契税，然后由官府在买卖契约上加盖公章。所有立券投税者，均称为红契。红契既是已纳税的标志，又是土地所有权的凭证，一旦发生争讼，就是无可置疑的证据。但买卖双方的当事人为规避契税，往往私立白契成交。对此政府多次申明，发现使用白契的契税加倍征收。红契制度的实行，使国家不致因土地交易，丧失原有的税赋等财政收入，又保护了购买者的土地所有权。

（三）打击盗卖和同居之人私自买卖土地

宋朝法令规定："盗典卖田业者，杖一百，赃重者准盗论，牙保知情与同罪。"[1] 卑幼未经尊长允许，私自出卖田产，或者欺骗尊长，擅自典卖的，钱没官府，田还原主，买卖无效。南宋还规定了诉讼时效，同居卑幼擅自典卖田宅的，尊长在五年之内可追诉。尊长盗卖卑幼产业，法律也允许卑幼"不以年限陈乞"。

拓展阅读

《名公书判清明集》

宋朝的土地制度使佃农摆脱了对于地主的身份依附，成为具有独立法律人格的"编户齐民"。人格的独立，人身的解放，提高了佃农生产的积极性，进一步推动了宋朝土地租佃制的发展，促进了宋朝农业生产的恢复与进步。同时，宋朝不抑兼并的土地政策，也导致了土地占有的极端不合理，农民与地主的阶级矛盾不断激化。终宋之世，农民起义此起彼伏，连绵不绝。

二、赋税制度

两宋的赋税制度主要继承了唐代的两税法以及由五代沿袭而来的一些苛捐杂税。两税是对土地所有者征收的土地税，其征税对象是有田产的"主户"。其他的苛捐杂税，有针对财产，按户征收的，如支移、沿纳、折变等；也有针对所有"编户齐民"，按人头征收的，如丁盐钱、丁绢等。

（一）两税

宋以有无田地为标准，将户口分为主户与客户。有田产的主户承担赋役；租佃地主土地耕种的农民是客户，又称佃客，不向国家交纳田赋。宋朝法令又依据主户拥有土地的多少和好坏将主户分为五等。一般来说，四五等户是小自耕农；二三等户是中小地主，占田约为一至三顷；一等户是大地主，占田约在三顷以上至数百顷间。向主户所征田赋，每年夏、秋各收税一次。夏税收钱，或折成绸、绢、绵、布、麦等实物缴纳，在夏季粮、蚕成熟时征收。税额依上、中、下田的

---

[1] 《名公书判清明集·户婚·争业》，中华书局1987年版，第145页。

等第按亩征收，但各地区也有很大的差别。秋税往往不按实际产量抽税，而按亩定额征税，因各地农业生产情况不同，所以税额也有较大的差异。夏秋两税的税额，仅是规定的基本标准。在实际征收时，宋朝还以所谓的"支移""折变"的办法加重盘剥，加之官府和商人、地主串通一气，官员借"折变"贪污谋利，地主将税负转嫁到佃农的身上，交税的农民遭到沉重的剥削。

（二）杂税

五代十国时期，各割据政权巧立名目，设置多种苛捐杂税，宋统一后，这些苛捐杂税全部被承袭下来，统称为"杂变"。杂变包括丁盐钱、丁绢、蚕盐钱、牛皮钱、蒿钱、农器钱、鞋钱等多种名目。除了规定的杂变以外，宋朝还以"进奉""土贡"等名义，随时勒索多种财物，以支撑庞大国家机器的巨额支出。

三、市场管理

宋朝活跃的商贸活动，在都市打破了"市""坊"的界限，营业地域和营业时间不再受到严格限制；县和乡村的集市贸易，口岸的海外贸易都有极大的发展。货币经济空前繁荣，北宋时发行了世界上最早的纸币——交子。

（一）扩大市场规模，促进商品流通

一方面，城市中的坊市制度被打破，坊市不分，日夜有市。我国古代商业经营之中的"面街而市"，是从宋朝开始的。市场贸易的时间也不再受限制，昼夜皆可进行。宋统治者为了维护城市经济的繁荣与商品贸易的发展，特以法律的形式，把自发形成的"面街而市"及"夜市"诸商业活动固定下来。另一方面，全国形成了以城市市场为中心，以镇市、草市为补充的多层次市场。镇市、草市是城市经济辐射、联系广大乡村的重要媒介，它们的普遍出现和设置是宋朝商业发展，市场规模扩大的重要标志。宋政府对草市、镇市依法进行管理，同时，草市也是宋朝最基层的税收机构——场务的所在地。

（二）严格市场管理，保证产品质量

为了维护市场信用，保障买受人的权利，中国传统社会一向注重产品质量的监管。秦汉以降，历代政权都对生产、销售商品的责任人进行了法律上的监管。宋朝随着商品市场的扩大，商品质量成为政府规范市场管理的重要内容之一。宋朝不仅在《宋刑统》中规定了生产者的责任，而且还通过颁行敕令，严禁出售不合格的商品。

第六节　司法制度

宋朝在司法机构、诉讼审判方面均承袭唐朝制度，但又有两个方面的较大变革：一方面，为适应中央集权的需要，加强皇权对司法的控制，曾一度设置审刑院，并把大案复奏、检视司法作为惯常制度；另一方面，在司法审判工作中，注重保持公平与效率的平衡，注重提升司法官吏的专业化水平。

一、司法机构

（一）中央司法机构及其职权

宋承唐制，设大理寺、刑部、御史台作为中央司法机构。大理寺是中央最高审判机关，负责审理地方上报的刑事案件以及京城百官案件。刑部作为司法行政机关，负责复核大理寺审断的全国死刑等重大已决案件。御史台是国家最高监察机关。出于对司法审判加强控制的考虑，宋太宗时，在宫中设置了审刑院。审刑院长官为知院事，下设评议官六人。地方上奏中央的案件，须先送审刑院备案，再交大理寺审理。待刑部复核后，再返回审刑院，由其出具书面意见，奏请皇帝作出最终的裁决。司法机构的多元化，有利于分散司法权力，形成各机构之间相互监督的局面，也便于皇权直接操控审判权力。但机构重叠、职权重复，案件权责不明，严重地影响了国家正常的司法职能，于是神宗元丰改制时，罢审刑院归刑部。

（二）地方司法机关及其职权

在案件的审级管辖上，县作为第一审级，有权判决杖刑以下的案件。对徒刑以上的案件，则须将案情审理清楚，写出初步裁判意见，报送州，由州作出正式判决。宋朝县一级审判机关大体沿袭行政与司法合一的体制，县衙之内通常只有知县一人主持司法审判。

州是第二审级，在案件的管辖上，有权直接判决徒刑以上的案件，对于死刑案件，必须上报提点刑狱司复核。部分重大疑难案件要上报刑部，由大理寺审议，甚至经皇帝亲自审核，方可执行判决。所有的诉讼案件中，宋朝州所经办的案件占了极大的比重。

路一级设置了提点刑狱司，作为中央的派出机关负责本辖区的司法审判和监察。提点刑狱司负责复查州县所审断的案件，辖区内各州每十日须呈报一次囚账。对于疑狱及拖延未决案件，提点刑狱司有亲赴州县审问的权力。同时，州县已决案件，如有当事人喊冤，复推工作则由各路提点刑狱司完成。根据宋朝法律规定，提点刑狱官一年两次巡按州县，平反冤狱，监察地方官吏。此外，各路的提点刑狱司对州所判重大案件拥有复核权，地方重大案件必须经司审核后，方可定案执行。

二、诉讼制度

宋朝对诉讼设有时间限制，对田土婚姻等民事纠纷限制尤严，以避免久拖不决，诉讼效率低下。其主要表现为：

（一）明确规定官府受理民事案件的时间

宋朝定有"务限法"，《宋刑统》中"婚田入务"专条规定：每年"取十月一日以后，许官司受理，至正月三十日住接词状，三月三十日以前断遣须毕，如未毕，具停滞刑狱事由闻奏。"也就是说官府受理民事案件的时间为每年的农历十月一日至次年的正月三十日。该期间受理的案件若未能审结，可延长审理期限至三月底。三月底之后，官府如未能审断所有案件，须将未审决案件的事由呈报上级。"务限"的规定是为了在农忙时节保障充足的人力，不致因民事纠纷耽误要务。

（二）规定民事诉讼的时效

宋太祖时规定，因战乱离走、平安返回认领田宅者，超过十五年的，官府不再受理。《宋刑统》规定，田地房屋分界纠纷，当时不曾诉讼，事后家长见证人死亡、契书毁乱，超过二十年的，不再受理；债务纠纷，若债务人、保人逃亡，过三十年不再受理。南宋高宗时，买卖田宅依法满三年而后再发生纠纷的，不得受理。

三、审判制度

（一）审判管辖

依照路、州、县三级政府机构，宋朝的地方审级也分为三级。县级政府拥有杖以下案件的管辖权，而徒以上之重案须将人犯、案卷解送至州。州有权判决徒刑以上直至死刑的案件。但对于被判处流以上的案件，须经路一级的主管刑狱的机关送刑部复核。一般情况下，当事人不得越诉。重大案件可逐级上诉到大理寺，乃至呈送皇帝御裁。为了保障司法的公正性，防止冤假错案的发生，宋朝沿行唐代击登闻鼓诉冤的制度，并设立"登闻鼓院"和"登闻检院"，直接受理申告的案件。同时，法律规定了可以越诉的情形：一是如所诉事件涉及机密，允许到京向代表皇帝受理申诉的"登闻鼓院"呈状；二是未依法判处杖刑，决罚过多，允许赴尚书省越诉；三是路一级的主管官员对案件处置不当，允许越诉；四是官吏违法科民、侵人物业、勒索客商等，可允许越诉。此外，针对婚姻、田宅之讼，下户为豪强侵夺者，不得以务限为由不受理，如有违反，可允许被害人越诉。

（二）皇帝亲自录囚

宋朝皇帝亲自录囚，或"御笔断罪"的情形明显增多。这种凌驾于一般审判程序的做法，反映了皇权对司法权的干涉。一方面，皇帝亲审起到司法监督的作用，确能昭雪一些冤案，对于纠正司法审判过程中的冤假错案颇有裨益；另一方面，"御笔断罪"也被朝廷权臣利用作为打击异己的工具，破坏了正常的司法程序，导致国家司法秩序的混乱。

（三）独具特色的鞫谳分司制度与翻异别勘制度

为了防止刑狱酷滥和官吏舞弊，宋朝从州至大理寺，都实行审与判分离的司法审判制度。在州一级，司理院的司理参军，"掌狱讼勘鞫之事"；另设司法参军，掌"议法判刑"。大理寺则有"断司"和"议司"之分。这种由专职官员分别负责审与判的制度，称作鞫谳分司制。在该制度下，负责审判的官员无权过问检法断刑，检法断刑的官员也无权过问审判，二者互相牵制，不易产生流弊。

翻异别勘制度是指当犯人不服判决临刑称冤，或家属代为申冤时，改由另一个司法机关重审，或由监司另派官员复审的制度。其中，由原审机关的另一官司复审称为"移司别推"；由上级机关差派与原审机关不相干的其他机关复审称为"差官别推"或"移推"。按照法律规定，翻异可三至五次，但实际执行中较宽，有多达七次者。该制度就其实质而言，是司法机关自行复审，虽然有时会因多次翻异而影响司法机关的审判效率，但该制度的实行从总体上来说能够在一定程度上杜绝冤假错案的产生，是统治者"慎刑"精神的体现。

（四）重视证据和检验

宋朝在审判中十分重视物证、书证、人证、口供等证据，对不合拷讯者，据众证定罪："称众者，三人以上，明证其事，始合定罪，违者以故失论。"[①] 而对于人命案件，更加重视检验与现场勘验。南宋是中国古代检验制度发展、完善的重要时期。检验的范围、程序和笔录都有严格的程式，法律对检验责任也作了明确的规定。宋朝著名法医学家宋慈所著《洗冤集录》是我国乃至世界上最早的法医学著作。该书在总结前人办案经验的基础上，把实践中获取的药理、人体解剖、外科、骨

拓展阅读

《洗冤集录》

科、检验等多方面的知识汇编成集并刊行于世，不仅指导了宋朝及后世的司法实践，对世界其他许多国家也有重大影响。此外，南宋时期《检验格目》《正背人形图》的推广也是中国古代司法史上的一大创举，使检验方法、检验过程都更为科学。

思考题：

1. 简述宋朝主要立法活动。

2. 与《唐律疏议》相比较，《宋刑统》有哪些特点？

---

① 《宋刑统·断狱律》"不合拷讯者取众证为定"条。

3. 试述宋朝民事法律制度的发展变化。

4. 试述宋朝司法制度的主要变化。

▶ 自测习题及参考答案

第十章　辽夏金元法制

在中华法制文明形成和发展的过程中，生活在这片土地上的其他民族，特别是那些建立过政权的少数民族亦作出了重要的贡献。公元 8 世纪初至 14 世纪中叶，生活于中国北方的契丹、党项、女真、蒙古四个少数民族先后建立了辽、夏、金、元四个政权，统治中国北方地区乃至整个中国长达数个世纪。与汉民族的法制文明相比，契丹、党项等少数民族的法制文明发展程度相对偏低，却有着自己鲜明的特色。在与汉民族的交往和融合过程中，受汉民族法制文化的影响，他们结合本民族的文化传统，加快法制建设，极大地提高了自己的法制文明程度。与此同时，在与这些少数民族的交往中，汉民族也尝试着改变自己的一些观念，丰富自己与其他民族交往的经验，使中华法制文明的发展有了新的可能。辽、夏、金、元少数民族政权的法制是中华法制文明的重要组成部分。

第一节　辽国法律制度

辽国是契丹人建立的政权。契丹是生活于中国北部地区的游牧民族。据史书记载，北魏时，契丹各部落已逐渐形成松散的联盟，并同北魏、隋朝、唐朝先后建立起相对稳定的关系。8 世纪末契丹人利用唐朝末年藩镇混战，中央权威削弱的机会，迅速向南扩张。公元 916 年，契丹首领耶律阿保机仿效汉制，自称天皇帝，国号契丹，定都上京（今内蒙古巴林左旗），不久再改国号为大辽。自耶律阿保机始，辽国共经历九个皇帝。1125 年辽被金国所灭，存续长达二百一十年。残部西逃，建立西辽政权，1218 年西辽再被蒙古人所灭。辽国最强盛时，统治区域包括今东北、西北全部及华北大部。

一、立法概况

契丹人立国前，以游牧为生，"刻木为契，穴地为牢"[1]，无文字亦无成文法。立国后，为了适应政治、经济、文化以及社会生活变化之需要，开始了立法活动。神册六年（921 年），太祖耶律阿保机以"国家庶务，钜细各殊，若宪度不明，则何以为治？群下亦何由知禁？"为由，命朝臣"定治契丹及诸夷之法"[2]。大臣耶

---

[1] 《辽史·太祖纪》。
[2] 《辽史·刑法志》。

律突吕不主持制定了辽国最早的法典——《决狱法》，汉人则仍然适用唐律。契丹由此进入成文法时代。

重熙五年（1036年），兴宗耶律宗真再命大臣萧德、耶律庶成等"篆修太祖以来法令，参以古制"①，编成《重熙新定条制》，简称《重熙条制》。这次立法参酌唐律，着重解决辽立国以来法律"轻重不伦"之问题。《重熙条制》共五百四十七条，系辽国历史上最为重要的法典。

咸雍六年（1070年），道宗耶律洪基又以"契丹汉人风俗不同，国法不可异施"② 为由，下令对《重熙条制》进行大规模修改。此次修改幅度较大，具体包括：将原五百四十七条删二改一，将唐律律文稍加改制新增一百七十三条，新创七十一条，共七百八十九条，称为《咸雍重修条制》。《咸雍重修条制》的制定标志着辽国立法进程汉化的完成。但实施后则发现，《咸雍重修条制》过于理想，"条约既繁，典者不能遍习，愚民莫知所避，犯法者众，吏得因缘为奸"③，因此，道宗大安五年（1089年）又下令"复行旧法"④，即恢复使用《重熙条制》。

二、法律制度

辽国的法典均已散佚。依据《辽史·刑法志》及其他间接资料可知，辽国的法律体系以刑事法律为主，且大量继承了唐宋律典的相关内容。

（一）刑法适用原则

刑法适用原则中，"八议""赎刑"等唐宋制度仍被采纳。贵族、官员犯罪只要非谋反等重罪，一般可享有"八议"特权。此外，"品官公事误犯，民年七十以上、十五以下犯罪者，听以赎论"⑤。

（二）罪名

辽国罪名以"十恶"为首。建国之初，"十恶"的罪名仅适用于汉人，辽圣宗时规定"契丹人犯十恶者依汉律"，"十恶"由此成为普遍适用的罪名。"十恶"中又以谋反等直接危及皇权的罪名量刑最重，凡犯谋反、废立罪名者，非被诛戮即被赐死，即使皇族亦不例外。此外，官员枉法受贿、私取官物、抢掠民女为妻、盗外国贡物等的，亦构成犯罪。

（三）刑名

法定刑罚分为死、流、徒、杖四种。死刑依执行方式分为绞、斩和凌迟三等。

---

① 《辽史·刑法志》。
② 《辽史·刑法志》。
③ 《辽史·刑法志》。
④ 《辽史·道宗纪》。
⑤ 《辽史·刑法志》。

其中，凌迟作为一种法定的死刑执行方式始于辽。流刑，根据罪刑轻重分为三等：一是"置之边城部族之地"；二是"投诸境外"；三是"罚使绝域"①。流刑主要适用于贵族和官员，作为死刑的减刑或替代刑。徒刑亦分为三等：一为终生徒刑；二为五年徒刑；三为一年半徒刑。依辽制，徒刑均须附加数量不等的杖刑。杖刑根据罪刑轻重分为若干刑等，自五十至三百不等。

除死、流、徒、杖四刑之外，又保留了投崖、射鬼箭、木剑、大棒、铁骨朵、沙袋、鞭烙等契丹族旧有刑罚。其中铁骨朵是用熟铁打作八片虚合，以三尺长的柳木为柄，作击打之刑具；射鬼箭则为一种死刑执行方式。辽国"凡帝亲征，服介胄，祭诸先帝，出则取死囚一人，置所向之方，乱矢射之，名射鬼箭，以祓不祥。及班师，则射所俘，后因为刑法之用"②。

三、司法制度

辽统治者在保持民族传统的同时，又因袭唐宋制度，立国初对契丹和汉人采取了分而治之的办法。"辽国官制，分北南院。北面（官）治宫帐、部族、属国之政，南面（官）治汉人州县、租赋、军马之事"③。

具体到司法机关，立国前，契丹人设有"决狱官"处理纠纷。"决狱官"为一世袭的官职。立国后，太祖在中央始设专职司法官——夷离毕，太宗时扩大为夷离毕院，负责审理契丹人案件；而汉人案件，则由南面官大理寺负责审理。此外，辽太祖还仿效汉制，"置钟院以达民冤"④，方便人民直诉。地方上，立国初汉人犯罪由州县行政长官审理；契丹人犯罪则由各地契丹警巡使审理。至辽圣宗时，逐渐取消契丹人和汉人诉讼管辖上的差异，由分治走向合一。

辽国诉讼程序简易，强调案件审理务须快捷。为此，中央常派巡使巡视监督地方刑狱，发现冤狱、滞狱，及时平理。

四、主要特点

辽国的法律制度是融契丹传统习惯于唐宋汉制的结果，具有鲜明的特色。

（一）从同罪异罚到一等科之

辽立国之初，由于治下各民族之间文明发展程度不同，加之彼此长期隔离，选择了民族分治的政策，法制上亦"因俗而治"，"官分南北，以国制治契丹，以

---

① 《辽史·刑法志》。
② 《辽史·国语解》
③ 《辽史·百官志一》。
④ 《辽史·刑法志》。

汉制待汉人"。① 具体而言,对汉人、原东北地区的渤海人依唐宋律令治理;对契丹及其他游牧部族则依契丹习惯法治理。"凡四姓相犯,皆用汉法;本类自相犯者,用本国法。故别立契丹司以掌其狱。"② 这种民族分治的做法,实践中极易导致民族间的不平等。如契丹及汉人相殴致死,其法就轻重不均,同罪异罚现象较为突出。伴随着民族融合程度的提高,圣宗开始尝试缩小契丹和汉人间的刑罚差异,逐渐限制契丹贵族的特权,争取"一等科之"。道宗亦为此多次修订刑律,推动国家法制的统一,尽管终辽之世,这一现象未能彻底扭转,但"各族间犯罪一等科之"毕竟成了趋势。

（二）法律实施状况因人而异

辽国统治者无意仿效汉人制定一部统一的律典,却不断修订条制,尝试将唐宋的中央集权体制与契丹族的部落联盟体制融为一体,将唐宋律法与契丹习惯法融为一体,完善具有自己特色的法律体系。这一努力取得了一定的效果,但基于各种原因,法制的实施状况则因人而异。特别是自兴宗起,大狱迭起,骨肉相残,"法制却不断被侵陵,沦为他们纵情快意的工具。辽至末期,法制大乱,已无约束可言"③,最终被金所灭。

第二节　金国法律制度

金国是以女真族为主体建立的政权。女真族起源于东北地区植被茂密的山地,以渔猎、畜牧为生。唐末五代时期,一些女真部落始接受契丹人的统治,并逐渐向松江平原地区转移。至 10 世纪,女真完颜部崛起,并与辽国不断征战。1115年,女真首领完颜阿骨打称帝,国号大金,年号收国,定都会宁府（黑龙江白城,后迁都燕京和汴京）。金国先是联宋攻辽,于 1125 年灭辽;后又转攻宋,1127 年灭北宋,以淮河—大散关为界与南宋对峙。金朝共历九帝,存续一百二十年。1234年,金国被蒙古人所灭。金国全盛时疆域包括今东北全部、朝鲜北部、陕甘蒙晋冀豫等地区。

一、立法概况

女真族立国前,尚无成文法,其习惯法"法制简易,无轻重贵贱之别"④,较

---

① 《辽史·百官志一》。

② （宋）余靖:《武溪集》卷十八《契丹官仪》。

③ 《辽史刑法志注译·说明》,载高潮、马建石主编:《中国历代刑法志注译》,吉林人民出版社 1994 年版,第 543 页。

④ 《金史·刑法志上》。

为自然和原始。臣服于辽时曾一度被迫使用辽法。金太祖、太宗忙于征战，无暇关注法制，女真内部仍以习惯法为主，而攻占的辽宋大片地区，基本上按照当地原有的辽国法律和宋朝律令治理，形成了多种法律制度并存的局面。

熙宗在位期间开始了以汉制逐渐统一国家法律制度的进程。皇统三年（1143年）"诏诸臣以本朝旧制，兼采隋唐之制，参辽宋之法，类以成书，名曰《皇统制》，颁行中外"①，为金国第一部成文法。《皇统制》格局宏大，试图融诸种法律制度于一体。其后又陆续制定了《续降制书》和《军前权宜条理》等法规。尽管立法上有了明显进步，但仍未能完全消除法制混乱的现象，"或同罪异罚，或轻重不伦，或共条重出，或虚文赘意，吏不知适从，夤缘舞法"②。为此，世宗大定十七年（1177年）再设专局负责修订律令。本次修订的基本原则是：凡《皇统制》《续降制书》中没有规定的，参照唐宋律的律文加以补充；而《皇统制》《续降制书》及唐宋律的律文中都没有规定的，取旨定夺；《军前权宜条理》中可以作为常法的，予以保留。修订成果于大定二十二年（1182年）颁布，史称《大定重修制条》。

章宗在位期间正值金国鼎盛时期。为矫正"礼乐刑政因辽宋旧制，杂乱无贯"及制、律混淆③之弊，明昌元年（1190年）设"详定所"为专门的修律机构再行修律，经明昌至泰和元年（1201年）修律工作最终完成。成果包括：《泰和律义》十二篇五百六十三条，篇目与唐律宋刑统基本相同；《泰和令》二十卷；《新定敕条》三卷及《六部格式》三十卷，形成了律、令、格、式、敕条并行的法律体系。其中，《泰和律义》为金国基本法典。至此，金国法律的汉化过程基本完成。仅就法律体系的完备程度而言，金国远超辽国，以至于元人元好问认为："以金源氏有天下，典章法度几及汉唐。"④

二、法律制度

金国的法律制度是由汉族成文法及女真、契丹人部落习惯法融合而成的。由于几种法律文化差异较大，融合的过程颇为艰难，融合的结果是以汉族成文法为主。其法律制度以下几点较有特色：

（一）强化皇权和家长的权威

能否处理好中央集权和部落体制的共存是金国能否实现长期稳定的关键。金国统治者希望通过强化皇权和家长权威来实行这一点。女真部落体制中存有贵族政治的元素，许多官职均为世袭。为强化皇权，金国政权稳定后，尝试将那些世

---

① 《金史·刑法志上》。
② 《金史·移剌慥传》。
③ 《金史·完颜守贞传》。
④ 《金史·元好问传》。

袭的官职变为汉制官僚，同时又适当限制贵族官僚的特权。如金国法律中虽然规定有"八议"特权制度，但范围比唐宋律明显缩小。此外，金律对于官员渎职犯罪比唐律处罚要重；与此同时，金律扩大了奴隶主的权力，如奴隶咒骂主人，按唐律规定处以流放，而金律则规定处以死刑等。

（二）严惩赌博盗贼犯罪

女真族有严惩盗贼的传统。立国后，仍然坚持这一传统。太宗天会七年（1129 年）规定："诏凡窃盗，但得物徒三年，十贯以上徒五年，刺字充下军，三十贯以上徒终身，仍以赃满尽命刺字于面，五十贯以上死"，同时还要罚缴赃物价值三倍的罚金。[①] 此后，历代帝王还数度颁布更为严厉的处罚规定。盗窃之外，大定八年（1168 年）金国颁布《品官犯赌博法》，规定官员凡动员赌博的，"赃不满五十贯者，其法杖，听赎；再犯者，杖之"[②]，以杜绝赌博之陋习。

（三）用汉制五刑替代传统酷刑

刑罚制度方面，金立国后在相当长的一段时间内仍然保留着割鼻、割耳、割舌、断手足、沙袋击背、投崖、剥皮等部落习惯，《泰和律义》颁布后，开始对此加以限制。《泰和律义》规定的刑罚与唐宋律典中的五刑大体相当，只是执行略有差异，如徒刑一律要附加杖刑；流刑多用徒刑四年、五年替代；死刑法定执行方式有绞、斩两等，但执行中凌迟也经常使用；等等。

（四）保留女真族婚姻习俗

金国早期，婚姻家庭法中保留着较多部落时期的习俗，如承认收继婚的存在、对女性通奸较为宽容等。在与汉人的交往中逐渐接受儒家文化，强调婚姻以礼，禁止同姓为婚、族内通婚等，否则以"奸罪"论处，即对传统婚姻习俗采取循序渐近的改造办法。

三、司法制度

金国的司法机关基本模仿宋制。中央设大理寺、刑部、御史台三大法司，职责亦与宋朝相同。三大法司的官员、令史分别由女真、汉人和契丹人担任，并设有翻译，方便各民族诉讼。

地方行政区划设路、府（州、军）、县三级。各路设提刑司，后改为按察使司，为中央派出的司法监察机关。州县两级仍由行政长官兼理司法。但女真族生活的地区则长期保持"猛安谋克制"，即军垦合一制。猛安相当于州，谋克相当于县。猛安谋克的女真人有自己专门的司法机关，掌管其诉讼之事。

---

① 《金史·刑法志》。
② 《金史·刑法志》。

金国重视诉讼，章宗时曾专门制定《州县官听讼条约》，用以规范地方司法行为。

四、主要特点

（一）分而治之

多民族法制文化共存是金国法制的最大特点。与传统汉族法制不同，在金国的法律制度中，"民族的原则被公开优先考虑"，即不同民族分而治之是其基本原则。如金国"不同民族的继承法各异，如果在父母或者祖父母健在时分家，唐律中规定是要受处罚的，但对于女真人，只要儿子能够自立，就可以建立自己的家庭"。①

（二）立法与执行脱节

金立国后，在立法和司法制度创建方面一直积极学习汉族。因而，法制的汉化程度较高，法典体系相对完备。但如何使制定的法律得到有效实施，才是真正考验金国法制发展程度的重要问题。就结果而言，与立法相比，金国法制的执行情况颇为复杂。譬如，官员法外用刑情况较为常见。以杖刑为例，尽管律典中对杖刑的刑具、刑等均有明确规定，但现实生活中"州县立威，甚者置刃于杖，虐于肉刑"②，公开置法律于不顾。

第三节 西夏法律制度

西夏是党项族建立的政权。党项族原属羌族一支，唐末五代及北宋时期，其首领一直以中原王朝节度使的身份辖据陕西北部、内蒙古及河西走廊一带，并通过定服饰、造文字、设官职，不断尝试建立自己的政权。1038 年，其首领李元昊正式称帝，国号大夏，改元"天授礼法延祚"，定都兴庆府（后改中兴府，今宁夏银川），史称西夏。西夏共历十帝，存续一百九十年，1227 年被蒙古所灭。西夏与辽、北宋、金、南宋先后对峙，全盛时，疆域包括今宁夏、甘肃、新疆、青海、内蒙古、陕西大部或一部，辖地二十七州。

一、立法概况

党项部族初无成文法律，"俗尚武力，无法令，各为生业，有战阵则相屯聚，

---

① ［德］傅海波、［英］崔瑞德编：《剑桥中国辽西夏金元史（907—1368 年）》，史卫民等译，中国社会科学出版社 1998 年版，第 334 页。

② 《金史·刑法志》。

无徭赋，不相往来"①。立国前，开始仿效唐宋法律制定成文法，"明号令，以兵法勒诸部"②。崇宗贞观年间（1101—1113 年）制定了综合性法典——《律令》。仁宗天盛年间（1149—1169 年），在贞观律令基础上制定并颁布了《天盛改旧新定律令》，系目前可知的第一部用少数民族文字印行的法典。

《天盛改旧新定律令》共二十卷，一百五十门，一千四百六十一条，仅律令条文就达二十余万言，详细程度为现存中古法令之最，为研究了解西夏法律制度提供了最为翔实的资料。编纂体例上，该法典借鉴唐宋律典的体例，如仿效《宋刑统》，卷下分门，门下列条文，做到了条文多而不乱；内容方面，沿袭了唐宋法典中的"十恶""八议""官当"等基本制度，同时又保留了一些本民族的习惯，形成了自己的特色。神宗光定年间（1211—1223 年），又制定了《亥年新法》（又称《光定猪年新法》）等。

二、法律制度

（一）刑事法律

1. 量刑原则

西夏法律重视身份。因而，对于贵族官员、僧人和亲属之间犯罪，在量刑上均有特殊规定。在对贵族官员的特权保护方面，西夏沿袭了唐宋律中的"八议""官当"等制度，但具体规定又略有区别。如"八议"名目，西夏为：议亲、议故人、议智人、议善能、议有功、议尊上、议勇勤、议宾客；此外，僧人、道士犯罪，除有特别规定外，亦可减轻刑罚。不仅如此，西夏还专门创制了"亲节门"，将服制写入法典，处理亲属之间的相互侵犯行为。

2. 罪名

"十恶"是西夏法典中最为看重的罪名。"十恶"包括谋逆、失孝德礼、背叛、恶毒、为不道、大不恭、不孝顺、不睦、失义、内乱。犯"十恶"之罪者，不仅量刑极重，还不得享受"官当"等特权。此外，西夏法律中有关盗杀牲畜的犯罪亦较有特色。党项原本为游牧民族，牲畜对其具有极为特殊的意义。法律为此规定，凡盗杀他人牲畜，以及未经官府同意，擅自屠杀自己所有的牛、骆驼、马等牲畜，甚至明知他人盗杀而食肉者，均构成犯罪，且量刑较重。

3. 刑名

金国的刑罚体系由杖刑、徒刑和死刑构成。其中徒刑又可以细分为短期徒刑、长期徒刑和无期徒刑。其中，短期徒刑的刑期为三个月、六个月、一年、二年、

---

① 《隋书·党项传》。

② 《宋史·夏国传》。

三年、四年、五年等；长期徒刑的刑期为八年、十年、十二年等；无期徒刑指服满十三年刑期后留住服役地，就最终结果而言类似于唐宋法律中的流刑。附加刑则有罚（罚马、钱、铁等）、没入、革职、黥、戴铁枷等。

（二）财产法律制度

作为中原地区与西域诸民族之间商品流通的中介，西夏统治者注重财产法律制度的构建，强调买卖双方须以自愿为原则。如关于土地买卖，《天盛改旧新定律令》"租地门"规定："诸人卖自属私地时，当卖情愿处，不许地边相接者谓'我边接'而强买之，不令卖情愿处及行贿等。违律时庶人十三杖，有官罚马一，所取贿亦当还之。"① 其他财产的买卖也必须建立在双方自愿的基础之上，并明令禁止官府利用权势强买强卖："诸司有应派人买种种官之物、杂财产、树草炭等，及临时买畜、物等，诸家主双方情愿，可买卖，不许强以逼迫买取。若违律强以逼迫买取时……一律以强买取物之价与所予之价相较……少则徒一年。"② 这些规定对于维护西部地区社会的稳定起了一定的作用。

此外，西夏还仿行汉制，开科举取士制度。

三、司法制度

（一）司法机关

立国前，党项族无固定的司法机关，族内每有狱案发生则选择"舌辩气直之人为和断官，听其曲直"③。立国后仿效宋制，在中央设有陈告司、审刑司、用刑务等专门司法机关，其中审刑司相当于宋朝的大理寺，主管审判，地位最为重要。另设有中兴府、御史台负责受理京师的诉讼。发生在地方的诉讼则由州县长官兼理。

（二）诉讼制度

西夏诉讼审判程序简单，注重效率，对案件审限要求极为严格：死刑和无期徒刑案件审限不得超过四十天，有期徒刑案件不得超过二十天，其他案件不得超过十天，否则，承审人员须承担刑事责任。此外，西夏的诉讼审判制度中还保留有"和断"（和解）、人命案"赔命价"、审判中以"誓言"作为证据等党项族的习惯法。

四、主要特点

西夏法制汉化程度较高，但仍不失特色：第一，党项人笃信佛教，因而西夏

---

① 《天盛改旧新定律令》"租地门"。
② 《天盛改旧新定律令》"急用不买门"。
③ 《辽史·外纪西夏》。

法制中兼有佛教元素，如明确规定僧人犯罪可以减轻处罚等。第二，军事法律发达。例如，崇宗贞观年间（1101—1113 年），专门制定军法——《贞观玉镜统》。此外，《天盛改旧新定律令》中直接与军事有关的内容也有三卷二百条之多，包括武器设备、发兵遣将、军人编伍等，形成了一个相对独立的系统。第三，党项族对汉人法制的广泛吸收，推动了中原儒家文化在西部地区的传播，有利于多民族法律文化的相互借鉴和融合，为元朝时中国大一统局面的形成创造了条件。

第四节　元朝法律制度

元朝是中国历史上第一个由少数民族建立的统一的多民族政权。蒙古族是活跃于亚洲中北部蒙古高原的古老民族。1206 年，铁木真（即"成吉思汗"）结束了族内的长期纷争，建立起统一的蒙古汗国，并开始了长达半个世纪的对外征战。1218 年灭西辽，1227 年灭西夏，1234 年灭金，与南宋对峙。1260 年世祖忽必烈继位，建都燕京，后改名大都（今北京）。1271 年改国号为"大元"，1279 年灭南宋。1368 年，明军攻克大都，元亡。在中国历史上，元朝版图最大，为一横跨亚欧大陆的帝国。

一、立法概况

（一）立法原则

蒙古人是依靠铁骑征服世界的，但伴随着统治版图的扩大和拥有财富的增加，特别是在与汉人的交往中，从成吉思汗到忽必烈等统治者逐渐接受了"有法度则治……无法度则乱"①"纪纲正于上，法度行于下，是故天下不劳而治也"② 的治世之道，注意起立法建制。综观元朝的立法实践，其所强调的原则主要有二：

1. 祖述变通

"祖述变通"③ 一语出自世祖忽必烈。"祖述"就是保留蒙古族传统习惯，并尽量将蒙古族传统习惯上升为律令条格；而"变通"即参用宋、辽、金的法律制度，特别是以参用汉人法制为主。世祖时期，大臣许衡曾建言："自古立国，皆有规模。循而行之，则治功可期。……考之前代，北方之有中夏者，必行汉法乃可长久。故后魏、辽、金历年最多。他不能者，皆乱亡相继。史册具载，昭然可考。

---

① 《元史·李治传》。
② 《元史·刘秉忠传》。
③ 《元典章》卷一《诏令·登宝位诏》。

……以是论之，国家之当行汉法无疑也。"① 此后，"参唐宋之汉法，成一代之制"便成为元朝立法者的基本共识。

2. 分而治之

"分而治之"是辽、金和西夏等少数民族政权的一贯原则，元朝亦不例外。元朝初年大臣胡祇遹就明确主张："治汉人必以汉法，治北人必以北法，择其可使而两用之、参用之亦可也，未有无法而能立事者也。"② 在中国历史上，民族之间的文明、文化、习俗乃至政治和经济发展程度差异较大，因而在特定的时间，采用分而治之的政策有其一定道理，但如果过分强调差异，并最终导致南北异制、人分四等、同罪异罚等法制上的不平等，其政策的合理性就值得商榷了。

（二）立法活动

1.《大札撒》

"札撒"是蒙古语"大法令"之意，是蒙古族首领对众发布的命令。蒙古汗国建立之初，尚无成文法，只有习惯法，称为"约孙"。成吉思汗在位期间，一方面注重沿用历代相传的"约孙"治理蒙古各部，同时也不断提升札撒的地位，强化个人意志。1225 年制定《大扎撒》，用以统一蒙古汗国的法律，史称《札撒大全》。《大札撒》现已散佚，据学者考证，《大札撒》实际上是对蒙古族习惯法的汇编，内容庞杂，系统性较差，刑罚严酷。

2.《至元新格》

世祖忽必烈即位初，先是命北方汉人生活区域一律适用金国《泰和律义》，至元二十八年（1291 年）再令中书右丞相何荣祖编撰《至元新格》。新格分公规、选格、治民、理财、赋役、课程、仓库、造作、御盗、察狱等十事五百条，编成后颁行，同时宣布"禁行泰和金律"。《至元新格》是元朝制定的第一部成文法律，就内容而言，《至元新格》属行政规范汇编，类似于唐宋时期的"令"。

3.《大元通制》

《大元通制》为元朝立法上最具代表性的成果。成宗、仁宗在位期间一直尝试仿效汉人制定一部成文律典，却未能成功。英宗改变思路，至治三年（1323 年）下令依据蒙古族习惯，对各种现行法条案例系统整理汇编并颁行，名为《大元通制》。《大元通制》共二千五百三十九条，包括诏制九十四条，条格一千一百五十一条，断例七百一十七条，别类五百七十七条。其中，"诏制"为皇帝非常断罪敕

拓展阅读

《大元通制》

---

① 《鲁斋遗书》卷七《立国规模》。
② 《紫山大全集·政事》。

条，"条格"相当于唐宋时期的令、格、式，按照唐宋令典的体例编辑；"断例"相当于唐宋之"律"，按照唐律的体例进行编辑，分为名例、卫禁、职制、祭令、学规、军律、户婚、食货、大恶、奸非、盗贼、诈伪、诉讼、斗殴、杀伤、禁令、杂犯、捕亡、恤刑、平反二十编；"令类"或称"别类"，非主体内容，后改订《至正条格》时已不再提及。其中唯有《通制条格》保留至今。

4. 《元典章》

《元典章》全称为《大元圣政国朝典章》，系元朝中期以前法令文书的分类汇编。英宗时期，江西地方官府将世祖至英宗至治二年（1322 年）颁行之条画、诏令、条格、断例进行汇编刻印，后由中书省批准在全国颁行，名为《大元圣政国朝典章》（简称《元典章》）。《元典章》虽非中央政府制定的法典，却较为系统地保存了元朝法律的内容，为后人研究元朝法制提供了珍贵的资料。《元典章》由《前集》和《新集》组成。其中，《前集》共六十卷，三百七十三目，列诏令、圣政、朝纲、台纲、吏部、户部、礼部、兵部、刑部、工部十类；《新集》不分卷，列国典、朝纲、吏、户、礼、兵、刑、工八大项。这种按中央六部分篇的编纂体例，为明清律体例奠定了基础。

此外，顺帝至正年间曾对《大元通制》进行修补，编成《至正条格》颁行，为元朝最后一部法典。元朝尽管立法频繁，但并未坚守唐宋以来的律典体例。

二、法律制度

（一）行政法律

蒙古汗国实行军政合一体制，世祖建元后仿行汉制设官分职。

1. 中央机关

（1）中书省。元朝立国后，一改唐宋中央三省制的体制，只设中书省总揽全国政务。中书省以中书令为最高长官，但自世祖起"惟皇太子立，必兼中书令"①。中书省下设吏、户、礼、兵、刑、工六部为执行机关。

（2）枢密院。枢密院为中央最高军事机关。按惯例由皇太子兼领枢密使，地位略低于中书省。

（3）御史台。御史台为中央最高监察机关。元朝在中央设有御史台，地方设立了两个行御史台（即南台、西台），作为御史台的派出机关。其中，南台负责监察东南诸道，西台负责监察陕西诸道。在中央御史台和行台之间分设二十二个监察区，称为"道"，每道设肃政廉访司。御史台、行御史台和二十二道相互衔接，构成了严密的监察网络。

---

① 《陶南村辍耕录》卷二十二《皇太子署牒》。

（4）宣政院。宣政院为中央主管民族宗教事务的机构，以国师为总管。

2. 地方

元朝地方分行省、路、府（州）、县四级。其中，行省，即行中书省，元朝时大都、河北、山东、陕西等地区直属中书省管辖，吐蕃地区直属宣政院管辖，其余地区分为十一行省，为地方最高行政区划。行省设丞相或平章政事为长官。路设总管府，以总管为长官，元时共有一百八十五路。府（州）设知府或知州为长官。县设知县为长官。此外，还有设于边疆少数民族聚集地区的宣慰司和宣抚司，前者相当于路，后者相当于府。路、府、州、县均设蒙古主事官达鲁忽赤一人，掌控实权。

（二）刑事法律

元朝刑事法律内容较多，但尚未形成逻辑严谨的刑事规范体系。

1. 量刑原则

在量刑方面，元朝与前朝相比：第一，强调轻刑。《元史·刑法志》载，元朝"君臣之间，唯知轻典之为尚"。如对于谋反罪之连坐，元朝规定"诸父谋反，子异籍不坐"①，量刑较之唐律不但要轻，且更为合理。第二，同罪异罚。同罪异罚主要体现在不同民族和亲属之间。前者如元朝法律规定，蒙古人殴打汉人致死，只需断罚出征，全征烧埋银进行赔偿，而汉人打死蒙古人不但要被处以死刑，且征收烧埋银进行赔偿等；后者如元朝首次将"五服"图列于法典，便于司法实践中区分亲属相犯量刑之差异。第三，减少贵族官员刑事特权。元朝沿袭了唐宋"十恶""八议"等制度，但取消了"上请""官当"等保护贵族官员的特权制度。

2. 罪名

元朝法律对"十恶"，以及侵犯人身、财产等犯罪一律严惩，其中关于禁止妄杀和"强奸幼女罪"的规定值得关注。蒙古汗国建立之初，不断对外征战，为拓疆扩土，成吉思汗曾纵容军队在战争中大肆杀戮，肆意报复，"镇压叛乱者，战胜敌人，将他们连根铲除，夺取他们所有的一切"②，导致蒙古铁骑所过之处生灵涂炭。后逐渐认识到妄杀的危害，为此制定《条画五章》，其中一章即规定"出军不得妄杀"。后继的蒙哥汗和忽必烈也多次作类似的规定，并仿效汉制不断完善杀人罪之立法。此外，元朝法律规定"诸强奸人幼女者，处死；虽和同强，女不坐"③。前朝律法中对强奸幼女之行为并未作专门规定，元朝不仅规定强奸幼女为犯罪，且量刑比强奸一般妇女为重，幼女的年龄以十岁为限，对幼女进行特殊保护，这

① 《元史·刑法志》。
② ［波斯］拉施特主编：《史集》（第 1 卷第 2 分册），余大钧、周建奇译，商务印书馆 1983 年版，第 362 页。
③ 《元史·刑法志》。

一规定显然更为合理。

3. 刑名

元朝法定的刑罚种类为笞、杖、徒、流、死。与其他朝代相比，较为特殊的地方是对笞杖刑等的规定。据说元世祖为施"仁政"而修改历代体制，笞、杖刑不以十为等差，而以七为等，从七至一百零七①；徒刑分为一年至三年五等，但均附加杖刑；盗窃犯罪则要附加刺字。

（三）民事法律

1. 不动产买卖

蒙古人以武力获取了大量的财物，拥有财富之后如何依法保护财富则成了一个十分棘手的问题。为此，元朝不断构建财产法，其中仿效汉制规定的有关不动产买卖的法律较有特色。依元制，不动产买卖必须经过"经官给据""先问亲邻""签押文契""印契税契""过割赋税"等数道手续方能生效。其中，"经官给据"即在买卖之前要先向官府申报发给凭据，获得官府书面许可；"先问亲邻"即亲邻对于不动产买卖具有优先购买权："诸典卖田宅及已典就卖，先须立限，取问有服房亲（先亲后疏），次及邻人，次见（现）典主。若不愿者，限三日批退；愿者，限五日批价。若酬价不平，并违限者，任便交易"②；"签押文契"即买卖双方、中介人等在契约上共同签字画押；"印契税契"即到官府备案盖印并纳税；"过割赋税"即转移附在不动产之上的赋税义务，保证国家赋税不因产权转移而受到损害。

2. 损害赔偿

元朝法律规定造成他人人身伤害的，加害人除承担刑事责任外，还须承担民事赔偿责任。赔偿的范围包括"养济之资""养赡之资""医药之资"。此外，杀人者还须征收"烧埋银"，即丧葬费。这一制度对明清法律产生了重要影响。

3. 婚姻家庭制度

元朝婚姻家庭法律制度中较有特色的内容包括：第一，更注重婚书，将婚书视为婚姻离合的法定要件。"今后但为婚姻，须立婚书，明白该写元议聘财。若招召女婿，指定养老或出舍年限，其主婚、保亲、媒妁人等画字，依理成亲，庶免争讼。"③ 结婚如此，离婚亦不例外。元朝法律允许和离，但"若以夫出妻妾者，

---

① "世祖时定天下之刑，笞杖徒流绞五等，笞杖罪既定，曰：'天饶他一下，地饶他一下，我饶他一下'，自是合笞五十，只笞四十七，合杖一百十，止杖一百七。"（明）叶士奇：《草木子》卷三下《杂制》引。

② 《元典章》十九《户部》五《典卖》。

③ 《通制条格》卷三《户令·婚姻礼制》。

分明写立休书，赴官告押执照，即听归宗，依礼改嫁"①。第二，允许收继婚。蒙古族盛行收继婚，即父兄死后子弟可收娶其无子的寡妻妾。建国后仍然保留此习俗，但对汉人则禁之。第三，民间流行男子入赘。儒家文化轻视男子入赘，入赘者法律地位低下。但元朝法律对招婿的限制有所放松，民间男子入赘者较多。此外，有关入赘和解除入赘关系的规定也更加细化："一曰养老，谓终于妻家聚活者；二曰年限，谓与夫人归宗者；三曰出舍，谓与妻家析居者；四曰归宗，谓年限已满，或妻亡、并离异，归宗者。"②

继承方面的特殊之处有：第一，寡妇的继承权。无子的寡妇，有权继承亡夫的全部遗产，亡夫家族兄弟不得分割。但如果寡妇改嫁，则丧失包括嫁妆在内的所有财产："随嫁奁田等物，今后应嫁妇人，不问生前离异，夫死寡居，但欲再适他人，其原随嫁妆奁财产等物，一听前夫之家为主，并不许似前搬取随身。"③ 第二，"户绝"情况下女儿可以全额继承遗产。元朝法律规定："若有身丧户绝别无应继之人（谓子侄弟兄之类），其田宅浮财人口头匹尽数拘收入官"，"如有抛下男女……年十五尽数还给"。④

三、司法制度

（一）司法机关

元朝司法权分得较散，中央拥有司法权的机关包括：

1. 大宗正府

大宗正府由蒙古汗国时执掌审判的札鲁忽赤（断事官）发展而来，系札鲁忽赤的官署。其职权屡经变化，初负责审理蒙古、色目上层人案件及汉人奸盗诈伪诱掠等重案，后一度只负责两京（大都、上都）蒙古人、色目人及汉人相犯之案件，最后汉人案件的管辖权又被划归刑部。

2. 刑部

刑部为中央审判和司法行政机关。元朝未设大理寺，故将唐宋时期的大理寺、刑部职能集于刑部一身："掌天下刑名法律之政令。凡大辟之按覆、系囚之详谳、孥收产没之籍、捕获功赏之式，冤讼疑罪之辨，狱具之制度、律令之拟议，悉以任之。"⑤

3. 特殊司法机关

元朝时期中央机关中的御史台、枢密院和宣政院亦享有一定的司法权。御史

---

① 《元典章》卷一八《户部》四。

② 《吏学指南·婚姻》。

③ 《元典章》卷一八《户部》四。

④ 《通制条格》卷三《户令·户绝财产》。

⑤ 《元史·百官志》。

台除考察纠劾百官外，亦可以监察司法活动、参与司法审判。此外，元朝在全国设置的二十二道提刑按察司或肃政廉访司，也可以巡察复核各路已结案件，特别是复审死刑案件，还有权审判六品以下官吏轻罪案件。宣政院则负责审判涉及僧侣的案件。地方上涉及僧侣的一般案件由宣政院的派出机关审理，只有奸盗、诈伪、杀伤人命重案方归地方官审理，但不受御史台监督。枢密院亦兼有司法权。《元史·百官志》载："枢密院断事官，秩正三品，掌处决军府之狱讼。"作为监察机关，御史台享有一定的审判权尚可理解，因而枢密院和宣政院可以视为元朝特殊的司法机关。

元朝地方设行省、路、府（州）、县等行政区划，其长官兼理审判。

（二）诉讼审判制度

诉讼审判制度中以下几点较有特色：

第一，审判权限的划分更加清晰。普通民刑案件，判决结果杖五十七以下者，由县决断；杖八十七以下者，由府（州）断决；杖一百零七以下者，由总管府决断；流、死刑案件，上报中央刑部。

第二，僧侣干涉司法审判活动。蒙古人信奉喇嘛教，宗教教职人员享有许多特权，在国家政治生活中地位突出，导致一些僧侣，特别是所谓国师干涉司法审判事件时有发生。"帝师之命，与诏敕并行于西土，百年之间，朝廷所以敬礼而尊信之者，无所不用其至。……其弟子之号司空、司徒、国公，佩金玉印章者，前后相望。为其徒者，怙势恣睢，日新月盛，气焰熏灼，延于四方，为害不可胜言。"上都开元寺西僧为被告时，竟然在留守府公堂捉打正在问案的长官李璧。①

第三，允许代诉。元朝法律规定年老、笃疾之民和闲居官员遇有民事纠纷可以由其男性近亲属代诉。

四、主要特点

（一）因俗而治

元朝幅员辽阔，治下民族众多，多教并存，追求法制统一的难度极大，因俗而治不失为一种选择。对于蒙古族，元朝统治者特别注意保留本民族的习惯法，如婚姻制度方面不禁"有妻更娶"、保留收继婚等蒙古习惯；刑罚制度方面保留蒙古族"盗一赔九"、以缴纳牲口而非货币为罚、笞杖刑等以七计数、伤害致死人命征收烧埋银等习惯法。对于新征服的地区，沿用其本民族习惯或原有政权法制进行管理。对于原辽、夏、金地区，"参辽金之遗制"②，断理狱讼，循用金律。对于

---

① 《元史·释老传》。
② （元）郝经：《陵川集》卷三二《立议政》。

其他民族地区，则"教诸色人户各依本俗行者"①。具体而言，对于西藏（吐蕃）地区，依佛教和藏区风俗习惯来治理；对西南少数民族地区，借助原有的土官系统依各族原有体制和习惯治理；对于色目人特别是回族人聚居地，则设"回回哈的司"衙门，由伊斯兰教法官——"哈的大师"依据伊斯兰教义和习惯解决纠纷。为了保证"因俗而治"能够真正落实，元朝一直坚持蒙古传统的"约会"制度，即在涉及不同民族、宗教、户籍或军民之间的诉讼案件时，一般由本管长官与僧道管官、哈的大师、奥鲁军官、土官族酋、匠医乐灶户头目、投下户领主等"约会"联合审理。

就整体而言，上述新征服地区的法制文明程度大都低于汉人。因俗而治的结果固然有利于多民族的共存，但也不可避免地会使一些落后的部落习俗在华夏大地得以恢复。肉刑的恢复就是如此。汉文帝以后，作为一种刑种，肉刑即被废除，但由于许多少数民族都有肉刑的习惯，因而元朝时期肉刑又重新被恢复适用。如后至元二年（1336 年）诏："盗羊豕者墨项，再犯黥，三犯劓；劓后再犯者死。"②

（二）法制汉化

为了统治和管理广大的汉人地区，元朝的法制不断汉化。突出表现在：有元一代尽管未能仿效唐宋政权制定一部统一的律典，立法活动却从未停止。不仅如此，元朝所制定的数部法典，特别是中期以后制定的法典，在体例上越来越多地借鉴了唐宋的法律体系。统计表明，《大元通制》"断例"部分二十篇，篇名与唐宋律相同或相近者有十三篇；《至正条格》二十七篇，篇名与唐令相同或近似者有二十篇。形式之外，精神层面亦逐渐接受了儒家所倡导的纲常礼教，如继受了"十恶""八议""准五服以制罪""矜老恤幼""存留养亲""丁忧""禁别籍异财""七出三不去"等中国传统律典的基本制度；沿袭唐宋律中的五刑、自首原罪、累犯加重、区分首从、数罪并罚等刑法原则，这一切足以反映元朝法制的汉化程度。为此，元人陈元靓说："大元更制立法，多循唐旧。"③

（三）强化民族之间的差异

作为少数民族，元朝统治者公开强调民族之间的差异，把治下的民众按照族群和被征服的时间先后分为蒙古人、色目人（西域各族，包括西夏、回回、西域人）、汉人（原辽金地区各族，包括汉人、契丹、女真人，以及较早征服的四川、云南、高丽人）、南人（原南宋治下汉人）四等。

1. 蒙古族享有的特权

（1）任官方面。元朝时期重要的官职都只能由蒙古人担任。按照元制，中书

---

① 《元典章新集·刑部·诉讼》"回回诸色户结绝不得的有司归断"条。
② 《元史》卷三九《顺帝本纪》二。
③ （宋）陈元靓等：《事林广记》别集卷一《官制类·官制源流》。

省的丞相"必用蒙古勋臣"①；御史大夫为御史台的最高长官，"非国姓（蒙古人）不以授"②；枢密院的正官也只能由蒙古将军担任。汉人即便任职枢密院也不得参与军机要务；各级长官达鲁忽赤必须"选用'正蒙古'人员充任"③。不仅如此，连科举考试，各民族录取的比例都不同。按元制，科举考试每届各省共考选举人三百人赴京会试，蒙古人、色目人、汉人和南人四族各七十五个名额；会试定额取进士一百名，四族各二十五个名额，然而汉人、南人考生数则是蒙古人、色目人的百倍以上，也就是说汉人和南人的入仕机会仅为蒙古、色目族的百分之一。更有甚者，考题试卷也分为难易两套，蒙古人、色目人的试题较易，汉人、南人的试题则较难。

（2）诉讼程序方面。元朝法律规定，蒙古人除犯真奸盗外，有司一概不得拘捕。犯死罪者，"有司毋得拷掠，仍日给饮食"；"蒙古人殴打汉人，不得还报。指立证见，于所在官司陈诉。如有违犯之人，严行断罪"④；"蒙古人居官犯法，论罪既定，必择蒙古官断之，行杖亦如之。诸四怯薛（怯薛，蒙古语，意为轮流值守。怯薛军指禁卫军）及诸王、驸马、蒙古、色目之人犯奸盗诈伪，从大宗正府治之"⑤。即蒙古人犯罪，由专门的司法机关审理。

（3）量刑方面。元律规定，蒙古人殴打汉人，汉人不得还报，否则即为犯罪。元世祖至元九年（1272年）五月再下诏，禁止汉人聚众与蒙古人斗殴⑥，即不允许汉人有任何反抗行为。⑦ 关于盗罪，汉人、南人"窃盗初犯刺左臂，谓已得财者。再犯刺右臂，三犯刺项。强盗初犯刺项"，但蒙古人"不在刺字之条"。不仅如此，擅自给蒙古犯人刺字者要杖七十七并除名，并须移除刺字；"诸色目人犯盗，免刺科断，发本管官司设法拘检"。关于杀人，汉人殴死蒙古人，正犯处死，并断付家产，余人并征烧埋银，而"蒙古人因争及乘醉殴死汉人者"，仅"断罚出征，并全征烧埋银"。⑧ 类似的规定或做法还有一些。

2. 严厉防范汉人。面对着文明程度远高于自己的汉人，蒙古人选择了高压政策。为此，不惜采取一切办法。

（1）禁止汉人拥有一切武器。元律规定："诸汉人执兵器者，禁之。……诸汉人有藏铁尺铁骨朵及铁柱杖者，禁之。诸私藏甲全副者，处死。不成副者，杖七

---

① 《元史·仁宗本纪三》。
② 《元史·太平传》。
③ 《元典章》卷八《吏部二·选格》。
④ 《大元通制条格》卷二八《杂令·蒙古人殴汉人》。
⑤ 《元史·刑法志一》。
⑥ 《元史·世祖纪四》；《大元通制条格》卷二七《汉人殴蒙古人》。
⑦ 《元史·刑法志·职制下》。
⑧ 《元史·刑法志四》。

十七，徒三年；四件以上，杖七十七，徒二年；不堪使用者，杖五十七。弓箭私有十副者，处死；五副以上，杖九十七，徒三年；四副以下，杖九十七，徒二年；不成副者，笞五十七。"① 不仅兵器，连弹弓都在禁止之列："诸都邑小民，造弹弓及执者，杖七十七，没家财之半"，"大都旧城里有的百姓每（们），不拣是谁，休造弹弓者，也休拿弹弓者"。② 甚至规定，禁止汉人看管兵器："汉儿蛮子官人每根底"不得看守提调军器库。

（2）禁止民众练功习武。"如有习学相扑，或弄枪棒，许诸人首告是实，教师及习学人并决七十七下，拜师钱物给告人充赏"③，"凡习用角抵之戏，学攻刺之术者，师、弟子并杖七十七"④。甚至民间"祈神赛社，扶鸾祷圣，夜聚晓散"等民俗宗教活动"也合禁约"。⑤

（3）在江南地区实行宵禁。至元十二年（1275 年）蒙古族攻占建康以后，"其夜禁之法，一更三点钟声绝，禁人行；五更三点钟声动，听人行。违者笞二十七下"。夜间不准点燃灯火，不准百姓闭门。直到元世祖至元二十九年（1292 年）方"开禁灯火"⑥。江南夜禁长达十八年。

思考题：

1. 试析少数民族入主中原后政权快速步入成文法时代的根本原因。
2. 试析少数民族政权法制对中国传统法制的影响。
3. 试将辽夏金元与清朝合并考察总结少数民族政权法制的主要共性。
4. 试述元朝法制中体现的游牧民族文化特征。

▶ 自测习题及参考答案

---

① 《元史·刑法志四》。
② 《元典章》卷三五《兵部》二。
③ 《元典章》卷五七《禁治习学枪棒》。
④ 《元史·刑法志四》。
⑤ 《大元通制条格》卷二八《杂令·祈赛等事》。
⑥ 《元典章》卷五七《刑部》十九《诸禁·禁夜》。

第十一章 明朝法制

　　明太祖朱元璋本淮右布衣，在元末动乱中脱颖而出，建立明王朝。在中国史上，新王朝建立者对前朝的借鉴或反思，直接影响新王朝的思想意识和制度建设。如汉鉴于秦法之严苛，改为宽大和缓的无为而治及随后的外儒内法；宋鉴于唐末藩镇割据之祸，严格实行中央集权等。明初统治者认为，元朝之所以败亡，在法制上，主要是失之于宽，且没有系统化的法典，不能很好地约束各级官吏，客观上放纵官吏欺压百姓，以致民不堪命，揭竿而起。有鉴于此，他们在开国前后，即成功采纳之前历朝在法制建设上的经验，开始进行大规模的法制建设，以偃武修文，实现王朝的长治久安。朱明王朝自太祖朱元璋起，历经十五帝，到明思宗朱由检亡国，前后将近三百年，基本实现了长治久安之目的，其法制有诸多值得借鉴检讨之处。

第一节　立法活动

一、立法原则
　　明代立法大致遵循下述三个原则：
　　（一）"刑乱国用重典"与"刑罚世轻世重"相结合
　　元朝推行严格的种族制度，各族之间一切地位不平等，原南宋统治区的汉人地位最低。明朝开国集团多属于此最低等级，对元朝政治之弊端，体会尤深。它在法制领域集中体现在朝廷没有系统化的法典来规范、约束各级官吏，对官吏姑息、放纵导致贪污腐败成为各级官员的常态，民不堪命，揭竿而起，直接导致元朝倾覆。前事不忘，后事之师，他们认识到新王朝必须运用"刑乱国用重典"的儒家理论，以严刑重法来重振纲纪。
　　朱元璋既通过严刑治吏整肃了各级官吏，让他们战战兢兢地为官；又废除了对皇权威胁很大的宰相制度，"刑乱国用重典"之目的已然达到；且经过其"刑乱国用重典"之后，民生凋敝，需改弦更张。故他对太孙朱允炆讲：我治理的是乱世，刑罚不得不重；你将来治理的是平世，当然应该以《大明律》为指针，减轻刑罚，这就是古人所告诫的"刑罚世轻世重"了。皇帝根据社会情势进行判断，当前是乱世还是平世，采取相应或严或宽的刑事政策，是明王朝法制建设的最重要原则。
　　（二）强调"明刑弼教"
　　朱元璋认为，要恢复与强化中华传统的治国之道。具体到政法领域，就要强调"明刑弼教"。该词来源于《尚书·大禹谟》"明于五刑,以弼五教"一语,从字面上看,与"德主刑辅"没什么实质差别;但"德主刑辅"强调"德主",一般与轻刑相关;"明刑弼教"重点在"明刑",为重典治世提供依据。朱元璋将"明刑弼教"具体阐释为"明礼以导民,定律以绳顽",一则从正面申明礼教;同时运用刑罚严惩冥顽不灵之徒,从反面来推进教化。以"明刑"达到"弼教"之目的,是明代诸帝立法的重要原则。

（三）立法注重简、朴

"简"指条文简便、重点突出,即以律为中心;"朴"指法律条文通俗易懂,尽量避免使用普通人不易明白的专业法律术语。明太祖在颁布《大明令》时讲:"古者律令至简,后世渐以繁多,甚有不通其义者,何以使人知法意而不犯哉?人既难知,是启吏之奸而陷于法。朕甚悯之。今所定律令,芟繁就简,使之归一,直言其事,庶几人人易知而难犯。"①

明代中晚期编辑《问刑条例》,宗旨之一是要法司所适用的条例"经久可行,明白易晓"②。尽量让法律简明易懂,是明代立法创制的又一重要原则。

二、法律形式

明代很重视立法事业,其法律形式大致包括下述六类:《大明律》《大诰》《大明令》《问刑条例》《大明会典》和榜文。

（一）《大明律》

1367年,朱元璋称吴王,即下令定律。及至明朝建立,左丞相李善长认为:历代律典皆以《九章律》为宗,唐律则集其大成,明代制定法典应遵循唐律。③ 在法律上恢复汉家故物,朱元璋自然感兴趣。他让人将唐律写成大字条幅挂在宫里,召集儒臣和刑部官员讲解唐律,一起讨论如何参照唐律为本朝定律。经几年准备,1374年正式颁布了以唐律为蓝本的《大明律》。之后又进行几次修订,到1397年,朱元璋认为其"刑乱国用重典"可告一段落,遂正式颁行《大明律》。今天所见《大明律》即是该版本。朱元璋在颁布《大明律》时,曾对继位为君的后代子孙下令,必须严格遵守该律典,若有大臣建议修改,即按"变乱祖制"罪处罚。

拓展阅读

《大明律》

和之前的历代律典比较,《大明律》有下述特点:

---

① 《皇明诏令》卷一《颁行律令敕》,载刘海年、杨一凡总主编:《中国珍稀法律典籍集成》乙编第三册,科学出版社1994年版,第11页。

② 黄彰健:《明代律例汇编》,"中央研究院"史语所专刊1979年版,第15页。

③ 徐世昌:《唐明律合编序》,载薛允升:《唐明律合编》,清刊本。

在编排体例上，它适应了明代废除宰相制度后，将中央政务分属六部的政治体制，吸收了《唐六典》《元典章》以职官分类编制法典的长处，改变了自《法经》起一直相沿的结构体系，创立了以六部分类的新体例。《大明律》共七篇，"名例"以下，分别为吏律、户律、礼律、兵律、刑律和工律六篇。律后还附有包括"五刑之图""狱具之图""丧服总图"等一系列跟适用法律紧密相关的图表。

《大明律》在定罪量刑上侧重尊君：与尊君相悖者，重其所重；与尊君无关者，轻其所轻。"重其所重"指的是唐律对该罪的处罚已够重，明律更重上加重。"轻其所轻"指的是一些无关于君权的犯罪，唐律处罚本来就轻，明律则轻上更轻。

《大明律》是唐律和清律外又一部具有代表性的中华传世法典，在编排体例、定罪量刑上有其特点，且文字浅显、通俗易懂，实用性较强。关于《大明律》之得失，清代律学家薛允升认为评价律好坏之标准，是遵守君臣、父子、夫妇之经，而使事事物物各得其宜。理想的法典是既要尊君，又知礼臣，明律是只知尊君，而不知礼臣，失之于偏：不应宽者故意从宽，不应严者恣意从严。[①]

（二）《大诰》

《大诰》是由朱元璋编订并适用的特别法。"大诰"一词源于《尚书·大诰》，是周公东征平定管叔、蔡叔叛乱所发布的布告，重点是阐释此次武力镇压的必要性。朱元璋借用《大诰》作为特别法名称，表明这种办法于古有据，且以重典治乱世完全必要。《大诰》共二百三十六条，包括《御制大诰》《御制大诰续编》《御制大诰三编》和《大诰武臣》四部分，每条多由案例、法令和朱元璋的训诫所组成。

拓展阅读

《明大诰》

《大诰》以残酷著称，内容涉及社会生活各方面，具有下述特点：

第一，《大诰》是重典治吏而非直接治民。据研究，《大诰》二百三十六条，有一百五十五条左右直接针对官吏，二十六条惩治官民共同犯罪。故《大诰》的适用对象，最主要的是各级官吏，其次是豪强富户和无业游民。

第二，《大诰》是律外用刑，用的还是严刑。据朱元璋阐述，其理由有三：在"乱世"和"民不从教"的情况下不得已而为之；施加酷刑于罪犯是神的意志，因其犯罪行为乃"神人共怒"，天理不容；让臣民引以为戒、保全臣民而不得不为之。

这种律外严刑主要表现在：《大诰》规定了族诛、凌迟等很多酷刑，更有些前

----

① 薛允升：《唐明律合编》，清刊本。

所未闻，如剥皮实草。它适用于贪官污吏，是把犯者的皮剥下来罩在草人上，悬挂在官员公座旁，以警惕在任官员。《大诰》更创造了一些历来法典所没有的新罪名，如"寰中士夫不为君用"罪等。以前有该罪名，《大诰》也把处罚加重。如滥设官史，律罪止杖一百徒三年，《大诰》将刑罚加重到族诛。

朱元璋把《大诰》当作对臣民进行教育的教科书，采取了很多措施，强迫全体臣民讲读和一体遵守。朝廷规定，每家每户都要有一本《大诰》。若触犯死罪之外的刑罚，罪犯家中藏有《大诰》，可减刑一等，反之则将处罚加重一等。甚至还规定，如家里不收藏《大诰》、不遵守《大诰》，要"迁居化外，永不令归"。读书人要向普通百姓宣讲《大诰》，科举考试也要从其中出题。

到洪武三十年（1397 年），朱元璋认为天下已基本太平，遂将《大诰》中的一百四十七条死罪条款编为《大明律诰》，和《大明律》一起颁行天下，废除了《大诰》中的种种酷刑和罪名。《大诰》盛行于洪武，延续于永乐，之后不再有法律效力，唯一剩下的是如其家中藏有《大诰》，只要不犯死刑，罪犯皆可获得减刑一等的优待。

（三）《大明令》

《大明令》于洪武元年（1368 年）颁行，按六部分篇，条文简略，只有一百四十五条。它是中国传统社会最后一部，也是唯一保存至今的令典，在中国法制史上占有重要地位。

按中国令典编纂传统，令典一般由积极性规范构成，很少涉及刑事处罚规范。朱元璋在颁行《大明令》的圣旨中即说："令以教之于先，律以齐之于后。"[1] 但观察《大明令》，既有刑法通则性内容，也有如何定罪量刑之规定。同以前的令典相比，内容较杂乱，是编制体例和技术的退步。一个主要原因是制定令典之时，计划编制中的律典无"名例"篇之安排，一些相关规范被放置于此。后来正式颁布《大明律》有"名例"篇，《大明令》相关条文即失效，但其他条文仍有效。

《大明令》只是一部临时性法典，乃开国之初的权宜之作，与前代令典的作用，不能等量齐观；它在明代的地位，无法与《大明律》相比。

（四）《问刑条例》

条例是单行法规，往往可简称为"例"，指的是司法机构在案例基础上抽象出来拟订的单行法条，经皇帝批准而颁布。按照朱元璋的意见，律是治国之常经，条例只是一时之权宜，不能因为一时之权宜就来改变常经，"例以辅律，非以破律也"。

---

[1] 朱元璋敕纂：《大明令》，清刻本。

《大明律》乃祖制，不能变更，到明代中期，它的许多条文已不能适应变化了的社会环境，条例作用越来越大。为了能让条例生效更长时间，各级司法机构、民众对法律有所预期，增加司法判决的确定性，明孝宗于弘治十三年（1500年）下令群臣集中讨论《问刑条例》，将经久可行的条例进行辑录整理，以"六部"分类，并规定这次制定的《问刑条例》以后不得废除，条例遂变为和律一样具有效力的"常法"。弘治《问刑条例》在嘉靖、万历年间先后有所修改，并与《大明律》一起编排刊刻，称为《大明律附例》。

（五）《大明会典》

明代还编撰了具有典章汇编性质的会典，其体例虽仿照《唐六典》《元典章》，但《会典》之名却始于明。

弘治十年（1497年），孝宗以累朝典制，散见于简册卷牍之间，官府难以查阅，民间无法知悉，故敕儒臣分馆编辑，于武宗正德六年（1511年）书成颁布，称《正德会典》，共一百八十卷。后经嘉靖、万历两次修订，共二百二十八卷。今天常见的《大明会典》是万历《重修会典》。

《重修会典》以官职制度为纲，以事物名数仪文等级为目，分述各机构的职掌和事例。首卷为宗人府，其下依吏、户、礼、兵、刑、工六部及都察院、六科与各寺、府、监、司等，其中与明代法制关系最密切的是刑部二十二卷。它所收录的律例规章，以洪武年间刊布的《诸司职掌》为主，参以《皇明祖训》《明大诰》《大明令》《大明集礼》《洪武礼制》《礼仪定式》《大明律》《教民榜文》《军法定律》和《宪纲》等十余种法律典籍，还有各主要衙门之规章以及历年相关事例等，是明代法规制度集大成之作。

（六）榜文

榜文是太祖、成祖时期一种文告形式的单行法规。它把皇帝的谕旨或经皇帝批准的官府告示、法令、案例等在榜上公示，悬挂于各衙门门前和申明亭内。

洪武五年（1372年），朱元璋下令在全国设置"申明亭"，亭里悬挂榜板，定期张贴朝廷的文告，将本地犯有罪错人员的姓名及罪错内容公布，以示惩戒。与侧重于惩恶的申明亭相对，各地还普遍设立了"旌善亭"，同样设置榜板，定期公布本地的孝子贤孙、贞女节妇的事迹，以为表彰劝善之用。

朱元璋还创造了"教民榜文"之类的普及政教法令于民间的制度，力图让民众明白那些最基本的礼义内容，让"里老人"宣讲简明扼要的"圣谕"，即"孝顺父母，尊敬长上，和睦乡里，教训子孙，各安生理，毋作非为"①，并把这些内容

---

① 《教民榜文》，载一凡藏书馆文献编委会编：《古代乡约及乡治法律文献十种》第1册，黑龙江人民出版社2005年版，第102页。

刻石立碑，以为教民之用。

朱元璋希望通过榜文宣传，教化大行，秩序安定。但它施行的成本很高，易流于形式，成祖以后的皇帝就很少采用。

第二节　行政法律制度

一、官吏管理

明朝模仿宋朝，建立了以儒生为主体的文官体系。1370 年朱元璋颁布了《开科取士诏》，希望通过科举选取名实相称的贤才，但他发现科举没能取得理想效果，于是下令暂罢科举，转而寄望于察举。不料察举弊端更多，十年后又恢复科举，坚信科举是最佳选择。

成祖时，朝廷钦定《四书大全》《五经大全》和《性理大全》为科举命题作答的依据。成化年间，为防止考官舞弊，将科举命题和答案标准化，要求考生写八股文，开始八股取士。明代多数高层官员乃科举出身，万历、崇祯两朝，都察院官员、六部尚书侍郎全为进士出身，六部官员，进士、举人出身的占百分之七十以上。他们很多出身于平民之家，保证了社会流动性，促进了社会公平。但八股文题目、内容、格式都限制太严，考生们只是按照题目的字义敷衍成文，故扼杀了作者的创意，成了文字游戏，导致思想和思维的僵化。

明初借鉴宋元制度，有中书左、右丞相之设。1380 年，朱元璋以左丞相胡惟庸谋反被诛一案废除宰相制度，且在令后世子孙"一字不可改易"的《皇明祖训》中立下规矩：今我朝罢丞相，设五府、六部、都察院、通政司、大理寺等衙门，分理天下庶务，彼此颉颃，不敢相压，事皆朝廷总之，所以稳当。以后子孙做皇帝时，并不许立丞相。臣下敢有奏请设立者，文武群臣实时劾奏，将犯人凌迟，全家处死。①

明朝还特别强调"重典治吏"。法家主张"明主治吏不治民"，加上元朝官吏贪纵，明初即"重绳赃吏"。本来，加强管束与监察官吏并严惩贪残，乃王朝长治久安之必要举措，但太祖独出心裁，将犯法官吏的画像和名字挂在申明亭上以示众；命令刑部把其过误写下来，悬挂在曾犯罪但已被宽宥复职官员的门上，让这些官员时刻自省；如没改正，即按律严办。又以"谋反"罪名诛杀数以万计的官吏，前所罕见，如空印案、胡惟庸谋反案、蓝玉谋反案等。对有些贪官污吏，甚

---

① 《皇明祖训》"首章"，北京图书馆出版社 2002 年版。

至采用"剥皮实草"的酷刑。

到明朝中晚期，内阁首辅张居正大刀阔斧推行了改革，其重心即在整顿吏治。为此，他创制了"考成法"，不仅对各级官吏定期考察，且具体考核该官员所办各事，根据考核结果予以相应的奖惩，从而加大了官员管理的力度，振刷了吏治。

二、监察制度

自秦朝开始，中国逐渐形成了较完备的监察制度，主要有三部分：御史纠察，言官谏诤，地方监察。言官谏诤主要是言官根据君道向皇帝提出劝谏，御史纠察主要监察中央官员，地方监察侧重监察地方官员。历朝设计监察制度，很留意这三个职能如何能较好地行使。

明朝将御史台改为都察院，与六部并列，其御史分为两类：一是左右都御史、副都御史和佥都御史，他们是都察院的主管官员，常在本院中任事，谓之坐堂官；二是监察御史，是都察院直接行使监察的专职监察官。设六科给事中监督六部。六科给事中与都察院不相统属并可相互纠举，共同作为"天子耳目风纪之司"。

都察院设十三道监察御史。监察御史虽隶属都察院，但具有较强的独立性，有事可单独进奏，可收互相纠绳监察之效，值得一提的是监察御史充任巡按之制度。巡按御史"代天子巡狩，所按藩服大臣、府州县官诸考察，举劾尤专，大事奏裁，小事立断。按临所至，必先审录罪囚，吊刷案卷，有故出入者理辩之……凡政事得失，军民利病，皆得直言无避"①。

六科给事中对应六部，分吏、户、礼、兵、刑、工六科，各科设都给事中、给事中等官职。六科给事中为独立机构，直属皇帝，有进谏、封驳和纠弹之大权。当六部奏请实行之事或是内廷旨下，均要经六科给事中的审核，如有违误，则可驳回修正，如无误，则分发六部执行，圣旨或票拟亦不能例外。如问题未达到驳回的程度，就以"科参"的形式使旨章通过，但六部在施行过程中必须注意"科参"，并按其指示执行；六科给事中还利用注销大权检查诏旨批文下达后的执行情况。

给事中和监察御史权力如此之重，但品秩很低，多为七品小官，这使得他们能更勇敢地纠察、弹劾和劝谏。同时，御史犯罪，加三等治罪；如犯赃罪，处罚更从重。

总之，明代监察权相对独立、监察范围极广，对百官和地方的监察权力很大，

① 《明史·职官志二》卷七三，中华书局1974年版，第1768—1769页。

有利于皇权集中，但它对皇权的监督则较弱。

第三节　刑事法律制度

一、刑法原则

（一）"比附"原则

按刑法适用原则，当法有明文，司法衙门应直接适用；如法无明文，则需运用一定的技术或原则来发现法律，以适用于当下案件。唐律即明定轻重相举之法，《大明律》于"断罪无正条"下，确立比附制度，规定"凡律令该载不尽事理，若断罪而无正条者，引律比附。应加应减，定拟罪名，转达刑部，议定奏闻。若辄断决，致罪有出入者，以故失论"。虽然唐律有"比附"一词，但把"比附"作为一种法无正条情况下的定罪量刑原则，则始于明代。比附制度指的是在法律没有明文规定的情况下，司法官可比照最相类似的律例来定罪量刑的做法。

明代比附，先由初审官根据比附原则定拟罪刑，然后转达刑部，由刑部确认后上报皇帝圣裁，基本上否定了官吏擅断罪刑，而使比附之权完全操控于皇帝，适应了君主专制日渐强化之需。但物极必反，由于每个比附案件都要上报朝廷，让皇帝圣裁，可能会让皇帝不胜繁难。故朝廷逐渐将一些具有典型意义的比附方式编排在一起，下发给各级官府作为比附案件定罪量刑的参考。嘉靖年间的《问刑条例》即收录了六十多条的"比引律条"。

法律既已颁行天下，即应取信于民，防止官吏擅断，原则上应取罪刑法定主义，但因为传统律条抽象程度不够，极为个别且具体，故不得不运用比附等法律适用方法，在一定程度上加强律例的弹性。若法吏和君主修养较好，自能有助于解决法条僵化之弊，更准确地量刑；若法吏和君主素养欠缺，则难免流于司法擅断、律例烦琐。

（二）"化外人"属地原则

关于化外人犯罪的管辖原则，唐律规定，"诸化外人，同类自相犯者，各依本俗法；异类相犯者，以法律论"[1]，是属人法和属地法的结合。到了明代，则规定"凡化外人犯罪者，并依律拟断"[2]，正式确立了完全的属地原则。化外人既来归附，即是王民，所谓王者无外也，与君权强化的趋势相符。

（三）"重其所重，轻其所轻"原则

"重其所重，轻其所轻"原则指的是对朝廷所认为的重罪加重处罚，对其所认

---

[1] 《唐律疏议·名例》，"化外人相犯"。

[2] 《大明律·名例律》，"化外人有犯"。

为的轻罪则将处罚变得更轻。朝廷所认为的重罪主要包括两类：一是官民直接威胁、冒犯君权的犯罪；一是官员直接蠹国害民的犯罪。对于这两类犯罪的处罚，与明代以前其他朝代的同类犯罪所规定的处罚相比更严厉。

官民直接威胁皇权的犯罪，最有代表性的是谋反罪。唐律规定对谋反者本人处斩；谋反者之父或十六岁以上的儿子处以绞刑；谋反者十五岁以下的儿子、母亲、女儿、妻妾、祖父母、孙子女、兄弟姐妹皆没为官奴婢，但男子八十岁以上、妇人六十岁以上和重等残疾之人都免于这种缘坐之处罚；谋反者伯叔父、兄弟之子则处以流三千里的刑罚。① 《大明律》则把处罚加重为：谋反者，只要有预谋，不管是否已实施，是否产生实际危害，不分首从，全部凌迟处死；谋反者之祖父、父亲、子、孙、兄弟、伯叔父、兄弟之子以及所有同居共财年满十六岁以上的男子，无论是否与谋反者同姓氏，无论是否有严重残疾，都一律处斩；谋反者在前述范围内的女性亲属以及未满十五岁的男性亲属全部给付功臣之家为奴，且没收这些罪犯的全部财产。②

朝廷所认为的轻罪主要是民间发生的一些轻微触犯儒家伦常的犯罪，如"别籍异财""子孙违犯教令""居父母丧生子"等。关于"子孙别籍异财"，唐律的处罚是徒三年；明律则规定，凡祖父母、父母在，子孙别籍异财处杖一百；如在父母居丧期间，儿子别籍异财，在其亲尊长亲告的情况下，处以杖八十的处罚。明律之所以将这类犯罪的处罚减轻，并不是说朝廷不关心、不重视儒家伦理纲常；而是朝廷认为它更多属于教化范畴，通过家族、乡村内部教化、调解来解决效果更好，而不是官府事必躬亲。

二、主要罪名

明代的罪行体系多沿袭唐宋时期，但与皇权强化相适应，增加了之前所没有的一些新罪名，择其要者言之，大致包括：

（一）"寰中士夫不为君用"罪

朱元璋认为，要保持好的吏治，必须从根上抓起，而官吏之来源就是士大夫；同时，"胡元出塞以后，中国社会上比较可怕的只有读书人"，但政治治理又不能不用读书人，"遂不惜时时用一种严刑酷罚，期使士人震慑于王室积威之下，使其只能为吾所用而不足为吾患"。③ 除了朝廷对读书人的笼络、威慑措施外，朱元璋还别出心裁，在《大诰》中发明了特别针对读书人的"寰中士夫不为君用"罪：

---

① 《唐律疏议·贼盗》，"谋反大逆"。
② 《大明律·刑律一·盗贼》，"谋反大逆"。
③ 钱穆：《国史大纲》下册，商务印书馆 1996 年版，第 668—669 页。

苏州人材姚叔闰、王谔二生皆儒学。有人以儒者举于朝廷，吏部行下苏州府，取赴京师，朕欲擢用，分理庶务，共造民福。二生交结本府官吏张亨等，暗作主文老先生，因循破调，不行赴京，以就官位而食有禄，匿于本郡，作害民之源。事觉枭令，籍没其家。呜呼！古者士君子，其学既成，必君之用。将老，乡无举者，以为耻焉。今二生名已在朝，举者诉以实学。其二生以禄为薄，以酷取民财为厚，故重主文，贵老先生，而为得计，以致杀身亡家。呜呼！"率土之滨，莫非王臣"，成说其来远矣。寰中士夫不为君用，是外其教者，诛其身而没其家，不为之过。①

历代士大夫都有据时势选择入世或出世之自由，到明初，想在新朝做隐士而拒绝朝廷征召，即"外其教"，有"诛身没家"的灭族重罪。只有朝廷拒用士大夫的自由，而无士大夫拒绝朝廷之自由。

（二）"奸党"罪

"党"在传统中国颇含贬义，盖"君子不党"；士大夫、朝臣结党，更为君主所忌惮，但之前从来没成为一正式罪名，最多只是一时一事之个别惩罚，其著者如东汉党锢、唐朝牛党李党、宋朝元祐党人碑、庆元党禁等。明朝则正式将"奸党"罪入律，规定："凡奸邪进谗言、左使杀人者，斩。若犯罪律该处死，其大臣小官，巧言谏免、暗邀人心者，亦斩。若在朝官员，交接朋党、紊乱朝政者，皆斩。妻子为奴，财产入官。若刑部及大小各衙门官吏，不执法律，听从上司主使出入人罪者，罪亦如之。若有不避权势，明具实迹，亲赴御前执法陈诉者，罪坐奸臣。言告之人，与免本罪。仍将犯人财产，均给充赏。有官者，升二等；无官者，量与一官，或赏银二千两。"②

除了该律所列官员因这些行为构成奸党罪外，就是一般士大夫和百姓，也可能成为奸党罪人犯，"上言大臣德政"即是。《大明律》规定："凡诸衙门官吏及士庶人等，若有上言宰执大臣美政才德者，即是奸党。务要鞫问，穷究来历明白，犯人处斩，妻子为奴，财产入官。若宰执大臣知情，与同罪。不知者，不坐。"③

针对官吏、士大夫，甚至普通百姓，明代增加了一些之前历代所没有的新罪，是君主集权在刑事法领域的重要表现。

三、刑种

明代采用了唐律五刑体系，但另有酷刑如凌迟、充军、枷号、刺字、廷杖等，

① 朱元璋：《御制大诰》三编卷一，北平燕京大学图书馆 1939 年抄本。
② 《大明律·吏律一·职制》，"奸党"。
③ 《大明律·吏律一·职制》，"上言大臣德政"。

是其刑事法制之弊政。其中充军和廷杖乃明代所创，特简要介绍。

（一）充军

充军指的是把不杀的重罪犯押解到边远地区补充军伍罚作苦役的刑罚。元朝盗贼应流者，有充军之例。"充军"作为一固定刑种，则始于明朝。明代充军一开始仅适用于军人，将犯重罪的军人流放到边远部队中服苦役，后渐渐适用于老百姓犯重罪的情况。根据期限之长短，充军可分为终身（终罪犯本人之身）和永远（罪犯世代相袭）两种。

充军刑在明代广泛适用。《大明律》适用充军的条款有四十六条，《问刑条例》适用充军的条款达一百八十九条，差不多占到一半的条款，罪名达二百五十二种。充军的适用情形多了，等级划分也越来越细，《大明律》只有附近和边远两个等级；《问刑条例》则分附近、近卫、口外、沿海、边远、烟瘴和极边等七个等级。

充军极端残酷，且在执行过程中扰民太甚，是明代法制中的重大弊政。[①]

（二）廷杖

廷杖是帝王在朝廷上当众责杖大臣的做法。作为常刑，始于明初。朱元璋为巩固政权，强化皇权，尽杀功臣宿将，并以严酷刑罚控制臣下，始有廷杖大臣之举。洪武十三年（1380 年）永嘉侯朱亮祖因事获罪，其父子皆被鞭死，其后工部尚书薛祥亦被毙杖下。明代诸帝相沿不改，且愈演愈烈，更加残酷。正统年间，宦官王振擅权，"殿陛行杖，习为故事"。成化年间，宦官汪直诬陷侍郎马文升、都御史牟俸等，诏责给事中、御史李俊等五十六人容隐，每人廷杖二十，开廷臣集体受杖之先例。正德、嘉靖、天启年间，皆有集体廷杖大臣之事。

大臣被廷杖，往往无须具体罪名，只要皇帝觉得他们冒犯其威严即可。一般程序是：先由皇帝发出"驾帖"，载明应责打大臣名单和应杖责的数目，经刑科给事中签押登记，下令锦衣卫行刑。锦衣卫将"驾帖"上列名的大臣带到皇宫前，大臣在面向宫殿叩头谢恩后，再解衣趴下受杖，完毕再谢恩。甚至有个别残暴的皇帝，不解大臣朝服则杖责，斯文扫地。在执行廷杖时，皇帝另派东厂太监到场监刑。如武宗廷杖谏阻南巡的大臣一百四十六位，打死十一人；嘉靖时大礼仪风潮中，一次廷杖大臣一百三十四人，打死十七人。

通过野蛮的廷杖制度，"士可杀不可辱"之传统被明代极端专制皇权摧毁殆尽。有明一代法制之弊政，莫甚于此。

---

① 《明史·刑法志》记载："军有终身，有永远。……永远者，罚及子孙，皆以实犯死罪减等者充之。明初法严，县以千数，数传之后，以万计矣。有丁尽户绝，止存军产者，或并无军产，户名未除者，朝廷岁遣御史清军，有缺必补。每当勾丁，逮捕族属、里长，延及他甲，鸡犬为之不宁。论者谓既减死罪一等，而法反加于刀锯之上……刑莫惨于此矣。"《明史·刑法志一》卷六九，中华书局 1974 年版，第 2301—2302 页。

（三）赎刑

明代刑事法制总体很严厉，但它却广泛运用赎刑，在一定程度上减轻了刑事法制的严酷性。赎刑本为古制，历代皆有，但宽严不一。宋对赎刑限制很严，将赎刑对象严格限定在八议者范围内。明代的赎刑适用甚宽泛，因此相应的法条甚多。律、例内很多条款皆有"收赎""纳赎"字样。不同的是律内条文无所损益，例内的条文则因时权益，先后互异，因此也就更复杂。为什么有如此多的赎刑条文，且适用如此广泛呢？其原因主要为：《大明律》与历代相比较严，因此借助赎律和赎例，以济法之太重；二是利用赎刑在不加重百姓负担的情况下增加财政收入，"实边、足储、振荒、宫府颁给诸大费，往往取给于赃赎二者"。①

第四节　民事法律制度

一、物权

和之前历朝相比，明代财产所有权制度没有本质区别，大致仍分两级：处于上位的是皇帝所有，是"溥天之下，莫非王土"②；处于下位的是个体或家庭的私有财产制。但这居于下位的私有财产制度如何确立，明朝与前朝的不同主要在于它更强调先占原则，保护先占者的利益。

朱元璋曾下诏，所有因战乱弃置的土地，允许开垦者享有土地所有权；如原田主返回，则不能直接获得原土地所有权，而由官府另行划拨田地予以补偿。尽管该规定主要着眼于鼓励农民耕种抛荒土地以恢复生产，但也反映了私有产权观念的深化，凸显了先占原则。《大明律》"得遗失物"条规定："凡得遗失之物，限五日内送官。官物还官，私物召人识认。于内一半给与得物人充赏，一半给还失物人。如三十日内，无人识认者，全给。……若于官私地内，掘得埋藏之物者，并听收用。"③

二、契约

虽然经济较发达，但明代关于契约制度的立法比唐代还简略。这也表明官府不愿对民间细故进行直接的法律规范，希望民间社会能自行消化、处理。《明律》只在"田宅"门"典卖田宅"条下规定土地房屋买卖必须订立书面契约，且该契约必须加盖官印并交纳契税，将土地的税负转移之后，成为"红契"才具有法律

① 《明史·刑法志一》卷六九，中华书局1974年版，第2293页。
② 《诗经·小雅·北山》。
③ 《大明律·户律六·钱债》，"得遗失物"条。

效力。明代还规定各地官府每十年要重编一次黄册（以黄纸印制的户口簿册）和鱼鳞册（土地赋税簿册，因其内有相连的地块形状，类似鱼鳞，故得名）。在每次开始重编黄册和鱼鳞册的两个月内，在前十年期间进行土地房屋买卖的买方必须到官府登记，交纳契税，官府在契约后粘上"契尾"（预先印制的纳税收据），骑缝加盖官印，发给买方收执。

但实际上，民间自汉代开始即有"官有政法，民从私约"传统，私约在民间生活中很重要。但私约除了经官府认可的红契外，还有大量白契。《中国历代契约汇编考释》收录了大量的明代契约，大致包括十二类：买卖契约、换产契约、典当契约、租佃契约、伙山契约、佃仆应役契约、借贷契约、雇赁契约、族产管理合同、嫁妇婚书、排年合同、分产合同等。[①] 这些私约，由于在社会上的普遍运用，到明代中后期，官府也承认其在发生纠纷时具有法律效力。如《问刑条例》"典卖田宅条例"规定："告争家财田产，但系五年之上，并虽未及五年，验有亲族写立分书已定，出卖文约是实者，断令照旧管业，不许重分再赎。"[②] 在明代实际生活中，契约发挥了重要作用。

三、婚姻、家庭与继承

在婚姻、家庭与继承这三个方面，总体来说，明代法制继承前朝为多，但仍有变化或调整，主要表现在：

（一）夫为妻纲在法律上的进一步强化

夫为妻纲在法律上集中体现为夫妻法律地位的不平等，概言之即夫尊妻卑。如夫妻之间相殴杀，法律上完全按照尊卑相犯的原则来处理，分别加重或减轻刑罚。但明律较之唐律，加重或减轻的幅度更大，进一步强化了这种不平等关系。唐、宋律妻子殴打丈夫，皆处以徒一年，伤重者加凡人三等。明律则规定只要妻子殴打丈夫，不论有伤无伤，皆处杖一百，折伤以上加凡斗三等，至笃疾者则处以绞刑；殴打丈夫致死者处以斩刑；如是故杀，则处以凌迟。反之，如丈夫殴打妻子，唐、宋律规定减凡人二等，明律则规定折伤以下属于丈夫正常管教范围；折伤以上才处以减凡人二等的处罚；殴死妻子则处以绞刑。

明律规定，妇女犯罪，除奸罪、死罪外，其他罪都由丈夫"收管"。在离婚方面，妻子殴打丈夫，不问有伤无伤，只要有殴打的行为便可作为丈夫主张离婚的条件，折伤以上即达到了法律强制离异的"义绝"条件了。丈夫殴打妻子，必须要到折伤以上，妻子才可提出离婚要求，且妻子单独的意思尚不足以完全构成离

---

① 张传玺主编：《中国历代契约会编考释》，北京大学出版社 1995 年版，第 207、699—1120 页。

② 《中华传世法典·大明律》，怀效锋点校，法律出版社 1999 年版，第 372 页。

婚要件，还需征求丈夫的同意。不仅在丈夫生前，妻子处于不平等地位，即便在丈夫死后，朝廷还立法鼓励妻子为丈夫守寡。如《大明令》"节妇免差"条规定："凡民间寡妇，三十以前夫亡守志者，五十以后不改节者，旌表门闾，除免本家差役。"

（二）平民娶妾的限制

中国古代婚姻是一夫一妻多妾制，为防止特权阶层过于凌虐平民，有些朝代的法律对贵族官僚娶妾的数量有所限制，但基本没有规定平民纳妾的条件。《大明律》"妻妾失序"条规定："其民年四十以上无子者，方许娶妾。违者，笞四十。"这虽属禁止性规定，但处罚甚轻，立法目的显然不是要严禁平民娶妾，而是凸显平民和特权阶层的身份差异。由于它在处罚中没有强制"离异"，所以平民违法娶妾，在受轻微处罚后，娶妾行为依然有效。故该法条只是一种宣示，在实际生活中不久即成具文。

（三）亲属间禁婚范围的扩大

由于明初统治集团认为元朝统治近百年，其间民俗已不同程度地受到少数民族习俗的影响，故需"净化"以恢复汉家故物。但到底何为真正的汉家故物，多出身于淮西布衣的明初统治集团也未必明白，糊里糊涂把某种汉唐习俗归入少数民族习俗。他们认为，小叔娶寡嫂、兄长娶寡居弟妇的习俗为蒙古习俗，就要力加矫正，因此将其处罚定为绞刑，但实际上，历朝法律都未对此明确禁止、予以处罚。

明代还和其他朝代一样，禁止中表通婚，在"尊卑为婚"条规定"若娶己之姑舅两姨姊妹者，杖八十，并离异"。实际上中表通婚在民间很普遍，因其亲上加亲甚至成为美谈，几成习俗。唐律对此不予禁止，宋朝也是或离异或不离异，到明代则强制离异。这是从法条上的观察，但实际情形并非如此。洪武十七年（1384 年）即已迁就社会情势而弛禁，在此之前，"民间姑舅两姨姊妹为婚者甚多，若不经仇家告发，完全可以相安无事，法律上实际采取的是不干涉态度；但一经告发，官府便不得不依照例文断离了。"故关于中表通婚，明代"自立其禁而自弛其禁"[1]。

（四）直系亲属财产继承权的强化

明代在承袭前代财产继承制度的同时，有一突出变化，即保护直系亲属的继承优先地位，排除旁系亲属的财产继承权。《大明令》"子孙承继"条规定："凡嫡庶子男，除有官荫袭，先尽嫡长子孙，其分析家财田产，不问妻、妾、婢生，止依子数均分；奸生之子，依子数量与半分；如别无子，立应继之人为嗣，与奸生

---

[1] 《瞿同祖法学论著集》，中国政法大学出版社 1998 年版，第 103—104 页。

子均分；无应继之人，方许承绍全分。""户绝财产"条规定："凡户绝财产，果无同宗应继者，所生亲女承分。无女者，入官。"① 按照前述规定，可以看出：财产继承的第一顺序人为包括妻生子、妾生子、婢生子在内的所有亲生子；第二顺序人为拟制血亲的嗣子和奸生子；第三顺序人为出嫁女；最后则是户绝财产入官。可见，旁系亲属在明代基本没有财产继承权。

第五节　经济法律制度

一、土地制度

明朝的土地制度和其他各项典章制度一样，"多因前代旧制"，也有自己的特点。《明史·食货志》大致归纳如下："土田之制，凡二等：曰官田，曰民田。初，官田皆宋、元时入官田地。厥后有……学田，皇庄，牧马草场……诸王、公主、勋戚、大臣、内监、寺观赐乞庄田，百官职田，边臣养廉田，军、民、商屯田，通谓之官田。其余为民田。"②

官田是公家土地，不允许自由买卖，一般招募贫农耕种，其所纳之税被称为租，较民田为重。民田为民所自有，是私有土地，可自由买卖，所纳田赋被称为税，较官田为轻。明代官田数量庞大，是其土地制度的最明显特点。

明代皇庄和诸王庄田对百姓危害甚大。皇庄是皇帝私产，由皇帝派太监经管，以其租税收入归皇帝私人而不入国库。创立之初，多利用空闲之地，招民耕种。而后皇庄占地越来越大，多数系占夺民业，遂成民害。明代分封诸王，在该王前往封国之时，会得到朝廷拨给的大片土地，作为养赡之用，称"王府庄田"或"王庄"。随着世代相传，宗室人口骤增，且生活奢华，加上皇帝任意赏赐，使得明代中后期，王府庄田数量多、规模大、分布广。皇庄与王庄，性质相近，都是皇帝及其近亲与国家争夺地租，以保障其高消费，直接影响百姓生计与政府收入，是明代在经济上的一大弊政，故史书云："盖中叶以后，庄田侵夺民业，与国相终。"③

二、赋税制度

明初基本依照唐代的两税法，以黄册（户籍册，详细记载了人户物力，丁役附在里面）和白册（黄册失修，官府赋税编徭，自为一册，以田从户）为依据，

---

① 朱元璋敕纂:《大明令》，清刻本。
② 《明史·食货志一》卷七七，中华书局 1974 年版，第 1881 页。
③ 《明史·食货志一》卷七七，中华书局 1974 年版，第 1889 页。

分夏秋两季征收田赋，男子十六岁到六十岁都要服差役。与此相应，明律沿袭前代律典，有"脱漏户口""欺隐田粮""纳粮违限""隐蔽差役"等律条，对违犯者予以定罪科刑。

因弊病较多，且明代中叶以后，土地兼并严重，赋役苛烦且负担不均，平民百姓流亡失所，国家税赋收入大幅减少。万历年间张居正主持改革，推行一条鞭法。即将种类烦琐的徭役和田赋合并，考虑到人丁变化性大，田地不能移动，鉴于课税均平之考虑，取消过去按户按丁计算摊派的徭役，将之折算入田赋中，按照田亩之数量统一征收银两，再由官府雇人服役。一条鞭法在我国税制史上具有重要的地位，标志着税收标准由人头向田地、由实物向货币的转化。

三、市场管理

明代社会有较长时间相对稳定，商品经济很发达，故促进了市场的发展，关于市场管理的法规亦有长足的进步，主要表现为：

规范度量衡等市场器具，对违犯相关规定的罪犯予以处罚。如有人私造度量衡在市场使用以作弊，作弊人与私造工匠皆处以杖六十的处罚；市面上使用的度量衡，要经官府"校勘""印烙"，如违反，虽度量衡很准确，亦处以笞四十的处罚；如官府违犯度量衡方面的规定，主管官员则分别处以笞四十到杖一百的处罚，情节严重还要计赃定罪。

着力管理市场交易中介人。明代各地设有牙行、埠头，在交易中充当中介。明律"私充牙行埠头"条规定，这些人须由有家业者担任，持有官府发给的印信文簿，每日向官府呈报其经手交易之情况。明代还严格要求市场管理机关行使平抑物价之职责，如评估物价或贵或贱者，将以所增减之价钱计赃定罪。①

第六节　司　法　制　度

一、司法机构

与强化君权的政治举措相适应，在司法制度上明代将最重要的司法审判权收归中央，地方司法机构则相对削弱。中央司法机构除常规司法机构外，还有臭名昭著的特务机构——厂卫，承担了部分司法职能。

（一）中央司法机构：三法司

中央常规司法机构被称为"三法司"，是刑部、都察院和大理寺，刑部行使审

---

① 《大明律·户律七·市廛》，"私充牙行埠头"。

判权，是中央审判机关；都察院审判文武官员犯罪案件；大理寺行使复审权，是中央司法复核机关。明代都察院略等于唐代御史台，明代刑部的职责大致相当于唐代大理寺，明代大理寺大致相当于唐代刑部。

1384 年，明朝廷建三法司于金陵太平门外钟山之阴，命名为贯城。因太平门在京城之北，在方位上属水，主阴肃、刑罚，故建于此。可见朱元璋是要承天道而建三法司，希望通过三法司对案件的审理，最终达到刑无枉滥、刑期无刑之目的。自明成祖迁都北京，明代遂有两都，三法司也有两套机构，但北京三法司才是真正的中央司法机构，南京三法司管辖地区仅限于南京及应天府所属。

刑部主要职能包括司法审判和司法行政两方面，在司法审判方面，刑部复审各省徒罪以上案件、审理京师笞罪以上案件、复核各省及京师斩、绞监候案件；在司法行政方面，刑部负责徒、流、充军等刑的执行和监督、死罪重囚之处决以及监狱之管理监督。刑部设正二品尚书一名、正三品侍郎二名；下辖按省份设立的十三个清吏司，负责各该省上报案件的复审；另设司狱司，负责监狱之管理。

都察院是职官犯罪案件的司法审判机构。监察御史充任巡按，负责审理直隶及各省职官犯罪，如涉五品以上官，须奏闻皇帝裁决；如六品以下官，巡按御史得直接逮问，审理完结后，申报都察院或大理寺复核，奏闻皇帝裁决。至于民人案件，或亲自审录，或交由提刑按察司等衙门审理。除职官犯罪案件外，都察院得委官复核京师、直隶及各省的斩绞监候案件。在明代，刑部和都察院是两个平行的司法审判机构，刑部审理完结的案件无须送都察院复核；都察院审理完结的亦无须送刑部复核，只是在三法司会审案件时例外。

洪武年间，大理寺时存时废，到永乐初年固定设置直到明末，基本上是一个慎刑复审机关，主要是平反冤狱。大理寺主要是复核刑部及都察院移送过来的直隶、各省及京师案件，同刑部、都察院共同复核京师斩、绞监候案件。

明代中央除三法司外，还有其他部门参与行使司法权。首先是内阁及其大学士。内阁大学士行使了宰相的某些职权，参与了司法审判。其主要职掌是为皇上处理题本，大多数有关司法审判之题本（内外衙门的公事文书）即在内。通过票拟（内阁大学士对题本之内容所出具的处理意见），内阁大学士得以审核三法司所拟之判决是否允当或合法。在票拟及其"批红"（皇帝对内阁票拟所进行的御笔亲批或司礼监秉笔太监代皇帝所为的批示）的公事处理过程中，皇帝及其代理人司礼监也参与中央司法审判活动。负责接收皇帝奏章的"通政使司"，可受理各地上诉的冤枉或者告发地方官员的案件，并直接向皇帝报告。由六部尚书、都察院的都御史、通政使司的通政使、大理寺卿组成被称为"大九卿"的会审法庭，奉旨审理重大案件。因皇权强化，不希望在中央由哪些机构或哪个机构垄断某种权力的行使，而是要各个机构之间互相牵制和制约，因此几乎所有的中央部门都程度不同地参与了司法审判活动。

（二）地方司法机构

明代的地方司法机构大致可分为省、府、州县三级。

全国分十三个行省，均设置提刑按察使司，作为一省最高的司法审判机构，长官为正三品的按察使，有权终审徒刑案件；其下有正五品的佥事，他们按"道"（由若干府州县组成的监察区域）提审、复审所巡视区域内的一切案件，被称为"分司"或"分巡道"。在省一级，除提刑按察使司外，承宣布政使司设有理问所，审理那些关于赋税、田土钱债等方面的诉讼案件。

全国有一百五十九个府，每府一般下辖七八个县，设有正七品的推官一员辅佐知府审理司法案件。府一级本身并没有任何种类案件的终审权，其司法职能仅限于承上启下、复审州县上报的案件。

全国共有二百三十四个州，分为直属于省的"直隶州"和受府管辖的"属州"；有一千一百七十一个县。州县官负责辖区的司法审判工作，不得推给其他副职。其工作非常繁杂，从案件之受理、勘验现场、侦查、审讯、判决，都要亲力亲为，责无旁贷。

（三）特殊司法机构——厂卫

随着君权强化，君主对司法干预越来越大，除通过常规司法制度外，更创设特务机构，干预司法审判工作，这就是厂卫制度，乃明朝司法的污点。故《明史·刑法志》这样评价："创之自明，不衷古制者，廷杖、东西厂、锦衣卫、镇抚司狱是已。是数者，杀人至惨，而不丽于法。踵而行之，至末造而极。举朝野命，一听之武夫、宦竖之手，良可叹也！"

拓展阅读

厂卫制度

厂，即东厂、西厂和内行厂，卫是锦衣卫。它们都是常规法司之外、直接受命于皇帝的特务机构，有对案件的侦查、缉捕、审讯之权，习惯上合称"厂卫"。

按设立时间，是卫在前，厂在后。故先介绍一下锦衣卫。1382 年设立了警卫京师和宫廷的二十二卫，锦衣卫是其中之一，属于皇帝亲兵系统，其长官为指挥使，由皇帝亲自任命，下有千户、百户、校尉力士等，在明代被俗称为"缇骑"。从朱元璋开始即经常派遣他们来监视臣民，故锦衣卫侦查、缉捕的对象是除皇帝以外的所有人，范围主要是以重罪为主。本来侦查、缉捕有一定程序限制，但锦衣卫作为皇帝心腹，是为皇帝打探贼情，即便出错，易得到皇帝宽免，故弊端累累，甚至引起天下骚乱，"缇骑四出，海内不安"①，"官校纷纷而出，所在有如豺

① 《明史·刑法志二》卷九八，中华书局 1974 年版，第 2323 页。

虎，破家亡身者，郡邑相望"①。

东厂是太监统领的特务机构，设立于 1420 年，由负责皇帝日常事务、整理传递文书的"司礼监"派出提督太监掌管之，设有掌刑千户、理刑百户等，并有内外勤役长数百人，分别率领十二班"番役"轮流出动，监视文武百官的日常生活，刺探社会各阶层的动态。其工作性质虽与锦衣卫大致相同，但东厂之设立乃提防包括锦衣卫在内的外官之间相互瞻徇，且太监离皇上更近，更易获得信任，故多数时候，东厂的地位高于锦衣卫。西厂在宪宗和武宗年间几度存废，总共存在了十年左右的时间。在宦官刘瑾当权时期，还设立了内行厂，"虽东、西厂皆在伺察中"。西厂和内行厂虽存在时间不长，但因太监当国，无所不为，酷烈甚厉。

"厂卫"虽在制度上只有侦查和缉捕之权，但是在锦衣卫下设了俗称为"诏狱"的北镇抚司，专门审理钦犯。厂卫侦缉破获的案件，逮捕的人犯，直接送到北镇抚司进行预审。在朱元璋时，他就经常将镇抚司作为自己亲自审理案件的预审法庭，设置了监狱和各种刑具。到他统治末期，曾下令关闭该监狱、焚毁刑具。到成祖时期设立了北镇抚司后，这一套老办法又恢复并制度化了。到宪宗成化年间，又规定北镇抚司审理案件直接向皇帝报告，锦衣卫指挥不得插手，这样北镇抚司就获得了自己作为"诏狱"的独立地位。尽管理论上北镇抚司在预审结束后，应将案卷、人犯等移交三法司，以便其作出正式判决，但实际上三法司又如何敢得罪北镇抚司，多数情况下只能按照北镇抚司所拟定的预审意见正式宣判。北镇抚司有时还可直接根据皇帝的旨意，绕过三法司处置罪犯，执行皇帝的判决。

尽管厂卫特务机构罪恶累累，不少臣工剀切上言，要求废除，但皇帝却置之不理。因皇帝借助特务机构，更易操控群臣百官，方便其行使生杀予夺之权。

二、诉讼制度

明代受程朱理学的影响，认为百姓动辄"兴讼""健讼"，是教化不行、民风浇薄的表现。为了化民成俗，设计了一些独具特色的"息讼"制度。

首先表现在对某些轻微案件推行了带有强制性的半官方调解制度。从洪武年间开始，乡里普遍推行里甲制度，设立"老人"这一乡职。凡民间细故和轻微刑事纠纷，必须先经本里老人在申明亭断决。百姓未经里老人断决而直接告官，要以越诉论罪，处以杖六十的刑罚，仍发回里老人断问，擅自接受的官员也要治罪。到明代中期，老人本身严重腐化，"正直无一二，贪昧常千万，富者利其财，豪者徇其势，虽曲而必使之直"，导致越诉甚至京控频繁，故规定细故案件和轻微刑事

---

① （明）韩邦奇：《慎刑狱以光新政事》，载（明）陈子龙等选辑：《皇明经世文编》卷一六〇，崇祯十一年（1638 年）平露堂刻本。

案件，只要证据确凿，就不准官府委托里老人审断，而直接由州县官审理，尽快作出判决。① 里甲老人制度失效后，明朝又在民间推行"乡约"制度，由各约约正、约副每半月主持调解一次本约内的细故和轻微刑事案件。除了乡约调处外，随着家族制度的完善和成熟，家族内纷纷制定家法族规，多规定了细故案件的族内调解，只有重案才到官府，要求审理。

为了达到息讼之目的，加大对越诉、诬告等的惩罚力度。洪武末年，小民多到京师越诉，但不实居多，故朝廷加大对越诉的处罚力度，将虚妄越诉之人发配到边疆。对诬告罪，明律在反坐的基础上加等处刑，具体而言，诬告人笞罪的，反坐加重二等；诬告人杖、徒、流罪的，反坐加重三等；诬告人死罪，处以杖一百，流三千里；如诬告人死罪，被诬告人因此而被处死或毙于狱中，诬告人也应处死。

明代还限制起诉时间。明律规定除命盗重案可随时陈告外，细故和轻微刑事案件应在农闲期内起诉。明代中期以后，各地方官府逐渐确立"放告"制度，每月皆有固定日期来接受细故和轻微刑事案件诉状，其他时间一律不准。放告的具体时间各地有别，但以每月逢三、逢六、逢九日为放告日期的居多。

三、审判制度

（一）复审制度

与君主专制加强的趋势相配合，明代司法审判之决定权越来越向上级官府，特别是朝廷集中。由于所有的案件都必须从州县开始，故更严格地执行逐级复审制度。

明代的州县只能审结所谓的"自理词讼"，也就是户婚田土等"细故"案件和杖一百以下的轻微刑事案件。自理词讼审结后，州县官将卷宗存档并登记于"循环簿"，供上级衙门、巡按御史、分巡道等随时抽检。对于徒罪以上案件，州县官在侦查、勘验之后，拟出定罪量刑的初步意见"看语"或"勘语"，然后将全案卷宗、人犯、主要证佐转送上级衙门复审。

当州县审理徒罪以上案件上报到府以后，如人犯或证佐没有翻供情事，知府对州县官所拟的看语亦无异议，就在州县官的看语后加上自己的看语，再将卷宗、人犯、证佐转送其上级衙门；如有翻供的情况出现，或知府本人对州县官所拟之看语认为不妥，可将案件发回重审，或者发给其下属的其他州县官另行审理，知府本人一般并不直接改判。

---

① 《在外问刑衙门官员务要亲理词讼不许辄委里老人等保勘例》，《皇明条法事类纂》卷三八，载刘海年、杨一凡总主编：《中国珍稀法律典籍集成》乙编第五册，科学出版社1994年版，第517页。

各行省的按察使有权终审徒刑案件，对于流刑、充军和死刑案件要在复审之后加上自己的"看语"上报刑部或都察院，但罪犯并不随着复审转到京师，而是关押在省会监狱里，等待判决确定。

这些徒罪以上案件，经通政使司奏闻皇帝后，由皇帝经司礼监、内阁转发给刑部（民人案件）或都察院（职官案件）。经刑部或都察院复核后，再交大理寺第二次复核（"审录"）。至此，流刑、充军案件即定案，可向关押罪犯的官府发出执行命令。如是死刑案件，还要经三法司或其他官员会审，上报皇帝做最终的复审决定，经皇帝"勾决"后，死刑案件才得以确定。

（二）会审制度

集合众多朝廷高级官员来会同审理疑难案件是中国各朝各代都有的事，明代则将之制度化为"会审"。如前所述，最著名的是三法司会审。其他制度化会审还有朝审、热审和大审等。

朝审是朝廷最高级别的官员会审已被判秋后处决的死囚犯制度。明英宗天顺三年（1459年），朝廷规定在每年霜降后，由三法司奏请复审所有秋后处决囚犯，经皇帝批准，下旨召集公侯伯爵、驸马、内阁学士、六部尚书、侍郎、都御史、大理寺卿、通政使司、五军都督、锦衣卫指挥使等最高级官员，由刑部尚书主持，在承天门（今天安门）外会审。如会审官员认为案件有可疑或死囚有可矜之情节，可奏请皇帝暂时不处决，再加详细审讯。如认为判决无误，就在当年秋后处决。朝审罪囚以关押在京师监狱为限，大致包括：案件发生在京畿附近和在重大疑难案件中由各省提到京师来讯问的案犯。

热审是在暑热季节到来前由朝廷官员会审京师在押未决囚犯，以提高审判效率、减轻囚犯痛苦的制度。它始于永乐年间，在弘治年间形成定制。是在每年的小满节气后，司礼监传旨，除三法司派员外，还有锦衣卫参与，共同审理京城各监狱在押囚犯，笞杖刑囚犯从速判决执行，徒流囚犯减等发落，尽快押解到服刑地点；事实不清的案件请旨裁决。之所以有这类恤刑制度，是因司法审判效率低下，监狱条件又差，囚犯多在监狱内瘐毙。

大审是由皇帝定期派出代表（司礼监太监）会同三法司长官，共同审理在押罪囚的制度。自明宪宗成化十七年（1481年）之后，大审每五年进行一次。大审以司礼监太监为主审官，代表皇帝，三法司长官多以司礼监太监之意见是从。若司礼监太监主持了大审，以刑余之人而凌驾于科第正途出身的三法司长官之上，自然引为终身的荣耀。其对象大致与热审相同，因其效果不佳，且为太监所操纵，实为弊政。

明代会审制度将诸多朝廷高官显要汇聚一起审录案件，表明了朝廷对司法案件和罪囚生命之重视，是恤刑、仁政思想之表现。但会审之结果，供皇帝作最后裁决之参考，反映了君权的强化；太监参与其中，更是明代司法之弊政。

思考题：

1. 简述明朝"重其所重，轻其所轻"的法制原则。
2. 简述明朝的法律形式。
3. 简述明朝比附制度的内容和影响。
4. 简述明朝会审制度的特征。

▶ 自测习题及参考答案

第十二章　清朝法制

清朝是中国历史上最后一个封建王朝。1616 年，长期生活于东北地区的女真族首领努尔哈赤在赫图阿拉（今辽宁新宾）建立政权，国号"金"（史称"后金"）。1636 年，努尔哈赤之子皇太极改国号为"清"，并改族名为满族，定都盛京（今沈阳）。1644 年，李自成大顺军攻占北京，明崇祯帝自杀。清军乘机进入山海关，打败大顺军，此后乘胜南下，1661 年实现了对全中国的统治。

清朝典章制度集传统中国历代政制之大成，其法律制度从形式到内容高度完备。然而，传统君主政治历经数千年之发展，至清朝中叶已拖累着整个国家呈现出衰颓之势：吏治腐败，思想文化僵化，市场被压抑，因而不满之声四起。与此同时，经过工业革命的西方列强为了推销其产品正四处出击，他们以贸易和武力敲开了中国国门。西方列强的到来，加速了清朝的灭亡；西方法律文化在中国的传播，则揭开了中国政治法律制度近代化的序幕。1911 年辛亥革命爆发，清朝灭亡。清朝法律制度以鸦片战争为界分为前后两个阶段，本章介绍鸦片战争前的清朝法律制度。

第一节　立法活动

一、立法原则

满人入关以前，处于从习惯法向成文法的过渡之中，法律制度相对简陋。努尔哈赤和皇太极时期虽制定、颁布过一些法律规范，但多属在汉族成文法影响下对本民族原有习惯法进行整理而已。真正意义上的立法活动始于入关以后。清入关后的立法大致可以分为两个阶段：鸦片战争前为传统法制框架内的立法阶段；鸦片战争后则是西方法制影响下的全新立法阶段。

清朝前期的立法原则或指导思想大致可以归纳为：

1. 详议明律

如何创制属于清朝自己的法制，入关前，清人的基本原则是"参汉酌金"。天聪年间，汉臣宁完我曾言："《大明会典》虽是好书，我国今日全照他行不得。"因而建言："看会典上事体，某一宗我国行得，某一宗我国且行不得，某一宗可增，某一宗可减，参汉酌金，用心筹思，就今日规模立个金典出来，……务使去因循之习，渐就中国之制。"[①]

---

① 《宁完我请变通大明会典设六部通事奏》，载《天聪朝臣工奏议》卷中，辽宁大学历史系 1980 年编印本，第 71 页。

这一主张得到皇太极的赏识。"参汉"即引入或沿用以明朝法制为代表的中国传统法制;"酌金"即整理阐述后金原有习惯法或旧法令;最终目标是"渐就中国之制",即仿效汉民族的法制文化。入关后伴随着统治区域和统治对象的变化,迅速将"参汉酌金"修正为"详议明律"。顺治元年(1644年)先行入关的摄政王多尔衮下令司法实践中"准依明律"。顺治帝登基之初即令"参稽满汉条例"修纂大清律[1],律成亲自为律作序,称"详译明律,参以国制,增损剂量,期于平允"。[2] 所谓"详译明律",即认真借鉴《大明律》,以明律为蓝本创制清朝的法制。

2. 参以国制

所谓参以国制,即适当地参考保留满人入关前的旧制。作为人数较少的少数民族,为了不被汉人汉化,满人强调尽可能地保留自己的传统,希望将汉人的法制传统和满人的旧制有机结合。但由于主持定律者尽为明朝旧臣,多不知满族旧时"国制"为何物,故实际立法中大都以沿袭明朝律例为主。同时,也必须承认,入关后的满人汉化程度较高,因而,伴随着社会经济的发展,清朝通过对律、例、则例、会典的不断革新创制,将中国传统法制推向了新的高度。

二、法律形式

清朝的法律形式包括"律""例""注解""则例"和"会典"等。

"律"为清朝的刑事法典,曰"大清律",在整个法律体系中最为重要。此外,"律"的体系化程度较高,在清代变动较少,极为稳定。

"例"为刑事补充条款,多由皇帝御笔断罪而来,称"问刑条例"或"拟罪条例",或称"定例"。由于律例均为刑事法律规范,因而编纂律典时,编纂者便将"例"分类附编在相应的"律"条之后,合称"大清律例"。由于清朝律变动较小,只能通过不断修例来适应社会的发展,并形成了例五年一小修、十年一大修的传统。

"注解"为法律解释,因解释律文而产生,包括官注和私家注解两种。官注一般夹注于律文之间或每条总注,与律文具有同等的法律效力。私家注解一般附于律条之后。私家注解经官方编选认可亦有法律效力,合称"大清律集解附例"。

"则例"相当于汉唐时期的"令",是关于中央各部院政务的行政规则。

---

① 《清史稿·刑法志一》。
② 《清史稿·刑法志一》。

分为一般则例和特别则例两种。其中，一般则例是关于部院一般政事的则例，主要有《刑部现行则例》《钦定吏部则例》《钦定户部则例》《钦定礼部则例》《钦定工部则例》《钦定中枢政考》《钦定理藩院则例》《钦定台规》等。此外，国子监、内务府等也有各自则例。特别则例是指关于各部管辖特定事项的行政规章。如《兵部八旗则例》《钦定督捕则例》等。此外，《户部漕运全书》《学政全书》《赋役全书》等虽无则例之名，实际上也是特别则例。另《吏部处分则例》《钦定六部处分则例》《兵部处分则例》《吏部铨选则例》《钦定吏部稽勋司则例》《钦定吏部验封司则例》等亦属于特定机构办事手续章程及处罚官员违制的专门则例。

　　"会典"也可以被视为一种法律形式。康熙二十三年（1684 年）仿照《明会典》编成《清会典》一百六十二卷，又称《康熙会典》。该书按宗人府、内阁、六部、理藩院、都察院、通政使司、内务府、大理寺等机构分目，"以官统事，以事类官"，考述每一官衙的历史沿革，开列各官衙机构建制、官品职数编制、职掌权限，附载历年事例或则例。此后，雍正、乾隆、嘉庆、光绪年间又分别对此进行过修订，分别命名为《雍正会典》《乾隆会典》《嘉庆会典》《光绪会典》。就严格意义而言，"会典"为官制政书。

三、《大清律例》

　　《大清律例》是清朝的基本法典。清军入关之初，摄政王多尔衮即令"问刑衙门准依明律治罪"[1]，公开承认《大明律》在司法实践中的法律效力。顺治二年（1645 年）又设律例馆，仿《大明律集解附例》进行修律，次年律成，称《大清律集解附例》，诏颁中外，为清朝第一部成文律典。该法典有律文四百五十九条，比明律仅少一条，篇门条目则完全仿效明律；律后附"条例"四百三十余条，比明律"问刑条例"数量有所增加[2]。此时，清朝刚刚开国，并无制定成文法的经验，因而《大清律集解附例》不仅律文、条例照抄明律，甚至连律内注文"允依《大诰》减等"之语都被保留，全然不顾清朝并无《大诰》之事实。

拓展阅读

《大清律例》
（全文）

　　但此时满人多不识汉字，因而《大清律集解附例》实施效果有限，顺治十二年（1655 年）将其译为满文再次颁布。康熙十八年（1679 年），为解决律例间轻重互异之弊，将所有新旧条例重新酌定编制《刑部现行则例》，以便统一律文之外

---

① 《清史稿·刑法志一》。
② 参见郑秦：《顺治三年律考》，载《法学研究》1996 年第 1 期。

所有刑罪条款。康熙章重视律例编订，强调"章程尽善，垂之久远"①。为此，康熙二十八年（1689 年）下令将《刑部现行则例》附入大清律内，但因此事过大，终康熙之世仍未完成②。雍正时期，大学士朱轼等人继续从事此项工作并最终完成，于雍正五年（1727 年）颁布。此次修订将律文删定为三十门四百三十六条，每条律文后加上了康熙年间撰拟未发的总注；此外，对附例也进行了整理，定为八百二十四条。乾隆五年（1740 年）根据时代变化再对清律做最后一次修订，定名《大清律例》。这次修订，将律文编定为四十七卷，分名例律、吏律、户律、礼律、兵律、刑律、工律七篇，共三十门四百三十六条，附例一千零四十二条。此次修订未汇集诸家注解，律后总注也被删除，故律名删去"集解"二字。此后清律正文再未被增删，但附例条数则逐年增加，乾隆二十六年（1761 年）增至一千四百五十六条，同治九年（1870 年）增至一千八百九十二条。

从顺治，经康熙、雍正、乾隆，历经百年，《大清律例》终于完成。

四、少数民族地区立法

清朝为了适应多民族国家的统一需要，总结历代经验，制定了一批适用于少数民族聚居地区的法律法规，数量和质量均达到了传统中国的最高峰。其中《蒙古律例》《理藩院则例》《回疆则例》等较有代表性。乾隆五十四年（1789 年）最终完成的《蒙古律例》，分官衔、户口差徭、朝贡、会盟行军、边境卡哨、盗贼、人命、首告、捕亡、杂犯、喇嘛例、断例等十二门二百零九条，内容涉及军事、行政、民事、刑事、司法等各个领域，系统而全面。《理藩院则例》是在《蒙古律例》的基础上制定的，颁行于嘉庆二十二年（1817 年），计七百一十三条，确定了清朝对蒙古及西藏地区的行政管理制度和民事、刑事立法，道光年间进行过修订。《回疆则例》制定于嘉庆年间，但至道光二十二年（1842 年）始颁布，共八卷，汇集了理藩院成立后清朝对西北民族事务的处理规则。这些立法在维护国家法制统一的前提下，对少数民族地区的传统习惯给予足够的重视，因而，实施效果良好，足以证明清朝少数民族地区的立法已步入成熟阶段。

第二节　行政法律制度

一、行政管理体制

清朝的行政管理体制融汉制和满人民族传统于一身。

---

① 《清圣祖实录》卷七三。
② 参见郑秦：《清代法律制度研究》，中国政法大学出版社 2000 年版，第 27—28 页。

（一）中央

1. 议政机关

皇帝拥有王朝的一切最高权力，乾纲独断。但国家太大，若无人辅佐，皇权也无法行使。清朝辅佐皇帝的议政机关有二，即仿效明朝所设的内阁和独创的军机处。内阁设内阁大学士若干人，"赞理机务，表率百寮"，具体职责为代拟批旨、呈进奏章、典礼祭祀和组织修书。大学士人数不定，康熙时有满汉大学士四人，雍正时六人，乾隆时再增协办大学士若干人。内阁大学士为正一品，品秩不低，但权力远不及明初的宰相；雍正时因对西北用兵，成立临时军务机构——军机处，以军机大臣若干人协助皇帝办理军务。军机处有利于强化皇权，遂成为常设机构，权力也从军务逐渐扩大至所有政务。作为辅佐皇帝的机构，军机处不仅享有对重大政务的票拟批签之权，还有权修改内阁的票拟。按清制，凡军机处起草的诏旨，先下内阁，再及部院的叫明发；不经过内阁，由军机大臣封缄直达都抚的叫廷寄。廷寄制度的出现扩大了军机处的权力。军机处权力虽大，但并无决策之权，仍为议政机构。军机大臣无定员，由皇帝在亲王、内阁大学士、六部尚书、侍郎中选派。

2. 行政和事务机关

清朝的行政和事务机关包括部、院、寺、监等。部，即吏部、户部、礼部、兵部、刑部、工部六大行政部门，直接隶属皇帝，负责相应行政事务。各部设满汉尚书、侍郎主之。院，即都察院（监察机关）、翰林院（编修国史之机关）和理藩院（少数民族事务机关）。寺，即大理寺、太常寺（负责宗庙祭祀和礼乐）、光禄寺（负责外廷宴会和祭品）、鸿胪寺（负责殿廷的朝会和外交）、太仆寺（负责马政）。监，即国子监（贡生读书的最高学府）和钦天监（天文律历机关）。此外还有通政司和宗人府等机构。

（二）地方

1. 汉民族聚居地区

设省、府、县三级。省为地方最高机构，由总督、巡抚主之，下设布政司、按察司分掌一般行政和司法；省下为府，与府同级的还有直隶州、直隶厅，"厅"作为地方行政单位为清朝独创，直属于行省，设知府、知州、同知主之；府下为县，与县同级的还有散州、散厅，隶属于府或直隶州，设知县、知州或同知主之。据《光绪会典》载，光绪年间地方行政单位计有二十三个行省、二百九十二个府级单位（其中府一百八十五个、直隶州七十三个、直隶厅三十四个），一千五百四十六个县级行政单位（其中县一千三百一十四个、散州一百四十六个、散厅八十七个）。省、府之间设"道"，分为隶属于布政司的分守道和隶属按察司的分巡道，前者有相对固定的辖区，设道台或道员主之。

2. 少数民族地区

清朝疆域辽阔，民族众多，宗教信仰多样，加之各民族混居和少数民族聚居地区兼有，因而管理起来难度极大。为了维护王朝的统一，经过不断摸索，在少数民族聚居地区暨边疆地区形成了一整套有效的行政管理体制。

（1）蒙古地区。清朝坚持"满蒙一家"的国策，在蒙古族聚居地区实行盟旗制度，并制定《蒙古律例》，对蒙古王公的职衔、品秩、袭爵、职守、朝觐等进行专门规定，在承认蒙古王公权力的同时，确立了主权。

（2）西藏地区。对于西藏地区，清朝历代帝王都极为重视。雍正初年即派钦差驻藏办事大臣（简称驻藏大臣），作为中央政府驻西藏地区的行政长官，统领驻藏官兵，督导藏王总理西藏事务。乾隆时颁布《钦定西藏章程》，后修订为《西藏通制》，在确立达赖喇嘛政教合一体制的同时，规定"西藏设驻扎大臣二人，办理前后藏一切事务"，其地位"与达赖喇嘛、班禅额尔德尼平行"，但对外事务由驻藏大臣负责。同时设金瓶掣签制决定达赖、班禅转世灵童，由驻藏大臣亲自主持仪式后奏皇帝批准。

（3）青海蒙藏族聚居地区。雍正初置西宁办事大臣对这一地区行使统治权。后"从蒙古例内摘选番民易犯条款"，编成《番例》，又称《西宁青海番夷成例》或《西宁番子治罪条例》，实行有针对性的管理。

（4）回疆地区。乾隆时设伊犁将军，为回疆地区最高行政长官，行使对这一地区的统治权。嘉庆年间制定的特别法规——《回疆则例》提升了对这一地区的法制化管理水平。

（5）苗疆地区。以贵州为中心的西南少数民族地区称为"苗疆"，对于这一地区，清朝的政策是逐渐废除原有土司，改派国家官吏治理，即所谓的"改土归流"。为推行"改土归流"，雍正、乾隆年间陆续制定了《保甲条例》《苗疆事宜》《苗汉杂居章程》《苗疆善后事宜》《苗犯处分例》等特别法令进行管理。

这些措施不仅成功地将上述地区纳入清朝的版图之内，还实现了对这些地区的有效管理。

二、官吏制度

（一）官员选拔

清朝官员的选拔有科举、荐举、捐纳、荫授等多种途径，但以科举为正途。《钦定科场条例》规定，清朝科举考试分为乡试、会试和殿试三级。乡试每三年举行一次，参加者一般需经过县、府、院三级初试。县、府、院考试一年一次。凡通过县、府考试的为童生。明清实行科举必经学校的制度，因而童生还需参加院试，院试实际上取得的是进入县学、府学的入学资格。院试通过后为"生员"（也称"秀才"），在家学习一年，参加第二年院毕业考。毕业考通过者方可以参加下一年度的乡试。乡试，在省城举行，考取者为举人，各省每次录取人数平均在百人左右，由中央派人来主持，考取者始取得做官的资格。会试，即礼部试，一般在乡试的第二年举行，参加者为举人，考试在京城举行，考取者为贡士，每次录取人数二三百人。殿试，即皇帝亲临亲策的考试，于会试后一个月举行，前三名为"一甲"，称"进士及第"；"二甲"若干人，称"进士出身"；"三甲"若干人，称"同进士出身"，即殿试后"贡生"一般都可以转为进士。"一甲"直接授予翰林院修撰、编修等职，其余的进士均要通过"朝考"方可授予翰林院庶吉士、六部主事、内阁中书、各省知县（州）等。当然，未中进士的举人也可以通过出任官员幕友，或通过荐举、捐纳等方式入仕。

科举之外，还有荐举、捐纳、荫授等入仕方式。荐举即推荐贤才，授以官职的官吏选拔方式，荐举的标准主要是德行、才能，并非全靠家世。捐纳，是指捐纳钱粮买职衔或出身。乾隆时期捐纳成为定例，以补财政不足；荫授，指高级官吏的子女不必经过科举而直接任命为官。捐纳、荫授被视为异途。

（二）考绩制度

清初对官员的考核仍然沿袭明朝的考满法，三年一考，数考为满，根据政绩决定陟黜。康熙朝废考满，实行"京察"与"大计"法。"京察"是对京官和地方督抚的考核，三年一次；"大计"是对各省藩（布政使）、臬（按察使）及以下所有官员的考核。京察、大计均以四格八法为标准。"四格"即考核的四条标准："才"，分为长、平、短三等；"守"，分为廉、平、贪三等；"政"分为勤、平、怠三等；"年"，分为青、中、老三等。考察结果为称职、勤职、供职。"八法"即察明贪、酷、无为、不谨、年老、有疾、浮躁、才弱八类恶德或缺陷。后去掉贪、酷两条，称"六法"。考核后，优者奖赏，劣者罚。奖赏的种类包括引见（属声誉的嘉奖）、升官晋级、入旗、赏赐衣物或赐匾、封增上代荫及子孙；处罚的种类则包括罚俸、降级留任和革职，若革职还有余罪，则交刑部治罪。

三、监察制度

（一）机构和职权

中央设都察院，为最高监察机关，以左都御史、左副都御史统领之。全国划分若干道作为监察区，每道设监察御史满汉各一人。另设六科给事中，负责监察中央六部。后六科并入都察院，合称"科道"。此外，总督和巡抚一般授右都御史、右副都御史兼职监察。各省则有按察使、分巡道主持省内监察。京师有隶属都察院的五城察院，以巡城御史主持各城（区）治安和监察。清朝监察机关发达，监察网络严密。监察机关的职权主要是通过巡察、财政审计、考核官吏等方式弹劾官邪、整饬纪纲，同时也参与重案会审、审判复核、监督决囚等。监察方式包括巡察和驻察两类。

（二）监察法规

清朝重视监察法规的制定，其中《钦定台规》和《都察院则例》最为重要。《钦定台规》制定于乾隆时期，后经嘉庆、道光和光绪朝多次增修，系清朝历史上第一部系统的监察法规，包括训典、宪纲、六科、各道、五城、稽查、巡察、通例等八类规章，详细规定了都察院的职权和监察纪律。《都察院则例》属《钦定台规》的实施细则，包括封驳、陈奏、京察、大计等事项的具体处理规则。上述两部法规的制定使传统中国监察立法达到了新的高度。需要指出的是，清朝的监察权来源于皇权，具有极大的历史局限性。遇到开明君主，监察官就可能发挥激浊扬清的作用；遇到昏君，不仅会限制监察权的行使，而且监察官往往因一言不当，或被革职，或被杖责，甚至被处死，更谈不上纠劾官邪了。

第三节 刑事法律制度

刑事法律是清朝法律制度中最为重要的部分。就整体而言，清朝的刑事法律以承袭明朝的律例为主，但因政治、经济、民族以及社会环境的不同，清朝的刑事法律又有着较为鲜明的时代和民族特色。

一、量刑原则

清朝的量刑原则集唐明律之大成并有所创新。

（一）区别对待

清朝律例公开主张在刑罚适用上不同民族之间区别对待。区别对待包括两种情形：第一，维护旗人的刑事特权。明确规定旗人犯罪享有换刑的特权，如笞杖可以改为鞭责；犯罪当刺字者，只刺臂而不刺面；徒、流、充军免发遣服役，仅枷号即可；杂犯死罪亦可以折换为枷号，真犯死罪当斩立决者，减为斩监候。第二，对待蒙古等少数民族，刑罚适用上亦不强求一致，允许其保留民族习惯。《理藩院则例》规定，发生在蒙古族聚居地方的刑事案件，甚至命盗罪案，多以财产罚即令缴牲畜为罚。

（二）有限罪刑法定

清律规定，官员断罪"皆须具引律例，违者笞三十。……其特旨断罪，临时处治，不为定律者，不得引比为律"[1]，即强调"罪刑法定"之原则。与此同时，清律又保留了类推制度。与前朝相比，清朝对类推适用的限制更趋严格："凡律令

---

[1] 《大清律例·刑律·断狱上》。

该载不尽事理，若断罪无正条者，引律比附，应加应减，定拟罪名，议定奏闻。若辄断决，致罪有出入，以故失论。"① 废除了唐律"举重明轻、举轻明重"的规定，即限制了法官自行类推适用近似律条的权力，使罪刑法定原则有所深化。

（三）自首减免

清律因袭了历代自首减免的原则，但又有所发展。康熙时为有效预防役人逃亡现象，对《督捕则例》进行修订，规定逃走三次者仍可"自回自首"获免罪②。嘉庆时又定例，在监犯人"如有因变逸出，自行投归者"③，照原犯罪名各减一等发落。道光年间，又把这一规定扩大至吸食鸦片犯罪者，这种诱使逃犯归案的奖励规定扩大了自首减免的适用范围。

（四）留养承祀

清初制定大清律例时保留了存留养亲制度。"犯死罪非常赦不原者，而祖父母、父母老疾应侍，家无以次成丁者，开具所犯罪名奏闻，取自上裁，若犯徒流者，止杖一百，余罪收赎，存留养亲。"④ 此后，这一制度被不断修正。先是乾隆二十一年（1756年）规定，欲存留之人如果系非法之徒，平日到处惹是生非，不思孝敬父母者，有司不得声请。⑤ 嘉庆年间再次规定，如被杀之人为独子，其亲尚无人奉养，以及杀人者"其谋故杀及连毙两命"，亦不得声请留养承祀。⑥ 留养承祀属法外施仁，清朝的做法是在追求情法两平的同时，"毋使正凶漏网"⑦。

二、罪名

（一）谋反大逆罪

清律仍然把维护君主专制制度作为首要任务，但又有所变化：

拓展阅读

文字狱

第一，加重了对"谋反""谋大逆"等侵犯皇权犯罪的惩罚力度。按清律例，凡谋反大逆案犯，不分首从，皆凌迟处死，其父子、祖孙、兄弟及同居之人（不论同姓异姓）、伯叔父、十六岁以上的兄弟之子（不限户籍之同异，不论笃疾废疾）皆斩；十五岁以下者及犯人之母女妻妾、姊妹及子之妻妾"皆给付功臣之家为

---

① 《读律琐言》卷一《断罪无正条》。
② （清）徐本、唐绍祖等纂修：《督捕则例》卷上，上海古籍出版社1995年影印版，"逃人自回自首"条。
③ （清）祝庆祺等编：《刑案汇览三编》（一），北京古籍出版社2004年版，第150页。
④ 《读例存疑》卷三《名例律上》之三"犯罪存留养亲"。
⑤ 《皇朝正典类纂·名例律·存留养亲》附乾隆二十一年（1756年）增例。
⑥ 《皇朝正典类纂·名例律·存留养亲》附嘉庆六年（1801年）增例。
⑦ 《皇朝正典类纂·名例律·存留养亲》附嘉庆六条（1801年）降谕。

奴，财产入官"。① 量刑比唐明律明显加重。

第二，犯罪情形呈扩大趋势。清例将持械聚众劫囚拒杀官兵、士人文字疑似反清、挟仇恨编造邪说煽惑人心、异姓歃血为盟结拜兄弟抗拒官府，甚至官员上书奏事犯讳或不当等情形均比照"谋反大逆"论罪。司法实践中又以严惩文字狱和禁异姓结盟最为突出。清帝屡屡对外宣称"不以语言文字罪人"②，但为了严惩所谓思想异端，自庄廷鑨《明书》案开始，"文字狱"迭兴。所谓文字狱，即从文人所写的文章书籍或奏折中随意断章取义，罗织罪名，仅康雍乾三朝就多达百起，株连士人数万，杀人甚多。清律例中除犯讳外，并无处罚以文字论罪的直接条款，司法实践中凡文字狱皆比照谋反大逆罪名定罪，因而用刑极为严酷，凌迟、枭首、发遣、立毙帐下、市朝杖毙，无所不用其极，以此恐吓天下士人；此外，"异姓人但有歃血订盟，焚表结拜兄弟者"，比照谋叛律治罪，为首者拟绞监候，为从者减一等；若聚众二十人以上，为首者拟绞立决，为从者发极边烟瘴充军。③

（二）悖逆礼教伦常罪

清朝统治者重视儒家伦理，为"峻礼教之防"，清朝律例根据时代变化，一方面，对"干名犯义"和"子孙违犯教令"等个别罪名量刑上较之唐律有所减轻；另一方面，在整体上加重了对悖逆礼教犯罪的量刑。如骂尊亲属，妻妾骂夫之祖父母、父母，唐律处徒三年，清律则罪至绞刑。甚至离异的妻妾骂前公婆，唐律处徒刑二年，清律也罪至绞刑；妻妾告夫及夫之祖父母、父母，唐律处徒刑二年，清律加重为杖一百徒三年。夫告妻之父母，唐律无罪，清律规定则杖七十。尊长告缌麻小功卑幼，唐律规定杖刑八十，清律则完全取消尊长责任，对尊长权保护明显加重。增大殴打尊亲属与殴打常人之间的刑差，如清律规定，凡殴打而未成伤者，殴打常人者笞二十，殴打尊亲属则处斩刑，这一刑差大大超过了唐律。亲属间强奸罪亦是如此，如强奸同宗无服亲或其妻，唐律视为一般强奸，徒二年或二年半，清律加重至斩监候。

（三）侵犯财产罪

盗窃、白日抢夺和强盗是传统中国普通财产型犯罪中的几个基本罪名。清朝对此全部沿袭，但量刑上则呈加重趋势。如明律规定一般强盗罪最重处流放三千里，清律则规定强盗罪只要得财，不分首从皆斩。一般窃盗罪，顺治时期规定赃满一百二十两即绞监候。道光年间甚至规定，爬城行劫的罪犯及京城、大兴宛平二县境内的劫盗犯，地方官可以不向朝廷奏报"就地正法"。不仅如此，清朝还通过新增条例对某些特殊类型的财产犯罪进行打击，如在强盗律条下增加惩治"江

①　《大清律例·刑律·贼盗上》。
②　《清高祖实录》卷一五一（第十册），第1165—1166页。
③　马建石、杨育棠主编：《大清律例通考校注》，中国政法大学出版社1992年版，第661页。

洋大盗""老瓜贼",在恐吓取财律条下增加"捉人勒赎"(即绑票)等例文即是如此。所谓"江洋大盗",即"在滨海沿江行劫客船者",因其行为"较陆地劫夺为重要",故打击较严。乾隆时定打击"江洋大盗"条例,只要"已行得财","无分首从皆拟斩决",嘉庆时再制定新例,规定"江洋行劫大盗俱照此例立斩枭示","洋盗拒捕杀人情重加拟凌迟。"① 而所谓"老瓜贼",即以迷药盗财的犯罪行为,清朝亦专定新例加以打击。

(四)危害社会秩序罪

清中叶以后,伴随着人口的增加,流民日益增多,清朝为此加重了对危害社会秩序犯罪的打击。

第一,设立"光棍例"。专以打击"恶棍设法诈索官民"、诓骗应试生童财物、生事行凶扰害无辜良民、乘地方歉收伙众抢夺、喧闹公堂纠众辱官、占据关口码头勒索客商等地痞恶棍敲诈勒索兼聚众滋事行径。

第二,严惩聚众闹事者。按清例,凡抗粮聚众,或罢考、罢市至四十人以上,为首者斩立决,为从者绞监候,胁从者各杖一百;至于哄闹公堂拥塞官府,逞凶殴打官员者,为首者斩决枭首,同谋者斩立决,从犯绞监候②。

第三,严惩"邪教罪"。清朝在"禁止师巫邪术"条附例中确立了"邪教罪",用以打击白莲教、天理教、白阳教、八卦教,一度包括天主教等所谓"左道异端"。依清律例,"倡立邪教,传徒惑众滋事"或"因挟仇恨编造邪说煽惑人心"者,"比照反逆定罪";"凡师巫假降邪神、书符咒水、扶鸾祷圣……烧香聚众、夜聚晓散,佯修善事煽惑人民,为首者绞(监候),为从者各杖一百流三千里"③。这些变化体现了清朝社会之特色。

(五)兴贩或吸食鸦片罪

鸦片于明朝时期通过西域进入中国,清朝雍正年间开始明令禁止鸦片。雍正七年(1729年),第一次颁布禁烟令,规定凡兴贩鸦片烟者,按照收买违禁物例,枷号一个月,发近边充军;私开鸦片烟馆引诱良家子弟者,按照邪教惑众律拟绞监候,为从杖一百,流三千里;船户、地保等,俱杖一百,徒三年。兵役人等借端需索,计赃照枉法律治罪,失察之讯口地方文武各官,及不行监察之海关监督,均交部严加议处。嘉庆、道光皇帝都对鸦片烟秉持着严禁的态度,屡下禁令,一方面将犯罪的情形覆盖到鸦片烟罪的所有领域,另一方面量刑也越来越重。如道光十九年(1839年)颁布的《严禁鸦片烟章程》规定:百姓吸食者处以杖流,在

① 《大清律例重订辑注通纂·刑律》"盗贼"条附嘉庆六年(1801年)例,清嘉庆十一年(1806年)刻本。《皇朝政典类纂·刑》录《大清律例》"盗贼"条附嘉庆七年(1802年)例。
② 马建石、杨育棠主编:《大清律例通考校注》,中国政法大学出版社1992年版,第661页。
③ 《大清律例·礼律·祭祀》。

官人役及官亲吸食者"照平民加一等治罪";"栽种罂粟、制造烟土及贩烟至五百两,或兴贩多次者,首犯拟绞监候,为从发极边烟瘴充军;兴贩一二次,数不及五百两者,为首发新疆给官兵为奴";"开设烟馆,首犯拟绞立决,从犯及知情租屋者,发新疆给官兵为奴";"沿海奸徒,开设窑口,勾通外夷,囤积鸦片,首犯拟斩枭。为从同谋及接引护送之犯,并知情受雇船户拟绞监候"。处罚不可谓不严。

三、刑种

清律沿用笞、杖、徒、流、死之五刑,但有所发展。

(一) 附加刑

清朝承袭了明朝的枷号,即戴大枷在衙门口或城门口示众。实践中多为对盗匪奸淫犯本刑之外的附加刑,时间有数日、一月二月、半年一年,甚至有永远枷号。乾隆时期,枷轻者二十五斤,重者三十五斤,戴枷示众亦为酷刑。

刺字初多用于盗贼及逃人,后逐渐扩大,初犯刺臂,惯犯刺面,甚至还有刺发配地名和发配事由之情形。

(二) 派生刑

明以后,流刑派生出"充军"和"发遣"。"充军"刑明朝时已广泛使用,清朝的充军分附近、近边、边远、极边、烟瘴五等,乾隆时定《五军道里表》,规定充军的远近处所。清朝的充军没有"终身充军""永远充军"之分,到了充军地点也并不编为军户,即并不入兵营服役,因而与流刑无异。"发遣"则是清朝特别设立的刑罚。所谓发遣,是将罪犯发配至边疆地区给驻防的八旗官兵当差为奴,是仅次于死刑的重刑,常见发遣地有尚阳堡、宁古塔、乌拉等地。

(三) 死刑变化

清朝法定死刑有绞、斩二等,执行中又分为立决和监候两类,具体有绞立决、斩立决、绞监候、斩监候四种。立决,即"决不待时",只要皇帝核准,避开禁刑日即可执行;监候,即死缓,留待秋审朝审之后再决定是否执行。此外,司法实践中,凌迟、枭首、戮尸等法律文本中未列的酷刑依旧被广泛适用。凌迟,即剐,初用于"十恶"中谋反大逆以上重罪,后逐渐扩大到劫囚、发冢、杀一家三口以上等刑事重罪;枭首,即悬头颅于城门或街市示众,多用于强盗罪;戮尸,即脔割其尸体以示众,多用于恶逆、强盗等应枭首而身先死者。

(四) 区分真犯和杂犯

司法实践中,为了准确、有效地打击犯罪,清朝将死刑、流刑等重罪一般区分为真犯和杂犯。真犯，又称实犯，即有心故犯；杂犯则指因过误或牵连致罪者。具体而言，死罪中，清律以"十恶"、故意杀人、反逆缘坐、监守自盗、略人与略卖人、受财枉法等性质严重且法定为死刑之罪为真犯死罪；以过失杀人、误杀人、斗殴杀人及某些职务犯罪，依法可以判处死刑但性质不太严重者为杂犯死罪。流罪中，一般指谋反、谋叛、谋大逆等应处以流刑及因不道杀人会赦犹流者为真犯流罪；因过误、牵连致流罪，或因职务犯罪而致流罪者为杂犯流罪。杂犯的处刑，大多可以折易替代，如杂犯死罪一般不执行死刑，照例减等为五年徒刑；杂犯流罪一般也折易为徒刑，依例杂犯流罪总徒四年。

第四节　民事法律制度

清朝用以处理民事关系的法律规范首先散见于《钦定户部则例》《钦定礼部则例》《钦定八旗则例》《蒙古律例》等各种行政法典之中，如《钦定户部则例》中的户口、田赋、税则、兵饷、通例等目下都或多或少地记载着一些用以处理民事关系的法律。此外，《大清通礼》中也包含有一些民事法律规范。传统中国儒家经典中的"礼"，司法实践中也常被引据为民法渊源。众多的民事习惯亦是规范百姓民事生活的重要规范。就整体而言，清朝的民事法律制度在因循明朝旧制的同时，亦有所发展。

一、财产权

（一）保护旗地旗产

清初大量旗人入关，为满足八旗官兵对土地的渴求，顺治、康熙等多次通过武力将京城附近近二十万顷的土地强行圈占，封赐予旗人使用，形成所谓的旗产。就所有权而言，旗产属国家所有，使用者没有处分权，特别是不能将旗产买卖典当于汉人。如雍正七年（1729 年）上谕："八旗地亩原系旗人产业，不准典卖与民，向有定例。"① 但因旗人不善农耕，民间屡有私自买卖旗产事件。为保护旗产，清朝不断重申类似禁止规定，如嘉庆十九年（1814 年）定例，"旗地旗房概不准民人（汉人）典买"，凡查明旗产典卖情形，双方均照隐匿官田律治罪，同时不惜动用国库钱款为旗人赎地。

（二）永佃权

所谓永佃权，是指承租人永久租种出租人土地且子孙可以承继耕种的权利，

---

① 《清朝文献通考》卷五。

属现代民法中的用益物权之一。按明清惯例，只要永佃关系确立，承租人交纳佃租、完纳国税，即可以永久耕种土地受益，甚至包括盖房造坟，而田主无权收回或转租。即使土地易主，租种权依然不废，民间称之为"卖田不卖佃""倒东不倒佃"。在江南地区，永佃权甚至发展成"一田二主"之业态。所谓"一田二主"，即将一块土地区分为独立的田面和田底。田主拥有对田骨（或称田底、田根）的所有权，而承租户享有对田面、田皮的永久使用权，承租人可以转佃、典押、出卖田皮等。

（三）典权

典权是传统中国特有的一项民事法律制度，是指典主通过支付典价占有并使用业主田宅，典期届满业主未回赎的，拥有对该产业的留置权和先买权的权利。对业主而言，出典实为抵押借贷；对典主而言，典权实质上是一种用益物权。如典期内典产损坏灭失，典权人负赔偿义务，但不可抗力除外。与前朝相比，清朝典权的变化如下：首先，对典契须有明确规定。由于民间田宅转让中是"典"是"卖"常因用语不明而起争讼，因此雍正八年定例："卖产立有绝卖文契，并未注有找贴字样者，概不准贴赎。如契未载绝卖字样，或注定年限回赎者，并听回赎。若卖主无力回赎，许凭中公估找贴一次，另立绝卖契纸。若买主不愿找贴，听其别卖归还原价。"虽有此规定，典契超期未赎而业主多年反复向典主索要找贴补价的纠纷仍时有发生，以致乾隆十八年（1753年）再立条例规定：凡契内未注明绝卖者，只要未超过三十年，仍可找贴或回赎；但超过三十年者，即使没有注明绝卖，仍"以绝产论，概不许找赎"；同时规定，此后"民间置买产业，如系典契，务于契内注明'回赎'字样；如系卖契，亦于契内注明'绝卖''永不回赎'字样"。① 其次，明确了房屋出典后的风险责任。如乾隆十二年（1747年）定例，业主的房屋若失火烧毁，在年限未满的情况下，由双方各出价一半重建，典期延长三年，三年后业主应按原典价百分之一百四十取赎；若典主无力出资，由业主自建，原定期限届满后，业主可以按原典价百分之六十取赎。若双方均无力重建，则将地基出卖，将得价的三分之一归还业主。

二、契约

传统中国民间社会重视契约，清朝契约种类众多。

（一）买卖契约

为慎重起见，清朝时期规定土地、房屋、奴婢等买卖均须正式立契。民间将买卖契约分为红契和白契两种。依律例，买卖田产立契后须向官府缴纳契税，并

---

① 《大清律例·户律·田宅》"典买田宅"条附例。

拓展阅读

徽州契约

办理赋税过户，称为"过割"。官府将有关完税过户单据黏贴于契约尾部，称为契尾，并加盖骑缝章。这种黏贴契尾并加盖官印的契约，俗称为红契，无此手续者则称为白契。契约经官府备案登记后，实际上兼有了土地权证功能，日后买卖双方一旦发生诉讼，红契证据效力高于白契。

（二）租佃契约

租佃土地耕种，一般需签订正式契约。契约内容包括土地面积位置、租佃期限、地租数额、交租时间和方式等，并重申不得拖欠。此外，一般还有中人见证或保人担保。如佃户欠租，田主可以撤佃另租，但有限制条件，如禁止临近春耕时撤佃另租等，以保护双方利益。对于永佃契约，即使因佃户多年积欠租谷而不得不暂时退佃的，仍然可以立"退佃契约"，约定将来交清欠租后取回土地继续佃耕，而业主"不得执留"①。

（三）借贷契约

清朝民间借贷现象极为普遍，借贷一般需签订契约。对于民间借贷，清律限制高利贷："凡私放钱债及典当财物，每月取利并不得过三分。年月虽多，不过一本一利。违者笞四十，以余利计赃，重者坐赃论罪，止杖一百。"对"负欠私债违约不还者"，根据欠债额度及欠期处以笞十至杖六十的刑罚，"并追本利给主"。同时规定，债权人可以自力救济，债权人以私债"强夺"债务人财物，"若无多取余利，听赎不追"；"若估价过本利者"，计多余部分坐赃论罪②。

三、婚姻家庭继承

（一）婚姻制度

与前朝婚姻制度相比，清朝法律的变化主要有：结婚方面，首先，对民间长期存在的同姓为婚、中表亲结婚的问题在限制上有所放松，《大清律例》规定"同姓者重在同宗。如非同宗，当援情定案，不必拘文"③，"其姑舅两姨姊妹为婚者听从民便"④。其次，强调婚书的效力。规定订婚或婚书有法律效力："若许嫁女已报婚书及有私约而辄悔者笞五十"。最后，不得拖延婚期。婚期确定后，双方必须遵守。婚期已至，双方有意拖延者，主婚人笞四十。婚约已过五年而男方不娶或逃

---

① 参见张晋藩：《清代民法综论》，中国政法大学出版社1998年版，第150页。
② 《大清律例·户律·钱债》。
③ 《大清律例汇辑便览·户律·婚姻》"同姓为婚"条辑注，同治十一年（1872年）湖北藩局刻本。
④ 《大清律例·户律·婚姻》。

亡三年不归者，女方可以经官府证明改嫁，财没不追①。离婚方面，除遵循传统的"七出""和离""义绝"之外，还规定夫妻一方犯罪受刑者，另方可以解除婚姻或婚约。

（二）家庭制度

人需有家，家必有长。清律确认家长地位，"一户人口，家长为主"。《浙江顾氏族谱》则言，家长"总制一家之务，……其下有事，事无大小必先禀，无得专行"②。依清律例，家长集夫权、父权于一身：对于家庭财产，家长拥有处分权。卑幼未经家长同意"私擅用财"者处以笞杖刑；对于"违反教令"之子孙，家长拥有教令权，可以"依法决罚"，即使邂逅致死也不追究③；家长还拥有主祭、主婚等权。当然，作为家长也须尽抚养、监护、督率赋税等责任。如家庭成员发生脱漏户口、田地荒芜、偷税避役、窝藏盗匪或逃犯、私为僧道、违律嫁娶、分财不均、家人共犯等违法情形时，家长即使不知情也要负罪责。

（三）继承制度

1. 身份继承

身份继承包括宗祧继承、封爵继承两种。宗祧继承盛行于全社会，历来为国人所重视。宗祧继承通常以嫡长子为第一顺序继承人。关于宗祧继承，清朝律例首开"兼祧"之先例。所谓兼祧，即一子承两房宗祧，兼祧者于两房均娶妻生子传香火。大清律例规定，"如可继之人，亦系独子，而情属同父周亲，两相情愿者，取具阖族甘结，亦准其承继两房宗祧"④。此外，依清律，无子的家庭可以通过过继的方法立嗣，但立嗣关系一旦确立，便不得随意解除，否则杖一百。

封爵继承，即继承死者生前拥有的爵号及某些特殊资格。封爵继承一般也按嫡长子优先原则，其继承顺序与宗祧继承相同。清律例规定："凡文武官员应合袭荫者，并令嫡长子孙袭荫。如嫡长子孙有故，嫡次子孙袭荫。若无嫡次子孙，方许庶长子孙袭荫。如无庶出子孙，许令弟侄应合承继者袭荫。"⑤

2. 财产继承

清制，财产继承以家长或父母遗嘱为准。如无遗嘱则依律例按照"诸子均分"原则进行。对于继承顺序和份额，《大清律例》有明确规定："其分析家财田产，不问妻妾婢生，止依子数均分；奸生之子，依子数量与半分；如别无子，立应继

---

① 《大清律例·户律·婚姻》。
② 《浙江顾氏族谱》。
③ 《大清律例·刑律·斗殴下》。
④ 《大清律例·户律·户役》"立嫡子违法"条附例。
⑤ 《大清律例·吏律·职制》"官员袭荫"条附例。

之人为嗣，与奸生子均分；无应继之人，（奸生子）方许承绍全分。"① 女儿一般无继承权，但户绝且未立嗣之家，其财产由"所有亲女承受。无女者，听地方官详明上司，酌拨充公"②。寡妇无子守志者可以继承丈夫的财产。此外，赘婿、养子也享有一定的继承份额。财产继承发生的时间，一般在被继承人死后。现实生活中，被继承人生前自己主持分家析产者亦不在少数。

第五节　经济法律制度

一、土地制度

就所有权而言，清朝的土地制度包括以下几种：

（一）国有土地

清入关后，或通过大规模圈占近京无主荒地及逃亡的明朝贵族官僚弃地，或以数百里外贫瘠土地通过所谓"拨补""兑换"，实质上是强行将近京膏腴民地上的田主赶走，圈占了近二十万顷的土地。这些强行圈占的土地（包括地上房宅）为国家所有，以皇帝名义分配给宗室、贵族、八旗官兵使用，建立起各种各样的庄园——皇庄、王庄、官庄等。官庄采取庄田制经营形式，由原田主佃户或新招农民纳租耕种；耕种者没有人身自由，但拥有少许私人财产，成为官庄的农奴。此外，大批汉人为躲避圈占或逃避赋役，也被迫带地带房"投充"旗人名下，旗人"所收（投充）尽皆带有房地富厚之家"③，其所带土地房屋亦为各类官庄所有。

（二）集体土地

宋以后，在国家的鼓励下民间宗族组织崛起，在社会治理中发挥着重要作用。为了满足宗族活动需要，许多大的宗族都有自己的族产，而土地则是族产中最为重要的部分，称为义田。义田为宗族所有，来源一般有祖上传留、族人捐纳及义田自身的花息繁衍等方式。义田所得主要用于奖励族人和赈济之用。义田是宗族组织存在的经济基础，自然得到了国家法律的保护。乾隆二十二年（1757年）清律中专门增加盗卖义田之条例，规定"及盗卖义田，应照盗卖官田律治罪"，族人不得擅卖，族外人不得擅买。凡捐田赡族者，"由巡抚造具事实清册送（礼）部"，由礼部题请皇帝照例予以旌表，其所捐产值银千两者，由地方官给银三十两建坊，并给"乐善好施"匾额。④

---

① 《大清律例·户律·户役》"卑幼私擅用财"条附例。
② 《大清律例·户律·户役》"卑幼私擅用财"条附例。
③ 《清世祖实录》卷五九，顺治八年（1651年）八月癸酉。
④ 《钦定大清会典事例》卷七五五《户律·盗卖田宅》。

义田外，寺庙所有的寺田数量也极为可观。

（三）私有土地

私有土地，按取得方式又可以分为以下几种：第一，通过垦荒形成。顺治元年（1644年）发布鼓励流民垦荒令，对于各地无主荒田，农民呈明官府"晓示"公告数月，无人承认者，即由"州县官给印信执照，开垦耕种，永准为业"①。"印信执照"即户部颁发的土地权证。有些省份甚至规定，有主土地荒芜而地主不愿意垦种者，也可以由农民呈明官府后垦种，"例得给照，永为世业"②。垦种的土地为私有土地，可以典卖、继承。第二，通过"更名田"形成。原明朝王公贵族拥有的大量土地，一部分通过圈占转为旗地，另一部分诏令仍由原来的佃户耕种，并给予所有权，原王公贵族名下的佃农由此转变为国家的编户齐名，"给予原种之人，改为民户，号为'更名地'，永为世业"③。第三，由国有转化而来。清初招募军人、民人、商人，对集中于东北、西北地区的原明朝荒芜土地进行屯垦，国家给予农具、农资奖励，称为军屯、民屯和商屯。耕种者既向屯主交屯租，也向国家交税，实为对国有土地的承包经营。后国家逐渐放任屯地出售或典当给商民或原佃户，不收屯租，只交国税，屯地遂渐变为私有制土地。

二、赋税制度

赋税是国家得以存在的经济前提。清初，赋税种类主要是按土地、人口和其他杂项（工商、交易、消费等）征收的田赋、丁银和杂税，其中田赋为正税。清初仿效明"一条鞭法"，将田赋、丁银合并为白银进行征收。后因为经济社会发展引发的土地流转和人口流动加剧，按人丁数征税既难操作，也加重了丁银的负担，康熙五十二年（1713年）进行改革，具体办法是以康熙五十年（1711年）丁册登记人口数为常额，此后新增人丁"永不加赋"。此举既减去了因人丁滋生而导致的赋税负担，也有利于流民回归。雍正初年，经过广东地区的先行试验，又在全国实行"摊丁入亩"之新政，"令各省将丁口之赋，摊入地亩输纳征解，统谓之'地丁（银）'"④，亦即将各地应征缴的丁银总额均摊到土地亩数中去，与田赋合计征收，不再按人丁数征税。这一改革使劳动者对土地的依附有所减轻；此外，人头税的消除减轻了无地、少地农民的负担，客观上起到了促进人口增长的效果；同时又保持了国家财政收入的稳定。

为了规范赋税征收，保证国家税源，清顺治初年仿效明制颁行《赋役全书》，

① 《清实录·世祖章皇帝（顺治）实录》卷四三。
② 《治浙成规》卷一《藩政一》。
③ 《清通典》卷一《食货一·田制》。
④ 《清史稿·食货志二·役法》。

为地方征派赋役和财政收支提供法律依据。《赋役全书》形式上按各省府分编，卷帙浩繁；内容方面，规定根据各地所登录的土地、人丁数量和等级，计定田赋丁银的应缴数额、地方所征赋税的分配使用原则、各地承办朝廷所需实物贡赋的种类数额等。由于土地、人丁数量不断变化，《赋役全书》此后定期修订。

三、市场管理

与前朝相比，清朝对待工商业的政策相对宽松。表现在：

第一，废除匠籍制度。对于工商户，许多王朝均单独列籍，限制极严。顺治初年下令废除明朝的匠籍制度，将匠户编入民籍，使其获得了与自耕农相同的社会地位。

第二，保护商人正常经营活动。雍正三年（1725 年）下诏对霸占关市、阻遏贸易、勒索商民的官贵家人或棍徒予以严惩，重至斩首示众①。同时专门定例打击强买强卖、贱物贵卖、把持行市、通同牙行为奸、高下比价惑乱取利等扰乱市场秩序的行为②。

第三，严禁滥征商税。顺治时曾定例，对有"徇情放免"或"例外多征"行为的税吏，"一经查出，立行重处"③。康熙时制定《关税条例》，雍正时又定《各关征税则例》，乾隆时制定《各省课税则例》，将之立榜于各省关口，防止违例收税，减轻商人负担。

第四，加强对牙行的管理。《钦定大清会典事例》规定："凡城市乡村通商之处，陆有牙行，船有埠头，为客商交易货物。并选有抵业人户充应，官给印信文簿，附写客商、船户住贯、姓名、路引、字号、物货数目，每月给官查照，不许私充。"④ 按规定，牙行成为官牙，协助官府管理市场、平定物价及征收商税。同时明令，"若有光棍顶冒朋充，巧立名色，霸开总行，逼勒商人不许别投"⑤，则严加打击。不仅如此，大清律例中也设专条打击"私充牙行埠头"的行为⑥。

上述措施一定程度上促进了工商业的发展。需要指出的是，清朝初年为政治需要亦曾严禁沿海对外贸易。顺治十二年（1655 年）首次颁布禁海令，规定沿海地区"寸板不得下海"。接着又颁布迁海令，强制沿海居民内迁五十里，越界者斩，完全阻绝了海外贸易。《大清律例》中严惩"违禁下海"的条文甚多，如"凡

---

① 《钦定大清会典事例》卷七六五，光绪二十五年（1899 年）重修本。
② 《钦定大清会典事例》卷七六五，光绪二十五年（1899 年）重修本。
③ 《清朝文献通考》卷二六《征榷考一·征商》。
④ 《钦定大清会典事例·户部·权量》。
⑤ 《钦定大清会典事例》卷一〇六，光绪二十五年（1899 年）重修本。
⑥ 《大清律例·户律·市廛》。

将马、牛、军需、铁货、铜钱、缎疋、细绢、丝绵私出外境货卖及下海者，杖一百"；"凡沿海地方奸豪势要及军民人等，私造海船，将带违禁货物下海，前往番国买卖，……正犯比照谋叛已行律处斩枭示，全家发近边充军"。直至鸦片战争前夕，广州以外各口岸均奉令关闭，实行广州一口通商政策。

第六节 司法制度

一、司法机关和人员

后金时期，满族人军政合一，尚无专门的司法机关。《满文老档》记载，1615年形成了八大臣及四十断事官每五日聚会一次，公正判断纠纷之"常例"。此后，开始仿效汉制设立司法机关。入关后，司法机关的设立和运行逐渐制度化。

（一）中央司法机关

清朝仿效明朝，在中央设立刑部、大理寺、都察院三大法司。

1. 刑部

刑部是皇帝掌控下的国家最高审判机关，职"掌天下刑罚之政令"[1]。具体而言，其职权包括：核拟死刑案上呈皇帝，办理秋审、朝审事宜，批结充军、流刑、发遣案件，审理京师徒以上现审案件及中央官吏犯罪案件；通过"黄册"对命盗案、秋审案、案赃或罚没钱物等进行统计管理，主持全国狱政；主持修订律例。刑部

拓展阅读

《刑案汇览》

设尚书、侍郎主政，下设十七省清吏司、督捕司、秋审处、律例馆、提牢厅，法定吏数四百零七人，为清朝中央机关中人数最多者。

2. 大理寺

大理寺为慎刑机关，职责为"掌平天下之刑名，凡重辟则率其属而会勘。大政事下九卿议者则与焉，与秋审、朝审"[2]。具体为：主掌刑部拟判死罪案复核，发现拟判不当者驳回；参与秋审、朝审；主持热审。其中，复核驳议是大理寺最主要的职责。大理寺设大理寺卿、少卿主之，下设左右二寺和丞、正、评事、主簿等。

3. 都察院

都察院是皇帝掌控下的监察机关。作为监察机关，都察院享有一定的司法权：

---

① 《光绪会典》卷五三。
② 《大清会典》卷六九。

按规定，刑部核拟死刑案件须先送都察院审核，都察院署拟意见后转大理寺，大理寺署拟意见后退回刑部，最后由刑部撰题本上奏。此外，还参与秋审、朝审，并执行复奏。都察院设左都御史、副左都御史主之。

4. 三法司之关系

三法司的关系大致可以概括为："持天下之平者（刑）部也，执法纠正者（都察）院也，办理冤枉者（大理）寺也。"① 即：刑部主审判，都察院监督，大理寺复核。然而，实际运行中，清代刑部权重，寺、院并无审判实权，其中大理寺的衰落已不可逆转。

（二）地方司法机关

清朝地方行政区划分为县、府、省三级，司法审级则实行四级制度。

知县为第一审级。有权审决处以笞、杖刑的刑事案件及户婚、田土、钱债等民事"自理案件"；徒、流、死刑案件初审拟判后将案卷、案犯一起解送府级衙门复审。清朝实行逐级转审制度，徒刑以上案件一般采取无条件上报，逐级审判。州县设县丞、主簿、吏目、典史等协助辅佐知县，分管缉捕或管理监狱，但无权受理词讼。

知府为第二审级。其职责为复审州县上报的徒罪以上案件及上诉申诉案。其中直隶厅、州也负责辖区的一审案件，以道为二审。知府、知州复审后提出判决意见，再上报省按察司。府设通判、经历司、司狱司、推官等辅佐办案，但无权单独受理案件。

省提刑按察司为第三审级。职责是对府（包括直隶州、厅）上报的刑案进行复审。徒刑人犯不解省，因而徒刑案件一般仅书面复核，但对军、流、遣、死案则需升堂讯问。如无异议，则加"审供无异"看语上报督抚；如有异议，则驳回重审或改发别州县更审。

总督巡抚为第四审级。其职责是对省按察司复核无异议的徒刑案件批准执行；对军、流案加以复核，如同意按察司意见即转咨报刑部。对死罪案人犯则当堂亲审，如与县、府、按察司意见相同，就"具题"向皇帝奏报，副本咨送都察院和大理寺；如有异议，则驳回重审或另发他司更审。

地方中，京师地区的司法机关较为特殊。京师分东、西、南、北、中五城，各设察院掌监察、治安和司法。户婚、田土、钱债、斗讼等轻案及杖罪以下案件自行审结，徒罪以上案件报刑部定案。此外，负责京师治安的步军统领衙门，也有"平决狱讼"职责。杖罪以下自行审结，徒罪以上初审后送刑部定拟。即京师地方司法权由五城察院、步军统领衙门、刑部共同掌管。

---

① （清）魏琯：《申明三法司旧例疏》，载《皇朝经世文编》卷九三《刑政四·治狱上》。

（三）特殊司法机关

清朝的特殊司法机关主要有两类。

1. 负责审理满族人的司法机关

为维护满族人特权，清朝中前期设有负责满族人案件的准司法机关。这些机关包括管理皇族宗室事务的宗人府和管理宫廷事务的内务府中的慎刑司、京师的步军统领衙门以及府（州）的"理事厅"（理事厅是各府州理事同知、理事通判的办事机构。理事同知、理事通判是清朝设置的专门负责联络八旗军与地方政府关系的专官，由旗人担任），这些机关均有权审理各自管辖范围的满人诉讼。特殊管辖及司法特权的存在，导致"旗人自恃地方官不能办理，固而骄纵，地方官亦难于约束，是以滋事常见其多"①。咸丰朝以后逐渐取消。

2. 负责审理蒙、藏、回族地区案件的上诉机关

按清制，凡发生于蒙古、藏、回部地区的遣、死案件须呈报理藩院，与"三法司"一同复审。

（四）胥吏及幕友

地方官员为亲民之官，按照清制，地方一切司法行政事务必须亲自处理。然而，清朝地方官员多为科举出身，熟读儒家经典，对于实际政务则并不了解，加之又调动频繁，司法行政事务只能依赖胥吏和幕友。胥吏又称书吏，为地方各级衙门中具体从事文书工作者的统称。清朝地方衙门中的书吏一般分为吏、户、礼、兵、刑、工六房，书吏虽只负责文书工作，但来自当地，与地方各界多有交往，在具体政务中所起的实际作用较大。幕友，俗称师爷，是地方官员私人聘请的顾问，收入来自主人馈赠的束脩。清朝幕友种类众多，但以刑名、钱谷幕友最为重要。刑名幕友帮助主官批答案牍，草拟判词，具有一定的司法权力。胥吏和幕友收入较低，几乎没有升职的希望，因此胥吏和幕友常相互勾结，操纵司法，成了清朝司法制度中的一大弊端。

二、诉讼制度

传统的诉讼制度发展至清朝已较为完备，大清律例《刑律·诉讼》对此有详细规定。

1. 起诉的条件和限制

清朝起诉限制条件较多：如所告内容必须属实，禁止匿名告人和诬告。清律鼓励实名举报，凡匿名告人罪者处以绞监候。诬告人笞罪者加所诬罪二等罚之，诬告人杖、徒、流罪者加三等罚之，诬告死罪者，若被诬之人已死则"反坐以

---

① （清）英和：《会筹旗人疏通劝惩四条疏》，载《皇朝经世文编》卷三五。

死"；禁止控告祖父母、父母、丈夫及缌麻以上尊亲属甚至卑亲属，告者为"干名犯义"，即使无诬告也要受罚；老幼（八十岁以上、十岁以下）、笃疾、妇女除极少数罪名外亦不得亲告，须由亲属代告，称为"抱告"；所告事必须"干己"或"切己"，除官吏老幼妇女可由家人代告外，无关之人不得参与告诉；严格实行逐级告诉，不许越诉，"越诉者笞五十"；在押囚犯，除因供述自己的案情必须牵连他人或告发虐己之狱官外，"不得告举他事"，以防止诬告罗织；每年四月初一至七月三十日为"农忙止讼"期，期间不得告诉民事及轻微刑事案件，其他季节也只能在放告日（每月逢三、六、九日或逢三、五日）起诉；告诉应以书面形式进行，代书者必须有官府发给的"官代书"凭证，实名代书，禁止讼师讼棍私自代书参与诉讼等。

2. 京控的规定

清朝允许百姓在符合一定条件下进京告御状，称为京控。京控的内容必须属实，"但邀车驾及击登闻鼓申诉而不实者杖一百"。接受京控的法定机构初为通政司和登闻鼓司两处，后将登闻鼓司并入通政司。实践中都察院、五城察院、顺天府、步军统领衙门等亦可以接受京控，但刑部除外，以保证刑部正常的工作秩序不受影响。

三、审判制度

（一）常规审判

清朝重视审判，并已形成一些基本制度，较为重要的有：第一，告状必须受理。凡"告状不受理"者有罪，重至杖一百徒三年。第二，听讼回避。为保证审判公正，听讼者与原被告有亲戚师生或仇嫌关系者不得参与审判。第三，注重民、刑事审判之差异。清朝尽管仍未形成独立的民事诉讼和刑事诉讼程序，但在操作层面两者已呈分开之趋势。第四，禁止私自刑讯。对待刑讯，清朝法律的基本态度是承认合法，但不提倡更不鼓励。为此规定，允许刑讯，但拷讯不依法者则有罚。同时规定，不得迫令近亲属及老幼废疾者作证，更不得对之拷讯；必须"依告状鞫狱"。审讯必须依诉状请求，凡"状外求罪"者以故入论罪。第五，判决必须引律令例正文。判决不得引据临时特旨或其他，违者有罪。同时规定，宣判须唤囚犯及家属到堂聆听。"取囚服辩文状"，"若不服者，听其自理（辩）"，保障上诉权。第六，审转制度。对于笞杖刑案，知县可以审决，但徒、流、死罪案件不问当事人态度，均须逐级上报复审，军、流、死罪案件则须上报中央。

（二）会审制度

清朝的会审是在明朝会审制度的基础上发展而来的。

1. 秋审

秋审是对在押死刑犯进行特别复核的制度。因举行的时间为每年秋季，故曰秋审。秋审复核的对象是各省被判绞、斩监候的死刑犯，参加人员为内阁、军机、九卿、詹事、科道及各院寺司监主官。具体程序为，先由刑部及各省将应入秋审的案犯整理复核，区分为情实、缓决、可矜、留养四类。由于可矜、留养者较为少见，故实际区分为实、缓两种。秋审当日，官员齐聚在天安门前金水桥西，对所

有死刑案件"逐一唱名"，确认最后结论，并由刑部领衔具题奏报皇帝，皇帝作出实、缓、矜、养的最后裁决。奉旨入"情实"者，当年处决前，还须由刑科给事中向皇帝"复奏"，初为三复奏，乾隆时改为一复奏，然后由各道御史奏请"勾到"，最后奉旨勾决者才下令处决。奉旨入"缓决"者，则留待下一年度秋审，凡三经缓决者多改为流刑或发遣。秋审显示了对待死刑的审慎态度，因而被称为国家大典。

2. 朝审

朝审是对京师刑部狱中在押死囚进行复核的制度。因在秋审前一天举行，故称为"朝审"。朝审与秋审程序相同，但需将囚犯解至现场审录。

3. 热审

热审是清朝的一种仁政措施。每年小满后十日至立秋前一日，由大理寺左右二寺官员，会同各道御史及刑部承办司共同审录关押在京师各监狱的笞杖罪囚，轻微犯罪者可减免刑罚或及时释放。因在炎热的季节举行，故称"热审"，康熙时确定各省同时举行。

此外，按清制，涉及军人、旗人、番人、僧道的案件，一般由地方长官约同军事、旗务、土司、僧纲道纪等官员一同会审，称为约会审理。

四、调处制度

依律例，户婚、田土、钱债等民事纠纷及轻微的刑事案件属州县官自理案件。司法实践中，州县官在处理这类纠纷时一般奉行调处息讼的原则，能调处者尽量调处。调处既可以由官府直接调处，也可以由官府指令基层保甲长、乡邻和亲族调处，力争堂上调处与堂下调处、诉讼内调处与诉讼外调处有机结合，从而使调处成了审判的重要补充。

思考题：

1. 试析清朝法制相对于明朝法制发生的最有时代属性的变化。
2. 试析清朝法制相对于明朝法制发生的最有民族属性的变化。

3. 试析清代"会审制度"空前发达的主要原因。

4. 试比较清代的逐级审转制与现代审级制，并说明其主要差别。

▶ 自测习题及参考答案

第十三章　清末法制改革

第一次鸦片战争以来，中国受到西方列强的直接巨大冲击，开始了艰难的近代化历程。近代化最开始在军事国防、经济等领域发生，到戊戌变法前后，其重心开始转移到政治法律领域。自庚子国变到清朝灭亡这十余年间，清朝推进全面法制改革：吸收西方法律理论与法律制度，起草民法、刑法、诉讼法等各项法律草案；改革司法制度，建立近代司法机构。这次法制改革是中国传统法制向近代转型所迈出的关键一步，在中国法制史上具有承前启后、继往开来之地位。

第一节　清末社会与法律

一、鸦片战争后的中国社会

第一次鸦片战争后，中国社会在西方直接刺激下开始了近代转型。在战争前，经过资本主义经济活动的洗礼和启蒙思潮的激励，一系列社会革新实践在欧美发生，其标志性事件为英国"光荣革命"、美国独立建国和法国大革命。此后，主权国家、权力分立与制衡、市场经济等制度设施及民主、自由等价值观念基本确立。西方列强进而在全球范围内扩大侵略，拓展殖民地。此时的中国，在经历了百多年的康雍乾盛世之后，开始步入王朝循环的衰落期，主要表现为：皇权专制登峰造极而吏治却极度腐败、人口大幅度增加导致社会贫困程度加剧、因严密的思想控制而导致思想学术陷入烦琐考据几无关乎国计民生。

当时执世界牛耳的英国具有强烈的拓展全球市场欲望，曾两次派遣使臣觐见清朝皇帝，希望攫取重大商业利益，皆无满意结果，遂于1840年以鸦片贸易问题为导火索发动侵华战争，凭借其船坚炮利打开了中国国门。中国被迫门户开放，走上了艰难曲折的近代化之途。

第一次鸦片战争以清廷战败缔约告终，丧权辱国、割地赔款，不一而足。之后其他列强竞相效尤，又相继爆发了第二次鸦片战争、中法战争、中日甲午战争和八国联军侵华战争等多次中外战争，外患加剧内忧，太平天国、义和团、变法改良和革命运动随之而起。在这个过程中，中国社会危机日益深重，主要表现在：民族危机空前，救亡图存成为当时中国人关注的最核心问题。鸦片战争后，中国主权受损，英国占领香港，获得了经营中国的基地；五口开放通商提供了列强从沿海深入内地的通道；列强到处传教，教案迭起，海内骚动。降及世纪之交，列强更掀起了瓜分中国的狂潮。庚子国变，创巨痛深，国防几于虚设，清廷在民众心目中地位一落千丈。国门开放，列强商品涌进中国市场，对中国传统小农经济和家庭手工业构成了致命打击，民族资本主义发展严重受挫，加剧了一般民众之贫困，激化了固有的国内矛盾。西方物质文明背后的价值观念，对中国固有文化威胁甚大。

鸦片战争后，伴随着每一次中外战争，中国开放程度不断加深，中西文化冲突愈演愈烈，相应地中国人对西方文化的认识不断加深，中国开始了学习西方、寻找自身出路的近代化历程。根据梁启超的归纳，近代中国人先从器物上感觉自己要学习，渐渐意识到制度需改进，进而主张从根本上革新文化。中国人渐渐发展出民族建国（凡不是中国人都没有权来管中国的事）和民主（凡是中国人都有权来管中国的事）之精神。①

二、国家主权与不平等条约

近代中国自与西方列强接触以来，挫折屈辱难以数计，不平等条约是最明显的标志。一般而言，主权国家间缔结的条约应是平等条约，即双方自愿商定，权利义务对等。但近代中外条约，几乎都是列强挟武力之威强迫中国政府订立，其内容皆不同程度地损害了中国主权。故近代中国"条约制度"是西方列强对外扩张的产物，是中国蒙受屈辱的标记。

清末法律变革之前，清廷与列强所签订的一系列不平等条约，对国家主权损害极大，归纳起来，有下述几点：

第一，破坏了中国的领土完整。自《南京条约》清廷被迫割让香港岛开始，列强多次胁迫清廷割让土地。清廷不仅周围藩属尽失，东北、西北地区丢掉大片土地，澎湖列岛及台湾悉数割让，腹心都市更有列强租界、租借地等"国中之国"大量存在。

第二，丧失了重要的经济主权。不平等条约确立了协定关税和内地通行税制度，清廷丧失了主权国家税收自主权。列强还获得了内河航运权、路矿借款担保权、投资设厂权、鸦片贸易权、自由雇佣劳工权等一系列经济特权。

第三，丧失了海关自主行政权。条约制度确立了海关行政外籍税务司制度，列强可以通过税务司掌管海关的用人行政权，进而获得了邮政管理权。

第四，丧失了重要的文教权力。列强为保障其在华传播西方文化的特权，在条约中明确规定建立学校和传教之权，中国官府有厚待保护之义务。

第五，丧失了部分司法主权。列强通过条约获得了在华领事裁判权，由其领事行使其在华侨民民刑事案件的司法管辖权，后又借助领事观审、中外会审制度

---

① 参见（清）梁启超：《饮冰室文集点校》第五册，吴松等点校，云南教育出版社 2001 年版，第 3249—3250 页。

将其司法管辖权扩大到与其侨民有直接关系的部分中国人。

以不平等条约为主要内容的条约制度，大大损害了近代中国的国家主权，促使中国朝野寻找变革之路。

三、社会危机与法律变革

清廷在直接面对西方时一次次失败，被迫由唯我独尊的天朝体制转为承认由不平等条约构成的条约体制，加重了时处王朝衰世所固有的社会危机。西方文化的输入和传播，使得清末朝野不能局限在固有框架内寻求解决社会危机之法，必须进行更深层次的变革。

为了处理与列强的外交关系，应《北京条约》之要求，清廷于1861年设立总理衙门，它是近代中国为回应西方冲击所设置的第一个重大机构；要与列强打交道，就需了解他们，懂其语言文字，清廷于是在同治年间设立了同文馆、广方言馆等语言学校；清廷还设立了新式枪炮军械厂、船政局，进而派遣留学生。变化涉及社会生活的方方面面，法制也要进行配套变革。

早在鸦片战争之前，西方列强即对清廷关于涉外案件的法律和审判很不满。1821年的美国商船"急庇仑号"（Emily）水手处死案就是一例。美船"急庇仑号"停泊在黄埔，船上水手德兰诺瓦（Terranova）以瓦罐投向一中国妇女，该妇女当时在附近小船上兜卖水果，结果她受惊吓落水淹死。广州官府命令美船交出凶手遭拒绝，遂下令停止中美贸易。后由番禺知县在船上进行审理，船方认为这是"一种笑话式的审讯和滑稽式的裁判"而拒绝当场交出被告。在停顿贸易的压力下，船方在一周后被迫交出该水手，到广州府接受第二次审讯。最终德兰诺瓦被押赴刑场绞决，尸体被送回船上。事后美国表达了他们的立场："当我们在你们的领海内，我们理应服从你们的法律；即使他们永远是这样的不公正，我们也不能反对它们。"[1] 其实，清朝官府并没有因被告是美国人就刻意如此审判和适用法律，彼此都觉得对方不讲理，其根本原因是中西法律制度和理念上存在巨大差异，单纯说理不足以根本改变认识和看法。

及至鸦片战争后，确认了列强在华领事裁判权，其侨民的民刑事案件归该国领事管辖，问题得以暂时解决。随着慢慢意识到领事裁判权的巨大危害，清廷力图收回司法主权。在武力尝试失败后，只能寄望于外交谈判一途。1902年9月，清廷与英国签订《中英续议通商行船条约》，其中第十二款规定："中国深欲整顿本国律例，以期与各西国律例改同一律。英国允愿尽力协助，以成此举。一俟查

---

[1] ［美］马士：《中华帝国对外关系史》第1卷，张汇文等译，商务印书馆1963年版，第121—127页。

悉中国律例情形及其审断办法及一切相关事宜皆臻妥善,英国即允弃其治外法权。"① 希望废除领事裁判权,收回司法主权,构成了晚清法制变革一大原因。

随着近代社会变迁,清廷原先的法律和司法制度不能有效地应对新情况、解决新问题,原先的问题更趋严重或被放大。这主要表现在:列强认为它不能保护其侨民在华财产和人身安全;与外国人打交道的中国人认为中国传统律法和司法无法为其与列强的交涉行为提供法律依据;民族工商业受限于传统法制而无法壮大,不能与外国在华企业获得平等的法律地位。如在开矿、筑路、开办企业等方面没有相关法律规范,传统弊端如律例烦琐、刑罚过重、刑讯逼供及书差肆虐等更显严重,法制急需革新方能济时。

及至庚子国变,清廷遭遇空前重创,慈禧在逃难西安期间,即以光绪名义下达关于"变法"的谕旨,规定除三纲五常之外,其他具体制度皆可兴革,其目标是要取外国之长,补中国之短,进而要求内而军机大臣、六部九卿,外而各省督抚使臣,条陈变法改制之具体举措,以明何者当因、当革、当创、当废。据此,两江总督刘坤一和湖广总督张之洞联衔上《江楚会奏变法三折》,提出整顿中法、采用西法之举措。清末历时十年左右的包括法制在内的新政改革随之揭幕。

第二节　预 备 立 宪

近代中国政法领域的核心问题是如何励行宪政。它发轫于晚清君主预备立宪,清廷灭亡后进入共和立宪阶段。晚清政法改制,最重要者即预备立宪。

一、戊戌变法

近代社会开端之际,即有思想家开始向国人介绍西方宪政学说。魏源吸收了林则徐《四洲志》中关于议会制度的介绍,并对其多数决制度给予了正面评价,"众好好之,众恶恶之;三占从二,舍独循同"②。到 19 世纪七八十年代,随着洋务运动的展开,时人对宪政思想有了更深入系统的认识。如两广总督张树声在临终前的 1884 年口授遗折,恳请朝廷开设议院。③ 戊戌以前,宪政思想虽为朝野

---

① 王铁崖编:《中外旧约章汇编》第 2 册,生活·读书·新知三联书店 1957 年版,第 109 页。

② (清)魏源:《海国图志》,岳麓书社 1998 年版,第 1161 页。

③ "夫西人立国自有本末,虽礼乐教化远逊中华,然驯致富强,具有体用。育才于学堂,议政于议院,君民一体,上下一心,务实而戒虚,谋定而后动,此其体也。轮船大炮洋枪水雷铁路电线,此其用也。中国遗其体而求其用,无论竭蹶步趋,常不相及。"何嗣焜编:《张靖达公(树声)奏议》,载沈云龙主编:《近代中国史料丛刊》第 23 辑,文海出版社 1968 年版,第 559 页。

部分士大夫所留意，但尚未成为主流。到戊戌变法时期，受甲午战败和列强瓜分狂潮之刺激，君主立宪运动已从"坐而言"发展到"起而行"，正式登上政治前台。

康有为作为戊戌变法之领袖，面对危局，结合他所了解的西方宪政理论和《春秋公羊》学说，萌生了较为系统的君主立宪思想。他认为，社会发展需经历据乱世、升平世，最后进入太平世这个理想之境，每一世都有相应的政治制度：绝对王政适于据乱世，君主立宪适于升平世，共和制度适于太平世。当时中国要从据乱世向升平世转变，故政治制度需从绝对王政转到君主立宪。在给光绪进呈《日本变政考》一书"议定国宪"条的案语中，他明确阐发了变法主张："购船置械，可谓之变器，不可谓之变事；设邮局、开矿务，可谓之变事矣，未可谓之变政；改官制，为选举，可谓之变政，未可谓之变法；日本改定国宪，变法之全体也……今之有国者，五洲共处，则当监欧墨美，此又势所必然矣。"

康有为认为，中国变法要以明治维新为榜样，推行君主立宪制。但改革既非原地踏步，又不能躐等而行，必须审时度势，采取恰当步骤和方略。当时中国教育落后、民智未开，不能骤然开国会行君主立宪，"立国必以议院为本，议院又必以学校为本"。另外，当时变法改制阻力重重，如变法派明确提出设立君主立宪国家那样的议院，反对派必以君权神圣为理由予以驳斥，从而大大增加改革阻力，甚至招来光绪的疑忌。主要基于这两个理由，在戊戌维新中，康有为等维新领袖模仿日本，大力推进制度局的设立。康氏于 1898 年 1 月 29 日、6 月 16 日先后上折，陈述建立制度局对变法的必要性和重要性。①

制度局虽是皇帝的咨询机构，但因全由维新人士参与，且距离皇帝很近，故为维新变法之总汇。它与立宪国家代表民意之议会，相差甚远。该机构更类似于中国政制史上屡次出现的内朝官制度，故其设置遭到严重抵制。直到戊戌维新被镇压，制度局都未正式设立运作。

戊戌维新短短百日即以失败告终，但它广泛传播了君主立宪思想。戊戌政变后，以康、梁为首的维新人士流亡海外，开阔了视野，丰富了知识，对宪政的认识突飞猛进，为晚清预备君主立宪和中华民国的共和宪政储备了知识和

---

① "用南书房、会典馆之例，特置制度局于内廷，妙选天下通才十数人为修撰，派王大臣为总裁，体制平等，俾易商榷，每日值内，同共讨论；皇上亲临折衷一是，将旧制新政斟酌其宜。某政宜改，某事宜增，草定章程，考核至当，然后施行。""非特开制度局于内廷，妙选通才入直，皇上亲临，日夕讨论，审定全规，重立典法，何事可存，何法宜革，草定章程，维新更始……变科举、开学会、译西书、广游历以开民智，臣面对已略举之，皆制度局中条理之一端而已。"姜义华等编校：《康有为全集》第 4 集，中国人民大学出版社 2007 年版，第 198、259、14、88 页。

人才。

二、"仿行宪政"与立宪方案

庚子国变，清廷创巨痛深，决意推行"新政"。"新政"之初，尽管有《江楚会奏变法三折》作为改革蓝图，但政治改革究应走向何方，是在传统体制内进行修补维护还是彻底改弦更张，朝野尚无明朗共识。1904—1905 年爆发了日俄战争，本来这是两大列强在中国领土上的一次争霸战，但这次战争表明清廷危亡迫在眉睫，确定用何种办法来救亡图存已不容稍缓。那到底如何才能救亡图存，时人对战争胜负关系的解读提供了君主立宪方案。战前一般中国人认为日俄开战是黄种人和白种人之战，日本战败，不待智者即可断定。战争之结果，颇出国人意外，反思其原因，原来主要在立宪制度的优越性，"于是反对变法立宪的人也没得话说了。俄国的人民也暴动起来了，俄国的政府也有立宪的表示了，中国还可独居为专制国么？"①

1905 年清廷派了包括宗室亲贵这类"自己人"在内的五大臣出洋考察宪政。考察归来，载泽两次被慈禧和光绪召见，君臣有过推心置腹的交谈。他于 1906 年

拓展阅读

五大臣出洋考察

8 月 26 日上了《奏请宣布立宪密折》，盛赞君主立宪，认为抽象而言，"宪法之行，利于国，利于民，而最不利于官"，对于当前局势来说，其好处大致有三，即皇位永固、外患渐轻、内乱可弭，且还能平满汉畛域，因此须宣布立宪；鉴于人民程度不足，建议朝廷先预备立宪。在该密折末尾，他说了一段颇能打动两宫的体己话："奴才谊属宗支，休戚之事与国共之。使茫无所见，万不敢于重大之事，鲁莽陈言。诚以遍观各国，激刺在心，若不竭尽其愚，实属辜负天恩，无以对皇太后、皇上。伏乞圣明独断，决于几先，不为众论所移，不为浮言所动，实宗社无疆之休，天下生民之幸。事关大计，可否一由宸衷，乞无露奴才此奏，奴才不胜忧悚迫切。"

这无疑坚定了清廷预备立宪之决心。1906 年 9 月 1 日，清廷宣布今后将切实预备立宪，② 它从此成为清廷之"国策"。1908 年 8 月 27 日，《钦定逐年筹备事宜

---

① 李剑农：《中国近百年政治史（1840—1926 年）》，复旦大学出版社 2002 年版，第 208 页。

② "时处今日，惟有及时详晰甄核，仿行宪政，大权统于朝廷，庶政公诸舆论，以立国家万年有道之基。但目前规制未备，民智未开，若操切从事，涂饰空文，何以对国民而昭大信。故廓清积弊，明定责成，必从官制入手……并将各项法律详慎厘定，而又广兴教育，清理财务，整饬武备，普设巡警，使绅民明悉国政，以预备立宪基础。"故宫博物院明清档案部编：《清末筹备立宪档案史料》上册，中华书局 1979 年版，第 43—44 页。

清单》颁布，规定预备立宪期为九年，到 1916 年正式实行君主立宪。为推动预备立宪之进行，清廷设立了直属军机处的宪政编查馆，专门负责宪政预备的编制、调查和审查。

在筹备期内，先要改革官制。官制改革分中央和地方两块。1906 年 11 月 6 日，清廷发布上谕，确认中央官制改革的结果：内阁、军机处照旧，各部尚书均充参预政务大臣；外务部、吏部仍旧，巡警部改为民政部，户部改为度支部，太常、光禄和鸿胪三寺并入礼部，学部仍旧，兵部改为陆军部，以练兵处、太仆寺并入；应行设立海军部和军谘府，未设之前暂归陆军部办理；刑部改为法部，任司法行政；大理寺改为大理院，掌司法审判；工部并入商部，为农工商部；新设邮传部，负责轮船、铁路、电线和邮政；理藩院改为理藩部；都察院照旧；新设资政院和审计院。1907 年 6 月，清廷公布了地方官制改革方案：陆军部直接委派督练公所军事参议官，以收回督抚之军权；度支部派出清理财政监督官，以收回督抚的财权；改各省按察使为提法使，负责地方司法行政；在各省城商埠设立各级审判厅，负责司法审判；裁撤分守道和分巡道，增设巡警道和劝业道。

清廷官制改革意在扩大和完善国家职能，是预备立宪的前提。但官制改革强化了满洲亲贵的中央集权，使督抚对清廷的离心力加大，满汉矛盾趋于尖锐，从而加速了清廷的灭亡。

三、资政院与谘议局

清廷既宣布预备立宪，就要着手筹建作为预备国会的资政院。1907 年 10 月朝廷下令设立资政院，任命溥伦和孙家鼐为总裁，要求他们会同军机大臣一起拟订《资政院院章》。1909 年，《资政院院章》得到批准颁布，它确定资政院由钦选和民选议员各一百人组成，由三十岁以上的男性选充。钦选议员包括宗室王公世爵，满汉世爵，外藩（蒙、藏、回）王公世爵，宗室觉罗，各部院衙门官（限于四品以下七品以上，但不能是审判官、检察官及巡警官），硕学通儒和纳税多额者七类，民选议员由各省谘议局议员互选产生。资政院应行议决事件有：国家岁出入预决算事件、税法及公债事件、新定法典及修改事件（宪法除外）和其他奉特旨交议事件。资政院于其权限内的事件议决后，由总裁、副总裁会同军机大臣或各部行政大臣具奏，请旨裁夺。从文字规定来看，资政院只是一个博采舆论的咨询机构，与立宪国家的国会职能相距甚远。

1910 年 9 月，资政院正式召集议员，10 月初举行了隆重的开院典礼，随后正式召开了为期一百天的第一次常年会。次年资政院又召开了第二次常年会，但此时武昌起义已爆发。因政局混乱，会议受到很大冲击，撑持到 1912 年 1 月即宣布自我解散，资政院随着清廷覆亡和君主预备立宪的失败而退出历史舞台。

　　资政院是立宪派极力推动君主预备立宪的最高峰，对中国近代社会从专制到立宪的政治转型，有诸多开创性贡献：它是我国第一个具有国会性质的机构；它有占议员总数一半的民选议员，开民意代表参与中央政治之先河；资政院第一次常年会发动的弹劾军机案，是民意机关首次弹劾政府要求政府负责任的行动；资政院议决的宣统三年（1911 年）预算案，是民意机关对整个国家财政收支主动进行监督和审核，在我国历史上乃首次；资政院议决的新刑律"总则"部分，是民意代表参与议决的第一部基本法典；资政院的会议程序，采取公开平等辩论、一人一票和多数决的方式，第一次正面冲击了我国数千年来少数人，甚至一个人决策的专制传统，为我国以民主方式制定法律和决定国家大政之滥觞；资政院所议决的《十九信条》，是民意机关通过的第一部宪法性文件；资政院选举袁世凯为内阁总理，催生了我国第一个合法责任内阁。尽管如此，资政院在开会时也暴露出一些问题，如有议员自信真理在握，超越规则行事，凸显了立法人员欠缺守法精神这一面。

　　朝廷对预备立宪，尤其是开设资政院，本就有极严重的疑惧心理：因立宪必注重民权，与传统政治强调君权神圣不同，君权与民权本质上是此消彼长的矛盾关系；在晚清满汉矛盾有激化趋势，要维持满族特权必赖君权，而不能寄望于民权。资政院未开院之前，迫于国内外舆论压力，朝廷为了体面，还有尝试的勇气和信心。及至开院之后，很多议员，终于找到了合法舞台，以国民代表自任，大力推进君宪。资政院第一次常年会因弹劾军机、要求朝廷速开国会、废除党禁等行为，导致朝廷和军机大臣对资政院极端不信任甚至很厌恶。朝廷坚信只有将政权掌握在自己人手里才可靠，于是有了皇族内阁的出台。朝廷以这种深恐大权旁落而集权于皇族亲贵的做法来搞君宪，自然使议员们大失所望，反证了革命派主张（朝廷不可能真正预备立宪）具有先见之明，一些激进立宪派人士转而同情甚至加入革命阵营，与革命派合力促成了中华民国之创建。

　　在清廷的预备立宪方案中，除了资政院之外，还要设立各省谘议局，共同构成将来正式立宪政体下议会政治之基础。谘议局是预备立宪期间，各省在省会设立的采择舆论、筹划地方治安的专门机构。1908 年 7 月，朝廷批准《谘议局章程》，并要求各省督抚在一年内将谘议局筹设完毕。到 1909 年全国二十二行省除新疆暂缓办理外，共设置了二十一个谘议局。各省谘议局议员人数，大致根据各省在原先科举制下省学学额的百分之五这一标准确定，人数少的在三十人左右，人数多的在一百人上下。谘议局议员由二十五岁以上的男子满足一定条件经复选产生，任期三年。在各省谘议局议员中，有传统功名的士绅占了绝大多数，其中部分同时受过新式教育及曾留学国外。

　　按照《谘议局章程》之规定，谘议局是为督抚提供相关意见的舆论机构，督抚可否决其意见，没有如现代地方议会的立法权。实际上，谘议局议员们一般都是地方领袖，在获取该身份后，更积极地参与地方政事。因其多为士绅，督抚一般会重视其意见，朝廷后来亦认可谘议局的影响力。在谘议局成立之前，立宪派人士虽有各种自发性支持宪政的组织，如预备立宪公会、宪政公会等，但组织较松散，甚至常被查禁。谘议局成立后，立宪派有了合法行动机构，资政院也有了稳固的地方支持。谘议局议员不仅对晚清立宪运动产生了很大的推动作用，并且，随着他们对清廷预备立宪逐渐失望，其中很多人转而支持革命。在四川保路运动和随后的辛亥革命中，各省谘议局成为重要助力，在民国初年促进了地方议会的成立。

四、《钦定宪法大纲》

立宪政体必有宪法。清廷既已宣布预备立宪，理应有个宪法纲要，向臣民公示立宪预备之准则，到将来正式君主立宪之时，再颁布宪法。1908 年 8 月 27 日，宪政编查馆与资政院会奏《宪法大纲暨议院法选举法要领及逐年筹备事宜折》，认为在预备立宪之初要先编纂宪法大纲。清廷同日批准，予以颁布，史称《钦定宪法大纲》。

该大纲由正文"君上大权"十四条和附录"臣民权利义务"九条两部分组成。"君上大权"部分首先规定："皇帝统治大清帝国，万世一系，永永尊戴。君上神圣尊严，不可侵犯。"本着这一精神，赋予了皇帝颁布法律、发交议案、召集或解散议院、设官制禄、黜陟百司、统率军队、宣战议和、订立条约、派遣使臣、宣布紧急戒严、爵赏恩赦以及司法审判等大权。"臣民权利义务"部分规定：臣民得为文武官吏及议员；于法律范围内有言论、著作、出版、集会与结社等自由；非照法律所定，不加以逮捕、监禁、处罚；可请法官审判其呈诉之案件；应专受审判衙门之审判；财产及居住受保护；按法律所定，有纳税、当兵和遵守国家法律的义务。

《钦定宪法大纲》基本上以 1889 年《大日本帝国宪法》第一章"天皇"和第二章"臣民权利义务"为蓝本。但后者是正式宪法，还有国会、内阁、司法和会计等章节，对天皇权力有所约束。尽管条文看似差不多，但前者因为是大纲，没能规定其他方面，故大清皇帝的权力比日本天皇还要大。该大纲一公布，即在朝野引发不满，打击了立宪派的积极性。后来学界长期将之作为清廷假立宪的证据予以批判。如我们能扩大历史视野，把它置于从君主专制向君主立宪转型之中来观察，会发现它确认臣民有其权利，皇权不再无限，这在中国历史上是破天荒的；它肯定君主也要遵守宪法，标志着宪法至上地位的确立，一反以前王在法上的君主专制理论。从这个意义上来说，《钦定宪法大纲》的颁布，是中国法制史上一个具有重要意义的大事件。

五、《宪法重大信条十九条》与"预备立宪"的终结

1910 年，立宪派组织了规模浩大的速开国会请愿运动，清廷迫于内外压力，宣布将预备立宪期由九年缩短为五年，将在 1913 年正式君主立宪，召集国会颁布宪法，但这不能满足朝野对立宪的强烈热望。1911 年 10 月 10 日，武昌起义爆发，迅速星火燎原，各省纷纷响应，清廷慌乱不已。面对巨大压力，清廷令正在召开第二次常年会的资政院迅速草拟宪法。资政院面对危局，仓促制定了《宪法重大信条十九条》（简称《十九信条》）。这时，滦州和山西的新军将领张绍曾等通电兵谏，敦促清廷立即公布宪法、速开国会、正式立宪。清廷遂于 1911 年 11 月 3 日将之正式颁布。

《十九信条》不再是宪法大纲，而是临时宪法。它采行虚君共和的君主立宪体制，规定皇帝权力限于宪法所规定；宪法由资政院起草议决，皇帝颁布；宪法改正提案权属于国会；总理大臣由国会公举、皇帝任命，其他国务大臣由总理大臣推荐、皇帝任命，皇族不得为总理大臣及其他国务大臣并各省行政长官；内阁对国会负责；军队对内使用时应依国会议决之特别条件；不得以命令代法律；预决算由国会审核批准等。

根据《十九信条》，资政院代行国会权力，于 11 月 8 日选举袁世凯为内阁总理大臣。尽管从内容上看，《十九信条》已完全达到君主立宪的要求，但它是兵临城下、清廷摇摇欲坠之际被迫颁布以收揽民心的，因此不可能单凭这一纸文书而挽救其命运。随着南北议和的推进，1912 年 2 月 12 日，隆裕皇太后被迫发布逊位诏书，宣布清帝退位，近代中国的君主预备立宪也就此告终，步入共和宪政阶段。

第三节　刑事法律制度

清末法制变革在刑事法领域取得了重大的成绩，主要表现为两部法律的出台，即《大清现行刑律》和《钦定大清刑律》。围绕《钦定大清刑律》的修订，礼法论争白热化，对清末刑事法律变革乃至整个中国法制近代化产生了重要影响。

一、《大清现行刑律》

时至清末，《大清律例》年久失修，很多条文已不适应当时社会。沈家本等修订法律官员有鉴于此，集中精力对《大清律例》进行修改、修并、续纂和删除等工作，其成果就是《大清现行刑律》。

沈家本等人根据"总目宜删除""刑名宜厘正""新章宜节取"和"例文宜简易"的原则进行修订。修订完成后的《大清现行刑律》，与原有的《大清律例》相比，在体例上删除了六部总目；在刑制上将原先的笞、杖、徒、流、死五刑以及发遣、充军等刑名，改为罚金、徒刑、流刑、遣刑和死刑五种，死刑简化为斩、绞两种，废除凌迟、枭首、戮尸、刺字、缘坐等酷刑；在体系上区分民事和刑事，把《大清律例》中有关继承、分家析产、婚姻、典卖田宅、钱债等纯属民事的法律单独析出，不再科刑；在内容上删除与新政不符或已解禁的条例，如禁止民间出海、禁止民间开矿等，同时根据新情况，增设若干新罪名，如毁坏铁路、电线杆等。

《大清现行刑律》于 1910 年公布，分三十编四百一十四条，附有条例一千零六十六条。卷首除奏疏外，有律目、服制图、服制，正文后附有《禁烟条例》十二条和《秋审条例》一百六十五条。作为正式立宪时推行新律之基础，《大清现行刑律》在预备立宪这个过渡期适用，即它是清末实际有效的刑事法典。

二、《钦定大清刑律》

为了在刑法方面"模范列强"以收回领事裁判权，适应未来正式立宪的需要，沈家本主持的修订法律馆自成立以后不久即开始制定新的刑律草案。1906 年秋，聘日本人冈田朝太郎起草新刑律，1907 年 8 月完稿，由修订法律馆上奏。自此，围绕新刑律草案产生了长达六七年之久的激烈争论，成为礼法之争的主要内容。1911 年 1 月清廷上谕裁可公布，是为新刑律之定本，被称为《钦定大清刑律》。

《钦定大清刑律》分两编五十三章四百一十一条，其中"总则"编十七章八十八条，"分则"编三十六章三百二十三条，附《暂行章程》五条。清廷本计划该律在正式立宪后施行，故其在清代未能生效。直至中华民国成立，由于一时未能制定出自己的刑法典，在删除了《钦定大清刑律》与民国国体相抵触的条文后将其改名

拓展阅读

《钦定大清刑律》（全文）

为《暂行新刑律》，作为民国时期的刑事基本法，直到 1928 年《中华民国刑法》施行才失效。

该刑律在体例上摒弃诸法合体传统，仿照西方各法分立而专注于刑事，分总则、分则两部分，总则为全编之纲领，分则为各项之事例。该律综合中西之异同、考较新旧之短长，有下述重大特点：

第一，更定刑名。改传统笞、杖、徒、流、死五刑为死刑、徒刑（有期和无期）、拘留、罚金。

第二，酌减死罪。《大清律例》死刑条目在中国历代中偏多，比之列强尤多，

但实际上，死刑案件经过会审、秋审之后，真正执行的并不多，很多死刑条款都属虚拟死罪。与其因死刑条款多而背重刑残酷之恶名，不如循名责实，参照唐律和各国通例，酌减死罪条目。

第三，死刑唯一。旧律死刑分斩、绞，斩因身首分离，较之绞为重。刑罚至死而极，不宜再有轻重之别，改死刑一律用绞，于特定场所秘密执行。

第四，删除比附，引进罪刑法定制度。"比附援引"指的是当律无正条时，由审判官斟酌选择与本案最相近似的法条予以定罪科刑。在传统法体系中，该制度对缓解律法的过度确定性、防止司法官滥用裁量权发挥了作用，但从西方刑法的视角看来，无异于立法的延长，是类推在刑法领域的适用，与罪刑法定原则直接冲突。修律者着眼于近代刑法的保障功能，坚决主张删除比附援引制度，确立新的罪刑法定原则。《钦定大清刑律》第十条明确规定："法律无正条者，不问何种行为，不为罪。"

第五，惩治教育。罪责与行为人的年龄密切相关，刑罚为最后之制裁，不到刑事责任年龄的少年行为人是教育主体而非刑罚主体。这类人如有相关犯罪行为，宜在专门惩治场所接受强制教育，根据其情节之轻重定期限之长短，以矫正其行为。《钦定大清刑律》第十一条规定："未满十二岁人之行为不为罪，但因其情节，得施以感化教育。"

三、礼法之争与刑事法律变革

在清末法制变革过程中，爆发了激烈的礼法之争。"礼"指礼教，"法"指法理。传统法律中的礼教，是法典化了的纲常名教；法理是西方法学的用语，清末输入中国，即为中国法律学者所采用，意为"法律之原理"。[①] 当时有人称礼教派为家族主义派、国情派，称法理派为国家主义派、反国情派。又因法派首领为沈家本，故又有沈派和反沈派之说。

礼法之争，以时间及争论的内容、方式划分，可分四阶段：

第一阶段：光绪三十二年（1906 年）修订法律大臣沈家本、伍廷芳等主张"模范列强"，学习西方，制订《大清刑事民事诉讼法草案》，该草案因采用了西方的律师制度和陪审制度，故遭到以湖广总督张之洞为首的礼教派的反对。清廷接受了张之洞等人的意见，《大清刑事民事诉讼法草案》被废止。

第二阶段：沈家本等分别于 1907 年 9 月和 1908 年 1 月先后奏上《大清刑律草案》及其案语。其修订宗旨是"折衷各国大同之良规，兼采近世最新之学说"，也

---

① （清）沈家本：《历代刑法考》（四），邓经元、骈宇骞点校，中华书局 1985 年版，第 2085 页。

注意使之"不戾乎我国历世相沿之礼教民情",① 即以西方法律的原理原则为主制定新的刑律。这种指导思想遭到礼教派反对。清廷据学部及各大臣的意见,于1909年2月发布了关于修订刑律的上谕,指出:"刑法之源,本乎礼教,中外各国礼教不同,故刑法亦因之而异。中国素重纲常……实为数千年相传之国粹,立国之大本。今寰海大通,国际每多交涉,固不宜墨守故常,致失通变宜民之意,但只可采彼所长,益我所短。凡我旧律义关伦常诸条,不可率行变革,庶以维天理民彝于不敝。"②

清廷随即将学部及部院督抚大臣的签注,连同《大清刑律草案》发交修订法律馆和法部进行修改。修订法律馆按照谕旨的要求,对有关伦纪各条皆加重一等,修改后送交法部。法部尚书廷杰坚持为维护纲纪,必须永远尊奉名教,遂在正文后加上《附则》五条,明确规定:《大清律》中的十恶、亲属容隐、干名犯义、存留养亲以及亲属相奸、亲属相盗、亲属相殴并发冢、犯奸各条,均有关于伦纪礼教,中国人犯以上各罪,仍照旧律办法惩处。危害乘舆、内乱、外患及对尊亲属有犯应处死刑者,仍用斩刑;卑幼对尊亲属不能使用正当防卫之法。该附则实际上大部否定了正文的条款。这次修改案,定名为《修正刑律草案》,1909年由廷杰、沈家本联名上奏。

第三阶段:清廷于1910年将《修正刑律草案》交宪政编查馆核订,宪政编查馆参议劳乃宣以草案正文背弃礼教、《附则》规定旧律礼教条文另辑单行法适用于中国人乃本末倒置为由,向宪政编查馆上《修正刑律草案说帖》,并将该说帖广泛散布,要求把旧律有关伦纪礼教各条,直接修入刑律正文。③ 沈家本和协助修律的冈田朝太郎、松冈义正及宪政编查馆、修订法律馆诸人则予以反驳。礼法双方就刑律的具体条文,以文字互相辩难。最后,宪政编查馆基本未采纳以劳乃宣为首的礼派意见,仅作了一些调和:《修正刑律草案》经核订,成为《钦定大清刑律》,将《附则》改为《暂行章程》。上奏后,交资政院议决。

第四阶段:资政院作为预备国会,有权议决所有基本法律。宪政编查馆特派员杨度到资政院议场说明新刑律的国家主义立法宗旨,批评传统旧律的家族主义原则,引发了议员们关于中国立法以国家主义还是家族主义为指导思想的激烈讨论。劳乃宣的意见在宪政编查馆被否决,作为资政院议员,他广邀同道,一起向资政院提交《新刑律修正案》。该修正案在资政院法典股审查时,又被否定。但在资政院议场逐条议决新刑律时,关于子孙对尊长的侵害是否适用正当防卫以及无

---

① 怀效锋主编:《清末法制变革史料》下卷,中国政法大学出版社2010年版,第100页。
② 故宫博物院明清档案部编:《清末筹备立宪档案史料》下册,中华书局1979年版,第858页。
③ (清)劳乃宣:《修正刑律草案说帖》,载《桐乡劳先生遗稿·新刑律修正案汇录》1927年刻本。

夫和奸是否定罪这两条，爆发大争论。议场的辩论，因新旧冲突，秩序大乱。最后，因观点无法调和，只好用投票法表决。因资政院第一次常年会临近闭幕，新刑律在议场没能全部议完，仅将"总则"上奏。不久新刑律由清王朝上谕裁可颁布，但礼法之争仍在继续。礼派对法派提出弹劾，沈家本不安于位，被迫于1911年3月辞去修订法律大臣和资政院副总裁之职。

在整个争论中，礼法双方并不绝对地主张礼教或法理。礼教派并不完全排斥西方法理，法理派虽要求用西方法律的原理和原则制定新律，但亦未彻底脱离礼教。如起草《钦定大清刑律》的日本法学博士冈田朝太郎在《法学会杂志》发表了《论大清新刑律重视礼教》一文以为辩护。双方争论的核心是：鉴于当时中国的国情，应以西方法律的原理原则为主要指导思想，还是应以传统礼教为主要指导思想制定新法？新法的精神应该是国家主义还是家族主义？《大清律例》中的"干名犯义""犯罪存留养亲""亲属相奸""故杀子孙""杀有服卑幼""妻殴夫夫殴妻""犯奸""子孙违犯教令"等维护传统礼教的法律条文，要不要全部列入新律？要列入的又如何列入？是入法典正文还是附在《暂行章程》中？这场争论在中国近代法律史上耐人寻味。

礼法之争看起来是清廷内部对如何修订刑事法制所展开的争论，但由于刑法在法律体系中的重要位置，无可避免会扩大为关于整个变法修律原则的大辩论，进而形成中西法律文化的一次大冲突。在清末，礼法之争没能分出胜负。进入民国之后，社会形势一直在朝着有利于法派的方向演进，包括刑事法制在内的整个法制亦是如此。尽管如此，礼派坚持国族主体性的主张亦自有其合理性。诚如有学者所言："传统中国政治法律文化中最欠缺者，莫过于对于异己的不能容忍，以至于倾轧排斥，无所不用其极。如仅就《钦定大清刑律》制定过程中，资政院议场秩序而论，议会的喧吵或无秩序，并不足为奇。甚至因议员争持不下，而大打出手的火爆场面，在当今民主法治国家的议会殿堂中，也时有所见，我们不能因此而否定当时礼教派与法理派对'礼法原则'的各自坚持，否则，即有失平允。"[1] 正因有礼法两派的存在并围绕法律修订问题展开争议，故他们都对近代中国刑事法制，乃至整个法制的近代转型有所贡献。

第四节　民商法律制度

一、《大清民律草案》

在清末所拟定的各种法案中，《大清民律草案》特别重要，这是我国历史上第

---

[1]　黄源盛：《中国法史导论》，元照出版公司2013年版，第408页。

一部民法草案。

1907 年，修订法律馆招聘欧美、日本留学生入馆参与法律修订工作。随后聘请日本大审院判事松冈义正预备起草民律草案，并选派馆员分赴各省调查民俗习惯。在依据调查资料和各省送上来的相关报告基础上，参照德国、瑞士和日本等国的立法条文和判决成例，于 1910 年冬撰写出草案。1911 年 10 月，修律大臣俞廉三将前三编奏呈清廷。亲属和继承后两编，其内容与礼教关系更密切，因礼法之争的压力，朝廷多次谕令修订法律馆会同礼学馆订立。但因内阁改制，礼学馆不久即不复存在，故后两编大致还是修订法律馆原案。

《大清民律草案》遵循了四个原则：注重世界最普通之法则，原本后出最精之法理，求最适于中国民情之法则，期于改进上最有利益之法则。该草案借鉴了日本明治民法典，分总则、债权、物权、亲属和继承五编，共一千五百六十九条。

该草案在清末没能经资政院议决，更没有颁布实施。进入民国后，临时大总统袁世凯提请参议院将清末各项法律草案暂时加以援用，但参议院没有通过援用《大清民律草案》的决议。故《大清民律草案》始终停留在草案层面，没有生效施行过，但对中华民国的民事立法产生了重要的学术影响。

二、财产与身份：民事法律变革双轨制

《大清民律草案》直接采用了欧陆法的立法模式，分五编。其中总则、债权和物权这前三编主要规范人们最基本的财产关系，故被合称为财产法；亲属和继承两编则主要规范身份关系，被称为身份法。

在财产法部分，以继受德、日、瑞士民法为多，大多采用当时通行的制度或各国新制度。前者如买卖、时效、利率等，后者如法人、公同共有、土地债务等。这虽然对中国民法的国际接轨，也就是对民法的近代化有极大帮助，但美中不足的是，照章抄录外国条文的做法，导致这些条文与中国社会实际情形不完全相适应，难以规范中国人的生活世界。比如它规定了不动产质权，却没有留意中国固有且广泛存在的典权；又如尽管它有法人和公同共有等新制度，但像祭田义庄那样的家族财产到底是法人财产还是公同共有物，实在不易确定。

在身份法部分，不像财产法那样多以西方民法为依据，虽采用新的立法体系，但充分考虑到中国固有的礼教民情风俗，在立法时，或本诸经义，或参照道德，希望能维持天理民彝。比如亲属法的亲属范围以宗亲为核心，外及妻亲和旁亲，这就与中国固有的宗法相吻合；家长制度规定家长以一家中最尊长者为之，家政统于家长；亲等制度采寺院计算法而非盛行的罗马计算法，这样就与原有的服制图亲等计算更接近。综合来看，身份法的固有法色彩极为浓厚。

可见，清末民事立法在大方向上模范西方，具体而言，实际上采纳了财产法

与身份法侧重不同的民事法律变革双轨制。民事立法的起草者，在财产法方面，更"注重世界最普通之法则，原本后出最精之法理"；在身份法领域，重点在"求最适于中国民情之法则，期于改进上最有利益之法则"。

三、商事法规

关于晚清商事法规，按照起草机关的不同，可分两部分：

一是 1903—1907 年间，由商部负责起草制定的，基本属于应急的商事法规。主要包括 1903 年奏准颁行的《钦定大清商律》（分《商人通例》九条和《公司律》一百三十一条这两种）、1904 年的《公司注册试办章程》和《商标注册试办章程》。商部还起草了《破产律》，脱稿后送给修订法律馆，与沈家本、伍廷芳等人共同商讨定稿，于 1906 年奏准颁行，共六十九条。

二是从 1908 年直至清亡，修订法律馆负责起草主要法典，单行法由各有关行政部院起草。1908 年，修订法律馆即聘请日本法学博士志田钾太郎起草《商律》。自 1909 年之后各篇陆续完成。这就是《大清商律草案》，分总则、商行为、公司律、票据法和海船律五编，共一千零八条。由于该草案依照宪政编查馆拟订之计划要到 1913 年颁布，1915 年才施行，而当时施行的《钦定大清商律》又太过简略，无法规范当时日趋活跃和复杂的工商业活动，于是农工商部于 1910 年提出《改定商律草案》作为过渡期间的商律，以取代《钦定大清商律》，但是，还未议决，清廷即覆亡，因而被废弃。

这是清末商事立法的大致情形。

第五节 司法制度与领事裁判权

一、诉讼立法

沈家本等晚清修律者非常重视诉讼立法，因列强废除领事裁判权之条件，包括"查悉中国审断办法"，朝廷修律谕旨亦有"按照交涉情形，参酌各国法律"之命令。1905 年，沈家本、伍廷芳上奏《议复江督等会奏恤刑狱折》，赞同有保留地废除刑讯。御史刘彭年上折反驳，认为外国之所以不用刑讯，是因其裁判、诉讼、警察等法制完备，而中国则各种规制不备，因此中国要禁止刑讯，必须等到裁判诉讼各法修订完成后。沈、伍撰文驳斥，认为废除刑讯不是完全采用西法，更是中国传统，且保留刑讯并不一定能起到提高诉讼效率之作用，同时建议清廷变更诉讼制度，使全国各级官府断案时有法可据，从而有助于收回领事裁判权，这就有了《大清刑事民事诉讼法草案》之制定。在阐述该草案起草缘由时，他们认为：

"法律一道，因时制宜，大致以刑法为体，以诉讼法为用，体不全，无以标立法之宗旨；用不备，无以收行法之实功。二者相因，不容偏废。"①

该草案主要由伍廷芳执笔，分总纲、刑事规则、民事规则、刑事民事通用规则和中外交涉案件等五章，共二百六十条，附颁行例三条，于 1906 年完稿。伍廷芳是英国法学者，且曾为香港法官，故该法采英美法系传统，特别强调律师制、陪审制、公开审判制等英美审判制度。

草案上奏后，清廷将之发给部院督抚大臣签注。以湖广总督张之洞为首的部院督抚大臣认为该草案违背中国法律本旨，奏请废止。朝廷采纳了该建议，这一草案遂被搁置。《大清刑事民事诉讼法草案》是第一部打破传统诸法合体立法例、按部门法分类的法典草案。至此，各种规范混同的法律编纂方式才发生根本性变革，开始尝试实体法和程序法分别立法。

清末关于诉讼立法的努力并未因此而终止。1907 年 12 月，沈家本奏呈《修订法律馆办事章程》，第二条规定该馆分两科，其中第二科负责刑事诉讼律、民事诉讼律的调查起草工作。② 可见，此时已形成刑事诉讼律与民事诉讼律分别起草的新方针。

1909 年，《大清刑事诉讼律草案》起草完成，共分六编十四章五百一十五条，条文后还附有立法理由。同年年底即奏呈朝廷，奏疏首先阐明刑事诉讼律的重要性，指出："诸律中，以刑事诉讼律尤为切要。西人有言曰：'刑律不善，不足以害良民；刑事诉讼律不备，即良民亦罹其害。'盖刑律为体，而刑诉为用，二者相为维系，固不容偏废也。"③

该草案采用各国通例，主要参考借鉴了日本 1890 年的《刑事诉讼法》，在八个方面弥补了传统中国法律之不足：诉讼用告劾式而放弃原来的纠问式；检察官提起公诉；以自由心证、直接审理和言辞辩论三原则来摘发真实；坚持原告、被告待遇平等；审判公开；当事人无处分权；用干涉主义；推行三审制度。

按照 1910 年 12 月宪政编查馆修订的预备立宪事宜清单，刑事诉讼律应在宣统三年颁布，但资政院还来不及议决，朝廷没能颁行即因清亡而终止。到民国时期，大理院对其中的部分内容多以"诉讼法理"予以援引，为中国之后刑事诉讼法的制定提供了一些知识来源。

《大清民事诉讼律草案》由修律顾问松冈义正主持起草，历时三年编纂完成，亦于 1909 年年底上奏清廷。该草案主要参考了 1890 年日本的《民事诉讼法》，分四编二十一章八百条。

---

① 《大清法规大全》法律部卷一一，考正出版社 1972 年版，第 1907 页。
② 参见《大清法规大全》吏政部内官制二，考正出版社 1972 年版，第 755 页。
③ 《大清刑事诉讼律草案》卷前奏疏，修订法律馆 1910 年铅印本。

该草案的最后命运与《大清刑事诉讼律草案》一样。尽管如此,它作为中国历史上第一部法典化的民事诉讼法草案,不仅改变了诉讼法附属于实体法的传统法律编纂体例,还改变了民事诉讼律附属于刑事诉讼律的格局,预示了中国法典编纂逐步走向近代。

二、司法机构改革

清末司法机构变革大致可分司法行政和司法审判两部分。因晚清已宣布预备立宪,既要预备立宪,则不能不按三权分立模式来改革相关机构。清廷高层很明白这个道理,如首席军机大臣庆亲王奕劻等在议定官制的奏折中即讲得很透彻:"立宪国官制,不外立法、行政、司法三权并峙,各有专属,相辅而行",属"意美法良"。反之,若权限分划不清楚,则危害甚大:"以行政官而兼有立法权,则必有藉行政之名义,创为不平之法律,而未协舆情。以行政官而兼有司法权,则必有循平时之爱憎,变更一定之法律,以意为出入。以司法官而兼有立法权,则必有谋听断之便利,制为严峻之法律,以肆行武健,举人民之生命权利,遂妨害于无穷。"①

本此原则,在清末改革中央官制时,清廷改刑部为法部,负责司法行政;改大理寺为大理院,为最高司法审判机关。在地方官制改革中,于各省将提刑按察使司(臬司)改为提法司,负责一省司法行政;设立各级审判厅,负责各该辖区内司法审判事宜。下面侧重介绍一下负责司法审判的大理院与各级审判厅。

1906年10月,清廷发布中央官制改革谕旨,下令将大理寺改为大理院,专掌审判,以沈家本、刘若曾分任大理院正卿和少卿。同年11月,沈家本主持制定了《大理院审判编制法》并得到清廷认可。该法为筹设大理院提供了纲领性的法律规定,分总纲、大理院、京师高等审判厅、城内外地方审判厅和城谳局等五节四十五条。它明确了大理院作为最高审判机构的性质,肯定了司法独立原则,建立了四级三审制度。② 1909年年底,清廷还颁布了《法院编制法》十六章一百六十四条,正式确立了包括大理院、高等审判厅、地方审判厅和初级审判厅在内的四级三审制以及审判独立、公开审判、检察官公诉、合议制等审判制度和原则。③ 大理院作为中国历史上最早的最高法院,自成立到清亡解散,实际运作了四年左右的时间,其间面临与法部的权限争执,可用资源十分有限,环境非常不利,但大理

---

① 故宫博物院明清档案部编:《清末筹备立宪档案史料》上册,中华书局1979年版,第463页。

② 该法全文见《大清法规大全》法律部卷一一,考正出版社1972年版,第1851—1854页。

③ 该法全文见《大清法规大全》法律部卷四,考正出版社1972年版,第1819—1834页。

院还是完成了其最高审判职能。

按理说要与大理院配套，完成整个独立司法体系的设置，全国应遍设各级审判厅，但限于人力和财力，清廷决定分步骤设立。1906 年，袁世凯在天津府县试办各级审判厅，在总结其经验基础上，清廷于 1907 年 12 月颁行了法部制定的《各级审判厅试办章程》，共五章一百二十条。它将案件明确分为刑事案件和民事案件，因

拓展阅读

直隶高等审判厅

诉讼而定罪之有无者为刑事案件，定理之曲直者为民事案件，各有其不同的审理程序；还详细规定了检察官制度。[①] 按照清廷预备立宪筹备清单，1910 年应完成设立各省省城商埠各级审判厅的工作，直省府厅州县城治各级审判厅限 1912 年年底初具规模，故截至清亡，清廷在各省省城商埠基本设立了高等审判厅、地方审判厅和初级审判厅一百七十多所，并进行了相应的案件审理工作。

新式审判机构的成立及其顺利运行离不开高素质的法官队伍。1906 年，在沈家本等人的努力下，京师法律学堂开学；随后几年，京师和绝大多数省份都成立了法政学堂，培养了为数不少的法政学生。因当时科举已废，国外的法官考试制度很契合中国国情，故清末确立了法官考试制度。1910 年，法部举办了第一次全国性的法官考试，共有五百六十多人获得通过。由于当时亟需人才，这些考试合格人员经过几个月的实习即可正式充任法官、检察官。他们中的一些人后来成为民国法界之翘楚，推进了中国法制的近代化。

三、领事裁判权与会审公廨

对清末法制乃至整个近代中国的法制变革产生重要影响的还有领事裁判权制度。它指的是外国人进入他国，无论是发生民事还是刑事案件，都不受所在国的司法裁判，而由其本国驻所在国领事审判。该外国所获得的这种司法特权，被称为领事裁判权。1843 年，清廷与英国签订《五口通商章程》，其中第十三款为"英人华民交涉词讼"，规定了英国人在华享有领事裁判权："凡英商禀告华民者，必先赴管事官处投禀，候管事官先行查察谁是谁非，勉力劝息，使不成讼。间有华民赴英官处控告英人者，管事官均应听诉，一例劝息，免致小事酿成大案。其英商欲行投禀大宪，均应由管事官投递，禀内倘有不合之语，管事官即驳斥另换，不为代递。倘遇有交涉词讼，管事官不能劝息，又不能将就，即移请华官公同查明其事，既得实情，即为秉公定断，免滋讼端。其英人如何科罪，由英国议定章

---

① 该法全文见《大清法规大全》法律部卷七，考正出版社 1972 年版，第 1857—1867 页。

程、法律发给管事官照办。华民如何科罪，应治以中国之法。"① 后来在清廷与列强订立的不平等条约中，关于领事裁判权的规定范围有所扩大，内容也更为具体。列强纷纷援引"最惠国待遇"条款，在华享有领事裁判权的国家最终达十九国。

随着在华领事裁判权的扩大，列强还要求清廷在上海公共租界设立会审公廨。该公廨据 1868 年订立的《上海洋泾浜设官会审章程》（1905 年修改）设立。清廷"遴委同知一员，专驻洋泾浜，管理各国租地界内钱债、斗殴、盗窃、词讼各等案件。立一公馆……凡有华民控告华民及洋商控告华民，无论钱债与交易各事，均准其提讯定断，并照中国常例审讯"。"凡遇案件牵涉洋人必应到案者，必须领事官会同委员审问，或派洋官会审。若案情只系中国人，并无洋人在内，即听中国委员自行讯断，各国领事官，毋庸干预。凡为外国服役及洋人延请之华民，如经涉讼，先由该委员将该人所犯案情移知领事官，立将应讯之人交案，不得庇匿。至讯案时，或由该领事官或由其所派之员，准其来堂听讼，如案中并不牵涉洋人者，不得干预。凡不作商人之领事官及为其服役并雇用之人，未得该领事官允准，不得拿获。"② "中外堂官如有意见不合，未能结案之处，应请上海道及案内外国人之本国总领事官或领事官复核。"③ 故会审公廨，从法律上看是中国官厅，但因领事的会审或观审，中国主审官员难以正常行使审判权力。

辛亥革命爆发后，英美驻上海领事宣布由公共租界工部局管理会审公廨；及至上海光复，民国政府才接管会审公廨。直到 1927 年大革命失败，该会审公廨才得以撤销，为江苏上海公共租界临时法院所取代。

除公共租界的会审公廨外，在上海法租界也有会审公廨。1869 年，经法国驻沪总领事达伯理与上海道杜文澜协议，上海法租界会审公廨成立，会审华洋及无领国人各项案件。上海法租界会审公廨，清朝廷自始未予正式承认，是法国单方面援引最惠国条款之产物，故它对中国司法主权的侵害亦更严重。尽管它在审判案件时由中法审判官二人组成合议庭，但实际审判权力多由法国审判官操纵。直到 1931 年国民政府在法租界设立中国法院，收回了司法主权，法租界会审公廨才最后得以废止。

在领事裁判权确立之初，清廷并不了解它对中国司法主权损失之大，反而认为有许多便利，中外人民各按本国法律管理，不失为一公道办法，只要列强不庇护本国奸徒即可让他们非常满意。及至中外交往日繁，教案层出不穷，因租界和领事裁判权的存在，清廷不能将那些反朝廷的案犯绳之以法，才感觉事态严重，深刻地认识到领事裁判权妨碍其处理教案和镇压反对派，迫切希望收回司法主权。

---

① 王铁崖编：《中外旧约章汇编》第 1 册，生活·读书·新知三联书店 1957 年版，第 42 页。
② 王铁崖编：《中外旧约章汇编》第 1 册，生活·读书·新知三联书店 1957 年版，第 269 页。
③ 王铁崖编：《中外旧约章汇编》第 2 册，生活·读书·新知三联书店 1957 年版，第 287 页。

清廷于 1900 年曾试图利用民众力量以武力收回领事裁判权，惨败以后只有寄希望于和平谈判一途。领事裁判权明显不符合国家主权平等互惠等国际法准则，但列强认为清朝的法律和司法太过野蛮，不合其文明标准，故他们继续坚持领事裁判权有其必要，除非清朝按其要求改革法制和司法。可见，领事裁判权制度的存在，严重破坏了近代中国的法律和司法主权。近代中国人一直在为废除领事裁判权而努力奋斗，直到 20 世纪中叶，随着中国成为第二次世界大战中反法西斯战争的重要盟国，领事裁判权才得以基本废除。

思考题：

    1. 简述清末法制改革的原因。

    2. 简述清末法制改革的立法成果。

    3. 简述清末司法改革的主要内容。

▶ 自测习题及参考答案

第十四章　民国前期（1912—1927）的法制

1911 年 10 月 10 日爆发的武昌起义，引发了辛亥革命的风暴。1912 年元旦，成立了以孙中山为领导的中华民国南京临时政府。该政府虽然只存续了三个多月，却掀开了中国资产阶级民主法制的新篇章。从 1912 年 3 月袁世凯在北京就任临时大总统，到 1927 年 4 月南京国民政府成立，在这 15 年间，由于控制中央政权的主要是北洋系的军阀或官僚，因此民国北京政府又被称作"北洋政府"。北洋政府在清末法制改革的基础上，继续修订各项法典，推进法律的近代化。但是因为受到政治纷争和军阀专制的影响，这一时期修订的法典草案大多未能公布施行。北洋政府的法律体系主要由两部分组成：制定法和司法解释。制定法既包括援用的清末法律，也包括新颁行的大量单行法令。司法解释包括当时最高审判机关——大理院创制的判例和解释例。在制定法尚不完备的情况下，大理院的判例和解释例在很大程度上发挥了统一法律规范、补充法律漏洞的作用，成为这一时期法律体系的重要组成部分。

第一节　南京临时政府时期的法制

一、《中华民国临时政府组织大纲》

（一）《中华民国临时政府组织大纲》的制定

武昌起义爆发之后，湖北革命党人组织成立了中华民国鄂州军政府，并颁布《鄂州临时约法》。在武昌起义的推动下，不到两个月的时间里，全国先后有十五省宣布独立，组织革命政府。为统一革命力量，自 1911 年 11 月 15 日起，独立各省代表先后在上海、汉口、南京集会，商议组织成立统一革命政府事宜。各省代表联合会推选雷奋、马君武、王正廷，起草了《中华民国临时政府组织大纲草案》（以下简称《临时政府组织大纲》）。12 月 3 日，各省代表议决通过了《临时政府组织大纲》，并据此组织成立了"中华民国南京临时政府"。

（二）《临时政府组织大纲》的主要内容和特点

《临时政府组织大纲》分为四章二十一条（最后修正案）。第一章"临时大总统"（修正案增入"副总统"），规定中华民国临时政府大总统和副总统由各省都督府代表选举产生，临时大总统的各项职权，临时大总统缺位时由副总统代行职权。第二章"参议院"，规定参议院的组成、职权以及表决办法。第三章"行政各部"，规定临时政府设立外交、内务、财政、军务、交通五个行政部门。第四章

"附则"，规定《临时政府组织大纲》的施行期限至中华民国宪法成立。

《临时政府组织大纲》具有以下特点：第一，采纳西方三权分立原则组织政府机构：总统为最高行政机构，统辖行政各部；参议院为最高立法机关；以"临时中央审判所"为最高司法机关。第二，为实现全国的统一，仿效美国1787年宪法模式，采取了总统制。第三，因为处于战争状态，临时政府无法进行民主选举，所以临时政府的立法机关采取一院制，仅设立参议院；参议院未成立前，暂由各省都督府代表会代行其职权。第四，组织大纲还不是一部完整的宪法，其中对国体问题、人民基本权利义务未加规定，对司法机关也未作具体规定。

《临时政府组织大纲》虽然在制度内容上并不十分完备，但是它适应了革命形势发展的需要，为建立统一的资产阶级共和国奠定了法制基础。1911年12月29日，孙中山依据该组织大纲当选为中华民国临时大总统，亚洲的第一个资产阶级共和国——中华民国诞生。

二、《中华民国临时约法》

（一）《中华民国临时约法》的制定

武昌起义爆发后，清政府不得不重新起用袁世凯，授权他总理政务，并负责统帅北洋军镇压起义。鉴于清政府的朽不可支，迫于国内迅猛发展的革命形势，袁世凯一方面迫使清帝溥仪于1912年2月12日下诏"逊位"；另一方面，他骗取了革命党人的信任，以拥护共和为条件，被推举为临时大总统候选人。为了防范军阀的独裁，1912年2月13日，孙中山在辞去临时大总统职务的同时，提出袁世凯继任临时大总统的先决条件：其一，首都仍设在南京；其二，临时大总统赴南京就职；其三，必须遵守临时参议院即将颁布的《中华民国临时约法》（以下简称《临时约法》）。2月15日，临时参议院议决通过了孙中山的提议。特别是在袁世凯利用北方局势不稳的借口，拒绝到南京就职的情势之下，《临时约法》就成为革命党人维护民主共和的一道重要法制防线。

《临时约法》的起草始于1912年1月，当时由各省都督府代表会议代行立法权，会议推选景耀月、张一鹏、吕志伊、王有兰、马君武等五人为起草委员，负责起草《临时约法》。1月28日，临时参议院成立以后，由该院负责审议通过《临时约法草案》。3月8日，临时参议院完成对《临时约法》的三读程序，由临时大总统孙中山公布施行。

拓展阅读

《中华民国临时约法》（全文）

（二）《临时约法》的主要内容与特点

《临时约法》共五十六条，分为七章：总纲，人民，参议院，临时大总统、副总统，国务员，法院，附则。其主要内容如下：

第一，在"总纲"中明确宣示："中华民国由中华人民组织之"，"中华民国之主权，属于国民全体"。由于列强的侵凌、瓜分，清末以来中国边疆危机不断，《临时约法》对领土问题加以明确规定，以维护中国之统一："中华民国领土，为二十二行省、内外蒙古、西藏、青海。"

第二，在"人民"一章规定了人民依法享有的广泛权利和应尽的义务。第五条规定："中华民国人民，一律平等，无种族、阶级、宗教之区别。"第六条规定人民的七项自由权：人身自由，家宅安全，保有财产及营业自由，言论、著作、刊行及集会结社之自由，书信秘密之自由，居住迁徙之自由，信教之自由。除平等与自由这些国家不得侵犯的权利以外，《临时约法》第七至十二条还规定了人民的其他权利：请愿于议会之权；陈诉于行政官署之权；诉讼于法院，受其审判之权；对于官吏违法损害权利之行为陈诉于平政院之权；等等。《临时约法》还规定，人民有依法律纳税和服兵役的义务。

第三，采取三权分立的政府组织原则。在"总纲"部分概括规定："中华民国以参议院、临时大总统、国务员、法院，行使其统治权。"在其他各章分别规定立法机关、行政机关、司法机关的权能，其中第三章"参议院"规定，"中华民国之立法权，以参议院行之"，以及参议院的选举组成、职权、议事规则等；第四章"临时大总统副总统"、第五章"国务员"规定，"临时大总统代表临时政府，总揽政务，公布法律"，以总理为首的国务员，"辅佐临时大总统，负其责任"，并于临时大总统行使行政权力时副署之；第六章"法院"规定，"法院依法律审判民事诉讼及刑事诉讼"，"法官独立审判"。

《临时约法》带有因人立法的局限，体现了资产阶级革命派的宪政理想主义和现实软弱性。中华民国创立之初，需要重新整合各派力量、树立统一的政治权威，采取相对集权的总统制比较符合客观形势的需要。但是革命党人担心袁世凯利用北洋系的军事实力实现个人独裁，为了限制袁世凯个人独裁，立法者因人立法，将南京临时政府实行的总统制改为责任内阁制。在以责任内阁削弱总统权的同时，在三权分立的体制中，加强参议院的立法权力，以削弱和限制总统的权力。最后又以严格的修订程序限制总统任意修改约法，使约法成为限制独裁的长久有效的制度保障。《临时约法》第七章"附则"规定：在宪法未施行以前，约法之效力与宪法同；约法由参议院议员三分之二以上或临时大总统之提议，经参议员五分之四以上出席，出席议员四分之三之可决，得增修之。

（三）《临时约法》的历史意义

《临时约法》是中国近代第一部资产阶级共和国性质的宪法文件，具有中华民国临时宪法的效力，以其革命性和民主性树立了资产阶级民主共和的观念。它确立了"主权在民""平等""自由"的宪法原则，建构了三权分立的政权体制，成为维护民主共和的重要法律武器。《临时约法》确认了资本主义私有制和生产方式，对打破旧的生产关系的桎梏、推进民族资本主义的发展都起到了积极作用。

三、南京临时政府的其他法令

南京临时政府在 1912 年 1—4 月间，颁行了一系列旨在保障民权、移风易俗、改革司法的法令。

（一）保护民权

孙中山根据中国的国史民情和西方"天赋人权"的理论，提出"天赋人权，胥属平等"的民权思想，认为人民"对于国家社会之一切权利"，"均一体享有，勿稍歧异"。① 在他任临时大总统期间，先后发布《大总统令内务部禁止买卖人口文》《大总统令广东都督严行禁止贩卖"猪仔"文》《大总统通令开放疍户惰民许其一律享有公权私权文》等，禁止买卖人口，废除各种贱民身份。为保障财产权，孙中山督责临时政府内务部发布《保护人民财产令》。该法令规定，凡在民国范围内之人民，所有一切私产，非经正式裁判宣告，不得擅自充公或查封。

（二）移易风俗，革除陋习

孙中山深刻认识到社会风俗与人民健康、民族存亡息息相关，他曾指出："若于旧染痼疾，不克拔涤净尽，虽有良法美制，岂能自存。"② 因此，南京临时政府十分重视移易风俗，涤荡国民旧染陋习。在各种陋习之中，以吸食鸦片为害最深，"小足以破业殒身，大足以亡国灭种"③。为使国民戒除吸食鸦片的痼疾，临时大总统孙中山两次颁布戒烟令。此外，孙中山还颁布了《命内务部晓示人民一律剪辫令》《令内务部通饬各省劝禁缠足文》等。临时政府内务部曾发布《内务部报告禁赌呈》《内务部令江宁府知事示禁各乡演戏赛会文》等，以禁止赌博及其他有害博戏。

（三）厉行司法改革

为革除数千年刑讯逼供的弊政，孙中山曾发布《大总统令内务司法两部通饬所属禁止刑讯文》，严令："不论行政、司法官署及何种案件，一概不准刑讯；鞫狱当视其证据充实与否，不当偏重口供；其从前不法刑具，悉令焚毁。"司法部根据临时大总统的训令，公布了《咨各省都督禁止刑讯文》，电促各省都督，责令下级官

拓展阅读

"姚荣泽案"

① 《孙中山全集》第 2 卷，中华书局 1981 年版，第 244 页。
② 《孙中山全集》第 1 卷，中华书局 1981 年版，第 155 页。
③ 《孙中山全集》第 1 卷，中华书局 1981 年版，第 183 页。

署废除刑讯制度。为实现法律惩戒手段的文明化，孙中山还发布了《大总统令内务司法两部通饬所属禁止体罚文》。

第二节　北洋政府时期的法制

一、从"天坛宪草"到1923年《中华民国宪法》

（一）"天坛宪草"的起草与废弃

1913年4月国会召开以后，多数议员认为《临时约法》内容过于简单，又属临时宪法文件，故而主张尽快制定一部正式的宪法。时任大总统的袁世凯则认为《临时约法》对总统的权力束缚过多，也希望制定一部扩大总统权力的宪法。

1913年7月12日，国会参、众两院各选举三十名议员组成了"宪法起草委员会"，负责拟订宪法草案。7月下旬，宪法起草委员会的起草工作改在北京天坛祈年殿进行，因而，后来完成的宪法草案称作"天坛宪草"。至10月24日，宪法起草委员会开始宪法草案的审议程序，袁世凯派出八位代表陈述总统对于宪法草案的意见，但是遭到宪法起草委员会的拒绝。在通过合法手段难以影响宪法起草的情况下，袁世凯利用其政治影响力阻挠制宪工作。10月25日，袁世凯通电各省军政长官，要他们对宪法草案逐条加以诘难。地方军政长官迅速作出反应，他们指斥"天坛宪草""为暴民专制之宪法"，要求解散国会，另行制定"中华民国万世不易之宪法"。同年11月4日，袁世凯下令解散国民党，取消国民党籍议员的资格，导致国会不足召集会议的法定人数。1914年1月，袁世凯又下令解散国会，宪法草案遂被废弃。

"天坛宪草"共一百一十三条，分为十一章：国体，国土，国民，国会，国会委员会，大总统，国务院，法院，法律，会计，宪法之修正及解释。该草案继承了《临时约法》的基本原则和主要制度，但其内容更加完备，主要体现在以下三个方面：

第一，为防止总统利用紧急处分权实行独裁，"天坛宪草"增设了国会的常设机关——国会委员会，以便在国会闭会期间限制总统滥用紧急处分权。草案第六十五条规定："大总统为维持公共治安，或防御非常灾患，时机紧急，不能召集国会时，经国会委员会之议决，得以国务院连带责任，发布与法律有同等效力之诰令。"

第二，采取更加独立的责任内阁制，国务总理的任命须经众议院的同意，国务员对众议院负责，而不是对总统负责。国家的行政权力多由总理和各部部长行使，总统仅为虚位国家元首。

第三，设立独立于行政机关的审计院。依"天坛宪草"规定，审计院对国家财政收入、支出的决算，行使审核权；对财政支出的支付令，行使核准权。而审计院之审计长、审计员，由国会选举产生，总统无权任免。

"天坛宪草"虽被袁世凯废弃，但它是中国近代第一部较为完备的资产阶级共和国性质的宪法草案，成为北洋政府以后修宪的基础。

（二）袁世凯独裁与《中华民国约法》

1914年1月国会被解散之后，形成了袁世凯独裁的政治局面。为了使总统独裁合法化，1914年3月，袁世凯提出了《增修临时约法大纲案》。为确保"合法"地增修约法，由各省及主要社会团体推选出五十七名代表，组成约法会议。约法会议依照袁世凯的授意议定了《中华民国约法》，并于1914年5月1日公布。

《中华民国约法》分为十章，共六十八条。在结构上分为三个部分：

第一部分，包括第一、二章，规定"国家"与"人民"，在形式上确认共和国体，明定人民的各项权利义务。

第二部分，包括第三章至第八章，规定了以"大总统"为核心的国家机构。第三章"大总统"，赋予总统以极为广泛的宪法权力；第四章"立法"，规定立法院行使议决法律、议决预算之权，并可以对大总统提起弹劾；第五章"行政"，主要规定以大总统为首长，总理和各部部长协助大总统管理行政；第六章"司法"，规定"司法以大总统任命之法官组织法院行之"；第七章"参政院"，规定参政院为总统咨询机关，"应大总统之咨询，审议重要政务"；第八章"会计"，规定国家租税制度、预算决算制度、审计制度以及大总统的财政权。

第三部分，包括第九章、第十章，规定有关制定宪法、施行约法的相关规则。第九章"制定宪法程序"体现了大总统的巨大影响力：由大总统的咨询机关——参政院推举之委员组成宪法起草委员会，负责起草宪法；宪法草案起草完成后，交参政院审议，再呈交大总统裁可议决；经国民会议议决，由大总统公布。第十章"附则"主要说明了有关约法施行的相关规则。

与《临时约法》相比较，《中华民国约法》具有以下特点：

第一，在形式上确立共和国体。辛亥革命以后，民主共和的观念已深入人心，因此约法不得不顺应民意，于"国家"和"人民"两章在形式上确立了共和国体、保障人民基本民主权利。

第二，在形式上采取三权分立原则，实际上总统独揽国家统治权。在三权分立的国家机构中，立法院由民主选举产生，行使立法权和弹劾总统的职权。然而，正是因为立法院可以制约总统的权力，所以立法院在袁世凯执政期间始终没有选举成立，其职权一直由总统的咨询机关——参政院代行。总统实际上集立法权、行政权于一身。并且根据1914年12月公布的《修正大总统选举法》，总统每届任期十年，可以连选连任，并可以选定继承人。这无异于确定了总统的终身制和世袭制，大总统拥有了帝王般的权力。

第三，增修约法和未来制定宪法的权力都掌握在总统手中。约法规定修订约法的程序极为严格，与《临时约法》的规定相同；所不同的是，增修《临时约法》的权力属于民意代表机关——参议院，而增修约法的权力则归于总统。未来议订宪法，宪法起草委员会的组成、宪法草案的拟订、宪法的审议与公布也都由总统决定。袁世凯试图通过掌握修订国家根本法的权力，来控制国家的政治命运。

1915 年 12 月，在所谓"国民代表"的一再推戴下，袁世凯下令改共和国体为帝国，定次年为洪宪元年。袁世凯复辟帝制遭到全国人民的反对，云南首先发兵讨伐，形成了席卷全国的护国运动。至 1916 年 3 月，袁世凯不得不下令取消帝制，仍任大总统。然而独立各省不能容忍独夫民贼留任总统，1916 年 6 月，袁世凯在内外交困、众叛亲离中死去。

（三）曹锟贿选与 1923 年《中华民国宪法》（"贿选宪法"）

1923 年 6 月，在直奉战争中取胜的直系军阀曹锟，图谋自任总统。曹锟为"合法"当选总统，命令直系军人暗中运动，凡参加总统选举的议员，每人奉送五千元支票。10 月 5 日，参、众两院议员召开总统选举会，议员五百九十三人出席，曹锟以四百八十票贿选为总统。

在总统选举的过程中，宪法会议在"天坛宪草"基础上修订完成了《中华民国宪法草案》。10 月 8 日，宪法会议匆忙完成宪法草案的三读程序。10 月 10 日，在辛亥革命十二周年之际，曹锟就任大总统，宪法会议同日公布《中华民国宪法》。因为该宪法由曹锟贿选而产生，所以又被称作"贿选宪法"。

1923 年《中华民国宪法》是中国近代史上第一部正式宪法，该宪法共一百四十一条，分为十三章：国体，主权，国土，国民，国权，国会，大总统，国务院，法院，法律，会计，地方制度，宪法之修正解释及效力。该宪法的主要特点在于以下两个方面：

第一，从形式上来看，是北洋政府时期最民主、立法技术最成熟的一部宪法。该宪法以 1913 年"天坛宪草"为底本，吸纳了宪法学者近十年以来的研讨成果，立法技术较为成熟。其第一条规定：中华民国永远为统一民主国。第二条规定：中华民国主权，属于国民全体。这是对复辟帝制以及各种专制政体的彻底否定。该宪法还规定了人民广泛的民主权利，以及代议制、责任内阁制、司法独立、财政审计制度，等等。这些条文对民主制度的建构，已颇为完备。

第二，名义上实行地方自治，实则确认大小军阀各自为政的利益格局。其第五章"国权"，将国家权力分为"国家事项"和"地方事项"，以宪法为依据，实行中央与地方的分权体制。其第十二章"地方制度"，更为详尽地规定了省、县两级地方的自治权。曹锟政府之所以能接受地方自治制度，是基于大小军阀利益分配的需要，即曹锟主政中央，小军阀在地方"自治"，贿选宪法成了大小军阀实现利益分配的账单。

（四）法统的废弃

国会与宪法相互维系，构成民主共和国的基础。自 1912 年 3 月以来，以《临时约法》为制度基础，以参议院为组织基础，奠定了共和的法统。但是，1914 年，袁世凯解散民选国会（即 1913 年 4 月—1914 年 1 月存续的第一届国会第一期常会），废弃"天坛宪草"，以约法会议炮制的《中华民国约法》取代《临时约法》；进而又于 1915 年年底复辟帝制，使共和法统遭到第一次破坏。袁世凯之后，共和法统一度得以恢复，但是没有维持多久，黎元洪与段祺瑞发生府院之争，再次解散国会（即 1916 年 8 月—1917 年 6 月存续的第一届国会第二期常会）。至 1917 年发生张勋复辟，共和法统遭到第二次破坏。及至 1923 年，直系军阀曹锟夺取中央政权，贿选总统、公布贿选宪法，国会与宪法的合法性与权威性遭到亵渎。1925 年 4 月，皖系军阀段祺瑞在驱逐曹锟后执掌政权，宣布"法统已为陈迹"，解散第一届国会第三期常会（即贿选国会），废除贿选宪法，也不再恢复《临时约法》。

二、刑事法律

北洋政府成立之初，即将《钦定大清刑律》略加修订，改称《中华民国暂行新刑律》（以下简称《暂行新刑律》），加以援用。虽然 1915 年和 1919 年分别完成刑法修正案，但是都没有正式颁行。北洋政府以《暂行新刑律》为刑事基本法，通过颁行各种刑事特别法，来弥补刑事基本法的不足。大量适用刑事特别法，是这一时期刑事法律的主要特点。

（一）《暂行新刑律》及其补充条例

1912 年 3 月，北洋政府公布《临时大总统宣告暂行援用前清法律及〈暂行新刑律〉令文》，该命令宣布："现在民国法律未经议定、颁布，所有从前施行之法律及《新刑律》，除与民国国体抵触各条应失效力外，余均暂行援用，以资遵守。"1912 年 4 月颁行的《删修新刑律与国体抵触各章条》，确定了对《钦定大清刑律》删修的内容，包括：删除《分则》第一章"侵犯皇室罪"十二条；删除《暂行章程》五条；修改律文中与帝制相关的名词、术语，改"帝国"为"中华民国"，改"臣民"为"国民"，改"复奏""恩赦"为"复准""赦免"。经过删修，将《钦定大清刑律》改称《暂行新刑律》。

1913 年镇压"二次革命"之后，袁世凯解散国会，进而逐步实现了个人独裁统治。为进一步强化专制统治，在 1914 年 12 月公布《暂行新刑律补充条例》十五条。该补充条例一方面恢复了《钦定大清刑律》的《暂行章程》，以加强对伦常礼教秩序的维护，严明尊卑长幼的等级秩序；另一方面，加重对"内乱""外患"等重大犯罪的处罚，体现了袁世凯"以礼教号召天下，以重典慑服人心"的专制要求。《暂行新刑律补充条例》成为刑事基本法的一部分。

（二）两次刑法修正案

北洋政府在《暂行新刑律》的基础上，于1915年完成了《修正刑法草案》，于1919年完成了《刑法第二次修正案》。两次刑法修正案虽然都没有正式颁行，却反映了中国近代刑事法律的新发展。特别是《刑法第二次修正案》，其立法水平较高，后来成为1928年南京国民政府制定刑法的基础。

1. 1915年《修正刑法草案》

1914年，北洋政府成立法律编查会，专门负责修订各项法律。该会成立之初，即认为援用《暂行新刑律》，本为权宜之计，自应重加编纂。于是，以《暂行新刑律》为基础，展开修订工作，至1915年4月完成《修正刑法草案》。该修正草案分总则、分则两编，共四百三十二条，章节大致与《暂行新刑律》相同，其内容上的重大修改有三个方面：

第一，秉承"立法必依乎礼俗"的原则，将中国古代刑律"亲族加重"的原则纳入修正案之中："对于直系尊亲属犯罪者，加重本刑二等，对于旁系尊亲属犯罪者，加重本刑一等"，甚至"许其加至死刑"。将《暂行新刑律补充条例》中的"限制正当防卫"和"无夫奸"两条采纳为修正案条文。

第二，增加"侵犯大总统罪"，列为分则第一章。基于中国礼教尊尊原则，修正案的起草者认为，大总统为国家主权之代表者，应设立专章予以保护。

第三，为保障国家盐税收入，将《私盐治罪法》的内容并入刑法修正案，增加私盐罪一章。

2. 1919年《刑法第二次修正案》

1918年7月，北洋政府撤销法律编查会，改设修订法律馆，以董康、王宠惠为总裁，由王宠惠负责第二次刑法修正工作。在王宠惠的主持下，1919年《刑法第二次修正案》最后定稿，草案共三百九十三条。《刑法第二次修正案》名为修正案，实则在立法原则、立法体例方面并未因袭《暂行新刑律》和《修正刑法草案》，对以往刑法典（或草案）之缺点进行全面改正，为民国以来较完备之刑法典草案。《刑法第二次修正案》较以往刑律及修正案，有以下几方面的重大改进：

第一，明确规定故意与过失之范围。《刑法第二次修正案》为防止歧误，仿照各国晚近立法例，明文规定故意与过失，并依照1902年万国刑法学会议决议，规定犯人只对其能预见之结果负责。

第二，提高刑事责任年龄。《暂行新刑律》规定刑事责任年龄为十二岁，《刑法第二次修正案》参照多数国家立法例，将刑事责任年龄改为十四岁。十四岁以上未满十六岁者，得减轻刑罚，并增加由监护人交纳保证金自行监督的管束方法。

第三，废除有期徒刑的等级制度。《暂行新刑律》将有期徒刑分为五等，加重处罚或减轻处罚，必以一等为限，往往造成量刑畸轻畸重。《刑法第二次修正案》在总则部分废除刑期等级制度，分则各条以加重或减轻若干分之几为准，以免量刑失当。

第四，对缓刑制度加以改革。《刑法第二次修正案》将原定的三年缓刑考察期限，缩短为两年。《暂行新刑律》的缓刑制度不适用于罚金，为促进受罚金处罚的罪犯改过自新，《刑法第二次修正案》规定对处以罚金刑者可以适用缓刑。

第五，对分则各章加以合理地分拆或整合。《暂行新刑律》将杀人、伤害两罪合为一章"杀伤罪"；《刑法第二次修正案》将一章分为两章，分别规定杀人罪与伤害罪。《暂行新刑律》将放火、决水及妨害水利罪、危险物罪、妨害交通罪、妨害饮料水罪等，各分一章，分别加以规定；《刑法第二次修正案》仿照荷兰、挪威、意大利等国刑法，以及瑞士、德国等国刑法准备案，将上述各罪并为一章，定名为"公共危险罪"。

（三）刑事特别法令

《暂行新刑律》由《钦定大清刑律》改订而来，大体仿照外国刑法，多有与中国国情不相适应之处，于是需要以特别法令加以变通、弥补。1916 年 3 月，司法部公布《妇女犯轻罪特别处理通饬》，对于犯轻罪的妇女，不依《暂行新刑律》的规定加以处罚，而是根据清朝律例予以宽免，责成其丈夫或父亲保释管束。1920年，司法部公布《科刑标准条例》，列举推事裁判案件应注意之事项，以帮助司法人员理解刑法条文的内容，避免定罪量刑漫无标准。

多数特别刑事法令是为了强化社会治安而颁行，其量刑大多重于《暂行新刑律》。北洋政府于 1914 年 6 月颁行《官吏犯赃条例》（1916 年 7 月废止），1920年 10 月颁行《办赈犯罪惩治暂行条例》，1921 年 3 月颁行《官吏犯赃治罪条例》。以上各法令均加重官吏犯赃罪，公务人员贪赃枉法或侵吞赈款，达到五百元者即处以死刑。1914 年 7 月，总统以教令公布《惩治盗匪法》，同年 12 月又公布《惩治盗匪法执行法》。北洋政府以惩治盗匪为名，赋予地方军政长官对"盗匪"就地枪决的权力。原定《惩治盗匪法》施行五年，1919 年施行期满之际，又延期三年；1922 年应行废止之时，由于各省军政长官强烈要求继续施行，政府只得明令沿用。北洋政府于 1914 年 7 月、10 月，还分别颁行了《徒刑改遣条例》《易笞条例》，对于犯内乱、外患、强盗等重罪，处五年以上有期徒刑者，得将徒刑改为发遣；对于犯轻罪，应处以三个月有期徒刑、拘役或一百元以下罚金折易监禁者，凡属十六岁以上、六十岁以下之男子（曾任官员或有其他特殊荣誉身份者除外），可以将监禁折易笞刑。

三、民事法律

（一）民事法律体系

1912 年 3 月，司法部曾呈请参议院援用《大清民律草案》，但是参议院以该草案"前清时并未宣布，无从援用"为由驳回请求，并议定："嗣后凡关民事案件，应仍照前清现行律中规定各条办理。""现行律民事有效部分"是《大清现行刑律》中有关民事的规范，条文甚为简略，不足以规范日渐纷繁复杂的民事法律关系。在没有颁行民法典的情况下，北洋政府只得公布一些民事单行法令以解决社会生活中的具体问题，如 1914 年 1 月公布的《验契条例》，1915 年 10 月公布的《管理寺庙条例》，1917 年 10 月公布施行的《清理不动产典当办法》等。

"现行律民事有效部分"和各种单行民事法令构成的民事制定法体系，庞杂而简陋，难以满足民事司法的需要。大理院不得不在具体的民事判例和解释例中，解释制定法，消除其内在矛盾、补充其缺漏。1913 年，大理院在上字第 64 号判决中，引用《大清民律草案》第一条"判断民事案件应先依法律所规定；法律无明文者，依习惯法；无习惯法者，依条理"的规定，确认了习惯法和条理是补充性的法律渊源。

北洋政府时期的民事法律体系包括以下四种法律形式：制定法（作为民事基本法的"现行律民事有效部分"，以及各种单行民事法令），大理院的民事判例、解释例，民事习惯，条理。在多种民事法律之中，大理院的民事判例、解释例发挥着极为重要的整合作用。

（二）民国《民律草案》

1915 年，北洋政府法律编查会对《大清民律草案》最欠妥当的亲属编加以修订，编纂完成《民律亲属编草案》，共七章一百四十一条，试图使清末的民法典草案得以完备。由于政局动荡，《民律亲属编草案》未能交付立法机关审议。

北洋政府为收回领事裁判权，应付列强的考察，责成修订法律馆迅速编纂民法典。修订法律馆即着手调查各省民商事习惯，汇集国内著名民法学者，编订民法典草案。当时起草民法总则的是大理院院长余棨昌，债编由修订法律馆副总裁应时、总纂梁敬镦共同起草，物权编由北京大学教授黄右昌起草，亲属、继承两编由修订法律馆总纂高种和起草。至 1925 年，编纂完成总则、债、物权三编，1926 年完成亲属、继承两编。

民国《民律草案》编纂完成之际，正值军阀混战，因此该草案未完成立法程序，只是在 1926 年 11 月，由北洋政府司法部通令各级司法机关作为条理加以适用。民国《民律草案》分为总则、债、物权、亲属、继承五编，共计一千五百二十二条。该草案在《大清民律草案》基础上做了以下修订：

第一，该草案摒弃个人主义价值取向，采取社会本位，对绝对的个人权利加以限制。草案第二编由"债权"改称"债"，以兼顾债权人和债务人的利益。契约自由是个人主义最重要的法律原则之一，草案承认契约自由，但是特别强调签订契约、履行契约须无悖于诚实信用原则。诚实信用原则成为限制契约自由的一般条款，旨在维护社会公益。在第三编《物权》中，权能最为强大的所有权，须受社会公共利益的限制，行使该项权利不得损及第三人合法权益。

第二，草案注重采纳本国固有法和司法经验，将"现行律民事有效部分"，及大理院历年民事判例、解释例采纳为法典条文。典权制度为我国固有法，然而《大清民律草案》却未予规定。该草案在物权编中，则专设"典权"一章，详加规定。草案采纳固有法最多的是亲属、继承两编。亲属编共二百四十三条，较《大清民律草案》增加一百条；继承编共二百二十五条，较《大清民律草案》增加一百一十五条。

第三，在继受外国法方面，草案也更为成熟。《大清民律草案》物权编对于主物和从物，未加区分；该草案特为增入。在草案亲属编"婚姻效力"一节，仿照瑞士民法，增设"夫妻之权利义务"和"夫妻财产制"，以更好地保护妇女在家庭中的合法地位和财产权益。《大清民律草案》仿日本民法，对于限制行为能力人分别规定禁治产和准禁治产；而该草案则仿照德国民法，只规定禁治产制度，更加简明、妥当。

北洋政府曾拟议编纂民商统一的法典，但为了迅速编订完成民商法典，以利于收回领事裁判权，最终放弃了民商法合编的计划，分别编纂民、商法典。法律编查会在 1915 年修订完成《破产法草案》，次年完成《公司法草案》。在 1913—1925 年间，先后修订了五个《票据法草案》。但各项商事法律草案，均未完成立法程序。

四、司法制度

（一）司法机关

北洋政府成立之初，对清末颁行的《法院编制法》略加删改，更名为《暂行法院编制法》，继续援用。1914 年 3 月，又公布《平政院编制令》，从而形成了二元的裁判体制：由普通法院系统负责民事、刑事案件裁判，由平政院职掌行政案件的裁判。普通法院系统实行四级三审制，在中央设立大理院为最高法院，在地方分设高等审判厅、地方审判厅和初级审判厅。

《暂行法院编制法》实行审检分立制度，各级审判机关对应设立检察厅。与大理院对应设立总检察厅，与高等审判厅对应设立高等检察厅，与地方审判厅对应设立地方检察厅，与初级审判厅对应的是初级检察厅。各级审判机关与检察机关，分别独立行使职权。

（二）诉讼审判制度的特点

1. 原则上实行司法独立

北洋政府时期，以三权分立作为国家机构的基本组织原则，司法独立则是三权分立的重要内容之一。《暂行法院编制法》为贯彻司法独立原则，设定了各种相关制度，主要包括：其一，严定推事（即法官）的选任条件，实行推事的专业化；其二，保障推事的职位安全，严明其职业操守；其三，保障推事独立行使审判权。《暂行法院编制法》规定，纵然是大理院院长，也"不得指挥审判官所掌理各案件审判"，"（合议庭）评议判断时，庭员须各陈述意见"，"判断之议决，以过半数意见定之"。

北洋政府时期的宪法性法律、法院编制法都确认和保障司法独立，但是由于司法经费极为匮乏，司法人才短缺，特别是军阀干涉司法，致使司法独立在很大程度上停留在纸面上。

2. 地方行政官兼理司法

依照《暂行法院编制法》规定的四级三审制，在各县应设立初级审判厅，管辖第一审民事、刑事案件。但是由于司法经费拮据，专门司法人才短缺，全国各县级地方难以设立独立审判机关。1913 年 3 月，北洋政府不得不采取变通办法，在应设初级审判厅的县级地方先行设立审检所。审检所内以具有一定法律知识的人出任帮审员，负责审理民事、刑事案件，以该县县知事兼任检察官。审检所虽然是一种过渡形态的审判机关，但它的设置剥夺了地方官的审判权，因而遭到地方的抵制。

1914 年 4 月，鉴于既无法设立初级审判厅，又难以推行审检所制度，北洋政府裁撤了初级审判厅，也废止审检所制度。分别不同情况，在各县设置不同的司法组织。在条件较好的各县，设立地方审判分厅或地方刑事简易厅；在条件较差的各县，实行县知事兼理司法，同时公布了《县知事兼理司法事务暂行条例》。此后，县知事兼理司法成为多数县级地方的主要司法模式。

1917 年 5 月，北洋政府公布《县司法公署组织章程》，试图改变县知事兼理司法的体制。根据《县司法公署组织章程》，在未设立独立司法机关的各县，应设立司法公署行使审判职权。根据该章程，县司法公署由审判官和县知事组成，"关于审判事务，概由审判官完全负责，县知事不得干预"。县司法公署的设立，有助于推进审判权的独立行使，但是到 1926 年年底，将近十年的时间里，全国两千多个县仅设立司法公署四十六所①，百分之九十以上的县级地方依旧实行县知事兼理

---

① 依据《法律评论》第 182 期《法界消息》中北洋政府司法部统计，1926 年 12 月。

司法。

3. 军阀干涉司法

大小军阀利用军法审判干涉司法，是北洋政府时期司法制度的一大弊病。当时的中央政府为大军阀所把持，地方政府为小军阀所掌握，大小军阀的军队中都设有军政执法处。军政执法处为专门军事司法机关，管辖军人违法案件，可是大小军阀利用它"口衔刑宪，意为生杀"。1912 年 8 月 15 日夜，武昌起义的功臣张振武，被京畿军政执法处秘密逮捕，三小时后，没有经过任何公开司法程序即被枪决。处死张振武的依据仅仅是黎元洪在一封密电中的指控，以及袁世凯所发的一纸命令。再有，1925 年 12 月 5 日，山东军阀张宗昌命令军政执法处捕杀了山东高等审判厅厅长张志，随即以军法长官继任高等审判厅厅长的职位。北洋政府时期，大小军阀利用军法杀人的案例不胜枚举，军法审判成了军阀干涉司法的重要手段。

思考题：

1. 简述《中华民国临时政府组织大纲》的主要内容。
2. 试述《中华民国临时约法》的主要内容和历史意义。
3. 简述北洋政府时期的民事法律体系。

▶ 自测习题及参考答案

第十五章　民国后期（1928—1949）的法制

1927年4月18日，蒋介石在南京成立"国民政府"，并于1928年12月在名义上统一全国。1949年10月1日，中华人民共和国成立，南京国民政府被推翻，中国历史进入一个新的历史阶段。南京国民政府统治的二十一年，史称"民国后期"。这一阶段的法制发展，一方面，延续清末开启的法律近代化过程，并在清末法制改革、民国前期法制发展的基础上，构建了以"六法体系"为核心的法律制度，其内容集中汇编于《六法全书》；另一方面，在这二十一年中，南京国民政府先后发动两次内战，又经历抗日战争，在形式上较为完备的"六法体系"实际上并未有效实施。同时，南京国民政府长期以镇压共产党与其他进步力量为其首要政治任务，也使得这一时期的法律带有明显的政治斗争色彩。

第一节　宪　　法

民国后期颁行过一部宪法性文件即《中华民国训政时期约法》，制订过一部宪法草案——《中华民国宪法草案》（即"五五宪草"），还颁行过一部正式宪法即《中华民国宪法》。它们都是那时的立宪成果。

一、《中华民国训政时期约法》

1928年10月3日，国民党中央常务会议通过了《中国国民党训政纲领》（以下简称《训政纲领》）。[1] 该纲领对国民党代表大会代表国民大会行使政权，国民政府行使行政、立法、司法、考试、监察五项治权，国民党中央执行委员会指示监督国民政府重大国务的施行等一些重大问题作了规定。《训政纲领》是制定《中华民国训政时期约法》（以下简称《训政时期约法》）的基础。[2]

经国民会议通过后，1931年6月1日，南京国民政府正式公布、施行《训政时期约法》。此约法分为总则、人民之权利与义务、训政纲领、国民生计、国民教育、中央与地方之权限、政府之组织和附则八章，共计八十九条。至1947年12月25日《中华民国宪法》生效，《训政时期约法》共施行了十六年。它的主要内容如下：

---

[1] 《中国国民党历次代表大会及中央全会资料》（上），光明日报出版社1985年版，第657—658页。

[2] 参见蔡鸿源主编：《民国法规集成》第33册，黄山书社1999年版，第30—32页。

（一）规定国民党一党专政的国家体制

《训政时期约法》贯彻了《训政纲领》的精神，把《训政纲领》中规定的国民党代表大会代表国民大会行使政权上升为国家意志，在第三十条中明文规定："训政时期，由中国国民党全国代表大会代表国民大会行使中央统治权。"该规定架空了国民大会，使国民党全国代表大会行使国家的一切权力，国民党一党专政的实质一目了然。这也使该约法第二条所规定的"中华民国之主权属于国民全体"等一些条文形同虚设。

（二）规定五院制政府体制

《训政时期约法》以"五权宪法"为目标，把国家的治权分为行政、立法、司法、考试、监察五种，并由国民政府行使。第三十二条明文规定："行政、立法、司法、考试、监察五种治权，由国民政府行使之。"南京国民政府的行政院、立法院、司法院、考试院、监察院的五院因此而设立。

（三）规定人民的权利和义务

《训政时期约法》在第二章专门规定了人民的权利和义务。其中，权利主要是：国民不分性别、种族、宗教、阶级的区别，在法律上一律平等；人民非依法律不得逮捕、拘禁、审问、处罚；人民之住所非依法律不得侵入、搜索或禁锢；人民之财产非依法律不得查封或没收；人民享有信仰宗教、迁徙、通信秘密、结社集会、言论出版等自由；拥有财产继承、请愿、诉讼、应试等权利。其中，义务主要是纳税、服从公务执行等。由于这些权利与义务往往有"非依法律"之限制，其享有的权利空间受到压缩。

（四）规定以发展国家资本主义为核心的经济政策

《训政时期约法》用"国民生计"一章专门对国家的经济政策作了规定，核心内容是发展国家资本主义。其中，虽规定国家奖励及保护各种民营事业，发展农业经济，但特别强调国家应兴办煤、油、金、铁等矿业及航空业等对国民生计意义重大的产业。这为国家大力发展国家资本主义，扩充官僚资本，垄断重要经济部门提供了法律依据。事实证明，四大家族从中获得了巨大的经济利益。

（五）规定中央与地方的权限

《训政时期约法》还对中央与地方的各自权限作了规定。在中央，国民政府总揽国家的治权，其中包括：统率陆、海、空军；行使宣战、媾和及缔结条约之权；负责编写国家预算、决算；公布法律、发布命令等。在地方，省政府受中央之指挥，综理全省政务；县政府受省政府的指挥，综理全县政务；得全国有半数省份完成地方自治时，即召开国民大会，决定宪法的颁行，等等。

综观《训政时期约法》这一宪法性文件，最为突出的一点是规定了国民党一党专政的国家体制，确立了国民党的权威，为树立蒋介石的个人独裁统治开辟了道路，建立的是"政治制度上国民党一党派一阶级的反动独裁政体"①。另外，以《训政时期约法》为根本法，南京国民政府逐渐建立、完善"六法体系"，使中国逐步实现了法制近代化。

二、"五五宪草"

"五五宪草"的全称是《中华民国宪法草案》。② 因其于 1936 年 5 月 5 日由南京国民政府公布，故俗称"五五宪草"。

"九一八事变"后，日寇更加有恃无恐，中国局部抗战开始，民族危机日益加深。中国共产党和广大爱国人士均要求结束训政，实行民主，一致抗日。国民党内部的爱国人士也要求尽快召开国民大会，制定宪法。在举国上下的一致要求之下，1932 年 12 月国民党四届三中全会决定于 1935 年召开国民大会，制定宪法。1933 年 1 月，立法院组织了以院长孙科为首的宪法起草委员会，草拟宪法。历时三年，南京国民政府终于在 1936 年 5 月 5 日公布了"五五宪草"。后来，由于全国抗战开始，国民大会未能如期召开，此宪草没能审议、通过。

"五五宪草"共八章，分别是：总纲、人民之权利与义务、国民大会、中央政府、地方制度、国民经济、教育、宪法之实施与修正，共计一百八十四条。"五五宪草"继承了《训政时期约法》的精神，但也有变化。主要变化表现在以下三个方面：

（一）确立总统制

《训政时期约法》没设"总统"，只设"国民政府主席"。"五五宪草"则设立总统，确立总统制。该宪草的"中央政府"部分明文规定："总统为国家元首，对外代表中华民国。"总统拥有相当大的权力，包括：统率全国陆、海、空军；公布法律法令、宣战媾和、宣布戒严解严；行使大赦、特赦、减刑复决权；任免行政院与文武官员之权，任命司法、考试院院长；召集五院院长会商相关事宜等等。实际上，总统凌驾于五院之上，已非一般国家元首。

（二）确立国民大会制度

《训政时期约法》未设国民大会专章，也没有对国民大会制度作规定，因为国民党全国代表大会代表国民大会行使中央统治权，国民大会也就处在被替代地位。"五五宪草"则对国民大会制度作了规定，还专设"国民大会"一章。内容包括：国民代表大会作为人民行使选举、罢免、创制、复决四权的机关；国民大会负责选举总统、立法院院长；大会每三年由总统召集之，会期一至两日，闭会期间无

---

① 《毛泽东选集》第 1 卷，人民出版社 1991 年版，第 256 页。

② 参见蔡鸿源主编：《民国法规集成》第 33 册，黄山书社 1999 年版，第 46—63 页。

常设机关；等等。在该规定中，总统是国民大会的召集人，而且国民大会闭幕期间无常设机关，致使人民实现自己的权利受阻，总统则成了国民大会的真正掌控人。

（三）确立五院制衡机制

《训政时期约法》虽规定设立行政、立法、司法、考试和监察五院，但对这五院制衡机制没有作出规定。"五五宪草"对五院的制衡机制作了一些规定，特别是行政与立法两院。它规定，行政院长的任命由总统提名，但须经国民大会同意；行政院长对国民大会负责；如果立法院对行政院长提出不信任案并经国民大会同意，行政院长就去职等等。由于总统凌驾于五院之上，可以召集五院院长会商相关事务，故该制衡机制的作用十分有限。

该草案公布以后，立即遭到中国共产党和全国人民的反对，又由于全国抗战的爆发，它没有成为正式宪法。然而，"五五宪草"的许多内容被以后制定的《中华民国宪法》所吸收、继承。

三、1947 年《中华民国宪法》

该《中华民国宪法》于 1947 年 1 月 1 日由南京国民政府公布，同年 12 月 25 日实施。为了区别于北洋政府制定的《中华民国宪法》（又称"贿选宪法"），故把该宪法称为 1947 年《中华民国宪法》（以下简称《中华民国宪法》）。①

抗战胜利以后，人们欢欣鼓舞，迎来一个新时期。1945 年 10 月 10 日，国共双方在重庆签订了"双十协定"。1946 年 1 月，在重庆召开了政治协商会议，会议就修改"五五宪草"提出了原则，其中包括实行议会制、内阁制、地方自治、保障人民的自由民主权利等。这些原则否定了国民党一党专政，提倡共和制。然而，人们的美好愿望未能如愿。接着，南京国民政府便发动内战，内战全面爆发。同年 11 月 15 日，在未经政协讨论决定，也没有共产党、民主党派和无党派人士

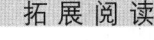

拓 展 阅 读

1947 年《中华民国宪法》（全文）

参加的情况下，南京国民政府单方面召开国民大会，史称"伪国大"。1946 年 12 月 25 日伪国大通过了《中华民国宪法》，并于 1947 年 1 月公布，同年 12 月 25 日实施。

《中华民国宪法》共十四章，依次分别是：总纲、人民之权利义务、国民大会、总统、行政、立法、司法、考试、监察、中央与地方权限、地方制度、选举罢免创制复决、基本国策、宪法之施行及修改，共计一百七十五条。与以往南京

---

① 参见蔡鸿源主编：《民国法规集成》第 33 册，黄山书社 1999 年版，第 64—87 页。

国民政府所制定的宪法性文件和宪法草案相比较,《中华民国宪法》的内容更为系统、完整,同时其局限性也很突出。其内容与局限性主要表现为以下三方面:

（一）民主共和制方面的内容与局限性

《中华民国宪法》在形式上规定中华民国是民主共和国,实行民主共和制。它在"总纲"中规定:"中华民国基于三民主义,为民有、民治、民享之民主共和国","中华民国之主权属于国民全体"。同时,又赋予总统极大的权力,使其总揽了国家的各项大权。其中包括:对外代表中华民国;统帅军队;公布法律;缔约、宣战、媾和;宣布戒严;任免文武百官;宣布大赦、特赦、减刑、复决;发布紧急命令;甚至可以召集五院院长,解决院与院间争权事宜,等等。这些权力使总统实际上凌驾于五院之上,掌握着国家的各项大权,实质上已是总统集权制,与民主共和制相悖。这一集权制十分有利于总统个人独裁与国民党一党专政的施行。

（二）民主自由权利方面的内容与局限性

《中华民国宪法》在"人民之权利"中对人民的民主自由权都作了充分规定,其广泛程度超过中国以往的任何规定。其中包括:不分男女、宗教、种族、阶级、党派,在法律上一律平等;国民有身体、迁徙、宗教信仰、集会结社等自由;享有选举、罢免、创制、复决并参政权;享有生存、工作、财产、请愿、诉愿、诉讼、受教育等权利。然而,这些民主自由权利都受到严格限制,以致无法全面享有。该宪法颁行后不久,南京国民政府便制定了《维持社会秩序临时办法》《戡乱时期危害民国紧急治罪法》《戒严法》等,使人民的民主自由权利受到严格限制。

（三）平均地权和节制资本方面的内容与局限性

《中华民国宪法》在形式上强调平均地权和节制资本,以此来发展中国经济,保障民生。该法第一百四十二条规定:"国民经济,应以民生主义为基本原则,实施平均地权,节制资本,以谋国计民生之均足。"然而,一些直接的具体条文却从实质上来保护封建剥削和加强官僚垄断经济,使形式上的平均地权和节制资本束之高阁,无法实现。该宪法在"基本国策"的"国民经济"部分明确规定:"人民依法取得之土地所有权,应受法律之保障与限制。"封建土地所有制和封建制剥削得到了切实保护,平均地权成了空谈。此部分还规定:"国家对私人财富及私营事业,认为有妨害国计民生之平衡发展者,应以法律限制之";"公用事业及其他有独占性之企业,以公营为原则","金融机构,应依法受国家之管理"等。这些都有利于在国家管控之下,加强官僚垄断经济,节制资本因此而流产。

《中华民国宪法》是中国近代立宪史上内容较为系统、完整的一部宪法,也是中国法制近代化的主要成果之一。然而,《中华民国宪法》的代表性不足。通过《中华民国宪法》的国民大会,是在没有中国共产党、民主党派和无党派人士参加的情况下召开的，代表性明显不足，不能体现广大民众的意愿，"只能是保护地主与买办官僚资产阶级反动统治工具"①。因此，它公布以后，遭到包括共产党、民主党派和无党派人士等在内的广泛反对，也在意料之中了。

第二节　行政法律制度

行政法律制度是民国后期"六法体系"的一个重要组成部分。它是有关行政权的组织和活动的法律规范的总称，是国家行政组织开展活动的法律依据，与广大民众的关系密切。

一、行政立法概况

民国后期，行政法律制度的内容丰富，涉及面广泛，涵盖了那时行政组织和活动的方方面面。这一法制制度大致可分为九大类，分别是组织、内政、教育、军政、财政、经济、人事、专门职业和行政救济。每一类中，还包括数量不等的行政法规。

（一）组织类

这是关于国家行政组织方面的行政法律制度，包括了各级行政机关的组织法。主要有《行政院组织法》（1932 年）、《省政府组织法》（1927 年）、《县组织法》（1928 年）、《行政督察专员公署组织暂行条例》（1936 年）、《交通部组织法》（1927 年）、《铁道部组织法》（1929 年）、《司法部组织法》（1927 年）等。

（二）内政类

这是关于国家内务行政方面的行政法律制度。它的涉及范围比较广，主要包括了国籍、户籍、行政执法、著作、建筑、工厂、渔农工会、劳资争议处理等方面的法律。主要有《著作权法》（1928 年）、《国籍法》（1929 年）、《工厂法》（1929 年）、《渔会法》（1929 年）、《工会法》（1929 年）、《团体协约法》（1930 年）、《农会法》（1930 年）、《出版法》（1930 年）、《户籍法》（1931 年）、《工厂检查法》（1931 年）、《行政执行法》（1932 年）、《警械使用条例》（1933 年）、《合作社法》（1934 年）、《建筑法》（1938 年）、《都市计划法》（1939 年）、《违警罚法》（1943 年）、《职工福利金条例》（1943 年）、《劳资争议处理法》（1943 年）、《护照条例》（1944 年）、《动员戡乱期间劳资纠纷处理办法》（1947 年）等。

---

① 《中共中央关于废除国民党的六法全书与确定解放区的司法原则的指示》（1949 年 2 月），载《中国法制史资料选编》编选组：《中国法制史资料选编》（下），群众出版社 1988 年版，第 1188 页。

（三）教育类

这是关于国家教育行政方面的行政法律制度。它涉及的内容与大学、考试、学位授予、职业学校、幼稚园设置等有关。主要有《考试法》（1929 年）、《特种考试法》（1931 年）、《职业学校法》（1932 年）、《学位授予法》（1935 年）、《幼稚园设置办法》（1943 年）、《大学法》（1948 年）等。

（四）军政类

这是关于国家军事行政方面的行政法律制度。它的涉及范围不广，仅与兵役、陆海空军惩罚、军事征用、国家总动员等有关。主要有《陆海空军惩罚法》（1930 年）、《兵役法》（1933 年）、《军事征用法》（1937 年）等。

（五）财政类

这是关于国家财务行政方面的行政法律制度。它规定的大量内容与税收有关，除此以外，还有银行、会计、预决算等法律。主要有《银行法》（1931 年）、《海关缉私条例》（1934 年）、《会计法》（1935 年）、《预算法》（1937 年）、《决算法》（1938 年）、《公库法》（1938 年）、《契税条例》（1940 年）、《房屋税条例》（1943 年）、《工程受益费征收条例》（1944 年）、《证券交易税条例》（1946 年）、《货物税条例》（1948 年）等。

（六）经济类

这是关于国家经济行政方面的行政法律制度。这类法律的内容比较多，涉及商业登记、商业会计、专利、商标、商品检验、森林、矿业、矿场、狩猎、水利、渔业、电业、邮政等许多方面。主要有《渔业法》（1929 年）、《民营公用事业监督条例》（1929 年）、《商标法》（1930 年）、《矿业法》（1930 年）、《商品检验法》（1932 年）、《森林法》（1932 年）、《狩猎法》（1932 年）、《邮政法》（1935 年）、《矿场法》（1936 年）、《商业登记法》（1937 年）、《水利法》（1942 年）、《专利法》（1943 年）、《标准法》（1946 年）、《电业法》（1947 年）、《商业会计法》（1948 年）、《国营事业管理法》（1949 年）等。

（七）人事类

这是关于国家人事行政方面的行政法律制度。它的内容集中于对公务员和其他公职员的规定。主要有《公务员惩戒法》（1931 年）、《公务员服务法》（1939 年）、《公务人员退休办法》（1943 年）、《公务人员抚恤法》（1943 年）、《学校教职员退休条例》（1944 年）、《军法人员转任司法官条例》（1944 年）、《公务人员任用法》（1949 年）等。

（八）专门职业类

这是关于国家专门职业人员方面的行政法律制度。它规定的内容专门集中于一些专门职业人员，包括了律师、会计师、医师、助产士、新闻记者等人员。主

要有《律师法》（1941 年）、《律师惩戒规则》（1941 年）、《律师登录规则》（1941
年）、《医师法》（1943 年）、《助产士法》（1943 年）、《新闻记者法》（1943 年）、
《律师检核办法》（1945 年）、《会计师法》（1945 年）、《会计师检核办法》（1946
年）等。

（九）行政救济类

这是关于行政救济方面的行政法律制度。它所包括的内容也很少，仅有诉愿
与行政诉讼法等，如《诉愿法》（1930 年）、《行政诉讼法》（1932 年）等。

二、行政法律的主要内容及特点

民国后期行政法律的内容已经较为丰富，同时也形成了自己的特点。

（一）行政法律的主要内容

1. 行政组织法

这是对国家的各级行政主体的机构设置、人员组成、职权、职责等作出规定
的行政法律制度。南京国民政府对当时的各级、各类国家机关的机构设置、人员
组成、职权、职责等都作了规定。比如，1932 年颁行的《行政院组织法》[1] 共
有十一条，规定的内容有：行政院下设内政、外交、军政、财政、农矿、工
商、教育、交通、铁道、卫生各部和建设、蒙藏、侨务、劳工、禁烟各委员
会；院长指挥院务及其所属机关；院内设秘书、政务两个处，各处的员额和掌
管事项等。

2. 行政行为法

这是关于行政主体在行使行政权中所实施的行为的行政法律规定。民国后期
也制定过该类行政法，其中主要是《行政执行法》（1932 年）[2]。它共有十二条，
主要对该法的宗旨作了规定，即"维持公共之安宁秩序，保障人民之自由幸福"，
对间接强制处分作了规定，即代执行和罚锾；对直接处分也作了规定，包括对物
的扣留、使用、处分或限制使用，对家宅及其他场所的侵入搜索等。

3. 行政救济法

这是一种包括公民、法人和其他组织在内的行政相对人认为行政机关的行政
行为侵犯了其合法权益，按照法定程序向行政机关、司法机关提出复议、诉讼的
行政法律制度。民国后期这种法律主要有两个，即《诉愿法》和《行政诉讼法》。
以《诉愿法》为例，该法共十四条，对诉愿的适用对象、管辖、时效，诉愿书需
载明的事项，诉愿决定书应载明的事项，诉愿决定的效力等一系列内容都作了明

---

① 参见蔡鸿源主编：《民国法规集成》第 33 册，黄山书社 1999 年版，第 366 页。
② 参见蔡鸿源主编：《民国法规集成》第 66 册，黄山书社 1999 年版，第 190 页。

文规定。①

4. 部门行政法

这是一种存在于国家行政系统中各领域的行政法。民国后期的部门行政法比较发达，数量很多，存在于国家行政院下属的各个领域之中。其中包括了内务、教育、军政、地政、财政、经济、人事、专业职业等一些方面。主要对所要调整的对象作出较为全面的规定。以国籍法为例，该法共二十条，主要对国籍的固有和取得作了较为全面的规定。② 固有国籍的情形包括：生时父为中国人；生于父死后，其父死时为中国人；父虽无可考或无国籍，其母为中国人；生于中国等。

（二）行政法律的特点

与"六法体系"中的其他五法相比较，民国后期的行政法律主要有如下三个特点：

1. 缺少法典

在当时的"六法体系"中，宪法、民法、刑法、民事诉讼法和刑事诉讼法都有自己的法典，只有行政法没有法典。它只由相关法规、判例和解释例组成，相关法规是其中的核心。缺少法典，就没有行政法的总则，只有独立的相关法规。这样，行政法内容的整体性就打了折扣。

2. 数量很多

民国后期，行政法律虽然没有法典，但行政法规的数量很多，超过那时"六法体系"中其他的任何一个法。据统计，行政法律的内容占"六法"内容总量的一半左右，可与其他五法的总量持平。从中亦可知，行政法律调整范围的广泛和地位的重要。

3. 立法程序简单

民国后期的许多行政法律都由那时的立法院制定，没有由当时的国会制定，适用的是行政立法和程序。该立法程序比国会的立法程序简单，一般都是相关部门拟成草案，交立法院审查、通过，最后由国民政府公布这样的程序。以《特别考试法》为例。1931 年 2 月，考选委员会根据《考试法》第十六条规定，拟成《特种考试法草案》，呈由考试院并请立法院审议。立法院把该草案交由下属的法制委员会审查，审查通过以后，在立法院的第一百三十四次会议上三读通过。南京国民政府于 1931 年 3 月 21 日公布。③ 简单的立法程序，一方面可以提高行政法

---

① 参见蔡鸿源主编：《民国法规集成》第 66 册，黄山书社 1999 年版，第 191 页。

② 参见蔡鸿源主编：《民国法规集成》第 40 册，黄山书社 1999 年版，第 158 页。

③ 参见谢振民编著：《中华民国立法史》下册，张知本校订，中国政法大学出版社 2000 年版，第 477 页。

律的立法效率，另一方面则可以使其内容较易通过制定而得到实施。这便于南京国民政府行使行政权。

第三节　刑事法律制度

刑事法律制度在南京国民政府的"六法体系"中也占有很重要的地位。它主要由 1928 年颁行的《中华民国刑法》、1935 年颁行的《中华民国刑法》和一些刑事特别法等组成。

一、1928 年《中华民国刑法》

民国后期先后颁行过两部刑法典，时间分别在 1928 年和 1935 年。1928 年《中华民国刑法》因其在 1928 年颁行而得名。[①] 相对于 1935 年《中华民国刑法》而言，该刑法典俗称为《旧刑法》。

南京国民政府建立后，首先使用北洋政府的《暂行新刑律》。与此同时，任命当时的司法部长王宠惠主持起草国民政府的刑法典。起草人员以北洋政府拟定的"第二次刑法修正案"为基础，并吸收了德国等西方国家刑法的一些原则、内容，编成"刑法草案"。该草案经国民党中央常务委员会通过以后，南京国民政府于 1928 年 3 月 10 日公布，同年 9 月 1 日起施行。前后共施行了七年时间，随后为 1935 年《中华民国刑法》所取代。

该刑法典分为总则、分则两编，共四十八章三百八十七条。

《旧刑法》实施以后，出现了一些问题，其中既有文本本身的问题，也有文本的实施问题。"惟以成立仓猝，条文繁复，施行以来，各地法院函电纷请司法当局或最高法院解释者，纷至沓来，而短期自由刑科罚金之制，亦未采用，致各监狱有轻犯人满之患。"[②] 由此可见《旧刑法》的不足。

二、1935 年《中华民国刑法》

该刑法典因在 1935 年颁行而得名。[③] 相对于 1928 年《中华民国刑法》而言，此刑法典俗称为《新刑法》。

《旧刑法》颁行以后，情势发生了较大变化。其一，《旧刑法》颁行后，民法

---

① 参见蔡鸿源主编：《民国法规集成》第 65 册，黄山书社 1999 年版，第 259—277 页。
② 谢振民编著：《中华民国立法史》下册，张知本校订，中国政法大学出版社 2000 年版，第 919—920 页。
③ 参见蔡鸿源主编：《民国法规集成》第 65 册，黄山书社 1999 年版，第 239—257 页。

典等法律先后公布，有些内容与刑法不够协调，需修订《旧刑法》来解决不协调问题。其二，西方国家又有新的刑法典、修正案出台，刑法发展有了新的动向，需要紧跟世界刑法发展的潮流。其三，为了加大对中国革命力量和进步人士的镇压力度，也需要修订刑法典。其四，《旧刑法》自身有不足，在实施过程中得到了反映，需要加以弥补。总之，《新刑法》的修订是多因一果。因此，从1931年起，立法院刑法起草委员会对《旧刑法》进行修改。前后历时三年，四易其稿，最后于1935年1月1日公布了《新刑法》，并于同年7月1日起实施。

《新刑法》也分为总则和分则两编，共四十七章三百五十七条。它在修订过程中参考、借鉴了更多的外国近代刑法典，其中包括1932年《波兰刑法典》、1931年《日本刑法修正案》、1930年《意大利刑法典》、1928年《西班牙刑法典》和1927年《德国刑法典》等。比如，引进了它们的"保安处分"制度等。同时，《新刑法》还吸收了一些国内刑事特别法的规定，成为民国法典中的内容。比如，加大了对内乱、外患等罪的处罚力度等。可见，与《旧刑法》相比较，《新刑法》有了较大变化。

三、刑事特别法

南京国民政府在颁行刑法典的同时，制定、实施了一些刑事特别法，从各种角度来补充、调整刑法典的内容。这些刑事特别法优于刑事普通法，其地位十分特殊。在第二次国内革命战争、抗日战争和第三次国内革命战争期间，南京国民政府均颁行过刑事特别法。即在新、旧《刑法》实施期间，刑事特别法始终存在，而且数量还不少。

第二次国内革命战争时期颁行的刑事特别法主要有《惩治土豪劣绅条例》（1927年）、《惩治盗匪暂行条例》（1927年）、《暂行反革命治罪法》（1928年）、《暂行特种刑事诬告治罪法》（1928年）、《共产党人自首法》（1928年）、《惩治绑匪条例》（1928年）、《陆海空军刑法》（1929年）、《徒刑人犯移垦暂行条例》（1934年）、《妨害国币惩治暂行条例》（1935年）、《惩治偷漏关税暂行条例》（1936年）、《禁烟治罪暂行条例》和《禁毒治罪暂行条例》（1936年）、《危害民国紧急治罪法》（1937年）等。

抗日战争时期颁行的刑事特别法主要有《惩治汉奸条例》（1937年）、《惩治贪污暂行条例》（1938年）、《妨害国家总动员惩罚暂行条例》（1942年）、《妨害兵役治罪条例》（1940年）、《惩治盗匪条例》（1944年）等。

第三次国内革命战争时期颁行的刑事特别法主要有《戡乱时期危害国家紧急治罪条例》（1947年）、《惩治走私条例》（1948年）、《惩治叛乱条例》（1949年）等。

四、刑事法律的特点

与中国以往近代刑事法律相比较，民国后期的刑事法律呈现出以下主要特点：

（一）引用更多近代西方刑事法律的内容

中国自清末法制改革以来，都在引用近代西方的刑事法律内容。《钦定大清刑律》以德国刑法典为蓝本，北洋政府的《暂行新刑律》则是《钦定大清刑律》的翻版。南京国民政府在制定自己的刑事法律时，比它们引用了更多近代西方的刑事法律内容，较为突出的是引用了西方的"保安处分"并把其设为一章加以规定。这是一种对认为有犯罪嫌疑或有妨害社会秩序危险的人员采取的隔离措施，也是一种预防犯罪的刑法措施。其目的在于维持社会安定，预防犯罪。"保安处分"适用的是那些有潜在犯罪危险，而不是已经构成犯罪的人员；其主要目的不在于惩治犯罪，而在于预防犯罪。引用了更多近代西方刑事法律的内容以后，一方面，南京国民政府刑事法律的内容更为完整，也更加近代化了；另一方面，也使其刑事法律更适应情势发展，旨在镇压革命力量和进步人士，以维持其一党专政和独裁的统治，"保安处分"就是如此。

（二）刑事特别法的数量特别多

与以往中国近代刑事立法相比较，南京国民政府所制定的刑事特别法的数量特别多。民国后期，这种立法没有中断过，贯穿于各个时期，其数量也日积月累，越来越多。这一刑事特别法打击的对象比较广泛，涉及土豪乡绅、盗匪、反"革命"、绑匪、妨害国币、烟毒、汉奸、妨害兵役、走私、叛乱等犯罪。刑事特别法采用重刑主义，其规定的量刑多重于刑法典的相关规定，"内乱""强盗""外患""妨害公务"等犯罪都是如此。比如，刑法典规定，构成内乱罪者，处七年以上有期徒刑；首谋罪处以无期徒刑。可是，《暂行反革命治罪法》则加重量刑，规定构成内乱罪者，首魁要处以死刑，执行重要事务者也可以适用死刑。南京国民政府刑事特别法的制定，一方面，有利于那时刑事法律内容的完整性，刑法典的不足之处可由刑事特别法来加以补足、调整；另一方面，则是为了镇压革命力量和进步人士，其中有些内容直接为此目的而制定，如《共产党人自首法》《戡乱时期危害国家紧急治罪条例》等都是如此。

（三）留有更多中国传统刑法中的痕迹

与清末的《钦定大清刑律》和北洋政府的《暂行新刑律》相比，南京国民政府刑法典的正文内留有更多中国传统刑法的痕迹。其中，又突出表现在以下方面：第一，重视维护尊亲属的权利。《新刑法》规定，凡对直系尊亲属犯有诬告、伤害、遗弃、非法拘禁等的犯罪者，对其用刑要比照普通的相应犯罪，加重刑罚二分之一。第二，同居相为隐原则得到一定的体现。"新刑法"规定，罪犯的配偶、五亲等内之血亲或姻亲犯便利犯人逃脱、藏匿犯人、湮灭证据等犯罪，可以减轻或免除处罚。第三，亲族间犯盗可以免于处罚、适用亲告。《新刑法》还规定，直系亲属、配偶或同财共居亲属间犯盗窃罪，可以免除处罚；他们间犯盗，要告诉才论。第四，纵容纳妾。《新刑法》设有重婚罪，但纳妾不属于重婚范围。当时的最高法院在判例中明确指出："所谓重婚及相婚，均指正式婚姻而言，如未正式结婚，纵令事实上有同居关系，仍难以成立该罪。"[①]《新刑法》的这些内容在中国传统刑法中都不同程度地存在，传统的影响在《新刑法》中留下了痕迹。

第四节　民商事法律制度

民国后期以"民商合一"为模式，建立了自己的民商事法律制度。在这一制度中，主要由民法典和一系列商事法规及其相关的判例、解释例组成，核心部分则是民法典和一系列商事法规。

一、《中华民国民法》

南京国民政府成立之初，就要求法制局起草民法典。1929年1月立法院成立了民法起草委员会，还依据国民党中央政治会议议定的民法各编立法原则，参照了德、意、日等大陆法系国家的民法典，拟定了《中华民国民法》[②]并于1929—1930年间分编颁行，其基本情况如表15-1所示。

表 15-1　《中华民国民法》基本情况

编目	公布日期	施行日期	章数	条数
总则	1929 年 5 月 23 日	1929 年 10 月 10 日	7 章	152 条
债编	1929 年 11 月 23 日	1930 年 5 月 5 日	2 章	604 条
物权编	1929 年 11 月 30 日	1930 年 5 月 5 日	10 章	210 条
亲属编	1930 年 12 月 6 日	1931 年 5 月 5 日	7 章	171 条
继承编	1930 年 12 月 26 日	1931 年 5 月 5 日	3 章	88 条

至1931年5月，《中华民国民法》的五编二十九章一千二百二十五条内容全部颁行。这是南京国民政府颁行的唯一一部民法典，也是中国近代法制史上唯一一部正式颁行的民法典。

《中华民国民法》对近代民法中应规定的内容作了较为全面的规定。在总则编

---

① 《最高法院判例要旨》中册，大东书局 1944 年版，第 339 页。

② 参见蔡鸿源主编：《民国法规集成》第 65 册，黄山书社 1999 年版，第 111—117 页；蔡鸿源主编：《民国法规集成》第 66 册，黄山书社 1999 年版，第 1—22 页。

中，对法例和人作了较为详细的规定。在债编中，首先，规定了债的通则。其中，有关于债的发生、标的、效力，多数债务人及债权人，债的转移与消灭等一系列的内容。其次，还规定了各种债。其中包括了买卖、互易、交互计算、赠与、租赁、借贷、雇佣、承揽、出版、委托、经理人及代办商、居间、行纪、寄托、仓库、运送营业、承揽运送、合伙、隐名合伙、指示证券、无记名证券、终身定期金、和解和保证等债的形式。在物权编中，除通则外，还对所有权、地上权、永佃权、地役权、抵押权、质权、典权、留置权、占有等都作了详尽的规定。在亲属编中，除通则外，内容还包括婚姻、父母子女、监护、扶养、家和亲属会议等。在继承编中，对遗产继承人、遗产之继承和遗嘱等，都作了较为周全的规定。

综观《中华民国民法》的体例和内容可见，它已基本达到世界近代民法典的水准，是中国实现民事立法近代化的重要标志之一。

二、商事法律

南京国民政府在制定《中华民国民法》的同时，还加紧制定了商事法律。南京国民政府没有制定过商法典，因此没有独立的商法总则。它的商事法律仅以商事单行法规形式出现。其中，主要的商事法规有《公司法》《票据法》《海商法》《保险法》① 等。它们的公布、施行、章、条情况如表15-2所示。

表 15-2　南京国民政府主要商事法规的基本情况

名称	公布时间	施行时间	章数	条数
公司法	1929 年 12 月 30 日	1931 年 7 月 1 日	6 章	233 条
票据法	1929 年 10 月 30 日	1929 年 10 月 30 日	5 章	139 条
海商法	1929 年 12 月 30 日	1931 年 1 月 1 日	8 章	174 条
保险法	1929 年 12 月 30 日	未能施行	3 章	82 条

这些商事法律都对本领域的内容作了较为系统的规定。《公司法》的内容主要由总则、无限公司、两合公司、股份有限公司、股份两合公司和罚则等部分组成。每一部分由一些相关内容构成。比如，无限公司中就包含公司的设立、内部关系、对外关系、退股、解散、清算等内容。

《票据法》主要由通则、汇票、本票、支票和附则等部分组成。每部分中，也都有一些详细的内容。比如汇票部分中，还有发票及款式、背书、承兑、参加承兑、保证、到期日、付款、参加付款、追索权、拒绝证书、复本和誊本等内容。

---

① 参见蔡鸿源主编：《民国法规集成》第 65 册，黄山书社 1999 年版，第 123—170 页。

《海商法》主要由通则、船舶、海员、运送契约、船舶之碰撞、救助及捞救、共同海损、海上保险等部分组成。其中的每一部分中，也有更具体的规定。比如在船舶部分中，就有：船舶所有权、优先权及抵押等一些内容。

《保险法》主要由总则、损失保险、人身保险等部分组成。每一部分中又有一些较为具体的内容。比如，在总则中，就由通则、保险利益、保险契约、特约条款、保险费、保险人之责任、复保险、再保险和时效等内容合成。《保险法》于1929年12月30日公布，共八十二条，但未能施行；1937年1月11日再次公布，增至九十八条，仍未能施行；直到南京国民政府被推翻，此法始终未能施行。

综上所述可知，南京国民政府颁行的商事法律，在体例和内容方面，基本达到世界近代商事法律的水准。《保险法》只公布未能施行则是当时法制建设中的一个缺憾。

三、民商事法律的特点

与以往中国近代的民商事法律相比较，民国后期的民商事法律具有以下三大特点：

（一）采用"民商合一"的模式

"民商合一"模式是一种把商事法律作为民事法律的特殊表现形式和民事法律在商事领域的延伸，只设民法典不设商法典的模式。中国自清末进行法制改革后，至民国后期以前，没有采用过这一模式，采用的是民商分立模式。清末法制改革期间，把民商事法律分立，而且商法典草案的制订还早于民法典草案的制订。北洋政府时期，虽有学者主张"民商合一"，但并未改变北洋政府民商分立的立法计划。北洋政府的修订法律馆延聘私法专家来修订私法法典，"而厘定民法、商法二种法典"[①]。南京国民政府则摒弃了民商分立模式，采用"民商合一"模式。在《六法全书》中，只有民法典，没有商法典，所有商事法律均排列在民法典分则以后。它们作为民法的特殊表现形式，仍适用民法典中总则的规定。当时，采用这种模式是为了紧随世界民法的立法潮流。时任立法院院长的胡汉民和副院长林森对此有过表述。他们认为："现世各国，如美、英、瑞士等均无商法法典，而暹罗、苏俄等国新订法典，又均将民商二法合并。是统一民商二法，已成为现代立法之趋势矣。"[②] 可见，"民商合一"模式是中国近代民商事立法中首次采用的一种模式，

拓展阅读

《六法全书》

---

① 李炘：《商法上之商事问题》，载《法学会杂志》1922年第7期。
② 方俊杰：《最新商事法论》，庆业印书局1938年版，第345—346页。

其特点十分明显。

（二）借鉴更多世界近代民商事立法中的先进成果

在南京国民政府制定商事法律以前，世界许多国家民商事立法已实现了近代化，特别是西方国家的民商事立法已经很成熟。与中国以往近代的民商事立法相比较，民国后期的民商事立法中，借鉴了更多的世界近代民商事法律的先进成果，这表现在体例和内容等方面。先从民事立法来看。南京国民政府在制定《中华民国民法》时，比以往更多地借鉴了德国、瑞士、日本等国家民法典中的先进成果。《中华民国民法》的五编体例与《德国民法典》一致，内容则大量来自德国、瑞士、日本等国的民法典。再从商事立法来看。南京国民政府在制定商事法律时，更多地借鉴了当时具有世界近代水平的商事法律的内容，实现了商事法律的近代化。比如，《票据法》大量借鉴了德国、日本票据法的内容，还借鉴了部分《海事票据公约》的内容，"票据制度齐备，法律用语简洁、规范，立法水平堪称一流"①。这些都为以往中国近代民商事立法所不及。

（三）存留更少中国传统民商事法律中的成分

南京国民政府在制定民商事法律时，一方面大量借鉴世界近代民商事立法的先进成果，另一方面则大量废用中国传统民商事法律的内容，使存留的中国传统民商事法律成分更少。这里以《中华民国民法》为例。在这一法典中，存留的这一成分主要集中于典权与亲属中亲子、夫妻关系的规定。中国自西汉以典代质以后，典在中国传统法律中生存了两千年左右时间。它帮助出典人以物权转化为货币，可暂时解决一些困难。《中华民国民法》在物权编中，把"典"改造为"典权"并作了规定。另外，在亲属编里，偏向父权与夫权的规定也是中国传统民事法律里的成分。在亲子关系中，它偏向父权。比如，规定子女婚姻，其主婚权在父母，唯须得祖父母之同意；父母在必要范围内，可以惩戒子女，等等。在夫妻关系中，它偏向夫权。比如，规定妻以其本姓冠以夫姓；妻以夫之住所为住所；夫妻联合产由夫管理，等等。然而，这些成分所占比例很少，也不影响《中华民国民法》是中国近代民商事法律代表作的地位。

第五节　经济法律制度

民国后期，虽在"六法体系"中没有经济法，但有些法律内容仍可归入经济法范畴，主要由土地、赋税和市场管理等一些制度构成。

---

① 季立刚：《民国商事立法研究》，复旦大学出版社 2006 年版，第 321 页。

一、经济立法概况

民国后期，也进行经济立法，制定了一系列相关的规定，分散在土地、赋税和市场管理等一些领域。其基本情况如下：

(一) 土地立法

土地立法是民国后期经济立法中的主要组成部分。其中，包括了土地法、土地法施行法、城市公有土地清理、公有土地处理、清理和督垦荒地等一系列规定。主要有《土地征收法》(1928年)、《清理荒地暂行办法》(1933年)、《督垦原则》(1933年)、《奖励辅助移垦原则》(1933年)、《公有土地处理规则》(1934年)、《土地法》(1936年)、《土地法施行法》(1936年)、《城市公有土地清理规则》(1936年)、《土地登记规则》(1946年)等。

(二) 赋税立法

赋税立法是民国后期经济立法的重要组成部分。其中，又以税法为多，包含有《交易所税条例》(1928年)、《洋酒类税暂行章程》(1929年)、《征收卷烟统税条例》(1929年)、《征收麦粉特税条例》(1929年)、《进口税则暂行章程》(1929年)、《棉纱火柴水泥统税条例》(1931年)、《营业税法》(1931年)、《财政部征收啤酒税暂行章程》(1931年)、《矿产税条例》(1931年)、《出口税则暂行章程》(1932年)、《整理平税办法》(1934年)、《印花税法》(1934年)、《汽水征税暂行办法》(1935年)、《火酒统税征收条例》(1936年)、《土地赋税减免规程》(1936年)、《遗产税法》(1946年)、《屠宰税法》(1946年)、《筵席及娱乐税法》(1946年)、《房捐条例》(1946年)等。

(三) 市场管理立法

市场管理立法也是民国后期经济立法中的一个重要组成部分，其中涉及市场管理的方方面面，主要有《度量衡法》(1929年)、《糖品进口检验规程》(1930年)、《桐油检验规程》(1930年)、《茶叶检验标准》(1931年)、《商品检验法》(1932年)、《豆类检验合格标准》(1932年)、《取缔火酒规则》(1932年)、《取缔棉花掺水掺杂暂行条例》(1934年)、《人造肥料取缔规则》(1935年)、《盐专卖条例》(1944年)、《惩治走私条例》(1948年)等。

二、经济法律的主要内容及特点

民国后期的经济法律内容涉及土地、赋税和市场管理等一些领域，同时形成了自己的特点。

(一) 经济法律的主要内容

1. 土地制度

南京国民政府对土地制度作了较为全面的规定，包括土地所有权、土地登记、土地使用、土地税、土地征收等内容。这里以 1936 年颁行的《土地法》为例。[1]
它规定，土地所有权分为国有与私有两种，国有土地属于全体国民所有，私有土
地由人民依法取得；依照土地法进行之登记，有绝对效力；土地就国家经济政策、
地方需要情形，及其所能供使用之性质，编为各种使用地，其中分为市地、农地
等；土地税全部为地方税，由该管地方政府依照法定程序征收；国家因公共事业
之需要，可以依照土地法的规定征收私有土地，征收土地的补偿金由所需土地人
负担之，等等。

2. 赋税制度

民国后期的赋税制度对赋税的征收、减免及其程序等都作了明确规定。由
于那时的赋种少，税种多，其相关制度也是如此。1936 年颁行的《土地赋税
减免规程》[2] 对土地赋税减免的标准、程序等都作了规定。其中，减免的土地
是：征用的国有土地、不以营利为目的的私立公园和体育场、经营了十年以上
且有成绩的私立农林场、立案五年以上且有成绩的公共医院和慈善机构等。减
免的程序是：由所需减免单位提出减免请求，呈交县、市政府；县、市政府造
册并说明减免情况，呈交内政、财政两部，由其审核、批准。民国后期的税种
比较多，每一税法中都对纳税对象、税率、免税、征收时间等作了规定。这里
以营业税为例。[3] 它规定，营业税为地方税，地方上的营业者需交纳此税；税率
根据不同情况而定，高者为百分之十，低者为千分之二；年营业额不超过一千元
者，可以免税；征收时间由地方政府决定，可以按年征收，也可以按半年征收一
次；等等。

3. 市场管理

民国后期，有关市场管理的规定涉及面较宽，体现在市场管理的各个方面，
包括了度量衡、商品的标准、商品的检验、特殊商品的合格标准、不可销售的商
品等。而且，它们都有明确的规定。这里以 1929 年颁布的《度量衡法》[4] 为例。
该法规定，市场使用的度量衡以万国权度公会所制定的铂铱公尺、公斤原器为标
准，并暂设辅制称曰市用制；度量衡原器由工商部以部令规定；制造、贩卖度量
衡等器具为业者，须得到地方主管机关的许可；违反规定或者抗拒检查者，处三
十元以下罚金；等等。

（二）经济法律的特点

与民国后期"六法体系"中的"六法"相比较，经济法具有以下特点：

---

[1]　参见蔡鸿源主编：《民国法规集成》第 39 册，黄山书社 1999 年版，第 341—358 页。
[2]　参见蔡鸿源主编：《民国法规集成》第 39 册，黄山书社 1999 年版，第 391 页。
[3]　参见蔡鸿源主编：《民国法规集成》第 39 册，黄山书社 1999 年版，第 93 页。
[4]　参见蔡鸿源主编：《民国法规集成》第 56 册，黄山书社 1999 年版，第 189—191 页。

1. 游离于"六法体系"之外

在民国后期的"六法体系"中，经济法不在其中。它是一个游离于"六法体系"以外的部门法。它的大量内容可以归入行政法中，把这部分内容独立出来，便形成了经济法。在中国近代法制中，民国后期的经济法是个比较特殊的部门法。

2. 无法典且内容较为单一

与"六法体系"中的法律相比较，这也是一个特点。在"六法体系"中，宪法、民法、刑法、民事诉讼法和刑事诉讼法都有法典，经济法则没有法典，即没有经济法典，只由一些相关法规构成。"六法体系"中的行政法也没有法典，但与经济法相比较，行政法的内容极为丰富，囊括了九大类，经济法的内容则较为单一，仅含有土地、赋税和市场管理等内容。可见，这也是民国后期经济法的一个特殊之处。

3. 与国家经济的关联特别密切

民国后期的经济法与国家经济的关联特别密切，超过其他部门法。当时中国还是一个农业国家，土地是农业之本，土地制度对其作了规制，保证土地的合法、有序利用。当时国家的财政收入主要来自赋税，赋税制度对其作了规定，保证了国家的财政来源。还有，当时实行的是市场经济，市场管理的规定对其作了必要的规范，维护了市场秩序。它们在民国后期的经济发展中，地位特别重要。

第六节　司法制度

民国后期，在制定实体法的同时，也制定了程序法，建立了自己的司法制度。

一、《中华民国法院组织法》与司法体制

《中华民国法院组织法》[①]（以下简称《法院组织法》）是民国后期一部主要的法院组织法。根据这部法院组织法和其他一些相关规定，南京国民政府建立了自己的司法体制。

（一）《法院组织法》

南京国民政府成立之初，曾沿用北洋政府的法院组织法。1927 年 10 月南京国民政府公布了《最高法院组织暂行条例》，规定最高法院是国家的最高审判机关。1928 年 8 月南京国民政府的司法行政部拟订了《暂行法院组织法草案》。在此基础上，1930 年 6 月司法院拟成《法院组织法草案》，呈国民党中央政治会议审查，后

---

① 参见蔡鸿源主编：《民国法规集成》第 65 册，黄山书社 1999 年版，第 492—496 页。

经立法院修正、通过。1932 年 10 月 28 日南京国民政府公布《法院组织法》，并于 1935 年 7 月 1 日施行。

《法院组织法》共十五章九十一条。这十五章依次是总则、地方法院、高等法院、最高法院、检察署及检察官之配置、推事检察官之任用及待遇、书记官及通译、检察员执达员庭丁及司法警察、司法年度及事务分配、法庭之开闭及秩序、法院之用语、裁判之评议、法律上之协助、司法行政之监督和附则。综合这一组织法的内容，有以下四点与以往的法院组织法不同：第一，改原来的四级二审制为三级三审制，更切实保障诉讼人的诉讼权利。第二，扩充了检察官的职权范围，把协助自诉和担当自诉也纳入这一范围。第三，改变了原来最高法院设有分院的规定，不再设置分院。第四，推事和检察官的待遇有所提高，达到普通公务员俸级水平。

（二）司法体制

依据《法院组织法》和其他一些相关规定，民国后期建立的司法体制主要由普通法院、行政法院和特种刑事法庭组成。

1. 普通法院

这是一种审判一般民事、刑事案件的法院。根据《法院组织法》的规定，普通法院分为地方法院、高等法院和最高法院三级。它们都有自己的审判管辖。地方法院设于县或直辖市，管辖民、刑事的第一审案件和非讼案件。高等法院设于省会、特别区域、行政院直辖市和首都，管辖内乱、外患和妨害国交犯罪的第一审案件，不服地方法院第一审判决而上诉、控诉的民、刑事诉讼案件，不服地方法院裁定而上诉的民、刑事案件。最高法院设于首都，管辖不服高等法院一、二审判决而上诉、控诉的案件，非常上诉案件。

地方法院一般采用独任制。高等法院和最高法院则采用合议制。普通法院实行三级三审制，但第三审仅为法律审。南京国民政府采用审检合署制，检察机关设在各级法院之内。检察机关独立行使检察权，包括：侦查、提起公诉、协助自诉、担当自诉、指挥行使裁判的执行等。

2. 行政法院

这是一种专门受理行政诉讼案件的法院。为了解决行政诉讼案件审理问题，南京国民政府于 1932 年 11 月 17 日同时颁行了《行政法院组织法》[1] 和《行政诉讼法》[2]，于 1936 年 11 月 6 日修订了《行政法院组织法》[3]。《行政法院组织法》共十二条，不分章。它规定：行政法院掌理全国行政诉讼审判事务；设院长一人综理全院行政事务兼任评事并充任庭长；采用合议制，庭长任审判长，等等。行

---

[1] 参见蔡鸿源主编：《民国法规集成》第 66 册，黄山书社 1999 年版，第 176 页。
[2] 参见蔡鸿源主编：《民国法规集成》第 66 册，黄山书社 1999 年版，第 188 页。
[3] 参见蔡鸿源主编：《民国法规集成》第 66 册，黄山书社 1999 年版，第 177 页。

政法院适用《行政诉讼法》。此法共二十七条，也不分章。它对行政诉讼作了明确规定，主要内容是：人民因中央或地方官署之违法处分，致损害其权利，经依诉愿法提起再诉愿而不服其决定或提起再诉愿三十日内不为决定者，得向行政法院提起行政诉讼；提起行政诉讼得附带请求损害赔偿；对于行政法院之裁判不得上诉或抗告；提起行政诉讼以书状为之；行政诉讼判决之执行，由行政法院呈由司法院转呈国民政府训令行之，等等。可见，全国仅设一所行政法院，而且行政诉讼仅以一审为限。

3. 特种刑事法庭

特种刑事法庭是一种专门审理特种刑事案件的法庭。为了审判"危害民国""反革命罪"等一些特种刑事案件，南京国民政府于 1927 年 12 月陆续以特别法形式，决定在各省市设立"特种刑事地方临时法庭"。1928 年 11 月，改军法机关代替特种刑事法庭。1948 年，南京国民政府颁行了《特种刑事法庭审判条例》① 等规定，在南京设立"中央特种刑事法庭"，隶属于司法院，其地位与最高法院相等；在司法行政部指定地点设立高等特种刑事法庭，其地位与最高法院相等，负责审理《戡乱时期危害国家紧急治罪条例》所规定的案件。特种刑事法庭实行合议庭制；其裁判不得上诉或控告；审判为五年以上有期徒刑的案件，得申请中央特种刑事法庭复判；审判为死刑或无期徒刑的案件，原审法庭应速将全案卷宗、证物，送中央特种刑事法庭复判。特种刑事法庭审判的是特种刑事案件，实际上是一种打击革命力量和进步人士的特别法庭。

另外，"中统""军统"等一些特务组织也在秘密行使司法权。"中统"全称为中国国民党中央执行委员会调查统计局，成立于 1938 年。它的前身历经多变，包括 1929 年建立的国民党组织部调查科，以后的特工总部、党务调查处等。"中统"的管辖范围是一些非军事机构，如工厂、学校、社团等。"军统"的全称是国民政府军事委员会调查统计局，也成立于 1938 年。它的前身是 1932 年成立的中华民族复兴社的特务处。1946 年，军统的公开部分与军令部第二厅合并组成国防部第二厅，军统的秘密核心部分则组成了国防部保密局。军统的管辖范围是军事机构。它们法外秘密侦缉、逮捕、审讯、行刑，不受国家法律的制约。它们的成员无视人权，横行霸道，滥用刑讯，秘密处决，许多无辜者因此受难，无数革命、进步人士遭到残害。

二、《中华民国刑事诉讼法》

民国后期颁行过两部刑事诉讼法，即 1928 年 9 月 1 日施行的《中华民国刑事

---

① 参见蔡鸿源主编：《民国法规集成》第 66 册，黄山书社 1999 年版，第 479 页。

诉讼法》① 和 1935 年 7 月 1 日施行的《中华民国刑事诉讼法》②。前者俗称《旧刑诉法》，后者俗称《新刑诉法》。

《旧刑诉法》有九编五百一十三条。其编目依次为总则、第一审、上诉、抗告、非常上告、再审、诉讼费用、执行和附带民事诉讼。该诉讼法在内容方面有些突出之点，主要是：采取四级三审制；采用国家追诉主义，检察官代表国家行使刑事原告职权；采用公设辩护人制度；抗告期间有所延长；废止预审制度等。《新刑诉法》施行后，《旧刑诉法》即被废止。

为了与《旧刑法》的修正相协调，南京国民政府也着手修改《旧刑诉法》。1935 年 1 月 1 日，《新刑法》与《新刑诉法》一起公布。《新刑诉法》在体例和内容方面都有所变化。体例方面，《新刑诉法》虽亦为九编，但条文增至五百一十六条。而且，编目的次序和名称也有变动，依次为总则、第一审、上诉、抗告、再审、非常上诉、简易程序、执行和附带民事诉讼。在内容方面也有一些变动。比如，改原来的四级三审制为三级三审制，新规定了"保安处分"的内容，等等。《新刑诉法》是中国近代较为完善的刑事诉讼法典，在当时起到了规范刑事诉讼行为的作用。

三、《中华民国民事诉讼法》

民国后期施行过两部民事诉讼法，即 1932 年 5 月 20 日施行的《中华民国民事诉讼法》③ 和 1935 年 7 月 1 日施行的《中华民国民事诉讼法》④。前者俗称《旧民诉法》，后者俗称《新民诉法》。

《旧民诉法》跨年公布。1930 年 2 月 26 日公布了第一条至第五百三十四条，1931 年 2 月 13 日又公布了第五百三十五条至第六百条。它适用至《新民诉法》施行，前后仅三年时间。该诉讼法共五编六百条。其编目依次为：总则、第一审程序、上诉审程序、再审程序和特别诉讼程序。这一民诉法有些规定值得关注：比如，采用三级三审制；外国人一般适用普通审判籍；诉状内须表明诉讼之原因与证据；准备言词辩论的事项，必须在上诉状内表明，等等。

《旧民诉法》颁行以后，引来一些民间批评。包括诉讼程序的规定过于繁杂，有的地方尚嫌疏漏，诉讼人多有不便，法院结案有所延滞，等等。于是，修订《旧民诉法》工作于 1934 年开始启动。1935 年 2 月 1 日《新民诉法》公布，同年 7 月 1 日施行。它与《旧民诉法》相比，在体例和内容方面都有变化。它的编目和

---

① 参见蔡鸿源主编：《民国法规集成》第 65 册，黄山书社 1999 年版，第 304—325 页。
② 参见蔡鸿源主编：《民国法规集成》第 65 册，黄山书社 1999 年版，第 279—303 页。
③ 参见蔡鸿源主编：《民国法规集成》第 65 册，黄山书社 1999 年版，第 211—237 页。
④ 参见蔡鸿源主编：《民国法规集成》第 65 册，黄山书社 1999 年版，第 180—209 页。

条文均多于《旧民诉法》，有九编六百三十六条。编次为总则、第一审程序、上诉审程序、抗告程序、再审程序、督促程序、保全程序、公示催告程序和人事诉讼程序。内容上也有些变化。比如，确定了不动产物权或其分割或涉界诉讼者，法定为专属不动产所在地法院管辖；增设票据债务、财产管理、船舶碰撞及海难救助等一些较为特殊的审判管辖，等等。可见，《新民诉法》作了一些必要的改进，使其内容更为完备。该民诉法是中国近代民诉立法史上较为完备的一部民诉法，也是中国近代民诉立法的代表性成果。

四、司法制度的特点

与中国近代以往的司法制度相比较，民国后期司法制度呈现出以下主要特点：

（一）完善了中国近代的司法制度

中国自清末法制改革以后，开始大规模在各地推行近代司法制度，再经过民国前期司法制度的发展，到民国后期的司法制度，已是中国近代最为完善的司法制度。该制度代表了中国近代司法制度的最高水准，比清末、民国前期的司法制度更加完善。同时，该制度也更便于施行，实现司法目的。比如，民国后期改变以往的四级三审制，采用三级三审制就是如此。采用四级三审后发现，不仅审级较多，而且审级之间衔接不适，特别在 1914 年裁撤初级审判厅，在地方审判厅增设简易庭后，以致"同一之法院，强分之为二级，同一法院之判决，强名之曰两审，诉讼转滋纠纷，人民实受苦累"。施行三级三审制后，这种情况得到了改变。三级三审"简单明瞭，民听不纷""减除人民缠讼之苦也"。[1] 此外，在扩充检察官的自诉职权、提高推事和检察官的待遇等方面的新规定，也都是如此。

（二）借鉴更多世界先进的司法制度

中国自清末法制改革至民国前期，一直都在借鉴世界先进的司法制度，然而民国后期这种借鉴的力度更大，借鉴的内容也更多。在《新刑诉法》修订时，就大量参酌了当时世界先进的立法成果。在行政院转送立法院的报告中，就明确指出："本部现参酌近今世界立法之趋势，及二十年来法院办理刑事案件之经验，拟定《修正刑事诉讼法草案》。"[2] "自由心证"原则就是那时被借鉴的诉讼法中的原则。这是一种由法官来确定证据的取舍与证明力的原则。《新刑诉法》在"第一审"部分中明文规定："证据之证明力，由法院自由判断之。"《新民诉法》在"总则"部分也明文规定："法院为判决时，应斟酌全辩论意旨及调查证据之结果，

---

① 谢振民编著：《中华民国立法史》下册，张知本校订，中国政法大学出版社 2000 年版，第 1042 页。

② 谢振民编著：《中华民国立法史》下册，张知本校订，中国政法大学出版社 2000 年版，第 1022 页。

依自由心证判断事实之真伪。"另外,《新刑诉法》中关于"保安处分"的规定等也都是如此。

（三）采用更利于镇压革命力量和进步人士的新措施

民国前期的司法制度中也有一些关于镇压革命力量和进步人士的措施,民国后期则采取了一些新措施,使这种镇压力度更大了。"四一二"政变以后,国民党公开叛变革命,镇压共产党人和进步人士。这激起了中国共产党和广大人民群众的愤慨,中国革命掀起了新浪潮,开辟了新的局面。南京国民政府为了维护自己的反动统治,从各个方面加大了对革命力量和进步人士的镇压,在民国后期的司法制度中就有体现。设立"特种刑事法庭"便是其中之一。清政府和民国前期都没有设置这样的法庭,民国后期是首创。这种法庭纳入南京国民政府的司法体制之中,专门审理"危害民国""反革命罪"等案件,而且程序简化,裁判以后还不得上诉或控告,以此来镇压革命力量和进步人士。还有,"中统"和"军统"特务的法外司法也是如此。许多共产党人和进步人士因此而受到残酷打击,甚至壮烈牺牲。

民国后期的法制是旧中国最后一个阶段的剥削阶级法制,也是中国近代法制史上的最后一个组成部分。它在以"废除蒋介石统治的独裁制度"[①] 为口号的解放战争中摇摇欲坠,并于南京国民政府垮台之际而寿终正寝。

思考题:

1. 论述民国后期的立宪情况。

2. 简述民国后期行政法律的主要内容及特点。

3. 简述民国后期刑事法律的构成及特点。

4. 论述民国后期民商事法律的内容及特点。

5. 简述民国后期的法院组织法、诉讼法及司法制度的特点。

▶ 自测习题及参考答案

---

① 《中国人民解放军宣言》（1947年10月10日），载王立民主编：《中国法制史参考资料》，北京大学出版社2006年版，第309页。

第十六章　新民主主义革命时期民主政权法制

新民主主义革命时期民主政权的法制，是指中国共产党在新民主主义革命时期领导人民创建的民主政权及其法律制度。新民主主义革命时期民主政权的法制建设可分为四个阶段：中国共产党成立初期与第一次国内革命战争时期工农运动中的政权与法制，第二次国内革命战争时期中华苏维埃共和国的法制，抗日战争时期抗日民主政权的法制，第三次国内革命战争时期解放区民主政府的法制。在长期的革命斗争过程中，新民主主义革命时期的民主政权建立了较为完善的法律制度，也确立了符合中国革命需要、有利于人民大众利益的法律原则。这些制度和原则为中国革命的胜利提供了法律保障，也在立法和司法等各方面为新中国法律制度的建立提供了重要经验。

第一节　新民主主义革命时期民主政权的法制发展概况

一、中国共产党成立初期与第一次国内革命战争时期工农运动中的革命政权与法制

1921 年 7 月，中国共产党第一次全国代表大会在上海和嘉兴南湖红船上召开，向全国全世界庄严宣告中国工人阶级的先锋队——中国共产党正式成立。旗帜鲜明地把实现社会主义、共产主义作为自己的奋斗目标。从此，揭开了中共党史和中国革命史的新篇章，同时也拉开了中国新民主主义革命政权和法制史的序幕。

中国共产党的成立，深刻体现了一种伟大的"红船精神"，即"开天辟地、敢为人先的首创精神，坚定信念、百折不挠的奋斗精神，立党为公、忠诚为民的奉献精神"的诞生。这一"红船精神"，在以后的革命实践中，又为井冈山精神、长征精神、延安精神、西柏坡精神所继承与发扬，共同构成我们党在前进道路上战胜各种困难和风险的精神财富，也是指引人民民主政权与法制建设的灵魂。

建党之初，共产党人在确定革命策略路线方面，充分体现了开天辟地、敢为人先的首创精神。在党的二大会议上，根据中国的国情和历史文化特点，初步研究了中国革命的性质、对象、动力、策略、任务和目标，确定在半封建半殖民地的中国，不可能立即进行社会主义革命，而是创造性地确定中国革命必须分作两步走：首先，在共产党的领导下，进行反对帝国主义、封建主义的新民主主义革命，使国家获得独立，民族获得解放，人民生活得到一定改善，在党领导的广大革命根据地逐步建立巩固的人民民主专政的革命政权，待全国解放，人民共和国成立后，再领导全国人民进

行社会主义革命和建设。历史实践证明，中国共产党的这一策略路线是完全正确的。

在第一次国内革命战争时期，中国共产党为了实现反帝反封建的革命任务，领导发动了轰轰烈烈的工人运动、农民运动，并帮助孙中山领导的中国国民党进行改组，以反帝反封建的革命纲领重新解释"三民主义"，并实行"联俄、联共、扶助农工"三大政策。确定共产党员以个人名义参加国民党，以在国民党内担任的职位的方式进行革命工作，从而实现了第一次国共合作。这是党的革命统一战线策略方针的伟大胜利。

在党所领导的工人运动中，提出了"劳工神圣"的口号，制定了劳动保护法案和工会章程。特别是 1925 年"五卅运动"中，在中共广东区委员会（由周恩来、陈延年等组成）的领导下，于同年 6 月，在香港和广州发动了反对英港当局的反帝爱国罢工运动（史称"省港大罢工"）。香港数万罢工工人撤回广州，与广州罢工工人联合推选八百名代表组成省港罢工工人代表大会，为"最高议事机关"，以省港罢工委员会为执行机关，组成了临时性的工人政府。制定了《省港罢工工人代表大会组织法》及其《会议规则》，后者规定了主席团的组成以及提案、发言、表决和会场纪律等规则。综观省港罢工工人代表大会，确实行使了最高权力机关的职权。如：（1）立法权，即一切重要决策及条例规章，皆须由工人代表大会审议通过。（2）一切财政及募捐的最后决策权。（3）所属机关职员的选任权及惩罚权。（4）听取省港罢工委员会的工作报告，接受各方请求议决事项。（5）死刑复核权。起初规定纠察队员凡因掳人勒赎劫留公款、吞货自肥而被判处死刑者，须经工人代表大会通过后方能执行，后改由特别法庭依法审理。在省港罢工委员会之下设有干事局和各种行政机构，如财政委员会、审计局、法制局以及纠察队委员会等。省港罢工委员会聘请革命的法学家，深知"法者治之具"的道理，很重视"依法行政"的原则，每建立一个机构，便及时定出该机构的组织法，要求各级工作人员必须依法办事，如有违抗，法制局有权提出弹劾。省港罢工工人代表大会为了贯彻对英港当局采取"罢工、排货、封锁"的对策，在坚持十六个月的罢工过程中，制定了数十种对内对外的管理法规。[①] 这些法规条令在反帝爱国斗争中发挥了积极作用，为以后的政权与法制建设积累了重要经验。[②]

---

①　张希坡编著：《革命根据地法律文献选辑》第 1 辑，中国人民大学出版社 2017 年版，第 64—121 页。

②　这在 1947 年便为中共中央作为楷模加以推行。1947 年 11 月 28 日，刘少奇主持发布的《中央工委关于政权制度及城市工作给东北局的指示》中指出："首先成立县、区人民代表会，然后召集省与全东北人民代表会，并须经常开会，由各级代表会的主席团自行召集，由各级政府向代表会作报告并提出各种议案，使代表会真正成为解决各种重要问题的权力机关（例如大革命时的省港罢工工人代表会）。"参见《中共中央文件选集》第 16 册，中共中央党校出版社 1992 年版，第 593—594 页。注：省港罢工委员会受中华全国总工会领导。刘少奇时任全国总工会副委员长，对省港罢工委员会的情况比较了解。

在农民运动中，提出"一切权力归农会"的口号。各省农民代表大会成为农村的最高权力机关，其所通过的法规决议，交由各县农民协会贯彻执行。江西省农民代表大会参照上述工人代表大会的经验，制定了《江西省第一次全省农民代表大会组织法》和《全省农民代表大会会议规则》，后者作了更为合理的补充。

从上述罢工工人代表大会和农民代表大会的实施情况看，实际上就已成为我国人民代表大会制度的最早的雏形。

二、中华苏维埃共和国法制

1927 年秋收起义后，中国共产党开辟了第一个农村革命根据地——井冈山（湘赣）根据地，以后在全国先后建立了十几个革命根据地，成立了各级工农民主政府。1931 年 11 月 7 日—20 日，在江西瑞金召开了第一次全国苏维埃代表大会，通过了《中华苏维埃共和国宪法大纲》，选举六十三位委员组成中央执行委员会。同年 11 月 27 日，中央执行委员会召开第一次会议，选举毛泽东为中央执行委员会和人民委员会主席，项英、张国焘为副主席，任命各部人民委员组成人民委员会，任命军事委员会主席和临时最高法庭主席。1931 年 12 月 1 日，发布《中华苏维埃共和国中央执行委员会布告》第 1 号，公布以上人员名单，宣告中华苏维埃共和国临时中央政府正式成立。

根据 1934 年 2 月 17 日公布的《中华苏维埃共和国中央苏维埃组织法》的规定，全国苏维埃代表大会是中华苏维埃共和国的最高政权机关。中央执行委员会是全国苏维埃代表大会闭幕期间的最高政权机关，对全国苏维埃代表大会负责。为了及时处理重要政务，1934 年增设中央执行委员会主席团，向中央执行委员会负责。人民委员会为中央执行委员会的执行机关，负责指挥全国政务，向中央执行委员会及其主席团负责。下设外交、内务、军事、财政、国民经济、粮食、教育、劳动、土地、司法各人民委员部，以及工农检察委员会、国家政治保卫局和革命军事委员会等。在中央执行委员会之下还设立审计委员会，与最高行政机关人民委员会和最高法院并列，独立行使国家审计权力，这在政权组织体制上是一大创举。

地方苏维埃政权分为省、县、区、乡四级，在新区设立临时政权机关革命委员会。

三、抗日民主政权法制

日本军国主义妄图侵占中国的阴谋蓄意已久，终于在 1931 年于沈阳发动"九一八事变"，很快侵占了我国东北广大地区。中国共产党领导东北人民组建了东北抗日联军，在极端艰苦的条件下，在白山黑水之间，坚持战斗长达十四年之久，开辟了世界上为时最早、延续年代最长的东方反法西斯战场，为世界反法西斯战争的胜利作出了不可磨灭的贡献。

1937 年"七七事变"后，全国抗战开始。中国共产党根据抗日民族统一战线的总方针，同国民党当局实行第二次国共合作。

1937 年 9 月，中共中央决定将中华苏维埃临时中央政府西北办事处，改组为陕甘宁边区政府。同时按照国共合作的相关协定，将红军主力部队改编为八路军、新四军，开赴抗日前线，先后开辟了十八个敌后抗日根据地，成立了各级抗日民主政府，制定了为坚持抗日所必需的法律法规。陕甘宁边区设有边区、县、乡三级政权。在边区政府之下，设立行政督察专员公署，督导所属各县行政事宜；在县政府之下设立区公署，负责督导乡政府的工作。此即所谓"三实二虚"的政权组织体制。

抗日战争时期的边区、县、乡三级参议会是各该级政权的最高权力机关，即我国人民代表大会制度在特定历史条件下的变通形式。1939 年 1 月召开陕甘宁边区第一届参议会，通过《陕甘宁边区抗战时期施政纲领》。到 1941 年，根据几年来的形势变化和实践经验，由中共陕甘宁边区中央局提出、经中共中央政治局批准的《陕甘宁边区施政纲领》于 1941 年 5 月 1 日公布（史称"五一纲领"）并于 1941 年 11 月召开的边区第二届参议会一致通过，成为边区政府的施政纲领。会议同时还通过了《各级政府的组织条例》和《参议会会议规程》。

抗日战争时期，经过整风运动之后，为了澄清所谓"三权分立"的模糊思想，在 1942 年 12 月，经边区政府委员会第三次会议通过，于 1943 年 4 月 25 日颁布的《陕甘宁边区政纪总则草案》明确规定："各级参议会为各级政权的最高权力机关，各级政府服从各该级参议会之决议。""在边区参议会闭幕期间，边区政府为边区最高权力机关，对边区参议会负责，领导指挥全边区政务。""县市政府为边区政务推行之枢纽。""乡市政府为边区政府的基础组织，乡市人民的直接政权机关。"这是根据抗战时期的实践经验，对边区施政纲领作出的重要补充。

毛泽东总结了上述经验，在《新民主主义论》中指出："中国现在可以采取全国人民代表大会、省人民代表大会、县人民代表大会、区人民代表大会直到乡人民代表大会的系统，并由各级代表大会选举政府。""这种制度即是民主集中制。只有民主集中制的政府，才能充分地发挥一切革命人民的意志，也才能最有力量地去反对革命的敌人。"[①]

四、解放区民主政府法制

抗战胜利后，1946 年 4 月 2 日至 27 日，陕甘宁边区第三届参议会在延安召

---

① 《毛泽东选集》第 2 卷，人民出版社 1991 年版，第 677 页。

开，听取了林伯渠主席所作政府工作报告——《边区建设的新阶段》，通过了《陕甘宁边区宪法原则》以及新的《陕甘宁边区婚姻条例》等法案，改选了边区参议会常驻议员和边区政府委员会委员。

解放战争后期，革命根据地由小到大，各解放区逐步扩大，连成一片，并相继解放了若干大中城市，这是农村包围城市、武装夺取政权这一中国革命道路理论的伟大胜利，反映了中国革命发展的客观规律。为适应新形势的变化，根据中央的提议，晋冀鲁豫边区政府和晋察冀边区行政委员会及参议会驻会参议员举行联席会议，决定开展选举运动，准备召开华北临时人民代表大会。1948 年 8 月 7 日，华北临时人民代表大会在石家庄召开。大会听取了原有两个边区政府的工作报告；通过了中共中央华北局提出的《华北人民政府施政方针》《华北人民政府组织大纲》《村县市人民政府组织条例》和《村县市人民代表组织条例》；选举产生华北人民政府委员会，推举董必武为主席，薄一波、蓝公武、杨秀峰为副主席。华北人民政府委员会审议通过了《华北人民政府各部门组织规程》，任命了各部、会、院的主管人员。华北临时人民代表大会的召开与华北人民政府的成立，具有伟大的历史意义。正如董必武在开幕词中所讲的："它是一个临时性的，而且也是华北一个地区的。但是，它将成为全国人民代表大会的前奏和雏型。因此，它是中国民主革命历史中划时代的一次大会，在中国民主革命历史上将占有光荣的篇幅。"① 华北人民政府各组织机构的组建也为中华人民共和国中央人民政府的成立直接做了组织上的准备。

1948 年 9 月，中共中央政治局会议根据人民民主专政的政权性质和华北人民政府及华北人民法院的实践经验，决定对政府、法院和军队统一冠以"人民"的称谓，即称为"人民政府""人民法院""人民解放军"。

第二节 宪 法

一、中国共产党在第一次国内革命战争时期提出的宪法性文件

1922 年 7 月通过的《中国共产党第二次全国代表大会宣言》② 中，明确提出建立民主主义联合战线的宪法性文件，其奋斗目标是：（1）消除内乱，打倒军阀，建设国内和平；（2）推翻国际帝国主义的压迫，达到中华民族完全独立；（3）统一中国本部（东三省在内）为真正民主共和国；……也就是建立工人阶级领导的、

① 《董必武选集》，人民出版社 1985 年版，第 199 页。
② 张希坡编著：《革命根据地法律文献选辑》第 1 辑，中国人民大学出版社 2017 年版，第 3—15 页。

以工农联盟为基础的、人民民主专政的人民共和国。党在这一宣言及其他决议中还提出以下主张：保障人民结社、集会、言论、出版自由权；实行无限制的普通选举；实行乡村自治；制定限制田租率的法律；改良工人待遇；承认妇女在法律上与男子有平等的权利；统一财政，废除苛捐杂税；改良教育制度，实行教育普及；改良司法，废止肉刑。这些宪法性文件的提出和实施，充分体现了共产党人立党为公、忠诚为民的奉献精神。这是共产党为制定人民宪法而进行的早期探索。

二、中华苏维埃共和国的宪法性文件

1931 年 11 月第一次全国苏维埃代表大会通过的《中华苏维埃共和国宪法大纲》是革命根据地的第一个宪法性文献。1934 年 1 月第二次全国苏维埃代表大会对《中华苏维埃共和国宪法大纲》进行了修正。带有实质性的补充内容是在第二条增加"同中农巩固的联合"。这对于纠正侵犯中农利益的"左"倾错误具有重要意义。此外还有多处词句上的修改，如将"红色兵士"改为"红色战士"，将"全国工农兵会议（苏维埃）的大会"改为"全国工农兵苏维埃代表大会"等。

（一）《中华苏维埃共和国宪法大纲》的主要内容

第一，确定红色政权的国体——"工农民主专政"，即工人、农民和城市小资产阶级联盟的政府。第二条规定："中华苏维埃政权所建设的是工人和农民的民主专政国家。苏维埃政权是属于工人、农民、红军战士及一切劳苦民众的。"

第二，确定了红色政权的政体——工农兵苏维埃代表大会制度。

第三，确定了工农民主政权的基本任务和目的。第一条规定："保证苏维埃区域工农民主专政的政权和达到他在全中国的胜利，这个专政的目的是在消灭一切封建残余，赶走帝国主义列强在华的势力，统一中国。"

第四，确定了苏维埃公民的各项基本权利，包括平等自由权、参政议政权、参军参战权、经济发展权、劳动权、受教育权、妇女解放与婚姻自由权、民族自治权与信教自由权等。

（二）《中华苏维埃共和国宪法大纲》的基本特点及其历史意义

第一，《中华苏维埃共和国宪法大纲》具有宪法和施政纲领的特点。它把革命人民已经取得的成果，用根本法的形式加以确认，同时又指出了今后的奋斗目标和施政方针。

第二，由于工作缺乏经验，特别是当时正处在第三次"左"倾路线统治时期，机械地照搬外国经验，混淆了民主主义革命和社会主义革命的原则界限，因而在宪法大纲及其他法律中，存在一些"左"的规定，如"在政权工作中共产党员的完全独占"①，"一切剥削者均无参政权的政权政策"②。同时还实行了"左"的土地政策、劳动政策、经济政策和肃反政策，③ 使革命遭受重大损失。此外，还错误地规定"承认各弱小民族有同中国脱离，自己成立独立的国家的权利"。该规定既不符合中国的国情以及我国民族问题的历史和现状，更不利于当时团结各民族人民，向正在实行民族分裂、建立傀儡政权、阴谋吞并中国的日本军国主义作斗争。

尽管如此，该宪法大纲的制定和公布，仍然具有重要的历史意义。首先，它同一切压迫人民的反动"约法""宪法"是根本对立的，使红区、白区两种政权和两种宪法的对立局面，进入一个新的斗争阶段。其次，宪法大纲规定的施政纲领进一步推动了红色政权的法制建设，调动了苏区人民的革命积极性，使之为巩固工农民主政权和争取革命战争的胜利而英勇斗争。最后，宪法大纲是人民自己制宪工作的最初尝试，它为以后制定人民宪法提供了有益的经验和教训。其成功的经验为后来的制宪工作所继承，"左"倾错误提供的教训也起到前车之鉴的作用。

三、抗日民主政权的宪法性文件

1941 年 11 月陕甘宁边区第二届参议会通过的《陕甘宁边区施政纲领》，是抗日战争时期具有代表性的宪法性文献。其基本内容是：

（一）坚持团结进步抗日救国的总方针

第一条规定："团结边区各社会阶级、各抗日党派，发挥一切人力、物力、财力、智力，为保卫边区、保卫西北、保卫中国、驱逐日本帝国主义而战。"

（二）规定抗日民主专政的政权性质

第五条规定："本党愿与各党各派及一切群众团体进行选举联盟。"毛泽东在《抗日根据地的政权问题》一文中指出："在抗日时期，我们所建立的政权的性质，是民族统一战线的。这种政权，是一切赞成抗日又赞成民主的人们的政权，是几个革命阶级联合起来对于汉奸和反动派的民主专政。它是和地主资产阶级的反革命专政区别的，也和土地革命时期的工农民主专政有区别。"④

（三）在政权机关的人员分配上实行"三三制"政策

第五条规定："在候选人名单中确定共产党只占三分之一，以便各党各派及无党派人士均能参加边区民意机关之活动与边区行政之管理。"即共产党员占三分之一，党外进步分子占三分之一，中间派占三分之一。这对于争取中等资产阶级和开明绅士、孤立顽固派具有重要意义。

---

① 《毛泽东选集》第 2 卷，人民出版社 1991 年版，第 762 页。
② 《毛泽东选集》第 3 卷，人民出版社 1991 年版，第 973 页。
③ 《毛泽东选集》第 3 卷，人民出版社 1991 年版，第 973 页。
④ 《毛泽东选集》第 2 卷，人民出版社 1991 年版，第 741 页。

（四）规定抗日民主政权的各项方针政策和立法原则

这包括抗日人民的各项自由权利，以及土地政策、劳动政策、婚姻政策、财政经济政策、文教卫生政策、民族和侨务政策、外事政策，以及锄奸、处俘和司法政策。

1940 年 8 月，《晋察冀边区目前施政纲领》最早提出"保障人权"问题。同年 11 月山东省临时参议会专门制定《山东省保障人权条例》十二条。1940 年 12 月，中共中央《论政策》肯定了上述原则，明确规定要保障一切抗日人民的人权和财权，"对任何犯人，应坚决废止肉刑，重证据而不轻信口供"。"要消灭任何机关团体都能捉人的混乱现象"；"只有政府司法机关和治安机关才有逮捕犯人的权力，以建立抗日的革命秩序"。[①] 依此规定，陕甘宁边区于 1941 年 11 月第二届参议会通过了《陕甘宁边区保障人权财权条例》二十二条，具体规定了保障人权财权的各项政策措施。

四、解放区民主政权的宪法性文件与废除国民党的六法全书

解放战争初期具有代表性的宪法文件是 1946 年 4 月边区第三届参议会通过的《陕甘宁边区宪法原则》，该文件分五个部分共二十六条。其中，第一部分为"政权组织"，第二部分为"人民权利"，第三部分为"司法"，第四部分为"经济"，第五部分为"文化"。这一宪法原则，既是抗战胜利后边区政府的施政纲领，也为起草边区宪法确定了指导方针。由谢觉哉等组成的宪法起草组于 1946 年 10 月拟制了《中华民国陕甘宁边区自治宪法草案》，经中央西北局讨论修正为九章七十四条。后因内战全面爆发，制宪工作即告中止。

1948 年 8 月，华北临时人民代表大会通过的《华北人民政府施政方针》是解放战争后期具有代表性的宪法文件。该方针规定华北人民政府的基本任务是：继续进攻敌人，为解放全华北而奋斗，继续以人力、物力、财力支援前线，以争取人民革命在全国的胜利。分别规定了军事方面、经济方面、政治方面、文化教育方面，以及新解放区与新解放城市方面的方针政策。

拓展阅读
《中共中央关于废除国民党的六法全书与确定解放区的司法原则的指示》
（全文）

1949 年 2 月《中共中央关于废除国民党的六法全书与确定解放区的司法原则的指示》是对全国全党发布的特别政治纲领。

1949 年 1 月 1 日，蒋介石在元旦求和声明中，竟提出保留伪宪法伪法统等无理要求，中共中央毛泽东主席在 1 月 14 日发表的《关于时局的声明》中，针锋相

[①] 《毛泽东选集》第 2 卷，人民出版社 1991 年版，第 767—768 页。

对地提出和平谈判八项条件："（一）惩办战争罪犯；（二）废除伪宪法；（三）废除伪法统；（四）依据民主原则改编一切反动军队；（五）没收官僚资本；（六）改革土地制度；（七）废除卖国条约；（八）召开没有反动分子参加的政治协商会议，成立民主联合政府，接收南京国民党反动政府及其所属各级政府的一切权力。"① 该声明的实质，就是必须打碎一切反动的国家机器，敦促国民党反动派彻底投降。

为落实上述总决策，中国共产党中央委员会在 1949 年 2 月 22 日专门发布了《中共中央关于废除国民党的六法全书与确定解放区的司法原则的指示》。其要点是：（1）指出国民党全部法律的反动实质，即"只能是保护地主与买办官僚资产阶级反动统治的工具，是镇压与束缚广大人民群众的武器"。（2）宣布"国民党的六法全书应该废除，人民的司法工作不能再以国民党的六法全书为依据"。（3）确定人民司法机关的办事原则是：有纲领、法律、命令、条例、决议规定者，从规定；无规定者，从新民主主义的政策。（4）要求各司法机关要学习和掌握马列主义、毛泽东思想的国家观法律观及新民主主义的政策、纲领、法律、命令、条例、决议的办法来教育和改造司法干部。

同年 3 月 14 日，新华社在答读者问《关于废除伪法统》中系统地揭示了伪法统的反动实质。接着，华北人民政府又在 4 月 1 日发布《废除国民党的六法全书及一切反动法律的训令》，进一步强调指出不仅要废除国民党的《六法全书》，而且要"彻底地""全部地"废除国民党的"一切"反动法律，命令"各级人民政府的司法审判，不得再援引其条文"。如果说中共中央的指示是从政治上宣告了伪宪法伪法统的灭亡，那么，华北人民政府的训令则是代表各解放区人民政府，并且代行国家最高政权机关的职权从法律上宣布终止国民党一切反动法律的效力。后来该原则又明确规定在具有临时宪法性质的《中国人民政治协商会议共同纲领》（简称《共同纲领》）中。《共同纲领》第十七条规定："废除国民党反动政府一切压迫人民的法律、法令和司法制度，制定保护人民的法律、法令，建立人民司法制度。"这既是新民主主义革命时期民主政权法制建设的经验总结，也是人民民主革命法统取得最终胜利的重要标志。

第三节　刑事法律制度

一、第一次国内革命战争时期的刑事法律

在 1927 年农民运动高潮时，土豪劣绅勾结反动官僚军匪向农民协会进行反扑

---

① 《毛泽东选集》第 4 卷，人民出版社 1991 年版，第 1389 页。

报复活动。为了打击这些反动分子，湖南省于 1927 年 1 月制定《湖南省惩治土豪劣绅暂行条例》（谢觉哉起草）。同年 3 月湖北省也制定《湖北省惩治土豪劣绅暂行条例》①（在董必武领导下由邓初民起草）。该条例首先界定了"土豪劣绅"的范围："凭借政治、经济、门阀身份以及一切封建势力或其他特殊势力（如凭借团防勾结军匪），在地方有左列行为之土豪劣绅，按本条例惩治之。"接着列举了十一项具体罪行，分别规定了各种刑罚。特别是对"侵蚀公款或假借名义敛财肥己者"，按其贪没款数规定不同量刑标准（最高贪污三千元以上者处死刑，最低贪污十元以上者处五等有期徒刑）。

湖南、湖北上述刑事立法提供了重要的历史经验：首先，群众性的政治运动与革命法制不是相互对立的，而是相辅相成的。群众运动必须以党的方针政策为指导，并且要将党的方针政策予以具体化、规范化，变成具有可操作性的法律，才能使干部与群众有所遵循，便于分辨罪与非罪的界限，成为处刑轻重的法定根据。这样，既能杜绝可能放纵罪犯的右倾错误，又可防止因无法可依而发生的乱打乱杀的左倾偏向，使群众运动沿着正确的轨道向前发展。其次，开门立法，贯彻群众路线。例如湖北省的条例草案拟定后，先在报上全文刊载，公开征求意见，并及时根据反馈的意见，对草案中的某些条款作了增删和修正，收到了很好的效果。体现了公开立法、民主立法的优越性。

二、中华苏维埃共和国的刑事法律

为了巩固革命根据地，打击敌对势力的破坏活动，中央苏区于 1934 年 4 月 8 日颁布了《中华苏维埃共和国惩治反革命条例》。其主要内容是：（1）规定了反革命罪的概念和种类。第二条规定："凡一切图谋推翻或破坏苏维埃政府及工农民主革命所得到的权利，意图保持或恢复豪绅地主资产阶级的统治者，不论用什么方法都是反革命行为。"接着列举了反革命罪的各种罪行，如组织反革命武装侵犯苏区，或在苏区内举行反革命暴动，组织反革命团体进行破坏活动，以反革命为目的杀害民众、携枪投敌，以及投降敌人等。（2）规定刑罚的种类包括死刑、监禁、没收财产、剥夺公民权（即剥夺政治权利的一部或全部），因战争形势动荡没有规定无期徒刑。但应指出，该条例规定，对革命有功绩的人犯罪的，得依照规定减轻处罚，则是不正确的。这一错误，直到抗日战争时期通过对黄克功枪杀刘茜案的处理，才得以纠正。

此外，中央执行委员会于 1932 年 12 月发布的《关于惩治贪污浪费》第 26 号

---

① 张希坡编著：《革命根据地法律文献选辑》第 1 辑，中国人民大学出版社 2017 年版，第 158—164 页。

训令规定，凡苏维埃机关、国营企业及公共团体的工作人员利用自己地位贪污公款，以图私利的，依照贪污款数，分别判处各种刑罚。

三、抗日民主政权的刑事法规

抗日战争时期，由于日本帝国主义侵占中国领土，许多民族败类投敌充当汉奸。因此，汉奸罪成为当时刑事立法的主要打击对象。为此，各抗日民主政府都制定了惩治汉奸条例。例如，1939 年制定的《陕甘宁边区抗战时期惩治汉奸条例》规定：阴谋建立傀儡伪政权者，各种侦探、间谍特务，组织领导叛乱者，抢枪投敌者，纵火抢劫者，破坏货币或紊乱金融者等，视情节轻重判处有期徒刑或死刑，并没收本犯全部财产或处以罚金。

处于敌后抗日根据地的晋察冀边区行政委员会，为了减少惩治汉奸的阻力，并对顽固派进行有理、有利、有节的斗争，于 1938 年 12 月 8 日转发了国民政府1938 年 8 月 15 日公布的《修正惩治汉奸条例》，此外还转发了国民政府制定的《惩治盗匪暂行办法》《禁烟治罪暂行条例》《禁毒治罪暂行条例》。晋冀鲁豫边区政府也公开宣布国民政府制定的《修正惩治汉奸条例》《惩治盗匪暂行办法》"在本区适用"，并依照这些法律判处了一批罪大恶极的汉奸罪犯和真正的危害一方的盗匪，有力地打击了当时危害人民的重要罪犯。

四、解放区民主政权的刑事法律

抗日战争胜利后，大批汉奸、战争罪犯以及伪军伪警等被捕获。为此，山东省政府于 1945 年 8 月公布了《山东省惩治战争罪犯及汉奸暂行条例》《山东省汉奸自首自新暂行条例》《山东省处理汉奸财产暂行办法》和《山东军区处理伪军伪警条例》，根据具体情节，分别作出不同的规定。

解放战争时期，根据国内政治形势的发展和各地区对敌斗争及犯罪情况的变化，其他根据地分别制定了具有各地特色的刑事法规。如《苏皖边区危害解放区紧急治罪暂行条例》（1946 年 6 月）、《苏皖边区第一行政区破坏解放区革命秩序治罪办法》（1947 年 1 月）、《晋冀鲁豫边区破坏土地改革治罪条例》（1948 年 1 月15 日）、《华北人民政府解散所有会门道门封建迷信组织的布告》（1949 年 1 月 4日）。此外，还有《太岳区惩治滥用浪费民力暂行条例》（1948 年 6 月 15 日）、《东北解放区交通肇事犯罪处罚暂行条例》（1948 年 11 月 1 日）以及《辽北省惩治关于婚姻与奸害罪暂行条例（草案）》。从以上情况可以看出，解放战争时期各地区的刑事立法呈现多样化、地区性的特色，这对于新中国成立后的刑事立法具有重要参考价值。

第四节　民事经济法律制度

一、第一次国内革命战争时期的民事经济法律

1921 年 9 月，浙江萧山《衙前农民协会章程》[1] 最早提出减轻地租的原则："以收成及会员平均的消费所剩余的作标准。" 1923 年澎湃领导的广东海丰农民协会确定"至多三成交租"。1925 年 10 月中国共产党《告农民书》[2] 提出"耕地农有"的口号，与孙中山的"耕者有其田"的主张相呼应。以后根据孙中山的遗愿，确定实行"二五减租"的原则（即按原租额减少 25%），并在农民运动高涨地区开始实施。

1922 年 8 月，中共中央委托以邓中夏为主任的中国劳动组合书记部（全国总工会的前身）制定了《劳动法案大纲》，[3] 此乃中国共产党领导制定的最早的劳动法。规定八小时工作制、保障最低限度之工资，并提出对女工、童工的保护措施。依照这一大纲，通过罢工斗争（如长辛店与安源工人大罢工），经过谈判最终达成协议，为工人阶级争得部分权益。1926 年第三次全国劳动大会通过的《劳动法大纲决议案》，根据几年来的实践经验，对前者某些过高规定作了部分修正（如将每周休息一天半改为星期日休息），使之更加适合中国实际情况。说明当年我国的劳动立法已在学习外国经验与中国国情相结合方面前进了一大步。但是，到了苏维埃时期，却不顾自己已有的经验，又将苏联的周休一天半搬了回来。

在共产党历次代表大会的宣言及关于工、农、青、妇的决议案中，提出了关于解放妇女以及婚姻家庭方面的立法原则，包括男女平等原则、婚姻自由原则、一夫一妻原则、保护妇女儿童和老人原则，明确规定女子享有财产权和财产继承权。

在财政经济立法方面，省港罢工工人代表大会制定了财政审计法规以及《对日美法等国轮船店户条例》[4] 和《港澳船支回省复业条例》[5] 等。特别是省港罢工工人代表大会通过决议与广州政府商定在海关征收"二五附加税"作为结束罢工

---

[1]　张希坡编著：《革命根据地法律文献选辑》第 1 辑，中国人民大学出版社 2017 年版，第 123—124 页。

[2]　张希坡编著：《革命根据地法律文献选辑》第 1 辑，中国人民大学出版社 2017 年版，第 143—147 页。

[3]　张希坡编著：《革命根据地法律文献选辑》第 1 辑，中国人民大学出版社 2017 年版，第 22—27 页。

[4]　张希坡编著：《革命根据地法律文献选辑》第 1 辑，中国人民大学出版社 2017 年版，第 84 页。

[5]　张希坡编著：《革命根据地法律文献选辑》第 1 辑，中国人民大学出版社 2017 年版，第 104—105 页。

的补充经费。所有这些都体现了独立自主、敢为人先的首创精神。

此外，各省农民代表大会还通过了《合作社章程》以及开垦荒地、植树护林等决议案。

二、中华苏维埃共和国的民事经济法律

1931 年 12 月公布的《中华苏维埃共和国土地法》规定：没收封建地主、豪绅、军阀、官僚、富农以及一切反革命分子的土地，分配给贫农、中农及劳动贫民耕种，并取得土地所有权。这就标志着在苏区已消灭封建剥削制度，实现了"耕者有其田"的理想，因而提高了农民的生产积极性。但是，却存在"地主不分田，富农分坏田"的"左"倾错误。

1931 年 11 月制定的《中华苏维埃共和国劳动法》规定：一切雇佣劳动者受劳动法的保护。每日工作时间不超过八小时，工资不低于劳动部规定的最低工资，女工产假为六至八星期，工资照发。该劳动法对改善苏区工人的社会地位和生活状况起到了一定作用。但也存在"左"的错误，如不分城市和乡村、不分手工作坊和农村雇工一律机械地实行八小时工作制，以及过高的福利待遇，使雇主无利可图而经营倒闭或解雇工人，影响了苏区的经济发展。1933 年 10 月，重新修正公布新的劳动法，对农村雇工和学徒制度有些灵活的变通，但"左"的错误仍未根除。

1931 年 12 月颁布的《中华苏维埃共和国婚姻条例》和 1934 年公布的《中华苏维埃共和国婚姻法》，确定了男女婚姻以自由为原则，废除一切包办强迫和买卖的婚姻制度，禁止童养媳，实行一夫一妻制。对结婚离婚的条件和程序作了具体规定。

中央苏区的经济法规，如《关于经济政策的决议案》《工商投资暂行条例》《借贷暂行条例》《矿产开采出租办法》《苏维埃国有工厂管理条例》《合作社暂行组织条例》等，对苏区的经济发展虽有一定促进，但因对私人资本限制过死、税收过高，影响了苏区经济的正常发展。

三、抗日民主政权的民事经济法律

抗日战争时期，根据抗日民族统一战线的总方针，停止没收地主土地，实行减租减息政策。各边区政府先后制定了《减租减息条例》。原则上实行"二五减租"，即按照旧租额减低百分之二十五。借债年息以一分半为标准（有的地区规定为一分）。订立新的租债契约之后，地主要依约减租减息，佃户要依约交租交息。

关于劳动政策，中共中央在 1940 年 12 月 25 日发布的《论政策》中明确规定："必须改良工人的生活，才能发动工人的抗日积极性。但是切忌过左，加薪减时，

均不应过多。在中国目前的情况下，八小时工作制还难于普遍推行，在某些生产部门内还须允许实行十小时工作制。其他生产部门，则应随情形规定时间。""至于乡村工人的生活和待遇的改良，更不应提得过高，否则就会引起农民的反对、工人的失业和生产的缩小。"[①] 1941 年 11 月制定的《晋冀鲁豫边区劳工保护暂行条例》，就是按照上述原则作了具体规定，可视做抗战时期具有代表性的劳动立法。但应指出，现在广泛引用的《陕甘宁边区劳动保护条例》，乃是在中央《论政策》发布以前，由边区总工会拟制的一个草案。由于该草案仍有过"左"的规定（如机械地规定八小时工作制），与中央劳动政策不相符合，边区政府从未正式公布，所以不宜作为抗战时期劳动立法的典型文献。

抗日根据地的婚姻立法，基本上沿用中央苏区的婚姻法。在具体问题上，各边区有些灵活规定。如最低婚龄，有的规定男满二十岁，女满十八岁（陕甘宁、晋察冀）；有的规定男满十八岁，女满十六岁（晋西北、晋冀鲁豫）。有些地区为了照顾本地习俗，专章规定"订婚"与"解除婚约"（晋冀鲁豫边区），有的地区明确规定订婚并非结婚必经程序。

关于经济政策，发展经济、保障供给是财政经济工作的总方针。以发展农业为主，适当发展工商业和运输业；实行"公私兼顾""军民兼顾""统一领导""分散经营"的原则。按此方针，各边区政府分别制定了有关农林水利、合作社、工业交通、商业贸易、财政金融、税收征粮，以及奖励发明、优待科技人员等方面的法规和决定。

四、解放区民主政权的民事经济法律

解放战争时期，依照 1947 年制定的《中国土地法大纲》的规定，没收地主的土地，按乡村人口平均分配，并承认其土地所有权。地主富农也分给一份土地，从而纠正了分田中的过"左"政策，这便为新中国成立后的土地改革提供了正确的立法经验。

1948 年 8 月在哈尔滨召开的第六次全国劳动大会，通过了《关于中国职工运动当前任务的决议》和《中华全国总工会章程》，规定实行适合战时经济条件的劳动福利政策，实行八至十小时工作制，工资必须保障普通职工的最低生活水准。宣布恢复全国总工会，逐步建立各地区各产业工会。第六次"劳大"的决议，也为新中国成立后的职工运动确定了指导方针。

拓展阅读

《中国土地法大纲》（全文）

---

① 《毛泽东选集》第 2 卷，人民出版社 1991 年版，第 766 页。

解放战争时期，各地区继续实行抗日战争时期的婚姻条例。中央法制委员会根据多年来确定的婚姻家庭立法的四项原则（男女平等、婚姻自由、一夫一妻、保护妇女儿童和老人），着手讨论拟制新中国成立后的婚姻法。

解放战争时期，确定"新民主主义国民经济的指导方针，必须紧紧地追随着发展生产、繁荣经济、公私兼顾、劳资两利这个总目标"①。各解放区人民政府根据这一方针，适时地制定了许多为大城市所特有的、新的经济管理法规，如《华北区商标注册办法》《哈尔滨市不动产登记办法》《北平市建筑师和营造业管理规则》《上海市战时船舶管理办法》《华北区对外通邮通电暂行办法》《华东区对外贸易管理暂行办法》《上海市对外籍轮船进出管理暂行办法》《华北区外汇管理暂行办法》等。

上述新民主主义国民经济指导方针，经过全国人民政协商讨后，正式确定为《共同纲领》第二十六条："中华人民共和国经济建设的根本方针，是以公私兼顾、劳资两利、城乡互助、内外交流的政策，达到发展生产、繁荣经济之目的。"

第五节　司法制度

一、第一次国内革命战争时期的司法制度

湖南、湖北两省在制定惩治土豪劣绅条例的同时，分别制定了《湖南省审判土豪劣绅特别法庭组织条例》《湖北省审判土豪劣绅委员会暂行条例》。湖南省成立省县两级特别法庭，湖北省成立省县两级审判委员会。《湖北省审判土豪劣绅委员会暂行条例》规定审判委员会皆由十人组成，包括省县国民党党部、省县政府、省县农民协会各派出委员两人，另有工会、商民协会、妇女协会、学生联合会各选派一人。但无县党部及县农民协会之组织者，则不适用本条例。可见由共产党人和国民党左派人士组成的县党部和县农民协会在农民运动中居于重要领导地位。条例规定，开庭时，须有委员过半数出席，其审判结果经有过半数出席委员的同意，始得判决。

湖北省规定实行上诉制，不服县审判委员会判决者，得在五日不变期间内，向原审判委员会申请上诉，由原审判委员会录案详请省审判委员会复判。如逾期不声请上诉者，即照判执行。基本上实行两审终审制，但由省审判委员会审理的一审案件，则为一审终审。

湖南省特别法庭实行复审制，第一审判决后，须于五日内附具全案，报由第

---

① 《毛泽东选集》第4卷，人民出版社1991年版，第1256页。

二审复审。第二审核准后，交县署执行。但认为有疑义时，应提案复审。同时还规定犯罪之土豪劣绅，特由被害人地方各级党部及各公法团告诉。

此外，工人运动中设立的司法机关有省港罢工委员会所属的会审处和工人纠察队的军法处。稍后又与广州国民政府联合成立特别法庭专门审理破坏罢工的重要案犯，为会审处的上诉机关。特别法庭由政府派出的审判员三人和罢工委员会派出的陪审员三人组成。此乃我国陪审制度之肇始。

二、中华苏维埃共和国的司法制度

1931 年 11 月中华苏维埃共和国成立时，在中央设立临时最高法庭（主席何叔衡），1934 年改为最高法院（院长董必武）。地方设立省、县、区三级裁判部；在红军中设立初级、高级军事裁判所；检察机关附设在审判机关内，独立行使检察权；在人民委员会下设立司法人民委员部，为最高司法行政机关。上述内容奠定了人民司法机关的组织基础。

三、抗日民主政权的司法制度

抗日战争时期，陕甘宁边区设立边区高等法院，县设司法处。基本上实行两级终审制。1942 年 7 月，边区政府一度设立边区政府审判委员会，受理第三审上诉案件，至 1944 年 2 月撤销，恢复两审终审制。鉴于边区交通不便，当事人到延安上诉，劳民伤财费时，为便于群众诉讼，1943 年 3 月边区政府决定，在各分区设立边区高等法院分庭、专员兼分庭庭长，县长兼县司法处处长。各分庭代表高等法院受理不服各县司法处一审判决要求上诉的民刑案件。

四、解放区民主政权的司法制度

解放战争时期，解放区的司法机关，根据各地实际情况的需要，有了多样化的发展。例如，在土地改革运动中建立了土地改革人民法庭；在新解放城市军事管制时期的，成立军事法庭；在各大行政区形成后，成立系统的人民法院，如东北解放区成立三级人民法院，即东北高级人民法院、各省人民法院、县市人民法院。华北和东北人民政府相继成立司法部，主管各该地区的司法行政工作。

以上各级司法机关的成立，为新中国成立后在全国范围内系统地建立各级人民法院奠定了基础。

关于新民主主义革命时期民主政权的司法工作经验，着重说明以下两点：

（一）建立巡回法庭，贯彻群众路线

1932 年 6 月《中华苏维埃共和国裁判部暂行组织及裁判条例》规定，各级裁判部可以组织巡回法庭，到出事地点去审判比较有重要意义的案件，以吸收广大群众来参加旁听。当年最高法庭主席何叔衡就曾到瑞金直属县实行巡回审判，正确审理白露、合龙两乡为争水利而发生的械斗纠纷。

抗日战争时期，陇东专署专员兼分庭庭长马锡五，继承了苏区巡回审判的优良传统。他经常有计划地下乡，深入调查研究，及时纠正了一些错案，解决了缠讼多年的疑难案件，使违法者受到制裁，无辜者获得释放，人民的合法权益得到保障，因而受到群众的欢迎。人们把这种贯彻群众路线、实行审判与调解相结合的办案方法亲切地称为"马锡五审判方式"。① 边区政府发布指示，号召司法干部认真学习马锡五审判方式，这便为人民司法工作树立了一面旗帜。戏剧《刘巧儿》的原型（封捧儿与张柏的婚姻案）就是马锡五审理的典型案例。

拓展阅读

马锡五审判方式

（二）推行人民调解制度

人民调解制度最早产生于1921—1923年的工农运动中。《衙前农民协会章程》就规定：本会会员如有私人是非争执，"由议事委员调处和解"。彭湃领导的海丰县农会设有"仲裁部"，调处了许多民间纠纷。1923年9月《安源路矿工人俱乐部办事细则》规定："凡本部部员间或部员与非部员间所发生之纠葛纷争，均由裁判委员会处理。"并在工人俱乐部内设立问事处，受理各种纠纷事宜。②

抗日战争时期，人民调解制度得到空前的发展，陕甘宁边区出现了许多调解模范人物和模范村。后来总结了实施调解工作的经验和教训，确定了调解工作的三项原则：第一，自愿原则。只能"双方自愿，不许强迫"。第二，合法原则。调解必须遵守政策法令，照顾民间善良风习。第三，调解不是诉讼必经程序。调解不成，或当事人一方不服调解，可直接向司法机关起诉。新中国成立以后，政务院于1954年3月公布的《人民调解委员会暂行组织通则》肯定了上述调解工作的三原则，并将"必须遵守人民政府的政策法令"列为首要原则。

思考题：

1. 简述1921年中国共产党所确立的"红船精神"在新民主主义政权与法制建设中的具体体现。

2. 简述《中华苏维埃共和国宪法大纲》的主要内容、特点及意义。

---

① 参阅张希坡：《马锡五与马锡五审判方式》，法律出版社2013年版。其中第32—173页约占全书内容的一半，对革命根据地的司法机关、诉讼制度以及人民调解制度作了系统介绍，可作为司法制度史的参考读物。

② 《刘少奇与安源工人运动》，中国社会科学出版社1981年版，第47页。

3. 简述解放区民主政权的刑事法律。

4. 简述新民主主义革命时期民主政权的司法工作经验。

▶ 自测习题及参考答案

第十七章　中华人民共和国法制的
发展与挫折（1949—1976）

1949 年 10 月 1 日，中华人民共和国成立。伴随着新中国的成立，国家法制建设在中国共产党领导下进入一个全新的历史发展时期。从 1949 年到 1966 年，党和国家科学地运用马克思主义理论和方法，针对中国社会主义革命与建设的实际，推动社会主义法制建设，先后制定《中华人民共和国宪法》（"五四宪法"）① 以及其他法律、法规，启动社会主义法律体系的构建工作。这一时期，国家法制建设也受到"左"倾思想的影响。1966—1976 年，受"文化大革命"的影响，国家法制建设遭遇重大挫折。

第一节　宪　　法

一、1949 年《中国人民政治协商会议共同纲领》

新中国的法律是以彻底废除国民党政权下的旧法律为前提，以新民主主义革命时期人民民主政权的法律制度为基础和生长点，并根据当时的社会状况进行伟大创新而建立起来的。这是中国人民根据马克思主义关于无产阶级领导革命必须废除旧法律和创建新法律的原理与中国革命具体实践相结合而得出的科学结论，是中国革命实践经验的总结。

新中国成立前夕，在一系列需要重新制定的新法律中，宪法作为根本大法首先受到重视并予以制定。在新中国法制建设的进程中，《中国人民政治协商会议共同纲领》（以下简称《共同纲领》）的起草和通过成为新中国成立前夕人民民主政权立法工作的中心环节。《共同纲领》于 1949 年 9 月 29 日由中国人民政治协商会议第一届全体会议通过，总计六十条，七千余字。它规定了新中国的政权机构、军事制度以及经济政策、文化教育政策、民族政策、外交政策的总原则。根据《共同纲领》，人民享有广泛的民主权利和应尽的义务。《共同纲领》是中国宪法史上第一个比较完备的新民主主义性质的宪法文件，它的制定对确立新中国成立初期的大政方针，巩固新生的人民民主专政政权起到了非常重要的法律保障作用，是中华人民共和国宪法史的基石和出发点，在中华人民共和国宪法颁布之前具有

---

① 为行文方便，本教材中的法律法规兼用全称和简称。通常首次出现时用全称，其后多用简称。其中，名称中含"中华人民共和国"的，简称多省略"中华人民共和国"。

临时宪法的作用。毛泽东指出："我们有伟大而正确的《共同纲领》以为检查工作、讨论问题的准则。《共同纲领》必须充分地付之实行，这是我们国家现时的根本大法。"[①]《共同纲领》是马克思列宁主义国家观和法律观与中国争取民主政治的斗争相结合的成果，它体现了新民主主义和人民民主专政的历史性要求，是中国近半个世纪以来民主运动的历史经验的科学总结。它是在中国共产党领导下，全国各民主党派，各人民团体和各族、各界人民代表共同制定的建国纲领，所以是"统一战线的纲领"[②]。

二、1954 年《中华人民共和国宪法》

1954 年 9 月，我国在普选的基础上召开了第一届全国人民代表大会第一次会议，并通过了《中华人民共和国宪法》（以下简称"五四宪法"）。"五四宪法"是新中国第一部宪法，其制定和实施标志着我国人民民主政治走向了新的阶段，也标志着我国社会主义法制建设道路和社会主义宪法新的起点。

"五四宪法"由序言和四章共一百零六条组成。它以《共同纲领》为基础，又是《共同纲领》的发展。宪法内容符合当时的实际情况，充分体现了全国各族人民的共同愿望和要求。在根本政治制度方面，它确认了我国是工人阶级领导的、以工农联盟为基础的人民民主国家的国体和人民代表大会制度的政体，这一政治制度

拓展阅读

1954 年《中华人民共和国宪法》（全文）

发展了马克思主义国家理论，符合中国革命和建设的历史与实际。"五四宪法"还规定，我国是统一的多民族国家，将马列主义国家结构理论与中国实际切实地结合起来。在少数民族区域的管理体制上，"五四宪法"不仅明确了民族自治地方（分为自治区、自治州、自治县三级），而且明确了民族自治机关可以制定自治条例和单行条例，这成为世界上单一制国家中解决民族问题的范例。这些规定至今仍是我国政治制度的重要组成部分。在公民的基本权利与义务方面，"五四宪法"规定公民享有广泛的政治、经济、文化生活方面的权利；在财产权方面，它除了特别强调公有财产的神圣性之外，对公民以生活资料为主的财产加以保护。在经济制度方面，规定我国实行全民、集体、个体和资本家所有制，并规定有条件地逐步限制个体所有制和资本家所有制，实行社会主义计划经济。

"五四宪法"的基本精神是确立人民当家作主的宪法地位，体现社会主义原则与人民民主原则。在制宪过程中，既反映中国社会发展的现实情况，又指明社会

---

① 《毛泽东文集》第 6 卷，人民出版社 1999 年版，第 77 页。
② 《董必武政治法律文集》，法律出版社 1986 年版，第 139 页。

发展的方向。它奠定了中国社会主义宪法制度的框架，体现了原则性与灵活性、革命性与科学性、本国经验与国际经验、现实实际与历史条件的结合，体现了发展民主、实行法治、保护人权的现代宪法思想，很好地把握了民主和集中、地方分权和全国统一领导、集体主义和个人自由、权利和义务等诸方面的对立统一关系。毛泽东指出："我们的宪法原则基本上是两个：民主原则和社会主义原则……我们这个宪法草案，主要是总结了我国的革命经验和建设经验，同时它也是本国经验和国际经验的结合。"①

"五四宪法"的制定与实施具有极其重要的历史意义。第一，"五四宪法"规定了中国社会主义革命和建设的方向与道路，规定了中华人民共和国的基本原则和各项政治制度。对于巩固人民民主专政政权，促进社会主义经济发展，团结全国各族人民进行社会主义革命和建设，"五四宪法"亦发挥了积极推动和保障作用。第二，从整个制定过程来看，"五四宪法"采取了从实际出发、实事求是的科学态度。第三，"五四宪法"的颁行极大地提高了广大人民的宪法意识和国家观念，人民群众以国家主人翁的姿态积极投身于各项建设事业。"五四宪法"颁行后，民主法制建设取得了明显进展，全国人大常委会适应经济、政治、社会、文化发展的需要，制定了一批重要的法律和法令。各级各类执法机关和司法机关逐步建立；辩护制度、公证制度开始实施；司法制度也逐步走向正规化建设。"五四宪法"及其推进的人民民主法制建设为中国各项建设事业的成功作出了应有的贡献。由于受到1957年开始的"反右""大跃进"等政治运动的冲击和法律虚无主义的影响，加上宪法制度本身的不健全、不完善，"五四宪法"没有得到充分、有效的实施。

第二节　行政法律制度

一、行政立法概述

1949年9月，中国人民政治协商会议第一届全体会议通过了《共同纲领》《中央人民政府组织法》，政权组织形式初步确定下来，国家行政机构也确定下来，行政法开始有了自己的位置。在《共同纲领》确定的原则指导下，中央人民政府委员会、政务院制定了不少条例、办法和命令，初步形成了行政法律制度的雏形，为以后行政法制建设积累了经验、奠定了基础。

1954年9月，第一届全国人大一次会议正式通过"五四宪法"，还通过了《中

---

① 《建国以来毛泽东文稿》第4册，中央文献出版社1990年版，第502—503页。

华人民共和国国务院组织法》《中华人民共和国地方各级人民代表大会和地方各级人民委员会组织法》《中华人民共和国人民法院组织法》《中华人民共和国人民检察院组织法》和《中华人民共和国地方各级人民代表大会和地方各级人民委员会组织法》。中央和地方各级行政机关、审判机关、检察机关依法设立起来，全国人大及其常委会开始充分发挥立法机关的作用，通过了一些行政法律和决议。国务院和各级行政机关制定了许多行政法规和规范性文件，行政行为逐步规范化。

但是，随着政治运动的连续开展，法制建设开始走下坡路，行政法也受到严重影响。1957 年以后，行政立法数量急剧减少，国家行政更多地依靠政策而不是法律来管理。

二、行政法律的主要内容与特点

这一阶段行政立法主要有以下几个方面：

（一）行政组织立法与国家机构设置

政务院成立后，《中央人民政府组织法》和由中央人民政府批准的《政务院及其所属各机关组织通则》（1949 年）对政务院的组成及职权和政务院及其所属各机关的机构设置作了规定。政务院还陆续制定了关于地方行政机关的相关法律，如《大行政区人民政府委员会组织通则》（1949 年）、《省人民政府组织通则》（1950 年）、《市人民政府组织通则》（1950 年）和《县人民政府组织通则》（1950 年）等。这些行政组织法以宪法为依据，涵盖中央人民政府及其组织部门、直属机构、办事机构，地方各级人民政府及其相关派出机构，民族自治地方的各级人民政府，形成了较为完整的行政组织法律体系。同时，这一系列行政组织法律体系不仅构建了从中央到地方的各级政府机构，也构建了各级政府的内部结构体系。

（二）行政工作人员管理立法

关于行政工作人员管理立法，主要包括《政务院关于任免工作人员的暂行办法》（1949 年）、《中央人民政府任免国家机关工作人员暂行条例》（1951 年）、《国务院任免行政人员办法》（1957 年）、《县级以上人民委员会任免国家机关工作人员条例》（1957 年）等。

（三）行政许可立法

新中国成立初期，行政许可主要是发放许可证（牌照）、登记注册，如对特殊职业的管理，对社团、期刊、商标的登记注册，对船舶、车辆的登记等事项。政务院和有关部委制定了一些登记注册办法，如文化部于 1950 年 7 月公布《电影新片领发上演执照暂行办法》、卫生部于 1951 年 3 月公布《医院诊所管理暂行条例》、对外贸易部于 1957 年 1 月发布《进出口货物许可证签发办法》等。随着生产、流通、进出口和各项社会事业的发展，行政许可的范围日益扩大。

（四）行政处罚立法

这一阶段，有关行政处罚的规定散见于行政法规和规章中。例如，卫生部于1951年3月发布的《医院诊所管理暂行条例》规定，对于违反该条例者，依情节轻重，分别予以警告、停业、撤销开业执照、撤销证书等处分。1957年，全国人大常委会通过了《中华人民共和国治安管理处罚条例》，规定了治安领域内的行政处罚制度，为其他领域中行政处罚制度的建设积累了经验，提供了范例。1957年，全国人大常委会批准了《国务院关于劳动教养问题的决定》。这一时期政务院及有关各部、委制定的行政处罚制度，大多由行政机关为完成行政管理任务自行建立，处罚权力由该主管行政机关行使，处罚方法包括教育、警告、停业、没收、撤销许可证和罚款等。

（五）行政复议立法

新中国成立初期，政务院在个别部门建立了行政复议制度。1950年1月15日，财政部公布的《财政部设置检查机关办法》第六条规定："被检查的部门对检查机构之措施认为不当时，得具备理由，向其上级检查机构，申请复核处理。"1950年12月15日，政务院政务会议通过《税务复议委员会组织通则》，第一次在法规上正式提出"复议"一词，并明确规定了税务复议委员会的性质、任务及受案范围，标志着新中国的行政复议制度的初步建立。此后，随着有关行政复议法规的颁布，我国行政复议的范围逐步扩大。

（六）行政监督立法

新中国成立后，国家重视行政监督工作及行政监察立法。《共同纲领》第十九条规定：县市以上的各级人民政府设人民监察机关。政务院亦颁布了一些监察组织条例，初步确立了我国的监察体系。"五四宪法"颁布以后，我国的行政监察机制发生了变化，监察工作走上了程序化道路。1957年8月，监察部发布《关于国家监察机关处理公民控诉工作的暂行办法》，详细地规定了处理公民控诉的程序。

总之，这一时期的行政立法具有开创性，为之后的行政法制建设积累了经验，也规范了行政机关依法行政，满足了社会实践的初步需求。然而，这一时期的行政立法仍然是不系统、不完善的。例如行政赔偿法律制度，虽然"五四宪法"对国家赔偿作了原则规定，即规定"由于国家机关工作人员侵犯公民权利而受到损失的人，有取得赔偿的权利"，但是，该规定由于缺乏具体制度的支撑并没有得到落实。

第三节　刑事法律制度

一、刑事法律的主要内容与特点

从1949年到1966年，我国刑事法律制度建设取得了一定的成就，但也存在一些不足。首先是刑法典起草工作曲折而多变。从 1950 年开始，中央人民政府法制委员会着手起草刑法准备工作。"五四宪法"公布后，刑法典起草进入新阶段，起草工作由全国人大常委会办公厅法律室负责。到 1956 年 11 月，刑法典已经草拟出第十三稿草案。1957 年，刑法典起草加快进度，6 月 28 日拟就第二十二稿，并提交人大法案委员会审议。全国人大常委会一届四次会议作出决议，授权全国人大常委会将刑法典第二十二稿发送各方，征求意见，修改后作为刑法草案公布试行。但由于 1957 年下半年"反右运动"开始，刑法典起草工作停顿。1962 年 1 月，中共中央在北京召开中央工作会议，毛泽东于 1962 年 3 月 22 日明确提出："没有法律不行，刑法、民法一定要搞。"于是刑法起草又得以恢复。到 1963 年 10 月 9 日，全国人大常委会办公厅印发了刑法草案第三十三稿，呈报中央，曾准备公布，但很快受到"四清"运动等的冲击，随后又是"文化大革命"，刑法典起草工作再次搁置。

　　为适应社会对于刑事法律的需要，针对当时复杂的政治与经济斗争形势，我国制定了一些单行刑法。在刑法典制定颁布之前，这些法律成为这一阶段主要的刑法制度。这一阶段的单行刑法，主要围绕镇压反革命、抗美援朝、"三反"、"五反"等政治运动而进行。例如，为了配合镇压反革命，中央人民政府于 1951 年 2 月制定公布《中华人民共和国惩治反革命条例》，这是新中国成立后颁布的第一个单行刑法，也是社会影响最大、政治性最强的单行刑法；为了配合"三反""五反"运动，中央人民政府在 1952 年 4 月制定

公布《中华人民共和国惩治贪污条例》等。在法律还不完备的情况下，这些单行刑法针对某一种或某一类犯罪作出专门规定，适应了当时形势及开展专项斗争的需要。这些立法行文简单，主要发挥刑事法律打击、威慑犯罪的作用。

拓展阅读

"刘青山、张子善案"

二、刑事政策与刑事法规的适用

　　新中国成立初期，除了起草刑法典、制定单行刑法之外，国家还制定了一系列与刑事法律相关的法律法规并公布实施，中共中央也发出了一系列旨在打击犯罪的指示，反映了当时的刑事法制状况。

　　"五四宪法"第八十九条规定："中华人民共和国公民的人身自由不受侵犯。任何公民，非经人民法院决定或者人民检察院批准，不受逮捕。"据此，全国人民代表大会常务委员会于 1954 年 12 月 20 日通过了《中华人民共和国逮捕拘留条例》，共十四条。然而，随着镇压反革命的形势发展，中共中央于 1955 年 7 月 1 日又发出《关于开展肃清一切暗藏的反革命分子斗争的指示》，在全国范围内开始了

大规模的肃反运动，一直持续到 1957 年年底。1956 年 11 月 16 日，全国人民代表大会常务委员会第五十一次会议通过了《关于宽大处理和安置城市残余反革命分子的决定》，指出鉴于国内肃清反革命的斗争已经取得了决定性的胜利，极少数残余的反革命分子已经日益孤立和分化，国家为了给予残余的反革命分子悔罪自新的机会，进一步肃清残余的反革命分子，动员一切可以动员的力量参加国家的社会主义建设，决定对城市残余反革命分子进行宽大处理和安置。

新中国成立初期，中央政府制定的许多非刑事的行政法律规范中，也包含了很多刑事法律条款，内容涉及妨害社会管理秩序犯罪，危害公共安全犯罪，破坏社会主义经济秩序犯罪，侵犯公民人身权利、民主权利犯罪，妨害婚姻家庭犯罪，渎职罪等。一些地方政府和军政委员会制定的法律规范中也含有刑法条款。

上述法律规范，包括单行刑法、刑事法规、非刑事法律规范中的刑事条款，都是中华人民共和国成立初期刑事审判工作的重要法律依据。这些规范的内容及其实施集中反映了当时刑事政策和刑事法制的基本特点：其一，党的政策与法律规范紧密联系。其二，过分强调刑法的阶级属性和阶级本质。其三，突出刑法为政治服务。

在新中国成立初期的刑事政策与刑事法规中，具有特色和积极影响的是毛泽东提出的"死缓"与"管制"的政策。第一，在新中国成立后的镇压反革命运动中，毛泽东创造了死刑缓期执行的方法。他在 1951 年 4 月 30 日特意批示："凡无血债或其他引起民愤的重大罪行，但有应杀之罪者，例如有些特务或间谍分子，有些教育界及经济界中的反革命等，可判死刑，但缓期一年或二年执行，强迫他们劳动，以观后效。"[①] 1951 年 5 月 8 日，《中央关于对犯有死罪的反革命分子应大部采取判处死刑缓期执行政策的决定》发布，具体规定了判处"死缓"的比例。这个比例是，在应杀的反革命分子中，只把十分之一二列为可判死刑者，而把十分之八九列为可判"死缓"的比例。不久，全国公安会议在北京召开。这次会议确定了"死缓"刑名，并形成《第三次全国公安会议决议》。"死缓"制度后来推广使用于其他刑事犯罪。死缓制度既坚持了打击严重刑事犯罪的刑罚目的，又给犯罪人改过自新的机会，符合现代刑法的谦抑原则。第二，毛泽东从中国实际出发，创立了具有中国特色的刑罚制度——管制，即对于罪行较轻的政治犯和其他刑事犯罪分子，不收监执行刑罚，而是由公安机关在社会中执行，由群众监督进行劳动改造。这是毛泽东所倡导的惩办与宽大相结合、少杀少捕少关、改造罪犯成为新人思想的体现。1952 年 4 月颁布的《中华人民共和国惩治贪污条例》规定，自由刑为无期徒刑、有期徒刑、劳役（拘役）、管制，这形成了新中国自由刑体系

① 《毛泽东文集》第 6 卷，人民出版社 1999 年版，第 121 页。

的框架。"管制"和"死缓"是毛泽东在刑法上的独创，也是我国对马克思主义刑罚思想的深化和发展。1979 年刑法典和现行刑法典都收纳了"管制"与"死缓"制度，这使我国刑罚制度更趋于合理和完善。

第四节　民事法律制度

一、民事法律的主要内容与特点

制定民法典是新中国社会主义法制建设的一件大事。从 1949 年到 1966 年期间，国家两次启动民法典起草工作（分别在 1954—1956 年、1962—1964 年），但均因政治运动而搁置。①

在民事立法方面，先后制定、颁布《中华人民共和国婚姻法》《中华人民共和国土地改革法》。1950 年 4 月，中央人民政府委员会第七次会议通过《婚姻法》，这是新中国成立后出台的第一部具有基本法律性质的法律。该法共八章二十七条，内容包括原则、结婚、夫妻间的权利和义务、父母子女间的关系、离婚、离婚后子女的抚养和教育、离婚后的财产和生活、附则。《婚姻法》的实施对于保护妇女权益、提高妇女地位、提高婚姻质量等都起到了积极的作用。1950 年 6 月，中央人民政府颁布了《土地改革法》。该法共六章四十条，包括总则、土地的没收和征收、土地的分配、特殊土地问题的处理、土地改革的执行机关和执行方法、附则。《土地改革法》的基本精神是：没收地主阶级的土地、耕畜、农具等生产资料以及多余的粮食、房屋，分配给无地少地的贫雇农。该法确认了土改运动中的土地所有权关系，同时也保护合法的借贷、典当等民间融资关系，促进了民族工商业，维护了当时的社会秩序和正常的商品经济发展。

这一时期的民事立法具有鲜明的时代特点，即立法的着眼点主要不是对现有民事关系的规范与调整，而是"破旧立新"，即以法律的形式摧毁封建主义、资本主义民事关系和法律秩序，创设社会主义民事关系和法律秩序。这一时期，国家处于社会制度的急剧变革之中，民事立法的任务主要是为社会变革服务。这样的民事立法是必要的，它有效支持了社会变革，在废除旧的社会关系和法律秩序、构建新型的社会关系和法律秩序方面起到积极作用。但同时，它也有一定的历史局限性。除个别法律以外，多数立法由于破旧立新任务的完成，很快失去了对社

---

① 民法典的起草始于 1954 年，新中国的第一部《民法草案》于 1956 年 12 月完成，分为总则、所有权、债、继承四编，共五百二十五条。但其后接踵而至的"反右"扩大化和共产风使平等自愿、等价有偿等民法赖以建立的基本原则受到践踏，民法几乎丧失了存在的基础，民法典的起草工作亦被搁置下来。

会关系的规范作用。例如,《土地改革法》随着土地改革运动的完成而基本丧失其作用,《公私合营工业企业暂行条例》则随着对资本主义工商业的社会主义改造的完成而完全丧失其作用。

二、民事政策与民事法规的适用

由于民法典起草工作的搁置,新中国成立后很长一段时期内民事法律阙如,民事政策与民事法规在事实上承担着民事法律的角色。国家发布了一系列民事政策和民事法规来调整民事活动。

在新中国成立之初的国民经济恢复时期,为鼓励私人资本投资生产事业,保障投资人的合法利益,政务院于1950年12月和1951年3月通过了《私营企业暂行条例》《私营企业暂行条例施行办法》等。为保证经济计划的执行,贯彻经济核算制,促进正常的商品交换,加速财产流转,中央人民政府政务院财政经济委员会于1950年10月3日颁布了《机关、国营企业、合作社签订合同契约暂行办法》,贸易部同日颁布了《关于认真订立与严格执行合同的规定》,确立了我国的合同制度。

1953年,新中国进入了社会主义改造和工业化时期,中共中央和国务院先后通过了《关于发展农业生产合作社的决议》《公私合营工业企业暂行条例》《关于目前私营工商业和手工业的社会主义改造中若干事项的决定》《关于对私营工商业、手工业、私营运输业的社会主义改造中若干问题的指示》等民事政策和法规,作为社会主义改造运动中调整相应社会关系的规范依据。

1960年,中共中央对国民经济工作提出了以"调整"为中心的"调整、巩固、充实、提高"的方针。在这一背景下,中共中央和国务院出台了《农村人民公社工作条例（草案）》（简称"农业六十条"）、《国营工业企业工作条例（草案）》（简称"工业七十条"）、《关于改进商业工作的若干规定（试行草案）》（简称"商业四十条"）。

新中国成立初期,在民法典起草工作搁浅、民事法律阙如的情况下,这些民事政策和民事法规的适用,为规范和调整民事法律关系、保障公民和法人在民事活动中的合法权益发挥了积极、重要作用。

第五节　司　法　制　度

一、司法机构

1949年6月30日,毛泽东同志在《论人民民主专政》一文中,论证了人民民主与专政的辩证关系，阐明了法制在新中国成立后所承担的任务。他强调："我们现在的任务是要强化人民的国家机器，这主要地是指人民的军队、人民的警察和人民的法庭，借以巩固国防和保护人民利益。"① 这为新中国的司法制度建设提供了理论基础和指导原则。1949 年 9 月通过的《共同纲领》第十七条规定："废除国民党反动政府一切压迫人民的法律、法令和司法制度，制定保护人民的法律、法令，建立人民司法制度。"新中国成立后，中国共产党在总结和吸收新民主主义革命时期创建人民司法制度经验的基础上，建立了共和国的新型司法制度。

（一）法院系统的确立及其组织体系

1949 年 12 月通过《最高人民法院试行组织条例》，规定了最高人民法院的组织机构设置。1951 年 9 月颁布《人民法院暂行组织条例》，规定人民法院分为三级，即最高人民法院及其分院、省级人民法院及其分院、县级人民法院，实行三级两审终审制。各级人民法院设立审判委员会决定重大疑难案件和指导审判工作。1954 年 9 月全国人大颁布《中华人民共和国人民法院组织法》，规定人民法院的组织体系由三级改为四级，即基层人民法院、中级人民法院、高级人民法院和最高人民法院，基层人民法院还设立若干人民法庭作为派出机构，同时，设立军事法院、铁路运输法院和水上运输法院等专门人民法院。最高人民法院是国家最高审判机关，监督地方各级人民法院和专门人民法院的审判工作。最高人民法院院长由全国人大选举产生，副院长、审判员、审判委员会委员由全国人大常委会任免。最高人民法院向全国人大及其常委会负责并报告工作。地方各级人民法院分别由本级人大及其常委会产生，并向本级人大及其常委会负责和报告工作。

（二）检察院系统的确立及其组织体系

人民检察院的前身是人民检察署。1949 年 12 月颁布了《最高人民检察署试行组织条例》，1951 年颁布了《最高人民检察署暂行组织条例》和《地方各级人民检察署组织通则》。这些组织条例规定，人民检察署是国家的法律监督机关，最高人民检察署是国家的最高检察机关，受中央人民政府直接管辖，并领导下级人民检察署，对各级政府机关、政府工作人员和全国人民严格遵守法律负有检察监督的责任，对司法机关的违法判决提出抗诉，对刑事案件提出公诉，对监狱、监所的违法行为进行监督，代表国家参与有关社会和人民利益的重要民事案件和行政案件。在全国检察系统的组织体系上，与法院对应设置。1954 年 9 月全国人大颁布了《中华人民共和国人民检察院组织法》。该法规定，国家设立最高人民检察院、省级人民检察院及其分院、县级人民检察院，同时设立专门人民检察院。最高人民检察院检察长由全国人大选举产生，副检察长、检察员、检察委员会委员

---

① 《毛泽东选集》第 4 卷，人民出版社 1991 年版，第 1476 页。

由全国人大常委会任免；最高人民检察院对全国人大及其常委会负责并报告工作；省级人民检察院检察长、副检察长、检察员和检察委员会委员由最高人民检察院提请全国人大常委会批准任免；省级人民检察院分院和县级人民检察院的检察长、副检察长、检察员和检察委员会委员由省级人民检察院提请最高人民检察院批准任免。

（三）公安机关的确立及其组织体系

新中国成立后，根据《中央人民政府组织法》和《中央人民政府公安部试行组织条例》的规定，政务院下设公安部，主管全国公安事宜①。公安机关的组织体系，是在中央和各大行政区设公安部，在省、自治区、直辖市设立公安厅（局），在县、市建立公安局。在没有设置检察机关的地方，公安机关还代行检察权。1950年11月，根据政务院指示，中央司法部于1951年年初把监所和劳改工作移交给公安部管理。1954年9月第一届全国人大第一次会议通过的《中华人民共和国逮捕拘留条例》规定，公安机关在刑事案件中行使侦查权、预审以及对公民的逮捕拘留等强制措施。

（四）司法行政机关的确立及其组织体系

1949年，根据《共同纲领》和《中央人民政府组织法》的规定，政务院下设司法部，主管司法行政工作，各大行政区设司法部，各省、市的司法行政工作由人民法院的司法行政处管理。根据《中央人民政府司法部试行组织条例》的规定，中央人民政府司法部受政务院的领导，受政治法律委员会的指导，主持全国司法行政事宜。“五四宪法”颁布后，各大行政区司法部随着大行政区的撤销而撤销，各省、自治区、直辖市设立司法厅（局），行政专署设司法处（科），县级司法行政工作仍由县人民法院代管。

二、诉讼制度

（一）刑事诉讼制度

在“五四宪法”公布后，《人民法院组织法》《人民检察院组织法》《逮捕拘留条例》于1954年9月相继通过。这一系列法律、条例的颁布实施，使新中国的刑事诉讼制度初具雏形。一方面，确立了审判权由人民法院行使、检察权由人民检察院行使、侦查权由公安机关行使的大格局，同时明确公安机关、人民检察院、人民法院在刑事诉讼中实行分工负责、互相配合、互相制约的基本原则；另一方面，确立了审判公开、人民陪审、死刑复核等一系列审判制度，同时对刑事诉讼

---

① 在刑事案件方面，则主要负责国内与国际特务、间谍、盗匪及一切危害国家安全的反革命分子的侦缉、讯问、检举等工作。

中适用拘留、逮捕等强制措施的程序和要求作了具体规定。

（二）民事诉讼制度

"五四宪法"、《人民法院组织法》和《人民检察院组织法》对民事诉讼的原则和制度作出了较全面的规定。为更好地开展民事诉讼活动、总结各地民事审判经验，最高人民法院于 1956 年 10 月正式发布了《关于各级人民法院民事案件审判程序总结》。该总结包括七个部分的内容：案件的接受、审理案件前的准备工作、审理、裁判、上诉、再审、执行。该总结较全面、系统地规定了民事审判程序，它对纠正审判实践中存在的错误，提高人民法院的办案质量，起到了十分重要的作用。

三、审判制度

1949—1966 年间，"五四宪法"、1954 年《人民法院组织法》等法律确定了基本的审判制度。

在审级方面，人民法院审理案件实行两审终审制，亦称四级二审制。法律要求：人民法院审理案件，除法律有特别规定外，宣告判决一律公开进行。人民法院审理案件，实行合议制，但是简单的民事案件、轻微的刑事案件和法律另有规定的案件除外。审理上诉和抗诉案件，由审判员组成合议庭进行。人民法院审理第一审案件，实行人民陪审员制度，但是简单的民事案件、轻微的刑事案件和法律另有规定的案件除外。

法律规定，被告人有权获得辩护。被告人除自己行使辩护权外，可以委托律师为其辩护，可以由人民团体介绍的或经人民法院许可的公民为他辩护，也可以由其近亲属、监护人为他辩护。当事人如果认为审判人员对本案有利害关系或者其他关系不能公平审判，有权请求审判人员回避。对于死刑案件，实行严格的复核制度。中级人民法院和高级人民法院对于死刑案件的终审判决和裁定，如果当事人不服，可以申请上一级人民法院复核。基层人民法院对死刑案件的判决和中级人民法院对死刑案件的判决和裁定，如果当事人不上诉、不申请复核，应当报请高级人民法院核准后执行。

在人民法院内部，实行审判委员会制度。法律规定，审判委员会是人民法院对审判工作实行集体领导的组织，它不直接审判案件，只讨论重大、疑难以及其他与审判工作相关的重大问题。

为提高审判质量，实施审判监督制度。审判监督制度，又称再审制度。各级人民法院院长对本院已经发生法律效力的判决和裁定，最高人民法院对各级人民法院已经发生法律效力的判决和裁定，上级人民法院对下级人民法院已经发生法律效力的判决和裁定，如果发现在认定事实或者在适用法律上确有错误，有权提起再审程序。最高人民检察院对各级人民法院已经发生法律效力的判决和裁定，上级人民检察院对下级人民法院已经发生法律效力的判决和裁定，如果发现确有错误，有权按照审判监督程序提起抗诉。

四、司法制度的特点

新中国成立初期的司法制度，填补了废除旧法律后的空白，构建了新中国的司法制度体系。新中国成立初期的司法制度，注重打击犯罪、服务政治、服务现实斗争的需要，保障了社会转型中新秩序的建立。然而，由于我国司法机关是在打碎旧的国家机器的基础上建立起来的，所实行的司法制度不可避免地具有临时性。如新中国成立初期，为了保证土地改革、"三反""五反"等政治运动的顺利进行，国家成立了临时审判机关性质的人民法庭，专门处理政治运动中的案件。运动结束后，该类法庭也即行撤销。

同时，虽然这一时期的司法制度已经逐步建立，但许多地方还不够完善。例如，最高人民法院于 1956 年 10 月正式发布的《关于各级人民法院民事案件审判程序总结》没有对诉讼管辖作出规定，这个缺陷在 1957 年的《民事案件审判程序（草案）》的制定中也未能得到补正。又如，1954 年 7 月，中央人民政府司法部发出《关于试验法院组织制度中几个问题的通知》，指定北京、天津、上海、沈阳等地先行试办法律顾问处，以便通过试点在全国推行律师制度。但各地法律顾问处成立较晚，缺乏统一的法律规范，律师在刑事诉讼中发挥的作用极为有限。

无论如何，新中国成立初期的司法制度的成功实践与历史意义是重要的，它保障了新中国社会主义建设事业的健康发展，基本奠定了新中国司法制度发展的基础，为以后三大诉讼法典的制定提供了经验。

第六节 国 际 法

一、国际公约与条约

（一）缔结或参加国际公约

新中国成立以后，我国最早参加的国际公约是 1949 年 12 月签订并于 1952 年 7 月批准的四个日内瓦公约，即《改善战地武装部队伤者病者境遇之日内瓦公约》《改善海上武装部队伤者病者及遇难者境遇之日内瓦公约》《关于战俘待遇之日内瓦公约》《关于战时保护之日内瓦公约》。1971 年，我国恢复了在联合国的合法席位。1972—1974 年，对于一些我国原本就是缔约国的国际公约，在相应的国际组织承认中华人民共和国是中国唯一合法代表后，我国又恢复承认了这些国际公约，包括《联合国宪章》《国际民用航空公约》《国际复兴开发银行协定》《联合国粮食及农业组织章程》《联合国教育、科学及文化组织法》《国际海关税则》《出版联盟公约》《世界气象组织公约》等。

（二）签订双边、多边协定或条约

新中国成立初期，我国把同苏联等社会主义国家建立和发展关系放在外交工作的首位。我国签订的第一个双边条约是 1950 年 2 月同苏联签订的《中苏友好同盟互助条约》。此后，新中国积极与各国建立外交关系，陆续同德意志民主共和国、捷克斯洛伐克、也门、匈牙利、缅甸、尼泊尔等近二十个国家签订了友好条约（友好合作互助条约或友好和互不侵犯条约），并同其他国家签订了大量经济、文化和其他领域的双边协定（协议、议定书、换文）。

二、涉外法制

新中国成立初期，为适应涉外经济交往的需要，积极推进涉外经济法律制度的构建工作。1950 年 1 月，政务院通过并颁布了《关于关税政策和海关工作的决定》。1951 年 3 月，政务院第七十七次会议通过了《中华人民共和国暂行海关法》。1951 年 5 月，政务院颁布了《海关进出口税则》和《海关进出口税则暂行实施细则》，规定了十七类八十九种九百三十九个货物品种的进口税率和出口税率。

新中国成立初期的相当长一段时期内，我国在对外贸易方面实行国家垄断的外贸体制，进出口业务完全由国家和地方外贸主管部门及其下属的国营外贸专业公司经营，主要发展同社会主义国家特别是同苏联的贸易，对外贸易方面的法律、法规、规章也基本是维护当时的外贸体制。

政务院还发布了一系列金融管理方面的法规，包括涉外金融和外汇管理方面的法规。此外还引进了外资和借用外债的管理制度、涉外劳动管理制度、进出口商品检验制度等。

新中国成立初期，我国还制定了一些涉外仲裁法规。1956 年 3 月，中国贸促会第四次委员会通过并公布了《对外贸易仲裁委员会仲裁程序暂行规则》。1959 年 1 月，中国贸促会第七次委员会会议通过了《海事仲裁委员会仲裁程序暂行规则》。

第七节 1966—1976 年法制发展的挫折

一、1966—1976 年法制基本状况

从 1957 年夏季开始，"反右"运动在全国展开，党和国家在指导方针上产生严重失误，"左"倾思想和法律虚无主义开始在中国大地上蔓延、泛滥。1958 年，

"共产风"和"浮夸风"兴起，司法工作进一步受到影响。司法机关在办理案件中，不再各司其职，不再遵循法律程序，许多地方专区和县两级的"公、检、法"机关一度合并为"政法公安部"，一些必要的司法制度，如律师制度、公证制度皆被取消或废除。同时，全国人大及其常委会的立法和监督职能受到削弱，基层民主法制建设受到严重冲击。

1966—1976 年"文化大革命"（简称"文革"）期间，社会主义民主法制受到全面破坏。第三届全国人大常委会自 1966 年 6 月举行了第三十三次会议以后，无论是全国人大还是其常委会，在长达八年多的时间里，没有举行过一次会议，立法工作全部停止；地方各级人民代表大会也同样停止活动，我国人民代表大会制度实际上被取消。

随着 1966 年"砸烂公检法"口号的提出，全国各级司法机构遭受严重破坏。从 1967 年年底到 1968 年年初，地方人民法院、人民检察院先后被军管，军管会内设审判小组等机构，代行人民法院、人民检察院的职能。1969 年，人民检察院被正式撤销。①

1967 年 1 月 13 日，中共中央、国务院发布《关于在无产阶级文化大革命中加强公安工作的若干规定》（简称《公安六条》）。该规定共六条，其内容主要有：

拓展阅读

"公安六条"
（全文）

对确有证据的杀人、放火、放毒、抢劫、里通外国、盗窃国家机密等现行反革命，依法惩办；对投寄反革命匿名信、张贴散发反革命传单、写反动标语、喊反动口号等现行反革命行为，依法惩办；严管地富反坏右分子（即地主、富农、反革命、坏分子和右派五类人的合称）等。《公安六条》是砸烂公检法、"左"倾思想主导社会秩序时期制定的法律规范。在整个"文革"时期，《公安六条》作为维系社会秩序、打击严重犯罪的基本规范得到普遍推行，也成为维系"左"倾社会秩序、助长个人崇拜与政治狂热、侵犯人民合法权益的法律依据。

"文革"前期的造反、武斗、夺权、无秩序，严重侵害了人民的生命与财产，严重损害了社会秩序，国民经济的发展受到重挫。从 1972 年开始，中共中央开始致力于法律秩序的恢复。从 1972 年年底到 1973 年年初开始，各级人民法院开始重建机构，恢复审判职能。② 1970 年，中共中央成立修改宪法起草委员会，毛泽东任

---

① 参见杨一凡、陈寒枫、张群主编：《中华人民共和国法制史》，社会科学文献出版社 2010 年版，第 18 页。

② 例如，1973 年 2 月 6 日，安徽省高级人民法院正式恢复职能，内设刑事审判一庭、刑事审判二庭、民事审判庭，开始按规定受理案件。参见王成东主编：《安徽法院志（1667—1985）》，安徽省高级人民法院 2011 年刊印，第一篇"机构沿革"第 22、24 页。

主任，林彪任副主任。1975 年 1 月 17 日，第四届全国人民代表大会第一次会议审议、通过修改后的《中华人民共和国宪法》（以下简称"七五宪法"）。

"七五宪法"共三十条，规定："中华人民共和国是工人阶级领导的工农联盟为基础的无产阶级专政的社会主义国家。"根据"七五宪法"，人民代表大会是基本的政权组织形式，全民所有制、劳动群众集体所有制是生产资料所有制的两种主要形式，实施按劳分配的社会主义分配原则。就基本制度而言，"七五宪法"是一部社会主义性质的宪法。

但是，"七五宪法"是在"左"倾思想泛滥、政治运动覆盖全社会、基本法律秩序被破坏的特定情况下制定和通过的。从基本原则到具体制度，"七五宪法"全面体现了"阶级斗争为纲"的方针，继续否定国家治理与社会管理方面的法治原则。"七五宪法"既是"文革"的产物，也是肯定"文革"、支持极"左"路线的法律支撑。总之，"七五宪法"是一部存在严重缺陷的宪法，是新中国宪法史上的大倒退。

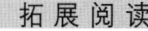

拓展阅读

1975 年《中华人民共和国宪法》（全文）

二、1966—1976 年法制挫折的特点及原因分析

"文革"是一场严重破坏法制的运动。"文革"期间，宪法被废止，法制机构被砸烂，人权被践踏，法律秩序遭到破坏，新中国成立后开启的社会主义法制建设进程遭受重大挫折。第一，"文革"十年中，"五四宪法"不再具有宪法应该有的权威和效力，各项法律、法规也不再具有效力，全国上下处于彻底的"无法"状态。第二，全国人民代表大会及其常委会停止活动，法院、检察院等司法机构也不再行使职权。第三，公民的各项权利和自由缺少法律的保护，大量侵犯公民合法权利与自由、危害社会秩序、侵害公共利益的事件发生。第四，"文革"十年期间，破坏法制、否定法治的行为上升为国家治理方面的"人治原则"，并在很大程度上为社会所接受。甚至"文革"后期重建司法机构、修改宪法也深受"左"倾思想的影响，继续坚持"以阶级斗争为纲"。

"文革"十年期间，我国社会主义法制遭遇重大挫折，有其深刻的社会历史原因。

第一，我国社会主义制度建设历史较短，世界其他国家的社会主义制度建设也缺少成功的经验可直接借鉴。社会主义社会的一些发展规律仍在探索之中。就法治而言，新中国在成立后的十七年中没有就是否需要通过法治原则推进社会主义建设、需要何种法律制度以实现社会主义国家建设目标等问题进行深入、全面讨论，更未就建设社会主义法治国家这一重大问题达成共识。

第二，新中国成立后的一段时间内，仍习惯于战争年代以及激烈阶级斗争环境中通过群众运动实现革命目标的做法，在社会主义改造基本完成以后，面对社会主义社会发展进程中出现的政治、经济、文化等方面的新问题和社会矛盾，没有考虑通过现代社会法治原则处理，而是习惯于沿用大规模急风暴雨式群众性斗争的旧方法和旧经验。

第三，中国共产党领导的反封建斗争取得了决定性胜利，但是封建专制主义在思想政治方面的遗毒仍未彻底肃清。种种历史原因又使我们没有把党内民主和国家政治社会生活的民主加以制度化、法律化，或者虽然制定了法律，却没有确立法律应有的权威。这为党的权力过分集中于个人、党内滋长个人崇拜提供了条件。毛泽东同志作为党的领袖，伴随着其个人声望的提升，也逐渐脱离实际、脱离群众，发动"文革"运动，并导致这场运动被反革命集团利用，导致社会主义法制建设受到重大挫折，给党、国家和各族人民带来严重灾难。①

"文革"的这些教训，值得我们永远引以为戒。

思考题：

1. 简述 1949 年《中国人民政治协商会议共同纲领》的历史意义。
2. 试析 1954 年《中华人民共和国宪法》的历史意义。
3. 简述新中国行政立法在"文革"开始前的主要内容与特点。
4. 简要说明我国在改革开放前缔结或参加的国际公约与条约。
5. 简析"文革"十年法制发展遭遇挫折的社会历史原因。

▶ 自测习题及参考答案

----

① 本节有关社会历史原因的分析，参考了《中国共产党中央委员会关于建国以来党的若干历史问题的决议》，人民出版社 1981 年版。

第十八章　中国特色社会主义法律体系的形成（1977—2010）

　　1977年8月，在中国共产党第十一次全国代表大会上，中共中央正式宣布"文革"结束。至此，新中国法制建设进入新阶段，即法制的重建和迅速发展的新的历史时期。1978年12月，中国共产党十一届三中全会深刻总结了过去的经验教训，实现了新中国成立以来党在思想路线上具有深远意义的转折。通过拨乱反正，纠正了冤假错案，颁布了一系列重要法律，其中有一些是过去多年起草修改而在新形势下终于得以颁布的。这个时期，我国的法制建设几乎又是从无到有发展起来的。改革开放以来，中国共产党和全国人民始终抱着建设法治国家的信念，法制建设逐步发展，取得了巨大成就。经过不懈努力，以宪法为核心，以法律为主干，包括行政法规、地方性法规等规范性文件在内的，由七个法律部门、三个层次法律规范构成的中国特色社会主义法律体系已经形成，国家经济、政治、文化、社会生活的各个方面基本做到有法可依。

拓展阅读

《中国特色社会主义法律体系》白皮书（全文）

第一节　宪　　法

一、从1978年《中华人民共和国宪法》到1982年《中华人民共和国宪法》

　　"文革"结束以后，"七五宪法"存在的严重问题也暴露出来。在新的历史时期，广大干部、群众强烈要求纠正"文革"的错误，特别是恢复被"江青反革命集团"破坏的宪法秩序，因此，修改宪法已经势在必行。1977年，中共中央政治局决定修改"七五宪法"，开始向全国各地各行各业征集修改宪法的意见和建议，并成立了以中共中央主席、国务院总理华国锋为首，由政治局全体成员组成的宪法修改委员会，很快拟就了宪法修改稿。在1978年的第五届全国人大第一次会议上，叶剑英受中共中央委托，从"新时期的总任务""宪法条文的修改""宪法的实施"三个方面做了《关于修改宪法的报告》，宪法修改稿最终于3月5日表决通过，形成了新中国成立后的第三部宪法，即1978年《中华人民共和国宪法》（以下简称1978年宪法）。

　　1978年宪法与"七五宪法"相比，在内容上前进了一大步，反映了时代的要求，恢复了"五四宪法"关于公民基本权利和国家机关的某些规定，取消了"七五宪法"中一些不合时宜甚至错误的规定，同时还补充了一些新的条款或表述。此次修宪反映了时代的要求和人民的呼声，使 1978 年宪法成为中国宪法开始逐步摆脱十年动乱的干扰破坏、走上重建与发展轨道的标志，是后来大规模法制建设的萌芽。但 1978 年宪法仍然有其局限性，根本原因在于指导宪法修改的方针、路线依然没有彻底摆脱"文革"的影响，"两个凡是"的观点禁锢着人们的头脑，许多重大理论是非还无法澄清。这部宪法存在着诸多的"先天不足"和遗憾，于是又不得不在 1979 年和 1980 年连续进行了两次局部修正，从而为 1982 年的再次全面修宪奠定了基础。

1978 年宪法颁布不久，召开了具有历史意义的中共十一届三中全会。此后，党和国家领导全国人民深入总结新中国成立以来的历史经验，并根据新情况制定了一系列正确的方针和政策，使国家的政治生活、经济生活和文化生活发生了巨大变化，从而实现了法制建设历史性的根本转折。所有这些都是 1978 年宪法没有也不可能反映的，再加上 1978 年宪法固有的缺陷和不足，使得它已经不能适应改革开放带来的新的现实状况的客观需要。1979 年和 1980 年对宪法的两次局部修正，虽然带来了一些变化，譬如变地方各级"革委会"为地方各级政府、县以上地方各级人大设立常委会，确立县以下人大代表的直选，改上下级检察机关的监督关系为领导关系，取消"大鸣、大放、大辩论、大字报"的"四大"等，但从总体而言，这部宪法只能是一部过渡性的宪法，其"先天不足"难以克服，不能承担太多的历史使命。由此，在 1980 年 8 月 30 日，中共中央适时地向第五届全国人大第三次会议提出了《关于修改宪法和成立宪法修改委员会的建议》，拉开了再次修宪的序幕。前后历时两年多，最终于 1982 年 12 月 4 日，由第五届全国人大第五次会议正式通过了新中国的第四部宪法，即 1982 年《中华人民共和国宪法》（以下简称 1982 年宪法）。

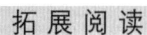

拓展阅读

1982 年《中华人民共和国宪法》（全文）

1982 年宪法坚持从实际出发，实事求是地、客观地反映了国家发展的实际情况。相较于之前的 1954 年、1975 年、1978 年三部宪法，1982 年宪法在内容和形式上均具有许多优点和进步。它体现了理论与实践相结合、原则性与灵活性相结合、稳定与改革相结合、本国经验和外国经验相结合的特点，是以坚持社会主义道路，坚持人民民主专政，坚持中国共产党的领导，坚持马克思列宁主义、毛泽东思想四项基本原则为指导思想而制定的，重点包括以下四个方面：

一是从宪法层面摒弃了"以阶级斗争为纲"的整体思路，提出"今后国家的根本任务是集中力量进行社会主义现代化建设"，并提出了四个现代化的发展战略和"把我国建设成为高度文明、高度民主的社会主义国家"的长远目标。

二是把建设民主文明的社会主义政治制度确立为国家的根本任务之一。政治体制改革开始推进，政治民主化进程开始启动，明确了国家一切权力属于人民这一重要原则，人民代表大会制度得到完善，法律面前人人平等，一切国家机关、政党、社会团体、企事业组织和公民个人都必须遵守宪法和法律等一系列民主法制原则重新得到确立。

三是经济体制改革全面铺开，改革开放有序推进。1982 年宪法对这一状况予以了确认，并通过规定发展方向、根本任务和基本原则，为改革开放提供了法律支撑。

四是创造性地设置了特别行政区制度，进一步完善了民族区域自治制度，维护国家统一和民族团结。

因此，1982 年宪法是我国社会主义宪法发展史上的一座里程碑。

二、宪法修正案与宪法性法律

1982 年宪法作为有中国特色的、适应新时期社会主义现代化建设需要的宪法，堪称新中国成立以来制定得最好的一部宪法。但是，随着我国改革开放和社会主义现代化建设的深入发展，不断出现一些新情况、新问题，宪法的某些规定不能适应已经发展了的现实情况，需要根据形势的变化加以修改。由于这种修改是个别条款的修改而不是全面修改，因此为了使宪法既能随着社会实践的发展而不断完善且与时俱进，又能保持长期稳定，维护宪法权威，全国人大分别于 1988 年、1993 年、1999 年、2004 年通过了四个宪法修正案（截至 2010 年），补充完善了制定宪法时因时代条件和客观认知的局限而没有写入的内容，以及后来实践中出现的新情况、新问题。这四个宪法修正案均做到了宪法的稳定性和与时俱进在社会实践中的统一。通过修宪，反映出中国共产党和中国政府在探索中国特色社会主义法治道路的过程中，法治理论更加成熟，法律实践不断深入，法律观念更加先进且符合实际。现行宪法不断完善，是我国社会主义宪法实践不断深化和宪法理论日益成熟的主要标志。

除宪法修正案以外，中共十一届三中全会以后，随着大规模立法工作的展开，我国还制定了一系列宪法性法律，即与宪法内容直接相关、内含了某些宪法规范的、与宪法配套的那些法律，譬如选举法、地方组织法、人民法院组织法、人民检察院组织法、港澳基本法等。以 1982 年宪法为核心，辅之以这些宪法性法律，组成了当下中国的宪法体系，共同构建了我国社会主义宪法秩序的规范基础。

三、宪法与"依法治国"

现行 1982 年宪法及其四个修正案，确立了"依法治国，建设社会主义法治国家"的基本方略，并且使当代法治观念逐步增强，使宪法在建设法治国家中的重要地位得到了充分体现。

（一）现行宪法以国家根本大法的形式肯定治国方略的转变

中共十五大报告在党的历史上第一次提出了"依法治国，建设社会主义法治国家"的治国方略，在理论和实践上确立了中国共产党执政和领导改革开放、现代化建设的主要方式，从政策向法律转变的指导思想。1999 年 3 月 15 日，根据中共十五大的精神，第九届全国人大第二次会议通过宪法修正案，把"依法治国，建设社会主义法治国家"写入宪法，使之成为中国共产党领导人民群众治理国家的基本方略，也成为我国宪法的基本原则之一。这表明人民当家作主、管理国家和社会被纳入法制轨道。随后中共十六大报告又进一步提出了物质文明、政治文明和精神文明协调发展，并把政治文明建设作为全面建设小康社会的重要目标之一。于是，2004 年宪法修正案将"推动物质文明、政治文明和精神文明协调发展"写入宪法，用以指导国家未来的发展，这充分体现了国家治理现代化、法治化的理念。

（二）现行宪法确立宪法至上的观念，公民的宪法权利意识逐渐增强

宪法作为国家的根本大法，就是通过规定国家权力的界限和实施方式，来实现对人民权利的制度化保障。约束政府权力，保护个人权利，是宪法的核心问题。依法治国、建设社会主义法治国家，其核心就是依宪治国。因此，实行法治，必须确立宪法至上的观念。随着 1982 年宪法的制定与修改，宪法在建设法治国家中的重要地位和作用已被逐步认识。现行宪法的规定已经充分体现了宪法至上和人权保障的精神与原则。前者如序言中的规定："全国各族人民、一切国家机关和武装力量、各政党和各社会团体、各企业事业组织，都必须以宪法为根本的活动准则，并且负有维护宪法尊严、保证宪法实施的职责。"后者则如第三十三条第三款之规定，以及众多覆盖个人生活各方面的基本权利与义务条款。以上内容，都充分体现了我国宪法的根本性质，在我国的民主法制建设史、宪法发展史上都具有重要的意义。

（三）现行宪法建立一系列反映、体现和支撑"依法治国"方略的法律制度体系和法治思想体系

现行宪法及其修正案明确规定，坚持四项基本原则，坚持改革开放，并且确定了我国在新的历史时期的根本任务；重视和扩大公民的基本权利和义务，对公民私有财产所有权的保护日益完善；"国家尊重和保障人权"写入宪法，使公民权利的保障更加健全；使国家机构进一步完善，巩固和发展中国共产党领导的多党合作和政治协商制度；建立健全民族区域自治制度，完善基层群众自治制度，坚持民主集中制原则；确立了国家经济制度，使经济体制改革的内容得到确认；加强社会主义法制建

设，促进社会主义精神文明建设；完善了立法体制和立法监督；坚持依法执政；确定了宪法的法律地位、修改、解释、监督和实施保障，等等。所有这些内容不仅是对我国宪法的重大发展，也是"依法治国"基本方略的重要体现和支撑。

第二节　民商事法律制度

一、《中华人民共和国民法通则》

（一）《民法通则》的起草背景

1978 年以后，至《民法通则》出台之前，我国的民事立法尚处于单行立法阶段，但民法典的第三次起草工作已经开始。具体而言，1978 年 12 月，中共十一届三中全会决定把工作重点转移到社会主义现代化建设上来，民事立法工作也有了较大的发展。1979 年 11 月，全国人大常委会法制工作委员会组建民法起草小组，进行新中国成立后的第三次民法典起草工作，经过三年努力，多次修改，于 1982 年 5 月提出了《中华人民共和国民法草案（四稿）》。但由于当时经济体制改革正在推进，制定民法典的条件还不成熟。全国人大及其常委会决定暂不制定民法典，陆续审议并公布了一批民事单行法律，如《婚姻法》（1980 年 9 月 10 日通过）、《继承法》（1985 年 4 月 10 日通过）等。这些重要的民事单行法填补了民事实体法的空白，改变了所涉具体法律部门无法可依的窘迫状况，对促进我国社会主义现代化建设起到了较大作用，但是并没有解决民事关系和民事活动中的一些带有共同性、根本性的问题，未能形成一个相对健全的民事法律体系。与此同时，改革开放后的社会生活中不断出现大量复杂的新事物、新问题，呼唤着民事法律的规范和调整。

（二）《民法通则》的制定过程

为了建立一个适应社会主义现代化建设需要的，主要解决民事活动中一些共同性问题的民事基本法律制度，全国人大常委会法制工作委员会于 1983 年组建了起草小组，开始了《民法通则》的起草准备工作。1985 年 8 月 15 日拟订出《中华人民共和国民法通则（征求意见稿）》。1986 年 4 月 12 日，第六届全国人大第四次会议通过了历经二十六次修改论证的《中华人民共和国民法通则》，共九章一百五十六条。自此，在新中国法制史上，民事活动第一次有了可以遵循的一般性准则。

（三）《民法通则》颁行的意义

《民法通则》的颁布实施是新中国法律史上的一件大事，无疑具有里程碑式的意义。

它规定了民法的调整范围，基本确定了我国民法在社会主义法律体系中的地位，标志着我国民事立法开始走向体系化；它确立了主体平等、当事人自愿、权利不可侵犯和诚实信用的民法理念，确立了民法的基本原则；它对民事主体制度的规定，适合我国基本国情；它体现了权利本位和意思自治原则，第一次以基本法律的形式明确规定了公民和法人享有的民事权利；它第一次以基本法律的形式确立了比较完备的违约责任制度和侵权行为的民事责任制度。

正是基于这些内容和特点，《民法通则》的颁布是改革开放新时期我国民商事立法的重大开端，极大地推进了我国社会主义民商事法律制度的发展。

二、民事法律的制定与实施

为配合《民法通则》的实施，使其能够适应社会经济发展的要求，在《民法通则》施行一年以后，最高人民法院在调查研究的基础上，针对《民法通则》在执行过程中遇到的问题，于1988年1月26日通过了《关于贯彻执行〈中华人民共和国民法通则〉若干问题的意见（试行）》，共计二百条，对《民法通则》的内容进行了细化和补充，使其具有了更强的可操作性。

不仅如此，《民法通则》颁布后，不仅形成了我国民事基本法律制度的框架体系，而且促进了我国单行民事立法的进一步发展。从1986年开始，一系列重要的民事单行法陆续出台，并且随着社会主义市场经济体制的建立和发展而不断修订和完善。其中比较重要的民事法律有：

（一）物权制度方面

物权制度方面主要有两部法律：《担保法》和《物权法》。

1.《担保法》

为了进一步完善担保制度，促进资金融通和商品流通，维护银行贷款和商品交易的安全，保护当事人的合法权益，维护经济秩序，1995年6月30日，第八届全国人大常委会第十四次会议通过了《担保法》，自1995年10月1日起施行。为了促进《担保法》的实施，2000年9月29日最高人民法院颁布了《最高人民法院关于适用〈中华人民共和国担保法〉若干问题的解释》，对《担保法》各个方面的规定都进行了一定的细化和明确，使《担保法》更具可操作性。

《担保法》具体规定了保证、抵押、质押、留置和定金五种担保方式。解决了担保中存在的四个主要问题：一是明确担保的主体资格，禁止不能担保或者没有条件担保的单位和个人进行担保；二是明确可作为抵押物的财产范围；三是明确当事人在担保中的权利义务；四是明确担保的程序。[1]

---

[1]   参见顾昂然：《关于〈中华人民共和国担保法（草案）〉的说明》，载《中华人民共和国全国人民代表大会常务委员会公报》1995年第5期。

2. 《物权法》

（1）《物权法》的制定过程。《物权法》的起草工作始于 1993 年。2002 年 12 月，第九届全国人大常委会对民法草案的物权法编进行了初次审议。第十届全国人大常委会把制定《物权法》列入重要议程。2005 年 7 月将《物权法》草案向社会全文公布，充分听取社会各方面的意见。全国人大常委会高度重视各方面的意见，对草案进行了六次审议，审议次数之多在我国立法史上是空前的。2007 年 3 月 16 日，第十届全国人大第五次会议通过了《物权法》，自 2007 年 10 月 1 日起施行。

（2）《物权法》制定的总原则。《物权法》的制定以邓小平理论和"三个代表"重要思想为指导，全面贯彻落实科学发展观，坚持正确的政治方向，从我国的国情和实际出发，全面准确地体现和坚持社会主义基本经济制度；依据宪法和法律规定，对国家、集体和私人的物权实行平等保护的原则，同时针对国有财产流失的情况，加强对国有财产的保护；全面准确地体现现阶段党在农村的基本政策，维护广大农民群众的利益；针对现实生活中迫切需要规范的问题，统筹协调各种利益关系，促进社会和谐。总之，《物权法》的制定始终坚持正确的政治方向，坚持中国特色，坚持一切从实际出发。

（3）《物权法》的主要内容。《物权法》共计五编十九章二百四十七条，采用了大陆法系民法立法的总分结构，显示了我国民事立法重视逻辑和体系性的特点。主要内容有：

第一，关于坚持社会主义基本经济制度的规定。《物权法》把坚持国家基本经济制度作为物权法的基本原则；所有权是所有制在法律上的表现，是物权制度的基础；发展社会主义市场经济是坚持和完善社会主义基本经济制度的必然要求。

第二，关于平等保护国家、集体和私人的物权的规定。物权法属于民法，民法的一项重要原则是对权利人的权利实行平等保护，为此，《物权法》规定："国家、集体、私人的物权和其他权利人的物权受法律保护，任何单位和个人不得侵犯。"

第三，关于国有财产的规定。《物权法》对国有财产的范围、国家所有权的行使和加强对国有财产的保护等作了明确规定。

第四，关于集体财产的规定。《物权法》明确规定"农村集体经济组织实行家庭承包经营为基础、统分结合的双层经营体制"，并以专章分别规定了"土地承包经营权"和"宅基地使用权"。

第五，关于私有财产的规定。《物权法》规定："私人对其合法的收入、房屋、生活用品、生产工具、原材料等不动产和动产享有所有权。""私人合法的储蓄、投资及其收益受法律保护。""国家依照法律规定保护私人的继承权及其他合法权益。""私人的合法财产受法律保护，禁止任何单位和个人侵占、哄抢、破坏。"这些规定进一步完善了保护私有财产的法律制度，有利于激发人民群众创造、积累财富的积极性，促进社会和谐。

第六，关于征收补偿的规定。《物权法》规定国家对耕地实行特殊保护，严格限制农用地转为建设用地，控制建设用地总量。不得违反法律规定的权限和程序征收集体所有的土地。为了公共利益的需要，依照法律规定的权限和程序可以征收集体所有的土地和单位、个人的房屋及其他不动产。同时对征收补偿的原则和内容作了规定。

第七，其他规定。一是关于正确处理相邻关系问题。如对用水、排水、通行、通风、采光等产生的相邻关系作了规定，以利于发展生产、方便生活，维护相邻权利人的权益，促进邻里关系和谐。二是关于担保物权问题。《物权法》增加了关于可以用作担保的财产的规定，进一步完善担保制度，以促进融资，发展经济。三是关于对物权的保护问题。对物权的保护途径、保护方法作了全面规定，并规定侵害物权的，除承担民事责任外，还应当依法承担行政责任、刑事责任，健全了物权保护制度。四是关于占有问题。主要规定了对占有的保护和无权占有人的侵权责任，以维护社会秩序和权利人的合法权益。

（4）制定《物权法》的意义。《物权法》的制定对解决物权制度的共性问题和现实生活中迫切需要规范的物权问题具有重大意义。

第一，有助于更好地坚持社会主义基本经济制度。通过制定《物权法》，明确国有财产和集体财产的范围、国家所有权和集体所有权的行使、加强对国有财产和集体财产的保护，有利于巩固和发展公有制经济；明确私有财产的范围、依法对私有财产给予保护，有利于鼓励、支持和引导非公有制经济的发展。

第二，有助于更好地规范社会主义市场经济秩序。通过制定《物权法》，确认物的归属，明确所有权和用益物权、担保物权的内容，保障各种市场主体的平等法律地位和发展权利，依法保护权利人的物权，对于发展社会主义市场经济具有重要作用。

第三，有助于维护广大人民群众的切身利益。通过制定《物权法》，明确并保护私人所有权、业主的建筑物区分所有权、土地承包经营权、宅基地使用权，以维护人民群众的切身利益，激发人们创造财富的活力，促进社会和谐。

第四，有助于中国特色社会主义法律体系的形成。物权法是民法的重要组成部分，是在中国特色社会主义法律体系中起支架作用、不可或缺的重要法律。制定《物权法》是基本形成中国特色社会主义法律体系的重要一步。①

（二）合同制度方面

1.《合同法》的制定背景

在我国统一的合同法出台之前，在《民法通则》之下，曾出现过三部合同法，分别是《经济合同法》（1981 年 12 月 13 日通过，1982 年 7 月 1 日生效，1993 年 9 月 2 日修订）、《涉外经济合同法》（1985 年 3 月 21 日通过）、《技术合同法》（1987 年 6 月 23 日通过）。这三部合同法的规定在当时发挥了重要作用，但也存在很多问题。

自 1992 年确立建立社会主义市场经济体制为改革目标以来，制定一部统一的、完备的、现代化的合同法就成为一项重要任务。在这种形势下，《合同法》（1999 年 3 月 15 日通过）出台，成为调整市场经济与人们社会生活的一部重要法律，是我国民事立法的又一个新的里程碑。

2.《合同法》制定的指导思想

《合同法》的制定是以邓小平理论为指导，坚持从中国实际出发，并借鉴国外的有益经验，以保障社会主义市场经济健康发展；注意保持法律的连续性和稳定性，以《经济合同法》《涉外经济合同法》和《技术合同法》为基础，总结实践经验，加以补充完善；注重可操作性，把此前近十年来行之有效的有关合同的行政法规和司法解释的规定，尽量吸收进来，对需要增加的，尽可能作出具体规定。②

3.《合同法》的特点

（1）打破了合同法"一分为三、三足鼎立、多种规范并存"的格局，而由一部统一的合同法来规范和调整；保留了经实践证明是合理的制度和规则，将司法实践中合理的解释性规则上升为法律规定。

（2）去除了反映计划经济的内容，从建立全国统一的大市场和与国际市场接轨的实际出发，针对我国转轨时期的特点和各种社会问题进行规定，符合社会主义市场经济的性质和要求。

（3）广泛参考借鉴发达国家和地区成功的立法经验和判例学说，同时结合中国社会的实际，比较、取舍，采纳了现代合同法的法律规则，体现了与国际条约和国际惯例的一致性。③

---

① 参见王兆国：《关于〈中华人民共和国物权法（草案）〉的说明》，载《人民日报》2007 年 3 月 9 日。

② 参见顾昂然：《关于〈中华人民共和国合同法（草案）〉的说明》，载《中华人民共和国全国人民代表大会常务委员会公报》1999 年第 2 期。

③ 参见梁慧星：《统一合同法：成功与不足》，载《中国法学》1999 年第 3 期。

　　此后，截至 2010 年，最高人民法院先后通过了《最高人民法院关于适用〈中华人民共和国合同法〉若干问题的解释（一）》（1999 年 12 月 19 日通过）、《最高人民法院关于适用〈中华人民共和国合同法〉若干问题的解释（二）》（2009 年 4 月 24 日通过），使合同法的内容更为充实和完善。

　　（三）知识产权制度方面

　　1. 知识产权法律的制定与修改

　　党的十一届三中全会确立了改革开放的方针、路线之后，知识产权立法随之提上议程。

　　1982 年 8 月 23 日，第五届全国人大常委会第二十四次会议通过了《商标法》。为适应改革开放和经济形势发展的需要，更有效地打击假冒商标，制止商标侵权行为，切实保护商标注册权，又于 1993 年 2 月 22 日修改了《商标法》。

　　1980 年 1 月 14 日，中国专利局组建成立了专利法起草小组。1984 年 3 月 12 日，第六届全国人大常委会第四次会议通过了《中华人民共和国专利法》，自 1985 年 4 月 1 日起正式实施。为了使《专利法》进一步与国际接轨，又于 1992 年 9 月 4 日通过了《专利法修正案》，对《专利法》作了重要修改。

　　在先后颁布了《商标法》《专利法》后，著作权立法提上日程。1985 年国家版权局成立。1990 年 9 月 7 日，第七届全国人大常委会第十五次会议通过了《中华人民共和国著作权法》。国家版权局于 1991 年 5 月 30 日颁布了《著作权法实施条例》。1991 年 6 月 4 日，国务院批准了《计算机软件保护条例》。这三部法律法规的颁布与实施，确立了中国的著作权法律制度，揭开了历史性的新篇章。

　　自 2000 年到 2001 年，我国对《专利法》《商标法》再次进行修改，并对《著作权法》进行第一次修改。这次修改的直接动因是与国际接轨，使我国的知识产权法律全面符合世界贸易组织《与贸易有关的知识产权协议》（简称 TRIPS）的要求，为加入世界贸易组织创造条件，同时，也是为了总结经验，使知识产权法更好地为我国经济、科技、文化发展服务。[①]

　　2. 知识产权制度建立的特征和意义

　　（1）知识产权制度的发展完善逐渐从被动转向主动。如果说 2001 年之前的几次修改主要是基于入世的需要，是被动应对，那么，2002 年之后的修改则是根据国内外形势的发展，充分利用 TRIPS 给予的政策空间，对我国知识产权法进行修改完善的主动安排，是我国制定和实施知识产权战略的有机组成部分。

　　（2）知识产权制度的建立从法律上确立了基于创造性劳动产生的知识产品是

----

① 参见刘春田：《中国知识产权二十年的启示》，载刘春田主编：《中国知识产权二十年》，专利文献出版社 1998 年版；张玉敏：《知识产权法制三十年》，载《法学杂志》2009 年第 2 期。

一项财产，知识的生产者是这项财产的所有权人。这解除了长期束缚人们思想的禁锢，激发了知识生产者的创造热情，促使更多的知识被生产出来。对经济的发展、社会的进步起到了巨大的作用。

（3）知识产权制度的建立给中国提供了更多接受外来文化的机遇，创造了与外部世界平等交流的条件。中国正在不断地融入世界，在世界知识产权舞台上获取更大的话语权。

（四）婚姻家庭法律制度方面

在1950年《婚姻法》完成了破旧（废除旧的封建主义的婚姻家庭制度）立新（建立新民主主义的婚姻家庭制度）的伟大使命之后，为了加强对婚姻家庭领域的法律调整，健全婚姻家庭法制，1980年9月10日，经第五届全国人大第三次会议通过，颁布了修改后的《婚姻法》，自1981年1月1日起施行，原法自新法施行之日起废止。2001年4月28日，第九届全国人大常委会第二十一次会议对《婚姻法》进行了修正，最高人民法院后来也相继作出两个司法解释。①

全国人大于1985年4月10日颁布了《继承法》，最高人民法院随之公布了《最高人民法院关于贯彻执行〈中华人民共和国继承法〉若干问题的意见》（1985年9月11日通过）；全国人大常委会于1991年12月29日颁布了《收养法》，后对其进行修正（1998年11月4日通过）。

（五）侵权法律制度方面

1.《侵权责任法》的主要内容

侵权法律制度是民法法律体系的一个重要组成部分。2009年12月26日，第十一届全国人大常委会第十二次会议通过了《侵权责任法》，自2010年7月1日起施行。

《侵权责任法》共十二章九十二条，主要规定了责任构成和责任方式、不承担责任和减轻责任的情形、关于责任主体的特殊规定、承担侵权责任的原则、产品责任、机动车交通事故责任、医疗损害责任、环境污染责任、高度危险责任、饲养动物损害责任和物件损害责任等内容。

2.《侵权责任法》的主要特点

《侵权责任法》从中国实际国情出发，充分考虑我国社会体制、文化传统和习俗，立足于解决中国的现实问题，整个的制度设计和框架结构都立基于解决中国具体问题，具有鲜明的中国特色。主要表现在②：（1）在独立成编的基础上构建现

---

① 《最高人民法院关于适用〈中华人民共和国婚姻法〉若干问题的解释（一）》（2001年12月24日通过）、《最高人民法院关于适用〈中华人民共和国婚姻法〉若干问题的解释（二）》（2003年12月4日通过）。

② 参见王利明：《侵权责任法的中国特色》，载《法学家》2010年第2期。

代侵权法体系；（2）突出反映"以人为本"的立法精神，提高法律制度的人文情怀；（3）在名称上具有创新性，与该法的内容和未来发展具有适调性；（4）在强化补救功能的同时，实现了与预防功能的妥当结合；（5）妥当安排一般条款与类型化列举的关系，有效协调高度抽象与适度具体的关系；（6）实现归责原则的体系化，为具体制度提供了建构纲目；（7）全面规范数人侵权行为，完善了数人侵权责任分担制度；（8）丰富了侵权责任承担方式，实现责任方式的多元化和可选择性；（9）充分考虑了行为主体与责任主体相分离的现象，规定了特殊主体的责任。

三、商事法律的制定与实施

（一）商事法律的制定与实施概况

改革开放以后，尤其是 1992 年邓小平南方谈话和中共十四大的召开，确立了经济体制改革的目标是建立社会主义市场经济体制，这为我国的商事法律发展开拓了前所未有的前景，我国的商事立法从此上了一个新台阶，尤其是在直接反映市场经济要求的法律领域取得了巨大成就。其中以《公司法》的制定与实施最为重要，以下将专门介绍。除了《公司法》，国家还制定并修改了一系列重要的商事法律。①

（二）公司法律制度方面

1. 《公司法》的制定与修改

公司法是商事立法的根基，也体现着一个社会最为主要的生产关系。我国 1978 年以来开始建立现代公司制度。自 1986 年《民法通则》颁布后，一系列的企业组织立法陆续出台，并在实施过程中随着国家经济、政治、社会的发展而不断修正或修订。② 为适应市场经济发展的需要，国家决定制定一部覆盖面更宽、内容比较全面的公司法。1993 年 12 月 29 日，第八届全国人大常委会第五次会议通过

---

① 例如《海商法》（1992 年 11 月 7 日通过）、《票据法》（1995 年 5 月 10 日通过，2004 年 8 月 28 日修正）、《保险法》（1995 年 6 月 30 日通过，2002 年 10 月 28 日修正，2009 年 2 月 28 日修订）、《证券法》（1998 年 12 月 29 日通过，2004 年 8 月 28 日修正，2005 年 10 月 27 日修订）、《证券投资基金法》（2003 年 10 月 28 日通过）、《企业破产法》（2006 年 8 月 27 日通过）、《最高人民法院关于适用〈中华人民共和国企业保险法〉若干问题的解释（一）》（2009 年 9 月 21 日通过）等。

② 例如《中外合资经营企业法》（1979 年 7 月 1 日通过，1990 年 4 月 4 日和 2001 年 3 月 15 日修正）、《外资企业法》（1986 年 4 月 12 日通过，2000 年 10 月 31 日修正）、《城乡个体工商户管理暂行条例》（1987 年 8 月 5 日通过）、《中外合作经营企业法》（1988 年 4 月 13 日通过，2000 年 10 月 31 日修正）、《全民所有制工业企业法》（1988 年 4 月 13 日通过）、《私营企业暂行条例》（1988 年 6 月 3 日通过）、《合伙企业法》（1997 年 2 月 23 日通过，2006 年 8 月 27 日修订）、《个人独资企业法》（1999 年 8 月 30 日通过）等。

了《公司法》，自 1994 年 7 月 1 日起施行。该法在实施过程中，经历了 1999 年、2004 年和 2005 年三次修正。为配合《公司法》的贯彻实施，最高人民法院相继出台了三部司法解释①。2005 年的修正基本上是对原《公司法》的全面修订，修改的条文涉及三分之二以上条款。

2. 《公司法》2005 年修改的主要内容和特点

（1）修改的主要内容。修改的内容，主要集中在公司法的两大支柱制度上，即资本制度和公司治理。

在资本制度上，新《公司法》体现了从片面强调资本信用到兼顾资本信用和资产信用的立法理念的调整，降低了公司设立的门槛，放松了对公司的过度管制，大幅度地降低了公司设立的最低注册资本数额，放宽了股东出资方式的限制，允许出资的分期缴纳、取消了公司转投资的限制，扩大了公司回购自己股份的情形。

在公司治理上，赋予少数股东股东大会的请求权、召集权和主持权，允许公司实行累积投票制，将股东的知情权落实到查阅公司账簿，限制关联股东及其董事的表决权，规定对公司决议持有异议的股东享有的股份收买请求权以及公司陷于僵局时，股东解散公司的请求权，董事、监事不履行职责时，股东有代表公司提起诉讼的权利等。

在其他方面，新《公司法》还进一步明确了公司享有法人财产权、股东享有股权的基本产权结构和产权关系；允许公司在董事长、执行董事和经理之间任意确定一人为法定代表人；确立了有限公司股权变动时以股东名册记载为生效要件、以变更登记为对抗要件的股权认定标准；进一步强化了对劳动者利益的保护和职工对公司管理的参与，规定了三分之一的职工监事的最低比例和职工董事的自愿设置；利用《公司法》与《证券法》两部法律同时修改的难得机遇，科学地划分了两者的合理分工，消除了原有的立法冲突和交叉。而最为突出的修改则是对一人公司和法人人格否认制度的完全承认和采纳。

（2）修改的特点。

第一，将《公司法》作为对所有公司法律关系进行调整的市场主体的法。鼓励投资，推动公司设立，促进资本市场的发展繁荣，进而促进社会主义市场经济的发展。

第二，给公司以更大的自治空间，对公司法的强制性与任意性规范作合理界定。《公司法》应该具有强制性，但也应具有一定的任意性。原《公司法》强制性

---

① 《最高人民法院关于适用〈中华人民共和国公司法〉若干问题的规定（一）》（2006 年 3 月 27 日通过）、《最高人民法院关于适用〈中华人民共和国公司法〉若干问题的规定（二）》（2008 年 5 月 5 日通过）和《最高人民法院关于适用〈中华人民共和国公司法〉若干问题的规定（三）》（2010 年 12 月 6 日通过）。

与任意性规范的性质区分不明，强制性规范过多而任意性规范不足。2005 年修改时注意和强调公司法规范的任意性，减少其强制性规范的范围。①

四、民事法律的特点

改革开放以后的民事法律具有鲜明的特点，主要表现为：

（一）具有重要的法治意义和鲜明的中国特色

一系列民事法律的颁布实施，使大量民事活动有法可依、有章可循，基本扭转了长期以来只按政策办事的局面。它保障了大量合法的民事权益，有力地促进了社会主义市场经济的发展，保证了经济体制改革的顺利进行。这些民事法律，都是在我国公有制和社会主义市场经济关系的基础上，适应我国经济社会发展的需要而产生的，因此具有鲜明的中国特色。这些民事法律在实施过程中，顺应社会需求，不断得以修订、修正与完善，体现了与时俱进的立法精神以及稳定性与变动性相结合的法律品格。同时，这些民事法律具有重要的法治意义，极大地推进了我国社会主义法治建设的发展。它促进了中国社会主义法律体系的完备，强化了对社会主体的权利保障，并且推动了法律权威观念的树立。

（二）对传统民事法律的继承与创新

1986 年《民法通则》既继承和借鉴了其他国家和地区的民法发展成果，又充分反映了我国经济体制改革新形势的要求，对原有的法律传统进行了卓有成效的创新。这种创新体现在多个方面：

首先，《民法通则》对民法调整对象的明确性规定，是世界民事立法史上的一个创造。《民法通则》第二条明确将"平等主体的公民之间、法人之间、公民和法人之间的财产关系和人身关系"规定为我国民法的调整对象，这对中国民法甚至是世界民法都是一个卓越的贡献，而且这种贡献不仅停留在法律制度层面，更包含了法学理论上的创新。

其次，《民法通则》将民事权利单独作为一章，这也是世界民法史上的一大创造。《民法通则》的制定者充分考虑到我国传统法律文化对民法发展所存在的不利影响和我国现时民事立法的总体样态与未来前景，在第五章用了最大的篇幅分别对物权、债权、婚姻家庭方面的权利、继承权、知识产权、人身权等民事权利的内涵和外延作了全面而又原则性的规定。这一规范方式是在继承传统民事立法先进经验的基础上所作的创新。

最后，对人身权作专门规定以及将"民事责任"予以专章规定，也是《民法通则》在民事立法篇章结构上的一大创新。

---

① 参见赵旭东：《公司法修改专家谈》，载《法制日报》2005 年 10 月 30 日。

（三）为我国今后民法典的制定奠定了基础

新中国成立至今，尤其改革开放以来，我国的民事法制建设已经取得了举世瞩目的成就。《物权法》的制定和实施，更意味着我国统一的民法典和民法律体系的最核心也是最难制定的部分已经完成。这为我们今后制定统一的民法典、形成完整的民事法律体系打下了牢固的基础。

第三节　行政法律制度

一、行政立法概述

中共十一届三中全会提出了加强社会主义法制的任务，要求做到有法可依、有法必依、执法必严、违法必究。这为我国行政法制建设指明了方向，使我国行政法制进入恢复和大发展的新时期。

1982 年宪法的颁布，为行政法制的大发展提供了宪法保障。这一方面体现在对各国家机关及各政府的职权和活动原则作了规定，使其做到"有法可依"，另一方面更重要的是赋予公民广泛的权利，并用各种措施加以保障。1987 年 4 月 21 日，国务院颁布了《行政法规制定程序暂行条例》，各省（区、市）也于其后相继颁布了有关制定地方政府规章的程序，使行政立法逐步规范化。同时，全国人大及其常委会也加快了制定行政基本法律的步伐，于 1994 年 5 月 12 日通过了《国家赔偿法》（2010 年 4 月 29 日修正），1996 年 3 月 17 日通过了《行政处罚法》（2009 年 8 月 27 日修正），1997 年 5 月 9 日通过了《行政监察法》（2010 年 6 月 25 日修正）。这一时期，行政法制发展的一大标志性事件是 1989 年 4 月 4 日，第七届全国人民代表大会第二次会议通过的《行政诉讼法》，该法自 1990 年 10 月 1 日起施行。它的出台标志着我国行政法进入一个新的历史发展期。

1949 年以来，我国对于行政纠纷的解决途径，长期依赖于行政机关"内部消化"，或者依托信访，或者由上级机关依靠管辖权力加以解决，司法权力在这一领域长期缺位。1982 年出台的《民事诉讼法（试行）》开始改变这一现状，使得司法权力开始进入行政案件诉讼领域，规定行政案件由人民法院按照法律规定受理，确立了司法对行政的审查和监督。但随着行政案件的日渐增多，这种规定在民事诉讼法律中的诉讼制度越来越不能满足经济社会发展需要，行政诉讼与民事诉讼的区别也日益明显，客观上要求建立一种适应行政法特点的行政诉讼制度。《行政诉讼法》的出台及时弥补了这一缺陷，使得行政诉讼成为与刑事诉讼、民事诉讼并列的三大诉讼制度之一。通过行政审批程序，司法机关能有力地保护公民、法人或其他组织的合法权利，而举证责任倒置等具体规则的制定，又在相当程度上改变了行政相对人面对行政机关的天然弱势地位。

1997 年 9 月 12 日，中共十五大召开，确立了"依法治国，建设社会主义法治国家"的治国方略，1999 年 3 月 15 日第九届全国人大第二次会议将其载入宪法。在此大背景下，我国行政法制建设不断推进。最高人民法院审判委员会于 2002 年 8 月 27 日通过了《最高人民法院关于审理国际贸易行政案件若干问题的规定》。第九届全国人大常委会于 1999 年 4 月 29 日制定了《行政复议法》（2009 年 8 月 27 日修正），于 2002 年 6 月 29 日制定了《政府采购法》；第十届全国人大常委会于 2003 年 8 月 27 日制定了《行政许可法》，于 2005 年 4 月 27 日通过了《公务员法》，于 2005 年 8 月 28 日通过了《治安管理处罚法》。这些立法使我国的行政基本法律逐步完善。同时，国务院及其各部委、地方人民政府及其各部门也更加重视行政立法，制定了大量行政法规、规章和规范性文件。① 2010 年 12 月 13 日，最高人民法院还通过了《最高人民法院关于审理政府信息公开行政案件若干问题的规定》。目前，由行政法律、行政法规、部委规章、地方政府规章和其他规范性文件构成的我国行政法律体系正在不断健全。

二、行政法律的主要内容与特点

改革开放以后的行政立法，逐渐走向规范化，其内容囊括了行政立法制度、行政许可法律制度、行政处罚法律制度、行政复议法律制度、行政监察法律制度、行政强制法律制度、国家公务员法律制度、行政赔偿法律制度、政府采购法律制度，等等。这些行政立法的巨大成就表明了国家管理的原则、理念和方式都在法治化、规范化、科学化的轨道上健康发展，体现了"依法行政"原则在我国的逐步确立和全面实施。

总体而言，这一阶段的行政法律的主要内容与特点集中在以下几个方面：

（一）确立依法行政、建设法治政府的原则与观念，建立健全相关制度

首先，《行政复议法》的颁布实施，使行政监督和行政救济制度在原有的基础之上又有了深入的发展，拓展了公民权利保护和行政权受监督的范围。其次，2003 年颁布的《行政许可法》是继《国家赔偿法》《行政处罚法》《行政复议法》后又一部规范政府行为的重要法律，被誉为"中国社会主义法制建设中的里程碑"。该法基于行政许可制度所确立和引申出的若干行政法律制度，充分体现了诚信政府

---

① 如国务院于 1997 年 8 月 3 日公布了《国务院行政机构设置和编制管理条例》；2001 年 11 月 16 日公布了《行政法规制定程序条例》和《规章制定程序条例》；2007 年 2 月 24 日公布了《地方各级人民政府机构设置和编制管理条例》，4 月 5 日公布了《政府信息公开条例》，4 月 22 日公布了《行政机关公务员处分条例》，5 月 29 日公布了《行政复议法实施条例》。

和服务政府的理念，是我国推行行政法治原则实践经验的总结。最后，制定了《公务员法》，完善了人事管理制度，使我国公务员管理走向规范化、科学化、专业化。

（二）强化行政监督和责任

随着《行政复议法》及其实施条例的制定和公布，许多违法或者不当的具体行政行为得到纠正，及时化解了大量复杂的行政争议，有效维护了人民群众的合法权益。2001 年，国务院公布了《行政法规制定程序条例》和《规章制定程序条例》，这完善了行政立法制度，而行政立法是行政行为的依据，行政立法制度的健全与完善，对于规范行政行为具有重要的意义。

（三）适应时代发展的需要，体现出行政法制建设的先进性

《政府信息公开条例》及其司法解释的公布，表明我国的行政立法适应了信息化时代与互联网时代背景下要求政府信息公开、建设阳光政府的社会需求，并且呈现出科学性、先进性和与时俱进的精神。

改革开放以来，我国的行政法制建设确实取得了巨大的成绩，而且在未来一定会有更大的发展与成就。

第四节　经济法律制度

一、经济立法概述

改革开放以来，为促进社会主义市场经济的起步与健康发展，第九届、第十届全国人大常委会制定的立法规划，开始出现经济立法的内容。随后我国经济立法硕果累累，制定了一系列经济法律、法规及其他规范性法律文件，并且加速向更加健全完善的方向迈进。这些立法成为我国经济和社会发展的法律保障，主要集中在以下几个方面：

（一）市场规制方面的法律

这类立法以建立社会主义市场经济体制为立法目的，以维护社会经济秩序、加强市场监管及保障市场主体合法权益为主要立法价值追求。主要包括《产品质量法》（1993 年 2 月 22 日通过，2000 年 7 月 8 日修正）、《反不正当竞争法》（1993 年 9 月 2 日通过）、《消费者权益保护法》（1993 年 10 月 31 日通过，2009 年 8 月 27 日修正）、《反垄断法》（2007 年 8 月 30 日通过）、《食品安全法》（2009 年 2 月 28 日通过）等。

（二）国家宏观调控方面的法律

这类立法主要涉及金融、财政及税收领域。

金融领域包括《商业银行法》（1995 年 5 月 10 日通过，2003 年 12 月 27 日修正）和《银行业监督管理法》（2003 年 12 月 27 日通过，2006 年 10 月 31 日修正）；财政领域包括《预算法》（1994 年 3 月 22 日通过）和《政府采购法》（2002 年 6 月 29 日通过）；税收领域包括《税收征收管理法》（1992 年 9 月 4 日通过，1995 年 2 月 28 日修正，2001 年 4 月 28 日修订）、《个人所得税法》（1980 年 9 月 10 日通过，1993 年 10 月 31 日、1999 年 8 月 30 日、2005 年 10 月 27 日、2007 年 6 月 29 日、2007 年 12 月 29 日共五次修正）、《企业所得税法》（2007 年 3 月 16 日通过）等。

（三）经济监管方面的法律

这类立法是为了解决市场失灵问题，依据市场经济规律而制定的各种有关政府介入市场行为的法律。①

（四）劳动法律制度

这类立法以保护劳动力市场内劳动者的权益为基本特征，包括《劳动法》（1994 年 7 月 5 日通过，2009 年 8 月 27 日修正）、《劳动合同法》（2007 年 6 月 29 日通过）、《劳动争议调解仲裁法》（2007 年 12 月 29 日通过）、《劳动合同法实施条例》（2008 年 9 月 3 日通过）等。

（五）环境保护方面的法律制度

节约资源和保护环境是我国的基本国策。为建立资源节约型和环境友好型社会，我国陆续制定了《环境保护法》（1989 年 12 月 26 日通过）和《环境影响评价法》（2002 年 10 月 28 日通过）等相关法律。同时，可持续发展与环境保护相辅相成，自 1984 年以来一系列资源开发性法律法规相继出台。②

二、经济法律的主要内容与特点

我国现行的经济法律制度由多个领域组成。在现代市场经济条件下，保护市场竞争，反对垄断和制止不正当竞争相关的法律成为规范市场经济关系的基

---

① 主要包括《会计法》（1985 年 1 月 21 日通过，1993 年 12 月 29 日修正，1999 年 10 月 31 日修订）、《土地管理法》（1986 年 6 月 25 日通过，1988 年 12 月 29 日修正，1998 年 8 月 29 日修订，2004 年 8 月 28 日修正）、《城市房地产管理法》（1994 年 7 月 5 日通过，2007 年 8 月 30 日和 2009 年 8 月 27 日两次修正）、《审计法》（1994 年 8 月 31 日通过，2006 年 2 月 28 日修正）、《城乡规划法》（2007 年 10 月 28 日通过）等。

② 如《森林法》（1984 年 9 月 20 日通过，1998 年 4 月 29 日修正）、《草原法》（1985 年 6 月 18 日通过，2002 年 12 月 28 日修订，2009 年 8 月 27 日修正）、《渔业法》（1986 年 1 月 20 日通过，2000 年 10 月 31 日、2004 年 8 月 28 日、2009 年 8 月 27 日修改）、《矿产资源法》（1986 年 3 月 19 日通过，1996 年 8 月 29 日修正）、《节约能源法》（1997 年 11 月 1 日通过，2007 年 10 月 28 日修订）、《可再生能源法》（2005 年 2 月 28 日通过，2009 年 12 月 26 日修正）、《畜牧法》（2005 年 12 月 29 日通过）等。

本经济法律制度。相对于反不正当竞争法，反垄断法在保护市场竞争、维护市场竞争秩序、充分发挥市场配置资源的基础性作用、实现国家对市场经济的调控作用等方面的地位和作用更为重要和全面，因而有"经济宪法"之称。反垄断法的宗旨是反对垄断、反对限制竞争、保护市场主体参与市场竞争的权利。

我国现行的经济法律，呈现出明显的"回应社会需求"的特点。不少单行法律的制定与修订，都是为了使其适应我国经济生活的需要，更好地规范和调整社会中的各类经济法律关系。例如，《税收征收管理法》的起草和出台，以及后续的修正与修订，就有其特定的时代背景和立法目的。当时，随着经济体制改革尤其是税制改革的深入展开和几部税收实体法的颁布，税收征管领域内存在的一些问题日渐突出，如法律法规的适用范围不统一、征管手段不完善、征管法规的法律效力不高，等等。为了进一步完善和健全我国税收法律制度，加强税收征收管理，保障国家税收法律法规的贯彻实施，维护国家的税收利益，保护纳税人的合法权益，国家从 1989 年开始起草《税收征收管理法》，并自 1993 年 1 月 1 日起施行。但 1993 年以后我国税收征管体制发生的重大变化（即原有的税务机关在省以下已经分为国家税务局和地方税务局）和增值税专用发票管理上存在的突出问题，促使 1995 年 2 月 28 日第八届全国人大常委会第十二次会议对《税收征收管理法》进行了相应的修改。此后，为了适应税收征管中出现的新情况和新问题，2001 年 4 月 28 日，第九届全国人大常委会第二十一次会议又对《税收征收管理法》作了修订。

第五节　社会法律制度

一、社会立法概述

改革开放以来，我国通过一系列社会立法以缩小国家控制范围，改革控制方式，规范控制手段。应该说我国在社会立法方面付出了很多努力，取得了一定的成绩和经验。

在社会保险立法方面，2010 年 10 月 28 日，第十一届全国人大常委会第十七次会议通过了《社会保险法》，这是我国社会领域的一个标志性立法，不论从保民生、保稳定的当前需要来看，还是从应对人口老龄化趋势、扩大国内消费需求比重的长远战略考虑，意义都非常重大。在社会福利立法方面，2007 年 8 月 30 日第十届全国人大常委会第二十九次会议通过的《就业促进法》，开中国社会福利立法之先河。在社会救济立法方面，国务院发布了一系列的法规和政策性文件，并在实践基础上逐步规范和完善①。

这些社会立法对于维护社会稳定和谐、促进社会公平正义发挥了重要作用。但就目前情况来看，我国社会领域立法与全面建成小康社会的要求相比，以及同人民群众的期待相比，差距还比较大。主要表现在：第一，还有一些立法缺项，特别是在公共医疗卫生、社会管理等方面，一些重要法律还没有制定出来；第二，制度性规范的层次较低，多散见在法规、规章和政策性文件中，缺乏系统性、协调性；第三，覆盖面小、作用有限，一些制度不合理，保障和服务不到位；第四，缺乏应有的公共资源投入，保障水平偏低；第五，监督管理上存在不少漏洞，如社会保障基金、企业年金管理等方面。

二、社会法律的主要内容与特点

社会法律制度目前已成为我国社会主义社会必不可少的法律规范。改革开放以来，我国社会法制建立并实施的社会效果显著，如减少了城乡贫困人口数量，促进了经济发展，维护了社会稳定。四十多年的法律实践证明，社会法律制度具有整合社会的功能，是建设法治国家、构建和谐社会必须建立健全的法律制度。

在我国现有的社会法律制度中，以《社会保险法》为典型。其立法宗旨是规范社会保险关系，维护公民参加社会保险和享受社会保险待遇的合法权益，使公民共享发展成果，促进社会和谐稳定。该法第二条即明确规定："国家建立基本养老保险、基本医疗保险、工伤保险、失业保险、生育保险等社会保险制度，保障公民在年老、疾病、工伤、失业、生育等情况下依法从国家和社会获得物质帮助的权利。"《社会保险法》共九十八条，分为十二章：总则、基本养老保险、基本医疗保险、工伤保险、失业保险、生育保险、社会保险费征缴、社会保险基金、社会保险经办、社会保险监督、法律责任和附则。该法是一部着力保障和改善民生的法律。

我国现行的社会法律制度具有如下特点：

（一）社会法律制度的发展与完善是对社会需求的积极回应

传统的社会救济制度的适用对象主要是孤老残幼、灾民、社会上的生活困难者。但是，市场经济发展和社会改革转型给中国城乡带来了许多新的经济和社会法律问题。由于下岗和失业人员增加，退休人员养老金过低和医疗费负担过重，没有参加社会保险的人群在遭遇失业、生病、工伤事故、老年等生活风险时就会

---

① 比较重要的有 1999 年 9 月 28 日通过的《城市居民最低生活保障条例》、2003 年 6 月 18 日通过的《城市生活无着的流浪乞讨人员救助管理办法》、2006 年 1 月 11 日通过的《农村五保供养工作条例》以及 2007 年 7 月 11 日发布的《国务院关于在全国建立农村最低生活保障制度的通知》等。

陷入困境等。于是，国家制定了具有针对性的法律法规以解决这些新问题。比如，2003年1月7日，国务院办公厅转发《国家经贸委等部门关于解决国有困难企业和关闭破产企业职工基本生活问题若干意见的通知》，明确要求各地尽快建立社会医疗制度。2005年2月26日，民政部、卫生部、劳动保障部、财政部发布了《关于建立城市医疗救助制度试点工作的意见》，提出先在部分地方试点，然后再用2—3年的时间在全国建立起医疗救助制度。城市医疗救助制度的建立在一定程度上消除了城市贫困群体对疾病的恐惧和不安，减轻了他们在医疗上的负担，增强了他们的体质。

（二）转型期的社会法制建设任重道远

这主要是由于我国处于转型时期，新情况、新问题不断涌现，加上我国长期形成了城乡二元经济社会结构，国家幅员广阔、人口众多、区域之间发展不平衡，这些都决定了我国社会法律制度的建立健全是一项艰巨复杂的任务。例如，即使2010年出台的《社会保险法》内容涉及养老、医疗、失业、工伤、生育等多项社会保障，其中基本养老保险制度和基本医疗保险制度覆盖了我国城乡全体居民，也难以调整不同群体的社会保险关系。

第六节　刑事法律制度

一、从1979年《中华人民共和国刑法》到1997年《中华人民共和国刑法》

"文革"结束后，刑法的立法工作又重新提上议事日程。1978年12月中共十一届三中全会胜利召开，标志着社会主义事业得到拨乱反正，全国的各项工作得以迅速走向正轨，在"文革"中遭受破坏和搁置的社会主义法制建设也开始全面恢复，这些都为刑法立法工作带来了方向指导和巨大的推动力。1979年7月1日，第五届全国人大第二次会议通过了《中华人民共和国刑法》（以下简称1979年刑法），自1980年1月1日起施行。我国第一部社会主义刑法典的诞生，标志着我国的刑事立法进入了一个新的历史时期。

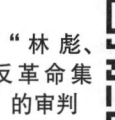
拓展阅读
关于"林彪、江青反革命集团案"的审判

为适应变化了的政治、经济和社会情况，更好地为经济建设服务，全国人大常委会又相继制定了二十四个单行刑事法规，并在一百零七个非刑事法律中规定附属刑事规范，对刑法作了大量的补充和修改，完善了我国刑法体系，弥补了1979年刑法的不足，为惩治改革开放后不断滋生的新型犯罪和遏制犯罪的严重化

趋势提供了强大的法律武器。

随着改革开放的深入发展和依法治国方略的实施，1979 年刑法的缺点及其滞后性也越发明显地表现出来。尤其在社会、经济迅速发展和犯罪日趋复杂化的形势下，1979 年刑法和其后的一些补充刑事规范不能完全应对改革开放后的新型犯罪和经济犯罪，因此立法者决定对其进行较大幅度的修订。1997 年 3 月 14 日，第八届全国人大第五次会议修订了《中华人民共和国刑法》（以下简称 1997 年刑法），并自 1997 年 10 月 1 日起实施。

1997 年刑法包括总则、分则、附则三部分，共十五章四百五十二个条文，其修改幅度之大、涉及范围之广，在新中国法制史上是空前的。1997 年刑法体现了社会时代特征和发展变化，是在我国从计划经济向市场经济体制过渡并已初步建立市场经济的情况下修订的，将 1979 年刑法没有规定的罪刑法定原则、法律面前人人平等原则和罪刑相适应原则明确确定为刑法的基本原则，充分体现了对基本人权的保障，是健全我国刑事立法体系的重要标志之一。1997 年刑法的内容比 1979 年刑法更为完善，而且增强了可操作性，实现了刑法的统一性和完备性，贯彻了刑事法治思想，强化了刑法的保障功能，基本上适应了我国当代惩罚犯罪的需要。1997 年刑法的公布，标志着我国刑事立法进入了一个新的历史发展阶段，对依法治国、惩治犯罪、保护公民的合法权益具有重要意义。

二、刑事法律的制定与实施

1997 年刑法颁布后，截至 2010 年，在实施过程中，全国人大常委会又根据我国政治、经济和社会治安形势发展的需要，颁布了一个单行刑法，并对刑法分则有关犯罪作了七个刑法修正案和九个立法解释。

具体而言，20 世纪 90 年代以来，中国社会发展的步伐越来越快，社会经济变革的广度和深度都超过了以前各个时期。与此同时，经济犯罪和其他刑事犯罪也是层出不穷，花样越来越多，因此，新刑法颁布以后，对新刑法的修正工作也随之开始。1998 年 12 月 29 日，第九届全国人大常委会第六次会议通过了《关于惩治骗购外汇、逃汇和非法买卖外汇犯罪的决定》，新增了骗汇罪，这是通过颁布单行刑法的方式对刑法进行补充规定。1999 年 12 月 25 日，第九届全国人大常委会第十三次会议通过了《中华人民共和国刑法修正案》，这是新中国立法史上第一次以修正案的形式对刑法进行修改和补充。截至 2010 年，我国立法机关已经相继制定通过了七个刑法修正案（通过时间依次是：1999 年 12 月 25 日、2001 年 8 月 31 日、2001 年 12 月 29 日、2002 年 12 月 28 日、2005 年 2 月 28 日、2006 年 6 月 29 日、2009 年 2 月 28 日），对部分刑法条文作出补充和修改，使相关犯罪的构成要件发生重大变化，并形成了一系列新罪名。同时，全国人大常委会先后对刑法的适用问题作出九个立法解释，这为司法实践中准确适用刑法指明了方向，具有指南和规范作用，也可以看成是一种对刑法个别条文补充和完善的形式。

此外，最高人民法院、最高人民检察院也作了一系列应用法律的司法解释。这些都对刑法进行了精细的修改和补充，使我国刑法更加完善。

三、刑事法律的特点

改革开放以后的刑事法律的制定、发展与完善，是我国刑事立法不断通过实践检验，总结经验，自我成长与完善的过程，也是我国刑事法制建设逐步发展、不断前进的过程。总体而言，这一阶段的刑事法律有如下特点：

（一）体现民主性，注重保障人权

无论是1997年刑法，还是后续的修正案和立法解释、司法解释，都渗透着强烈的人权保护意识，强调现代刑法的三大基本原则（罪刑法定原则、适用刑法人人平等原则、罪责刑相适应原则），加强人权保障，促进刑法人道。例如，历次刑法修正案很重视对人的生命健康基本权利的保护、对未成年人的保护、对公民个人信息的保护等。

（二）具有较先进的立法技术，保障刑法的稳定性和与时俱进

自1997年修订刑法以来，除了1998年最初的一次修改是采取决定的形式（即颁布单行刑法），以后七次修改都是采用修正案的形式进行。这是因为，如果单行刑法增多，会使刑法显得零散，甚至出现不统一的现象。而采用修正案的形式，在刑法条文中直接修改补充可以使刑法永远保持整体性和统一性，防止重复立法，便于司法适用。这体现了我国立法技术的进步，并且实现了刑法在保持稳定性与适应社会变化两者之间的统一。

（三）结合社会实际，回应社会发展的刑事立法需求

1997年刑法颁布后，不断出台刑法修正案，就是为了适应经济和社会发展需要，使刑法突出鲜明的时代特征。这使刑法涉及社会生活的各个方面并已经相当完备，呈现出科学性和合理性。自1997年刑法颁布以后，针对社会发展中出现的新的犯罪行为，刑法修改的章节主要侧重于危害公共安全罪和破坏社会主义市场经济秩序罪，修改的内容主要集中在公共安全、公司企业管理、金融证券管理、职务犯罪、自然资源等领域，力求刑法不断满足实际发展的需要。例如，改革开放后随着社会经济的发展，贪污贿赂犯罪日渐频发，并成为制约我国社会经济发展的阻碍因素。刑法主动回应社会的关切，通过刑法修正案增加了利用影响力行贿罪、附加适用财产刑等，积极调整对贪污贿赂犯罪的

惩罚范围和力度。

第七节　司　法　制　度

一、诉讼法律的制定与实施

中共十一届三中全会以后，社会主义民主得到恢复和发展，社会主义法制建设逐步健全。《刑事诉讼法》《民事诉讼法》《行政诉讼法》这三大诉讼法的制定与实施，标志着我国的司法制度正在步入民主化、法制化的轨道。

我国第一部《刑事诉讼法》于 1979 年 7 月 1 日经第五届全国人大第二次会议通过，自 1980 年 1 月 1 日起施行。这部《刑事诉讼法》是在我国法制极不完备的背景下制定的，过于强调国家机关的权力，忽视了对人权的保障。1996 年 3 月 17 日，第八届全国人大第四次会议通过了第一次修改后的《刑事诉讼法》，自 1997 年 1 月 1 日起施行。《刑事诉讼法》的这一修正，是我国刑事司法制度史上的里程碑，翻开了我国民主司法的新篇章，标志着我国刑事诉讼程序步入民主化、科学化的发展轨道。另外，最高人民法院、最高人民检察院也陆续发布了一系列有关刑事诉讼方面的司法解释，以保障和配合《刑事诉讼法》的实施。

《民事诉讼法》是人民法院审理民事案件所依据的基本程序法。现行的《民事诉讼法》于 1991 年 4 月 9 日经第七届全国人大第四次会议审议通过，并在 2007 年 10 月进行了修改。另外，1992 年 7 月 14 日，最高人民法院通过了《最高人民法院关于适用〈中华人民共和国民事诉讼法〉若干问题的意见》，并在随后颁布了一系列的民事诉讼方面的司法解释。

《行政诉讼法》于 1989 年 4 月 4 日经第七届全国人大第二次会议通过，自 1990 年 10 月 1 日起施行。《行政诉讼法》的颁布实施，将我国行政诉讼纳入了法治化的轨道，对于我国依法行政原则的确立和执行，具有划时代的历史意义。此外，为了促进《行政诉讼法》的实施，最高人民法院于 1999 年 11 月 24 日通过了《最高人民法院关于执行〈中华人民共和国行政诉讼法〉若干问题的解释》，2002 年 6 月 4 日通过了《最高人民法院关于行政诉讼证据若干问题的规定》，2002 年 8 月 27 日通过了《最高人民法院关于审理国际贸易行政案件若干问题的规定》，2007 年 12 月 17 日通过了《最高人民法院关于行政案件管辖若干问题的规定》和《最高人民法院关于行政诉讼撤诉若干问题的规定》。

二、组织体系

健全社会主义法制的基本要求之一就是不断加强审判、检察、侦查、司法行政机关的建设，完善司法组织体系。为此，1978年我国恢复了人民检察院。作为法律监督机关，人民检察院独立行使检察权，不受任何行政机关、社会团体和个人的干涉。

1979年7月1日，第五届全国人大第二次会议通过了《人民法院组织法》和《人民检察院组织法》。这两部法律都是在1954年制定的法院、检察院组织法的基础上修改的。1979年《人民法院组织法》对1954年《人民法院组织法》的原则修改较少，除了重申法院独立进行审判、只服从法律的重要规定之外，还在人民法院的任务、辩护制度、人民陪审制度、对已发生法律效力的错案纠正等问题上，作了若干补充和修改。1979年《人民检察院组织法》的重点内容有：第一，确定检察院的性质是国家的法律监督机关，检察院"独立行使检察权，不受其他行政机关、团体和个人的干涉"；第二，检察院上下级关系是领导关系，地方各级人民检察院对同级人民代表大会和它的常务委员会负责并报告工作，同时受上级人民检察院领导，以保证检察院对全国实行统一的法律监督；第三，检察院对于国家机关和国家工作人员的监督，只限于违反刑法、需要追究刑事责任的案件，至于一般违反党纪、政纪，并不触犯刑法的案件，概由党的纪律检查部门和政府机关处理。

1983年9月2日，第六届全国人大常委会第二次会议对《人民法院组织法》和《人民检察院组织法》又进行了修改。1995年2月28日，第八届全国人大常委会第十二次会议通过了《法官法》和《检察官法》。2001年6月30日，第九届全国人民代表大会常务委员会第二十二次会议作出《关于修改〈中华人民共和国法官法〉的决定》和《关于修改〈中华人民共和国检察官法〉的决定》，对两法进行了修改。修改明确了法官和检察官的范围、主要职责、义务和权力、任职条件、任免程序、任职回避、等级、考核、培训、奖励、惩戒、工资保险福利、辞职辞退、退休、申诉控告及考评委员会等内容。2006年10月31日，第十届全国人民代表大会常务委员会第二十四次会议作出《关于修改〈中华人民共和国人民法院组织法〉的决定》，对《人民法院组织法》再次予以修正。所有这些立法实践，为司法机关在人民代表大会统一行使国家权力的前提下分别代表人民行使国家审判权和检察权创设了规范的、有机的权力配置及制约框架。

三、审判制度

审判制度是我国依法治国的一项重要法律制度。根据案件性质的不同，审判制度可相应区分为刑事审判制度、民事审判制度和行政审判制度。其中，公开审判制度、合议制度、两审终审制度、陪审制度、回避制度和审判委员会制度等是三种审判中共同的审判制度。而刑事、民事、行政审判因案件性质和审理特点的差异又形成了各自不同的制度。

刑事审判是人民法院依照刑法和刑事诉讼法的规定，审理刑事犯罪案件的司法活动。刑事案件的审判程序包括第一审程序、第二审程序、死刑复核程序、审判监督程序等。刑事审判最具特色的制度是辩护制度。公诉案件的审判由检察官代表国家履行公诉职能，为保障审判中控辩双方力量的平衡，法律规定被告人可以自己也可以委托辩护人行使辩护权，针对公诉人的指控从事实认定、法律适用等方面提出无罪或具有从轻、减轻处罚等有利于被告人的意见。对涉及无期徒刑、死刑、未成年人犯罪的案件及被告人有经济困难等特殊原因的案件，被告人未委托辩护人的，人民法院应当指定律师为被告人进行辩护。在刑事审判中，还实行举证责任由公诉人承担的证据制度，被告人不承担证明责任，公诉人要举出证据证明被告人实施了犯罪并应当追究刑事责任。

民事审判制度有民事案件管辖制度、民事案件审判程序。民事审判程序包括第一审普通程序、简易程序、第二审程序、特别程序、审判监督程序等。民事审判中的特殊制度主要是民事调解制度。根据民事权利当事人意思自治原则，我国法律规定了人民法院审理民事案件，根据当事人自愿的原则，在事实清楚的基础上，分清是非，进行调解。在普通民事案件的审理中，实行"谁主张、谁举证"的证据制度。

行政审判是人民法院依照行政诉讼法规定的诉讼程序，审理行政争议的司法活动。行政诉讼是公民、法人或者其他组织认为行政机关和行政机关工作人员的行政行为侵犯其合法权益向人民法院提起的诉讼，因此实行举证责任倒置的制度，即由被告行政机关对其作出的行政行为负举证责任，行政机关应当提供作出该行政行为的证据和所依据的规范性文件。

改革开放后，为适应社会主义现代化建设和民主法制建设的需要，最高人民法院和地方各级人民法院对审判制度进行了积极而又慎重的改革，在改革和完善公开审判制度、人民陪审员制度、合议庭制度等各个方面都取得了重要进展，使中国特色的社会主义审判制度得以不断完善。例如，合议制是我国最基本的审判制度。然而，长期以来，合议制并未真正落实，实践中往往出现"审而不判，合而不议，议而不决，形合实独"的现象。合议制度的改革，不仅大大提升了案件评议的质量和效率，也有助于保证判决的公正性。审判公开制度的完善，则不仅更加有力地维护了当事人的诉讼权利，而且有助于促进司法公正、高效和权威，为社会主义法治中国的建设提供更加有力的司法保障。

四、律师制度

1979年9月，经第五届全国人大常委会第十一次会议决定，我国重建了司法部（曾于 1959 年撤销），负责司法行政工作，领导律师组织、劳动改造机关、公证机关、调解组织、劳动教养机关及仲裁机关的工作。1979 年 3 月，北京市律师协会恢复活动；同年 4 月，中共上海市委批准恢复上海市律师协会。1980 年 8 月 26 日，第五届全国人大常委会第十五次会议通过《中华人民共和国律师暂行条例》。到 1982 年年底，我国各地已建立了两千多个法律顾问处，有专职、兼职律师一万多名，有十多个省成立了律师协会。律师制度的重建，是我国诉讼制度建设取得的重要成绩之一。律师制度的恢复和发展为加强和完善司法制度起了重要作用。

为了保障律师依法执行业务，规范律师的行为，维护法律的正确实施，维护当事人的合法权益，1996 年 5 月 15 日，《中华人民共和国律师法》由第八届全国人大常委会第十九次会议通过，自 1997 年 1 月 1 日起施行。《律师法》较为全面地界定了律师职业所涉及的司法行政管理机构、律师自律组织、律师事务所和律师等主体各自的法律地位以及各主体之间的相互关系。这部法律将此前十几年来律师工作改革的成果用法律的形式予以确定，对完善我国律师制度有着十分重要的意义，标志着具有中国特色的社会主义律师制度的基本框架初步形成。此后，为适应社会发展的需要，第九届全国人大常委会第二十五次会议对该法于 2001 年 12 月 29 日进行了第一次修正；第十届全国人大常委会第三十次会议于 2007 年 10 月 28 日进行了第二次修正。2007 年修改后的《律师法》明确规定：律师会见犯罪嫌疑人或被告人，不再需要经过司法机关批准；受委托的律师会见犯罪嫌疑人、被告人，不被监听；律师自审查起诉之日起，有权查阅、摘抄和复制与案件有关的诉讼文书及案卷材料；自案件被法院受理之日起，有权查阅、摘抄和复制与案件有关的所有材料；律师可以申请检察院、法院收集、调取证据或者申请法院通知证人出庭作证；律师凭执业证书和律师事务所证明，可以向有关单位或个人调查与承办法律事务有关的情况。另外，2004 年 3 月 20 日，第五届中华全国律师协会还通过了《律师执业行为规范》（2009 年 12 月 27 日修订）等规范性文件。修改后的《律师法》进一步规范了律师的执业行为，保障了律师的合法权益，有利于我国律师制度的发展与完善。

五、非诉讼程序

改革开放以来，我国的立法活动空前活跃，在非诉讼程序法方面也取得了很大进展，建立了仲裁制度、调解制度、公证制度、法律援助制度和司法考试制度等。

仲裁是解决民事或经济纠纷的一种重要方式，具有当事人自愿、程序简便、裁决迅速等特点。1994 年 8 月 31 日，《仲裁法》公布，并自 1995 年 9 月 1 日起实施，这是新中国成立以来制定的第一部仲裁法。这部法律所确立的中国特色的仲裁制度，为保证公正、及时地仲裁经济纠纷，保护当事人的合法权益，保障社会主义市场经济健康发展有着重要的现实意义。2009 年 8 月 27 日，我国对《仲裁法》进行了修改，但只是为配合已经修正的《民事诉讼法》，并没有修正具体的内容。此外，2005 年 12 月 26 日，最高人民法院通过了《最高人民法院关于适用〈中华人民共和国仲裁法〉若干问题的解释》，使我国的仲裁工作走上了规范化、制度化的轨道。

人民调解制度是我国长期适用的一项解决纠纷的民主和法律制度。1989 年 5 月 5 日国务院通过的《人民调解委员会组织条例》完善和发展了人民调解制度。2002 年 9 月 5 日和 11 日，最高人民法院和司法部依据法律分别作出了《关于审理涉及人民调解协议的民事案件的若干规定》和《人民调解工作若干规定》。2004 年 8 月 18 日，最高人民法院通过了《最高人民法院关于人民法院民事调解工作若干问题的规定》，对调解的适用范围、调解如何具体进行、调解与和解的关系、调解异议的处理等问题作了比较详细、具体的规定。2010 年 8 月 28 日，第十一届全国人大常委会第十六次会议又通过了《中华人民共和国人民调解法》，进一步完善人民调解制度，规范人民调解活动。

为了规范公证活动，根据形势发展的需要，国家颁布了《中华人民共和国公证法》（2005 年 8 月 28 日通过）。为促进和规范法律援助工作，2003 年 7 月 16 日，国务院通过了《法律援助条例》。这部法规为全面开展法律援助工作提供了最基本的法律依据，标志着我国的法律援助工作进入了新的历史发展时期。

国家司法考试的前身是全国律师资格考试。全国律师资格考试始于 1986 年，截至 2000 年，共举行了十二次。2001 年的《法官法》和《检察官法》规定国家对初任法官、检察官和取得律师、公证员资格实行统一的司法考试制度，并由国务院司法行政部门负责实施。该规定标志着统一的司法考试制度在我国的确立。

六、司法制度的特点

改革开放以来，我国司法制度的建立健全与逐步完善，都反映了一定的社会需求。随着我国改革开放的深化，特别是社会主义市场经济体制的建立，我国经济和社会生活发生了巨大的变化，司法实践中也出现了许多新情况和新问题。为了适应新形势的需要，我国对三大诉讼法、非诉讼程序及其他相关法律法规作了修订或修正。

我国司法制度发展到现在，其主要特色在于：第一，在司法制度的本质上，坚持党的领导、人民当家作主、依法治国的有机统一；第二，在司法权的来源上，司法权来自人民，属于人民；第三，在司法权的配置上，侦查权、检察权、审判权、执行权既相互制约，又相互配合；第四，在司法权的行使上，审判机关、检察机关既依法独立公开行使职权，又自觉接受党的监督、人大监督、政协监督、群众监督等。

我国的司法制度是在总结新中国成立六十多年以来我国社会主义司法实践的成功经验，积极吸收人类法律文明优秀成果的基础上建立起来的，是具有中国特色的社会主义司法制度。它与西方国家的政治制度和法治道路具有本质区别，体现了我国依法治国的基本方略，反映了中国特色社会主义司法制度的本质属性。

不仅如此，我国的司法制度还是顺应不断变化的国家形势并予以回应、变化、改革的结果。随着社会主义经济体制改革的不断深入，社会主义民主法制建设的繁荣发展和利益主体的不断多元化，作为主要和权威的裁决手段，司法在国家和社会生活中的地位日益凸显，而现行的司法制度和体制面对这种需求，逐渐呈现出种种弊端，难以适应社会政治、经济形势发展的需要，司法改革势在必行。

改革开放四十年来，我国的司法改革呈现出从司法规范重建——审判方式改革——司法体制改革的基本走向。司法改革不仅开启了当代中国司法现代化的崭新历程，也有效推动了社会主义法治国家建设的发展步伐。"当下中国司法改革的出路在于，明确司法改革的价值目标，确定深入推进司法改革的基本方向，建设公正高效权威的社会主义司法制度，实现司法制度的整体现代化；确立以社会主义法治理念为核心的现代司法理念是推动司法改革深入发展的重要突破口；走反思性司法改革道路是推进司法改革的基本路径，其关键是要反思司法改革的方法，尤其要注重司法改革的整体推进方法、综合研究方法和局部试点方法的运用。"①总之，司法体制改革是建设社会主义法治国家，健全和完善社会主义民主政治的重大问题，是全面依法治国的重要内容。

第八节 国 际 法

一、国际公约与条约

中共十一届三中全会以后，随着我国改革开放的深入发展和国际交往的日益扩大，我国缔结或参加的国际公约和签订的双边或多边条约、协议、协定也日益增多。

（一）缔结或参加国际公约

20 世纪 80 年代，我国开始较多较快地参加国际公约。其中比较重要的国际公

---

① 夏锦文：《当代中国的司法改革：成就、问题与出路——以人民法院为中心的分析》，载《中国法学》2010 年第 1 期。

约有《保护工业产权巴黎公约》《承认和执行外国仲裁裁决公约》《亚洲开发银行协定》《保护世界文化和自然遗产公约》《建立世界知识产权组织公约》《关于难民地位的议定书》等。

20世纪90年代至今，我国更加注意加强国际合作与交流，也更加积极慎重地参加国际公约。其中参加的重要国际公约有《男女同工同酬公约》《关于集成电路的知识产权条约》《联合国儿童权利公约》《保护文学和艺术作品伯尔尼公约》《不扩散核武器公约》《世界版权公约》《生物多样性公约》《联合国气候变化框架公约》《反对劫持人质国际公约》等。

通过参加这些国际公约，促进了我国与公约参加国之间的联系与合作，扩大了我国的国际交往，推动了我国改革开放事业和现代化建设的发展。

（二）签订双边、多边协定或公约

改革开放以后，我国的对外关系发展迅猛，双边或多边往来大量增加，签订了数以千计的双边协定或条约。

2001年，我国加入世界贸易组织后，截至2008年，与一百五十多个国家和地区签署了双边贸易协定，同八十多个国家签订了避免双重征税协定。

2001年6月15日，我国与上海合作组织其他成员国签署了《打击恐怖主义、分裂主义和极端主义上海公约》，于2003年9月23日参加了《联合国打击跨国有组织犯罪公约》，于2005年10月27日参加了《联合国反腐败公约》，加强了在打击有关犯罪方面的国际司法合作。我国还举办了多种国际会议，广泛开展法治领域的国际交流，与许多国家开展了经常性的法治对话，促进了我国与其他国家之间的理解和信任。

二、涉外法制

涉外法律制度是我国法律制度的重要组成部分。改革开放以来，我国制定了大量的涉外法律制度。目前，我国的涉外法律制度体系已经基本形成，我国的对外交往在重要的方面基本上有法可依、有章可循。

（一）涉外刑事法律制度

这方面主要包括刑法、刑事诉讼法的涉外规定，加强惩治刑事犯罪的国际合作的专门法律——《引渡法》（2000年12月28日通过），以及国家立法机关打击涉外刑事犯罪活动的规定和补充规定。这些法律和规定构成了我国涉外刑事法律制度的基本框架。

（二）涉外民商事法律制度

改革开放以来是我国涉外民事、婚姻、家庭法律制度建立健全的重要时期。通过一系列立法，我国涉外民事法律制度的基本原则，涉外婚姻、继承、收养制度，涉外民事诉讼和仲裁制度，涉外知识产权保护制度等都有了比较完备的法律规定，为新形势下严格执法，维护民间国际交往中我国公民和外国人的正当民事权益提供了可靠的法律保障。

（三）涉外经济法律制度

这主要包括涉外企业法律法规，涉外经济和技术合同法律法规，对外贸易法律法规，海关法律制度，涉外税收制度，涉外金融和外汇管理制度，涉外保险制度，引进外资和借用外债的管理制度，涉外劳动管理制度，进出口商品、动植物、药品检验检疫制度，涉外环境保护制度，涉外旅游管理制度等。

（四）国籍、出入境管理和卫生检疫法律制度

这一内容包括外国人和中国公民出入境的管理制度、国境卫生检疫制度、国籍管理制度等。

（五）外交事务管理法律制度

这一内容包括宪法关于我国外交政策的规定、外交外事管理法律制度、侨务管理法律制度等。

（六）涉外诉讼法律制度和司法协助制度

这一内容包括《民事诉讼法》《刑事诉讼法》《行政诉讼法》这三大诉讼法对涉外诉讼程序所作的规定、海事诉讼法律制度等。

思考题：

1. 论述 1982 年宪法的特点和优点。

2. 简要评述改革开放以来的民商事立法对社会需求的回应。

3. 简述"文革"结束后我国行政立法的概况与特点。

4. 简述从 1979 年刑法开始中国特色的社会主义刑事法律制度体系的形成并不断成长完善的历程。

5. 简述中共十一届三中全会以来我国司法制度建设取得的成就。

▶ 自测习题及参考答案

第十九章　香港澳门特别行政区法制

　　"一国两制"是"一个国家，两种制度"的简称，① 指在一个中国的前提下，国家的主体坚持社会主义制度，在香港、澳门和台湾地区则保留原有的资本主义制度在较长时期内不变的方针政策。"一国两制"首先要坚持、维护一个中国原则，就是要坚持、维护中国的国家主权和领土完整。"一国两制"是一种解决历史遗留问题、实现国家统一的政治构想。1982 年 12 月 4 日，第五届全国人大第五次会议通过并公布施行了现行宪法，其中第三十一条规定："国家在必要时得设立特别行政区。"这为"一国两制"的制度建立提供了直接的宪法依据。一国两制在法律地位上，实现了从政治构想到执政党方针、政府政策、国家外交政策和承诺、国家意志和宪法制度的变化。国家统一是实行"一国两制"的主要目的，意味着不同社会制度在一个国家框架内的存在与发展。"一国两制"在香港和澳门特别行政区的法制建设中同样取得了成功。

第一节　"一国两制"的理论与实践

一、香港澳门法制的历史演变

（一）香港法制形成发展的历史背景

1. 中英条约与割让香港

　　1840 年 6 月至 1842 年 8 月，清廷和英国因为港脚商人在广东沿海武装公开非法贩运鸦片而爆发战争②，此即第一次鸦片战争，又称第一次中英战争，最后以清廷失败和签订《南京条约》告终。③《南京条约》，又称《江宁条约》或《中英南京条约》，清廷称之为"万年和约"，是中国近代史上第一个因与外国战败而需要割让土地、赔款和开放通商的不平等条约。《南京条约》共十三款，其中第三款规定："因大英商船远路涉洋，往往有损坏须修补者，自应给予沿海一处，以便修船及存守所用物料。今大皇帝准将香港一岛给予大英国君主暨嗣后世袭主位者常远

---

① 　参见《邓小平文选》第 3 卷，人民出版社 1993 年版，第 59 页。
② 　港脚商人英文是 "country merchant"，也译作"国家商人"或"土商"，主要是在广州从事贸易的英国和印度的散商。17 世纪末叶到 19 世纪中叶，主要是指经过东印度公司特许的从事贸易的私商。他们多是鸦片走私贩子。鸦片战争前，他们积极鼓吹对华战争，打开中国大门，以扩大中英贸易。
③ 　参见郭廷以：《近代中国史纲》，香港中文大学出版社 1979 年版，第 54 页。

据守主掌,任便立法治理。"①《南京条约》正式将香港岛割给英国。

2. 续约与租借九龙半岛

第二次鸦片战争后,清廷被迫在 1860 年 10 月 24 日与英国签下《中英北京条约》,其中明确规定把九龙半岛界限街以南部分纳入香港。

1898 年英国政府以香港的防卫需要加强为由,逼使清廷签订《展拓香港界址专条》。专条的主要内容是:清廷将 1860 年英国所夺占的尖沙咀以外的九龙半岛的其余部分,即从深圳湾到大鹏湾的九龙半岛的全部,租与英国九十九年,租期至 1997 年。该条约的期限成为香港主权移交过程的时间点。英国当局通过上述三个不平等条约,实现了对香港地区(包括香港岛、南九龙和新界在内)的统治,但是中国政府一直没有放弃收复香港主权的努力。

3. 1949 年以后的中英香港关系

1949 年 10 月 1 日新中国成立后,外交路线贯彻"独立自主"原则,不承认一切不平等条约。1949 年 9 月,中国人民政治协商会议通过的《共同纲领》明确宣布,彻底取消帝国主义国家在中国的一切特权。

1950 年 1 月 6 日,英国在西方大国中率先宣布承认中华人民共和国中央人民政府为"中国法律上之政府"。② 此时新中国成立不久,百废待兴,加之特殊的国际国内环境,对于香港问题,中国政府暂时采取了维持现状的政策。1963 年 3 月,中国首次公开声明:"香港、澳门这类问题,属于历史上遗留下来的帝国主义强加于中国的一系列不平等条约的问题",对于这一类问题,"我们一贯主张,在条件成熟的时候经过谈判和平解决,在未解决以前维持现状"。③

1972 年 11 月 8 日,第二十七届联合国大会通过了有关将香港、澳门从殖民地名单上除去的决议。

4. 1997 年香港回归与《中英联合声明》④

1972 年中英互派大使后,两国关系得到了较快发展,解决香港问题的时机日趋成熟。1982 年 9 月,邓小平在同来访的英国首相撒切尔夫人会见时明确提出,针对历史遗留的香港问题将使用"一个国家、两种制度"的方法来解决。中英两国关于解决香港问题的正式谈判从此时正式开始。1982 年 12 月 4 日,《中华人民

---

① 本章涉及的相关条约条款主要引自以下文献,此后不再一一标注:王铁崖:《中外旧约章汇编》第 2 册,生活·读书·新知三联书店 1959 年版。

② 参见萨本仁、潘兴明:《20 世纪的中英关系》,上海人民出版社 1996 年版,第 320 页。

③ 余绳武、刘蜀永主编:《20 世纪的香港》,中国大百科全书出版社、麒麟书业有限公司 1995 年版,第 245 页。

④ 全称是《中华人民共和国政府和大不列颠及北爱尔兰联合王国政府关于香港问题的联合声明》。

共和国宪法》经第五届全国人大第五次会议通过，其第三十一条载明"国家在必要时得设立特别行政区"。1984 年 9 月，中英双方经过多次磋商最终达成了协议。1984 年 12 月 19 日，双方在北京举行仪式签署了《中英联合声明》。1985 年 5 月 27 日，两国政府在北京互换批准书，《中英联合声明》正式生效。《中英联合声明》正式确认："中国政府于 1997 年 7 月 1 日在香港恢复行使主权，英国政府同日将香港交还给中国。"

1997 年 7 月 1 日零时，在中英两国首脑见证下，英方第二十八任香港总督彭定康和首任中华人民共和国香港特别行政区行政长官董建华于港岛会展中心交接仪式会场内交接香港主权。随后，中国人民解放军驻港部队进驻香港。至此，中华人民共和国正式恢复对香港行使主权。

（二）澳门法制形成发展的历史背景

1. 明代中葡关系与澳门

澳门作为中国固有领土，具有悠久的历史。春秋时期，澳门已属百粤之地。秦统一中国后，澳门地区便正式成为中国版图的一部分。南宋时期开始，澳门地区归广东省广州府之下的香山县管辖。

1517 年开始，葡萄牙人向中国派遣使节，要求通商。1557 年（明嘉靖三十六年），葡萄牙人求得澳门的居住权，但明朝中央政府仍在此设有官府，归广东省直接管辖。1582 年，两广总督宣布澳葡可以继续居留澳门，此举被视为中国官员首次代表朝廷允准葡人居澳。1583 年，在澳门居留的葡萄牙人自发选举成立自治机构"澳门议事会"对葡萄牙社区进行管理，并选举商人代表负责与中国地方官府联络和交涉。议事会除管理市政卫生、市容等一般事务外，还和葡萄牙王室法官一同掌管着葡人社区的治安和司法。

1608 年（明万历三十六年），香山知县蔡继善"条译制澳十则上之"，[①] 专门谈如何管治居澳葡人，从司法、税收与海防等方面逐步加强对澳葡的管辖。1613 年（明万历四十一年），时任海道副使的俞安性针对居澳葡人的多种违法行为制定《海道禁约》。从性质上讲，《海道禁约》属于中国地方性法规，其具有重要的国家主权象征意义，显示了明朝官府拥有对澳门完全的立法权、司法权以及行政管理权（包括关税权）。

2. 中葡条约与割让澳门

清廷对澳门管理基本承袭明朝"建城设官而县治之"的办法，但相较明代更为有序，设有澳门同知总管军民事务，香山县丞总管行政、司法事务，前山副将

---

① （清）印光任、张汝霖：《澳门纪略》上卷《官守篇》，成文出版社 1968 年版，第 115 页。

掌管军事防御,关部行台总管税务等。① 1822 年,葡萄牙《皇家宪法》单方面宣布澳门为葡国海外领土,但事实上澳门的治权仍在中国政府手中。禁烟运动开始后,葡萄牙宣布"中立"。1842 年,趁清廷被迫与英国签订《南京条约》之机,葡萄牙也企图进一步扩大对澳门的侵占,要求清廷豁免地租银,同时向澳门半岛派驻军队。1845 年 11 月 20 日,葡萄牙女王玛丽亚二世擅自将澳门宣布为自由港,并且拒绝向清廷缴纳地租银。至 1879 年,除青州外的整个澳门半岛及氹仔、路环两岛,全被葡方非法侵夺。1887 年 3 月 26 日,在英国人赫德的说项和操纵下,中葡签订了《中葡里斯本草约》,载明:"葡国永驻管理澳门以及属澳之地,与葡国治理他处无异。"② 1887 年 12 月 1 日在北京签订的《中葡北京条约》重申了前述原则。

3. 1949 年以后的中葡澳门关系

新中国在成立时宣布废除全部不平等条约,坚持对澳门的主权是中国政府的一贯立场。1950 年 6 月,在澳门成立南光贸易公司,作为中国政府一个特殊派出机构,该机构旋即成为中国对外各专业公司的澳门总代理,澳葡当局亦可以通过它与中国沟通。

1972 年年初,因为联合国非殖民化特别委员会将香港、澳门列入殖民地范围,中国在致特委会主席的信件中明确写明"我国政府主张,在条件成熟时,用适当的方式和平解决港澳问题,在未解决以前,维持现状",郑重阐述了中国政府在港澳问题上的一贯立场。③ 1972 年 3 月 8 日,我国驻联合国代表在致联合国非殖民化特别委员会主席的信中,重申了中国政府的立场,指出:"香港和澳门是被英国和葡萄牙当局占领的中国领土的一部分,解决香港、澳门问题完全是属于中国主权范围内的问题,根本不属于通常的所谓'殖民地'范畴。因此,不应列入反殖宣言中适用的殖民地区的名单之内。"联合国非殖民化特委会于同年 6 月 15 日通过决议,向联大建议从上述的殖民地名单中删去香港和澳门。1972 年 11 月 8 日,第二十七届联合国大会通过决议,批准了该特委会的报告。④ 1974 年,葡萄牙建立共和制,宣布实行"非殖民政策",并在 1976 年的新宪法

---

① 参见汤开建:《明朝在澳门设立的有关职官考证》,载《暨南学报(哲学社会科学版)》1999 年第 3 期。

② 中国近代经济史资料丛刊编辑委员会主编:《中国海关与中葡里斯本草约》,中华书局 1983 年版,第 89 页。

③ 参见王中人:《风雨归程 50 载——澳门回归祖国纪实》(下),载《党史纵览》1999 年第 2 期。

④ 参见吴学谦:《关于〈中华人民共和国政府和葡萄牙共和国政府关于澳门问题的联合声明〉草签文本的报告——1987 年 4 月 2 日在第六届全国人民代表大会第五次会议上》,载《人民日报》1987 年 4 月 3 日,第 2 版。

中首次承认：澳门作为中国的领土不是葡萄牙的殖民地，仅仅是由葡萄牙管理的一个特殊地区而已。

4. 1999 年澳门回归与《中葡联合声明》①

1979 年，中葡两国发表建交公报，在澳门问题上达成原则性协议。葡萄牙承认："澳门是中国的领土，目前由葡国政府管理，这是一个历史上遗留下来的问题，在适当的时期，中葡两国将通过友好协商来解决。"② 1987 年 4 月 13 日，中葡双方在北京正式签署《中葡联合声明》。1999 年 12 月 20 日零时许，在位于澳门新口岸的交接仪式会场场内，在两国元首和民众的共同见证下，首任澳门特别行政区行政长官何厚铧与第一百二十七任澳门总督韦奇立举行了澳门政权交接仪式。随后，中国人民解放军驻澳部队正式驻防澳门。这都标志着澳门正式回归祖国。

二、"一国两制"体制下的法律制度

随着"一国两制"被写进《中华人民共和国宪法》，这一构想以国家根本法的形式被确定下来。香港、澳门特别行政区的设立及特别行政区基本法的制定，标志着"一国两制"实践的成功与这项基本国策的法治化。

（一）"一国两制"的法治化

1990 年 4 月 4 日，由全国人民代表大会根据《中华人民共和国宪法》和法定程序制定的《中华人民共和国香港特别行政区基本法》（以下简称《香港基本法》）正式公布。该法规定在香港特别行政区实行的制度和政策，是"一国两制"方针政策的法治化。一国两制为解决香港地区回归祖国之后的社会发展方向框定了制度图景，其内容较为充分地体现在基本法中，而《香港基本法》也因为规范了香港地区的政治结构与保障人权的内容而被视为"小宪法"。③ 香港回归祖国后，"一国两制"由科学构想变成法治现实。香港特别行政区依法实行高度自治，享有行政管理权、立法权、独立的司法权和终审权，继续保持原有的资本主义制度和生活方式不变，法律基本不变。中央政府严格依照《香港基本法》有关规定和宪法有关责任，对香港特别行政区行政长官和政府依法施政予以坚定支持。

1993 年 4 月 1 日，由全国人民代表大会根据中国宪法和法定程序制定的《中华人民共和国澳门特别行政区基本法》（以下简称《澳门基本法》）正式公布，标

---

① 全称是《中华人民共和国政府和葡萄牙共和国政府关于澳门问题的联合声明》。
② 赵璐：《建国以来中国政府解决澳门问题的立场与方针》，载《西安联合大学学报》2001 年第 1 期。
③ 参见李琦：《特别行政区基本法之性质：宪法的特别法》，载《厦门大学学报（哲学社会科学版）》2002 年第 5 期。

志着澳门法律发展自此进入了一个以《澳门基本法》为依据的建设特别行政区法律制度的准备时期。《澳门基本法》的任何规定均不能抵触《宪法》中关于"一国"的规范。而在宪法特别规范允许的条件下,《澳门基本法》保证了特区实行高度自治,有关特别行政区制度的规定可以与《宪法》不同,充分体现了"两制"的特点。根据"澳门原有法律基本不变"的原则,"澳门特别行政区不实行社会主义的制度和政策,保持原有的资本主义制度和生活方式,五十年不变"。"澳门原有的法律、法令、行政法规和其他规范性文件,除同本法相抵触或经澳门特别行政区立法机关或其他立法机关依照法定程序作出修改者外,予以保留。"①

(二)法律文化的彼此融合

1. 普通法与大陆法文化的交融

香港的法律具有其自身的发展规律和特色。1997年前,香港作为港英政府的统治地区而普遍适用英国法。但事实上,香港对于英国法并非全盘"拿来"。20世纪60年代以后,香港本地制定的条例及附属立法呈现逐年上升趋势,并且无论在数量上还是在涉及领域方面,都有比较明显的发展。此外,香港法制中依然蕴含着中国传统法律文化的某些因素,特别是在婚姻、家庭、继承以及一些诉讼程式方面。尤其在新界地区,清末以来,《大清律例》中诸如不动产交易,纳妾、休妻、子嗣继承等涉及传统社会伦常价值的财产、人身关系的律文,一直适用于香港的中国人。其中,1971年10月7日香港立法局通过的《婚姻制度改革条例》和《无遗嘱遗产条例》,仅在婚姻家庭继承关系方面有所改变。

1997年香港回归祖国后,香港法律制度继续沿用英国普通法(特别是在私法领域),并且积极跟随世界普通法域的发展趋势进行调整和变革。同时,作为特别行政区,根据《香港基本法》规定,香港的判例法和制定法在特定领域(如军事和国防等)不得与中央相关法律违背。加之,在世界范围内普通法系和大陆法系相互渗透的背景下,尤其是受到内地和台湾地区大陆法域的法制发展的影响,香港在某些领域也开始向成文法及国际惯例倾斜,在一定程度上发展出了颇具香港特色的法律制度。

此外,早在1980年1月,香港就成立了法律改革委员会②,专门负责研究由

---

① 参见《澳门基本法》第五条、第八条。澳门的顺利回归及其法治建设充分体现了"一国两制"基本国策,也是"一国两制"理论的再次成功实践。参见赵秉志、高德志主编:《澳门法律问题》,中国人民公安大学出版社1997年版,第33页。

② 法律改革委员会成员由行政长官按律政司长意见委任,人选包括学术界人士、执业律师和社会贤达。该委员会研究范围广泛,涉及商业仲裁、人身伤亡、赔偿、保释、欺诈、年龄的法律效力、未建成住宅物业售楼说明等方面。

律政司司长或终审法院首席法官转交该会的有关香港法律的课题，以进行改革。经其研究提出的大多数有关法律改革的建议，一般都经过立法局相关程序进行修订并且实施。总之，香港成功地融合了中西法制和法治传统，形成了独特的法律风格和体系。

2. 不同的大陆法文化的交融

随着葡萄牙人入居澳门，欧洲中世纪法制随着葡人的内部自治在澳门落地生根，拉开了西方法律传统冲击中国传统法律文化的序幕。中国在19世纪末被迫走向了全面的法制变革，葡萄牙在此时也陆续制定了该国的几部重要法典，并相继在澳门延伸适用，澳门法律制度成为葡萄牙六法体系在东方的一个投影。但在实际社会生活中，葡萄牙法律脱离澳门的社会现实与文化环境，造成了中国与西方不同民族文化在法律领域的冲突。随着葡萄牙去殖民化政策的实行，葡萄牙政府也曾经制定一些专门在澳门适用的法律，如1975年《澳门保安部队组织法》和1991年《澳门司法组织纲要》等。1976年，澳门地区开始享有立法权，澳门立法会和总督通过法令、训令及批示等形式制定了大量地方性法律法规，用于对具体领域实施管理。来自葡萄牙本土的法律和澳门地区立法机关制定的法律组合形成了澳门法制史上的"双重法制阶段"。① 1987年《中葡联合声明》正式签署之后，基于过渡期内有效的全部法律将继续有效并基本不变的原则，澳葡政府开展了一系列立法和法律本地化工作以符合澳门社会的需要和实际情况，回归前在澳门生效的这些重要法典及各类单行法规，和其他被保留和采纳的法律法规共同组成了当前澳门特别行政区法律体系的基本架构。

澳门回归后，澳门原有的法律、法令、行政法规和其他规范性文件，除同《澳门基本法》抵触者外，采用为澳门特别行政区法规。② 中国法律在近现代化转型的过程中也不同程度地接受了大陆法法律传统，可以说从葡萄牙实际控制澳门开始至今，因为葡萄牙、中国内地及澳门地区自身的法治建设进程，吸收融合了不同国家、法系的法学最新研究成果，三者相互交融作用于澳门，使之体现出一种由中国法律、葡国法律、澳葡政府的法律、华南地区及澳门当地风俗、香港的某些法律（尤其是商法领域）等共同构成的多元法律文化融合

---

① 参见刘高龙、赵国强主编：《澳门法律新论》（上卷），社会科学文献出版社2011年版，第6页。

② "澳门特别行政区第1/1999号法律：回归法"第3条第1项。被保留下来的澳门原有法律和法令与澳门特别行政区立法会制定的新的法律以葡萄牙法律制度为基础，以大陆法为其基本法源。如现行《澳门民法典》继受的是1966年《葡萄牙民法典》；而1996年《澳门刑法典》脱胎于1982年《葡萄牙刑法典》，成为继1994年《法国刑法典》施行以后，又一部具有典型欧陆刑法风格的大陆法系刑法典。参见谢望原：《论〈澳门刑法典〉之特色》，载《文史哲》1996年第6期。

的法律制度。

第二节　香港特别行政区法制

一、《中华人民共和国香港特别行政区基本法》与宪法相关法

（一）特首及其附属机构

根据《香港基本法》规定，香港特别行政区行政长官是香港特别行政区的首长，代表香港特别行政区，一般简称为香港特首。香港特首具有双重身份。作为香港特别行政区的首长，是指在处理对内对外的重大事务上只有特首才能以香港特别行政区的名义从事活动；作为香港特别行政区的行政长官，是指特首拥有香港特区行政管理方面的重要决策权和指挥权。按照《香港基本法》第四十四条的规定，香港特首由年满四十周岁，通常在香港居住连续满二十年，并在外国无居留权的香港特别行政区永久性居民中的中国公民担任。根据《香港基本法》第四十八条的规定，行政长官的职权主要有：一是法律执行权。例如，负责执行《香港基本法》以及适用于香港特别行政区的其他法律。二是行政领导权。负责领导香港特别行政区政府，决定政府政策和发布行政命令。三是人事任命权。提名并报请中央人民政府任命各级官员，依照法定程序任免各级法院法官。四是执行中央指令或授权事项权。五是准司法性质权力。例如，根据安全和重大公共利益的考虑，决定政府官员或其他负责政府公务的人员是否向立法会或其属下的委员会作证和提供证据；赦免或减轻刑事罪犯的刑罚。

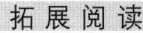

拓 展 阅 读

《中华人民共和国香港特别行政区基本法》（全文）

香港特别行政区的行政会议是协助行政长官决策的机构，性质上仅仅是行政长官的咨询机构。行政会议的成员由行政长官从行政机关的主要官员、立法会议员和社会人士中委任，包括政务司司长、财政司司长、律政司司长和十五名非官方成员。其中，成员必须由在外国没有居留权的香港特别行政区永久性居民中的中国公民担任。行政会议通常每周举行一次，由行政长官主持。根据《香港基本法》规定，行政长官在作出重要决策、向立法会提交法案、制定附属法规和解散立法会之前，必须征询行政会议的意见，但是人事任免、纪律制裁和紧急情况下采取的措施除外。行政会议没有决策权和管理权，如果行政长官不接纳行政会议多数成员的意见，应将具体理由记录在案。实际上，行政会议的意见对行政长官有很大影响，既可以提高行政长官决策的科学性，也有利于强化行政与立法之间的配合，同时有利于加强对行政长官的监督。

香港特别行政区政府是行政长官领导下的行政机关，主要由政务司、财政司、律政司和各局、处、署构成。香港的行政机关由三个层次组成：第一层次是决策层，主要有政务司、财政司、律政司，各司的职责与港英政府时期相比没有太大变化；第二层次是政策层，由公务员事务局、工商及科技局、民政事务局、保安局等十一个局组成；第三层次是执行层，由六十七个部门和机构组成，它们与第二层的各局相对应，直接负责执行政策和法律赋予的各项行政权力。[①]

（二）立法会

立法会作为香港特别行政区的立法机关，成员由在外国无居留权的香港特别行政区永久性居民中的中国公民组成。但非中国籍的香港特别行政区永久性居民和在外国有居留权的香港特别行政区永久性居民也可以当选为香港特别行政区立法会议员，但所占比例不得超过立法会全体议员的20%。立法会设有主席，通过立法会议员互选产生。根据《香港基本法》规定，立法会的职权包括：依照法定程序制定、修改和废除法律；审核通过政府的提案、财政预算；批准税收和公共开支；听取行政长官的施政报告并进行辩论；审核终审法院法官和高等法院首席法官的任免等。

根据《香港基本法》规定，立法会制定的法律须报全国人民代表大会常务委员会备案。备案不影响该法律的生效。全国人大常委会在征询其所属的香港特别行政区基本法委员会后，如认为香港特别行政区立法机关制定的任何法律不符合《香港基本法》关于中央管理的事务及中央和香港特别行政区的关系的条款，可将有关法律发回，但不作修改。经全国人大常委会发回的法律立即失效。该法律的失效，除香港特别行政区的法律另有规定外，无溯及力。

香港特别行政区的政制运行机制，基本上延续了港英政府时期行政主导模式，既吸纳了港英政府的管治经验，也结合"一国两制"、"港人治港"、高度自治的原则和精神，在政治体制设计中提出了"立法和行政分开，互相制约，行政主导"的原则，[②] 形成了独具香港特色政制模式的行政主导体制。

（三）与《香港基本法》相关的宪法性法律及有关问题的决定

根据《香港基本法》相关规定，以下宪法性法律和相关全国人大及其常委会

---

① 参见董茂云、杜筠翊、李晓新：《香港特别行政区法院研究》，商务印书馆2010年版，第22页。香港回归祖国后，将原来港英政府的布政司、财政司、律政司三个职位以下的十几个小的"司"，如"经济司""工商司"等改称为"局"，以避免混同。"局"是有权制定政府决策的行政部门，也就是决策局。例如，政务司下设十三个决策局，即经济局、政制事务局、财经事务局、教育统筹局、民政事务局、卫生福利局、资讯科技及广播局、房屋局、规划环境地政局、保安局、工商局、运输局、工务局。"司"与"局"之下设置"处"和"署"，其中"处"负责执行法律和政策，没有政策制定权，如警务处、消防处、入境事务处；"署"具有较强的独立性质，一般直接受行政长官领导，如廉政公署、审计署。

② 参见肖蔚云：《关于香港特别行政区基本法的几个问题》，载《法学杂志》2005年第2期。

决定适用于香港特别行政区：其一，有关国家主权象征的法律与决定，包括《关于中华人民共和国国都、纪年、国歌、国旗的决议》《关于中华人民共和国国庆日的决议》《中华人民共和国政府关于领海的声明》《中华人民共和国国籍法》《中华人民共和国国旗法》《中华人民共和国国徽法》《中华人民共和国专属经济区和大陆架法》《中华人民共和国领海及毗连区法》《全国人民代表大会关于设立香港特别行政区的决定》等。其二，有关国家外交、国防方面的法律与决定，包括《中华人民共和国外交特权与豁免条例》《中华人民共和国领事特权与豁免条例》《中华人民共和国香港特别行政区驻军法》等。其三，有关《香港基本法》解释和司法方面的法律与决定，包括《全国人民代表大会常务委员会关于〈中华人民共和国香港特别行政区基本法〉第十三条第一款和第十九条的解释》《中华人民共和国外国中央银行财产司法强制措施豁免法》《全国人民代表大会常务委员会关于〈中华人民共和国香港特别行政区基本法〉第五十三条第二款的解释》《全国人民代表大会常务委员会关于〈中华人民共和国香港特别行政区基本法〉附件一第七条和附件二第三条的解释》《全国人民代表大会常务委员会关于〈中华人民共和国香港特别行政区基本法〉第二十二条第四款和第二十四条第二款第（三）项的解释》[①]《全国人民代表大会常务委员会关于根据〈中华人民共和国香港特别行政区基本法〉第一百六十条处理香港原有法律的决定》[②]《全国人民代表大会香港特别行政区筹备委员会关于实施〈中华人民共和国香港特别行政区基本法〉第二十四条第二款的意见》[③]《全国人民代表大会常务委员会关于〈中华人民共和国国籍法〉在香港特别行政区实施的几个问题的解释》[④]等。

二、民商事法律制度

（一）法规的适用及判例的效力

由于历史、政治和地域的特殊性，一方面香港法吸收甚至直接适用了英国法律，另一方面香港也根据本地实际情况制定法律，并且承袭了某些中国法的传统和本地习惯，表现为制定法、判例法和习惯法等多种法律形式的融合。例如，根据《新界条例》（第九十七章）第十三条，法庭可以认可并执行与新界土地有关的中国习俗或传统权益；在《婚生地位条例》（第一百八十四章）中，中国法律和习俗也得到承认。

---

① 1999 年 6 月 26 日第九届全国人民代表大会常务委员会第十次会议通过。
② 1997 年 2 月 23 日第八届全国人民代表大会常务委员会第二十四次会议通过。
③ 1996 年 8 月 10 日全国人民代表大会香港特别行政区筹备委员会第四次全体会议通过。
④ 1996 年 5 月 15 日第八届全国人民代表大会常务委员会第十九次会议通过。

1997 年香港回归后，其法律渊源主要由全国性法律①、《香港基本法》、普通法和衡平法、香港制定法、中国习惯法及国际法构成。港英时期，香港主要采用移植自英国本土的普通法，主要法律渊源是判例法和制定法。《英国法律适用范围条例》第三条规定："普通法和衡平法的原则均在香港有效，只要它们适合香港环境及居民。"②

回归前，香港法中判例的效力等级体现如下：第一，上诉法院的判例对所有下级法院和自身具有约束力；第二，地方法院法官不受本法院先前作出的判决的约束，但受上级法院判例的约束以及自身审理的上诉判决的约束；第三，裁判司署受最高法院和上诉法院判例的约束。

香港回归后，并未实质性地改变普通法和衡平法的适用。根据《香港基本法》规定，香港终审法院是香港最高级别的法院，因而该法院作出的判例具有广泛的约束力和高度的权威性，除非判例被推翻或者不予适用。此外，香港法院在判决中可以引用所有普通法适用地区的判例，而并不限于某一司法管辖区的判决。并且，据《终审法院条例》规定，如有需要，香港终审法院有权邀请其他普通法适用地区的法官参与终审法院的审判。

（二）主要的民商事法律

香港的民商事法律渊源主要表现为普通法、衡平法、制定法（法例）、习惯法以及相关的国际条约和协定。目前，香港的民商事法主要包括合约法、侵权法、财产法、行政法、家事法及税法。合约法关乎个人（包括公司）之间就日常业务订立的各种协议。侵权法处理因某人违反自己对另一人所负有的谨慎责任而引起的申索。财产法对财产（包括土地及建筑物）和知识产权（如商标、专利及版权）的所有权及权利，都有所规定。制定行政法是为了保障个人合法权利，以防政府或公共机构滥用权力。家事法范围广泛，其中涉及离婚、子女管养权争议、配偶及子女赡养费，以及财产分配。税法是关于评税和追税事宜的法律。

---

① 根据《香港基本法》相关规定，目前有十二部全国性法律适用于香港特区。参见《中华人民共和国香港特别行政区基本法》附件三，以及 1997 年 7 月 1 日第八届全国人民代表大会常务委员会第二十六次会议通过的《全国人民代表大会常务委员会关于〈中华人民共和国香港特别行政区基本法〉附件三所列全国性法律增减的决定》、1998 年 11 月 4 日第九届全国人民代表大会常务委员会第五次会议通过的《全国人民代表大会常务委员会关于增加〈中华人民共和国香港特别行政区基本法〉附件三所列全国性法律的决定》、2005 年 10 月 27 日第十届全国人民代表大会常务委员会第十八次会议通过的《全国人民代表大会常务委员会关于增加〈中华人民共和国香港特别行政区基本法〉附件三所列全国性法律的决定》。

② 许崇德、陈棠主编：《香港法律与律师制度》，经济管理出版社 1994 年版，第 13 页。

根据《香港法例》①，民事法律主要有《民事责任（分担）条例》《占用人法律责任条例》《破产条例》等成文法；商业法律主要有《公司条例》《破产条例》《竞争条例》等成文法；家事法律主要有《未成年人监护条例》《婚姻条例》《遗嘱条例》等成文法。此外，在知识产权、财经事务、金融机构、雇佣劳工、地政房屋、渔农矿务、环境自然、交通运输、船务港口、电讯广播等领域也有大量成文法。

三、刑事法律制度

香港并没有一部成文刑事法典，主要的刑事法律制度是由成文法和习惯法共同构成的庞大且复杂的法规体系。19 世纪后期，港英政府开始陆续颁布大量刑事法令，并且不断修订，使得香港刑法逐渐趋于完善，已形成了一个多元化的自成体系的法律制度，并且制定法日益成为刑法的主体部分。

（一）香港地区的主要刑事法令

香港地区的主要刑事法令有《司法（重刑罪及非重刑罪）条例》《刑事司法管辖权条例》《刑事诉讼程序条例》《刑事罪行条例》《刑事罪行（酷刑）条例》《侵害人身罪条例》《简易程序治罪条例》等，已经形成一个比较完善的刑事法律体系。

大陆法系国家一般将刑法作为实体法，刑事诉讼法作为程序法，分属两个独立的部门法，但是香港刑法因为实体法与程序法互相渗透和影响而独具特色，即在刑事实体法中包含了诉讼程序、诉讼证据、搜查、审判活动等程序方面的规定，诸如《盗窃罪条例》《刑事罪行条例》等。与此同时，在许多程序法中也涵盖了有关实体法的内容，如 1950 年修订的《刑事诉讼程序条例》中纳入了有关协从犯与教唆犯的构成、分类及处罚等方面的专门规定。

（二）刑事犯罪理论

1. 关于犯罪的定义

香港的刑事法律中并没有关于犯罪的明确规定。香港法律中关于犯罪的定义主要是从法律本质的角度进行阐述的，一是要违法，二是要具有刑罚可罚性。香港刑法的调整范围非常广泛，许多在内地被视为一般或轻微的违法行为依据香港有关法律则属于犯罪行为。如在《简易程序治罪条例》第 4 条中规定，以下行为都属于犯罪行为：未经公职人员同意，在公共场所或向政府倾倒垃圾，或者未经业主同意向私人财产倾倒垃圾；在公共场所吐痰；在任何公共场所、无遮蔽处及

---

① 《香港法例》是香港现存的成文法法例编汇。《香港法例》由律政司法律草拟科负责草拟，或由立法会议员以私人草案方式提交，并由立法会通过。香港回归后，主要由律政司法律草拟科法律草拟专员负责撰写法例。

其他不适当的地方大小便；街头叫卖或者从窗户或者建筑物其他部分架设伸出物，在公共场所造成干扰或者阻塞；忽视建筑物的完好维修、危及过往行人等。一旦定罪，可判处三个月监禁，并处五百港元罚金。[①]

2. 关于犯罪的分类

香港刑法以不同的标准对具体犯罪作了多元化的、纷繁的分类。例如，依照渊源划分，可分为普通法罪和制定法罪；依照刑罚划分，可分为叛逆罪、重罪和轻罪；[②] 依照审判程序划分，则可分为简易程序审判罪（亦称简易审决罪）、公诉程序审判罪（亦称可被检控罪，应予起诉罪），这种分类方式也是香港刑法中最常用的一种；依照拘捕权力划分，可分为应予拘捕罪和不应拘捕罪。此外，也可依据犯罪行为所侵犯的社会利益之不同，将犯罪分为侵犯公共秩序罪、侵犯人身罪、侵犯财产罪和伪造罪等，这种分类方法实际上是对具体犯罪的一种分类。从分类上讲，内地刑法所规定的犯罪基本上限于香港刑法中可诉罪和重罪的范围，与香港刑法的犯罪分类有所不同。

3. 关于犯罪构成

内地刑法学一般认为，犯罪成立必须具备四个方面的构成要件，即犯罪主体、犯罪主观方面、犯罪客体和犯罪客观方面。香港刑法中的犯罪构成是一个双层次的理论模式，其结构是实体法意义上的犯罪要件与诉讼法意义上的犯罪要件的统合。前者包括犯罪行为和犯罪心理两项内容，但这两项内容是建立在行为人具有责任条件和刑事政策性危害的推定基础上的。后者又名"合法辩护"，主要包括责任条件和刑事政策上的危害两项内容。其中，责任条件的功能用以确证行为人是否具有"刑事责任"，内容有责任年龄，责任能力（精神病、醉酒、吸毒等）和责任大小（法人责任、严格责任、替代责任、责任减轻、责任免除等）。刑事政策上的危害性的功能用以确证行为人实施行为是否具有"违法性"，内容涉及正当防卫、紧急避险以及其他正当行为等情况。

（三）废除死刑

香港历经清廷统治和英国的殖民统治，死刑作为一种极刑长期存在。英国于 1965 年终止了死刑的执行，并于 1967 年立法正式废除死刑。自 1966 年 11 月 16 日之后，香港未再执行死刑。由于民众呼声及严重暴力性犯罪的存在，1966 年 11 月 17 日—1993 年 4 月 21 日，香港仍然保留了死刑，法庭也会依法判处死刑，但当时所有死囚，都会一律由英国女王伊丽莎白二世给予赦免，并

---

① 参见许发民：《香港、大陆刑法之比较》，载《甘肃政法学院学报》1997 年第 2 期。

② 叛逆罪原指违反对君王效忠义务的行为，可理解为对宪法和政治、社会制度的严重侵犯行为。此外，1967 年，英国《刑事法令》第一条正式废除重罪与轻罪的区分，1991 年香港《司法（重刑罪及非重刑罪）条例》明确规定取消划分重刑罪及非重刑罪。

改为终身监禁或长期有期监禁。1993 年以前，可判处死刑的罪名有叛逆罪、暴力海盗罪（亦称暴力劫持船只罪）和谋杀罪，其他刑事犯罪一律不适用死刑。此外，对于触犯紧急情况规例的罪行，香港总督会同行政局也可作出判处死刑的决定。例如，在 1950 年 11 月 11 日，立法局通过《1950 年紧急（主要）修订（第 2 号）法例》，对非法持有或使用枪械或爆炸品的人士处以死刑。虽然围绕废除死刑问题在香港引发了激烈的争辩，但是 1993 年 4 月 21 日，香港立法局还是三读通过，并由香港总督于 4 月 23 日颁布了 1993 年《刑事罪行（修订）条例》，宣布废除死刑。至此，在香港刑罚史上存在了一百四十多年的死刑被彻底废除。

四、司法制度

（一）司法机构

1. 香港殖民统治时期

香港殖民统治时期，以英国枢密院司法委员会为其最高司法审级，[①] 共有四类法院：裁判司署、地方法院、最高法院的高等法院以及最高法院的上诉法院。此外，还设有各类准司法性质的审裁庭。审裁庭是一种仿照英国行政裁判庭而设立的准司法机构，如劳资审裁庭、土地审裁庭、小额钱债审裁庭。

（1）裁判司署。香港裁判司署是仿照英国治安法院模式而建立的基层审判机构。裁判司署的审判人员被称为"裁判司"。裁判司署内设裁判司法庭、少年儿童法庭和死因研究法庭。裁判司法庭主要受理轻微刑事案件、可控告的犯罪案件以及违例案件。该法庭对可控告犯罪只进行初级侦讯程序，听取研究证人证词口供，如罪证确凿，可将被告关押或保释，情节严重者送地方法院，极严重者送高等法院审理。少年儿童法庭与英国治安法院内设少年法院类似，专门审理十一岁以下儿童及十二岁至十六岁少年犯罪案件。死因研究法庭属于非诉讼法庭，类似英国验尸法庭。该庭主要职责是推断某些死亡事件真相，不具任何制裁职能。

（2）地方法院。地方法院的案件一般由一名法官审理，不设陪审团。地方法院的民事管辖权主要是金额在六万元港币以下的索赔案件以及估价四万五千元港币的地权标的物纠纷；刑事案件管辖权主要包括可控告的犯罪和根据律政司的要求由裁判司署移送的轻罪案件。

---

① 枢密院司法委员会（Judicial Committee of the Privy Council）是英国终审法庭之一，是英国海外领地、皇家属地和部分独立英联邦国家的终审法庭。人们常说上诉到枢密院（Privy Council），但实则是上诉至"女皇陛下会同枢密院"（Her Majesty in Council），再由女皇向司法委员会征询"意见"。

（3）最高法院。最高法院（按察司署）设立于 1844 年 10 月，是香港地区最高司法审判机构，具有民事和刑事案件的无限制管辖权。最高法院的机构分为两部分：高等法院和上诉法院。上诉法院是香港地区的最高审级法院，主要负责高等法院和地方法院提出的民事或刑事上诉案件等。不服最高法院上诉法院的判决，可再向英国枢密院司法委员会提出上诉。

2. 香港回归后

1997 年回归之后，香港特别行政区原有法律基本不变，并且享有独立司法权和终审权。[①] 香港特别行政区法院除继续保持香港原有法律制度和原则对法院审判权所作的限制及涉及国防、外交等国家行为外，对香港特别行政区内的所有案件均有审判权。

在法院的设置方面，根据《香港基本法》的有关规定，香港特别行政区设立裁判法院和其他专门法庭、区域法院、高等法院、终审法院。高等法院设上诉法庭和原讼法庭。原在香港实行的司法体制，除因设立香港特别行政区终审法院而产生变化外，予以保留。

（1）裁判法院。裁判法院是香港最初级的刑事法院，负责审理多种可公诉犯罪及简易程序犯罪，一般而言其判刑上限为监禁两年和罚款十万港元。

（2）区域法院。区域法院具有广泛的司法管辖权，是香港受理一审民事和刑事案件较多的法院，一般处理涉及五万港元以上、一百万港元以下款项的民事诉讼，并可判处七年监禁以下的刑事案件。

（3）高等法院。高等法院主要负责处理来自原诉法庭和区域法院民事、刑事案件的上诉，同时也处理土地审裁处、各审裁处及其他法定组织的上诉。[②] 高等法院由上诉法庭和原讼法庭组成，原讼法庭对民事和刑事案件均有无限的司法管辖权。

（4）终审法院。终审法院是香港司法系统中最高审级的法院，由终审法院审判庭、上诉委员会、规则委员会、司法常务官组成，主要聆讯来自高等法院的上诉法庭及原讼法庭的民事及刑事上诉案件。

（二）诉讼制度

香港法律对民事案件和刑事案件的划分比较明确。划分二者的标准不在于

① 香港原有法律，即普通法、衡平法、条例、附属立法和习惯法，除同《香港基本法》相抵触或经香港特别行政区的立法机关作出修改者外，予以保留。

② 1997 年之前，原诉法庭被称为高等法院，其权力较区域法院或裁判法院要大。民事案件方面，处理涉及港币一百万元或以上数额的案件；刑事案件方面，负责审讯严重罪行的案件，相关审讯应有陪审团参与，可判处被定罪者终身监禁的刑罚。参见戴耀廷、罗敏威：《香港特区的法律制度》，中华书局（香港）有限公司 2011 年版，第 148—149 页。

引起诉讼的行为的性质，而在于就该行为提起诉讼的目的。有时一个行为可能同时引起民事和刑事诉讼。例如，因危险驾驶而撞伤行人的行为，行为人既可能受到警方的刑事控告，也可能因受害人的伤亡或其他财产受损引发民事诉讼。

在民事诉讼程序方面，香港不同级别的法院受理民事案件的程序有所不同。一般的民事诉讼可以分为入禀及答辩、备审、审讯、执行判决和上诉五个阶段。入禀答辩阶段，原告可以根据案件性质不同，分别以传讯令状、原诉传票、原诉动议或呈请书等形式启动诉讼程序。备审程序一般只适用于以"传讯令状"启动诉讼的案件。在正式审讯阶段，除了几类特别案件，例如诽谤、恶意控诉等，双方有权要求陪审团协助法官审理案件。审理是以抗辩的方式进行，由双方提交证据，法庭不会主动调查案情。法庭的判决包括扣押债务人动产令状、第三债务人扣款令、拘押令等多种执行方式。诉讼任何一方都有权就原审法官的判决向上诉法院提出上诉。

香港的刑事侦查工作多数由香港警方负责，廉政公署、海关、人民入境事务处、劳工处、环境保护署等机构可以在各自权责内行使侦查权。刑事诉讼是否启动主要由律政司司长决定，除了有明显不妥或不公，一般不能以司法复核推翻律政司司长的决定。在香港，控方决定在哪级法院提起诉讼，其主要的考量因素是涉嫌的犯罪行为的严重程度和可能判决的刑罚。谋杀、强奸、误杀等可能判处终身监禁的犯罪，只能在高等法院审理。最轻微的犯罪一般根据简易程序处理，由裁判官审理，刑期一般在六个月以下。香港的刑事审判程序根据犯罪的类型不同，大体可以分为简易审判程序和公诉审判程序。其中，简易程序可以分为起诉与受理、传唤被告人、审理、判决等阶段，公诉程序可以分为初级聆讯、正式审理和判决、复核与上诉等阶段。

与其他普通法法域一样，陪审制也是香港诉讼制度的重要原则。在审判过程中，法律问题由法官决定，判案定罪由陪审团决定。刑事诉讼中，陪审团制度一般适用于罪行极其严重的案件，例如，谋杀、误杀、强奸、持械行劫和某些毒品罪行。

（三）与内地的司法协助

司法协助是指一方司法机关应另一方司法机关的请求，代为进行某些诉讼行为或提供一定协助的行为。不同国家间的司法协助称为国际司法协助，而内地与香港的司法协助是一个主权国家之内的区域性司法协助，称为区际司法协助。1997年之后，随着内地与香港的经济文化交流增多，客观上需要不断强化两地之间的司法协助。《香港基本法》第九十五条规定："香港特别行政区可与全国其他地区的司法机关通过协商依法进行司法方面的联系和相互提供协助。"该规定奠定了内地与香港特别行政区之间开展司法协助的法律基础。

1999 年 3 月 30 日，最高人民法院以司法解释形式发布了《最高人民法院关于内地与香港特别行政区相互委托送达民商事司法文书的安排》。经最高人民法院与香港方面多次协商，1999 年 6 月 21 日就《关于内地与香港特别行政区相互执行仲裁裁决的安排》达成一致意见并签署了备忘录。但是，内地与香港地区之间相互承认和执行法院判决的司法协助一直没有出台。2006 年 7月 14 日，才最终达成《关于内地与香港特别行政区法院相互认可和执行当事人协议管辖的民商事案件判决的安排》，并于 2008 年 8 月 1 日正式生效。内地与香港司法制度的差异，决定了两地之间的司法协助是一个逐渐推进的过程。

第三节　澳门特别行政区法制

一、《中华人民共和国澳门特别行政区基本法》与宪法相关法

（一）特首及其附属机构

澳门特别行政区行政长官，是中华人民共和国澳门特别行政区政府的最高行政长官和澳门特别行政区的最高代表，也是澳门特别行政区政府的首长，一般简称为澳门特首。从法律地位上看，行政长官对外作为地区代表，对内又是最高行政长官。按照《澳门基本法》第四十六条，特首由年满四十周岁，在澳门通常居住连续满二十年的澳门特区永久性居民中的中国公民担任，在澳门当地由一个具有广泛代表性的选举委员会通过选举或协商产生。行政长官需要获得超过选举委员会全体委员半数选票才可以成功当选。《澳门基本法》第四十八条规定，行政长官任期五年，可连任一次。澳门特别行政区政府架构层级为司、局、厅、处四级，其中"局"为组织单位，"厅""处"为附属单位。[①] 行政长官在行政体制中居于核心领导位置，职权包括：领导澳门政府；签署立法会通过的法案，公布法律；决定政府政策，发布行政命令；提名并报请中央人民政府任命主要官员；委任部分立法会议员；任免行政会议委员；等等。

行政会是协助行政长官进行决策的机构，行政会由行政长官从政府主要官员、立法会委员和社会人士中挑选七至十一人加以委任组成，行政会由行政长官主持，

[①] 政府主要官员包括各司司长、廉政专员、审计长、警察部门及海关主要负责人。政府各司的名称及排列顺序如下：行政法务司、经济财政司、保安司、社会文化司、运输工务司。其他机构包括廉政公署、审计署、警察部门、行政区海关。参见"澳门特别行政区第 2/1999 号法律《政府组织纲要法》"第 3—6 条。

成员必须是澳门永久性居民中的中国公民。行政会每月至少召开一次，行政长官作出重大决策前必须咨询听取行政会议意见，否则其行为不具有法律效力。如果行政长官不采纳行政会多数委员的意见，需将理由记录在案并对行政会负直接责任，但行政会本身不具有行政决策权。

（二）立法会

1. 1976 年以前的立法会

1976 年以前，澳门的法律主要来自于葡萄牙主权机关立法，总督及其政务委员会只享有制定较低层次的法令规章的立法权，并以葡萄牙文为唯一立法语言。1976 年《澳门组织章程》颁布后，实行"双轨立法体制"，澳门总督与立法会均拥有立法权，且二者立法权并行，互不隶属。澳门立法会作为澳葡政府的独立的立法机关，由十七名议员组成，任期四年。在一定范围内，立法会享有专有立法职权，并拥有授权总督立法的职权。若总督制定的法律属于立法会专有职权的范围，则须经立法会通过或追认方能生效。

立法会通过的法律、条例需经澳督签署颁布方能生效。澳督也有权拒绝颁布，但如果立法会以三分之二的多数再次通过该法律，澳督则必须颁布。此外，立法会具有政治控制权，可以审议澳督的行为，就对澳督施政方针的弹劾动议进行表决，但立法会无权任免总督。

2. 回归后的立法会

澳门回归后实行"单轨立法制"，澳门特别行政区立法会作为行政区唯一立法机关，体现了澳门特区的高度自治权。行政长官所制定的行政法规，在效力层次上低于立法机关所制定的法律。立法会议员由澳门永久性居民担任，多数议员由选举产生。立法会设主席、副主席各一人，由全体议员互选产生，除第一届另有规定外，此后每四年改选一次。2009 年以后，澳门特别行政区立法会产生办法如需修改，须经立法会全体议员三分之二多数通过，行政长官同意，并报全国人民代表大会常务委员会备案。澳门立法会议员的产生办法与香港立法会议员产生办法有所不同。一方面，澳门特别行政区没有规定立法会的产生办法，根据实际情况和循序渐进的原则，最终达到普选。《中葡联合声明》明确规定澳门立法会议员多数由选举产生，就是规定立法会议员不是全部由选举产生，因此《澳门基本法》中没有"普选"的目标。另一方面，澳门立法会议员有少数是委任产生的。首先，澳葡政府时期立法会就有部分议员由委任产生；其次，采取直接选举、间接选举和委任三种方式，充分考虑了澳门社会各阶层的利益与愿望；最后，符合澳门的民主制度发展的实际情况。实践证明，《澳门基本法》规定由行政长官委任部分立法会议员是符合澳门实际的。

依据《澳门基本法》第七十一条的规定，立法会行使的职权包括：依照基本法规定和法定程序制定、修改、暂停实施和废除法律；审核、通过财政预算案；审议预算执行情况报告；根据政府提案决定税收，批准由政府承担义务；听取行政长官的施政报告并进行辩论；就公共利益问题进行辩论等。立法会以委员会方式运作，包括常设委员会、章程及任期委员会以及其他跟进委员会。至少由三名议员提议，全体会议通过，立法会可就某一专题成立临时委员会。每个委员会设主席及秘书各一人，由委员会成员互选产生。执行委员会作为立法会行政管理机关，由主席、副主席、第一秘书和第二秘书组成。立法会举行会议的法定人数不少于全体议员的二分之一。除基本法另有规定外，立法会的法案、议案由全体议员过半数通过，经全体会议细则性表决通过的法案在送交行政长官签署颁布后即成为法律。

在立法会与政府的关系方面，行政长官与立法会分别选举产生，没有从属性，双方相互配合、互相制约。政府对立法会负责，立法会可以监督政府工作，对行政长官进行弹劾，但不能要求行政长官下台。另一方面，澳门行政长官如认为立法会通过的法案不符合澳门的整体利益，可将法案发回立法会重议。如立法会再次通过原案，行政长官须在三十日内签署公布或解散立法会。此外，立法会自身还具有行政、财政及财产自治权，并设有从属机关为立法会活动提供必要的技术辅助。立法会辅助部门包括：顾问团、一般行政及财政管理处、翻译办公室、记录及编辑办公室、公关办公室、资讯办公室和图书馆等。

（三）与《澳门基本法》相关的宪法性法律

在"一国两制"框架之下，我国的全国性法律除列于《澳门基本法》附件三者外，均不得在澳门特别行政区适用；而列于附件三的全国性法律，则必须限于有关国防、外交和其他依照《澳门基本法》规定不属于澳门特别行政区自治范围的法律，并由澳门特别行政区在当地公布或立法实施。澳门的各项制度和政策均以《澳门基本法》为依据，我国宪法中关于社会主义制度和政策的规定不适用于澳门特别行政区，而由《澳门基本法》相关规定所取代，但涉及国家主权的条款仍然适用于澳门特别行政区。所以，在澳门现行法律体系中，宪法性法律主要包括两个组成部分：一是我国《宪法》及其他适用于澳门地区的宪法性法律；二是《澳门基本法》及澳门立法会制定的宪法性法律文件，任何法律、法令、行政法规和其他规范性文件均不得同《澳门基本法》相抵触。

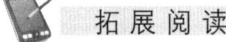
拓展阅读

《中华人民共和国澳门特别行政区基本法》（全文）

除《宪法》和《澳门基本法》外，适用于澳门特区的宪法性法律可分为以下几类：

第一，有关国家主权象征的法律，包括《中华人民共和国国旗法》《中华人民共和国国徽法》《关于中华人民共和国国都、纪年、国歌、国旗的决议》《关于中华人民共和国国庆日的决议》等。

第二，有关国家外交、国防方面的法律，包括《中华人民共和国政府关于领海的声明》《中华人民共和国领海及毗连区法》《中华人民共和国专属经济区和大陆架法》《中华人民共和国外交特权与豁免条例》《中华人民共和国领事特权与豁免条例》《中华人民共和国国籍法》《中华人民共和国澳门特别行政区驻军法》。

第三，有关国家安全、司法方面的法律，包括《维护国家安全法》《中华人民共和国外国中央银行财产司法强制措施豁免法》。其中《维护国家安全法》是澳门立法会依据《澳门基本法》第二十三条这一对澳门特别行政区境内国家安全，即叛国罪、分裂国家行为、煽动叛乱罪、颠覆国家罪及窃取国家机密等多项条文作出立法指引的宪法性条文所订立的。

第四，有关政府组织和人民代表大会制度的法律，包括《中华人民共和国国务院组织法》《中华人民共和国全国人民代表大会议事规则》《中华人民共和国全国人民代表大会常务委员会议事规则》《中华人民共和国全国人民代表大会组织法》及历次发布的有关澳门特区选举全国人大代表的办法，最新的一次是《中华人民共和国澳门特别行政区选举第十二届全国人民代表大会代表的办法》。

此外，在全国人民代表大会常务委员会决定宣布战争状态或因澳门特别行政区内发生澳门特别行政区政府不能控制的危及国家统一或安全的动乱而决定澳门特别行政区进入紧急状态时，中央人民政府可发布命令将有关全国性法律在澳门特别行政区实施。

二、民商事法律制度

回归前，直接适用于澳门地区的民事法典是 1966 年《葡萄牙民法典》。随着 1976 年葡萄牙国会制定《澳门组织章程》，澳门地区享有了立法自治权。伴随着澳门法律本地化的工作，澳门采取了民商分立的立法形式。澳门立法会和总督开始颁布多种商业法律法令作为对葡萄牙商法的补充。澳葡政府在 1989 年开始委托葡萄牙商法学家起草新澳门《公司法》，该法在结构上参照了 1888 年《葡萄牙商法典》和 1986 年《商业公司法典》。基于主权回归的实际需要，1998—1999 年年初，澳葡政府加速实施了一系列法律本地化措施，包括民法典、商法典和民事诉讼法典等重要法典的草稿和中译工作相继完成。基于对原有法律传统的继承，公司法被并入商法典；新民法典基本保留了 1966 年《葡萄牙民法典》的内容、基本原则及精神，延续了总则、债、物权、亲属、继承五编制编纂体例，共计二千一百六十一条。为配合以上法典的实施，1999 年年底还核准通过了《澳门物业登记法典》《澳门商业登记法典》和《澳门民事登记法典》等一系列程序性法律法规。为适应市场经济的发展，澳门回归后各法典又经历了数次修订。除一般商法典外，组成澳门商法体系的法律法规还包括其他单行商事组织法与商事行为法，如产品责任法、票据法、保险法、海商法等。与民商法互补的经济法体系也在澳门快速发展起来。此外，《澳门民法典》第一条明确规定，适用于澳门的国际条约优于普通法律，即澳门地区参与的国际条约也构成澳门法律的重要组成部分。

三、刑事法律制度

1991 年澳葡政府聘请葡萄牙法律专家开始起草澳门刑法典草案。经中葡双方不断磋商，澳门刑法典于 1996 年 10 月 1 日生效，它是澳门地区立法机关制定的第一部具有中葡两种文本的法典。该法典分总则和分则两卷，共计三百零五条。从澳门刑法典的总则及具体规定来看，贯穿于澳门刑法中的基本原则包括罪刑法定原则、罪刑相称原则、刑罚人道主义原则、刑罚目的原则，促成了澳门刑法典规范的轻刑化的特征。此外，澳门相当多的非刑事性法律，如关于选举及保障基本权利和自由方面的法律、知识产权法律、交通管理法律及其他涉及经济文化领域的法律，都附带有追究相关违法行为刑事责任的条款。

四、司法制度

（一）司法机构

1987 年进入过渡时期后，通过多项新立法，澳门司法体制逐渐脱离葡萄牙的司法体系，开始了本地化进程。自 1993 年起，澳门高等法院、审计法院、司法高等委员会以及司法培训中心等机构相继成立并运行。回归后，依据《澳门基本法》相关规定及自行制定的《司法组织纲要法》《司法官通则》等配套法律法规，在保留回归前构建的具有典型大陆法系司法体制色彩的同时，澳门特别行政区建立了完备、独立的司法体系，享有独立的司法权和终审权。随着相关法律的不断修改完善，确立了行政、立法和司法机关相互独立、制衡、配合的分权政治体制，成为特区享有和行使高度自治权的重要体现之一，并朝着司法专门化的方向不断发展。

澳门的司法机关由法院和检察院组成。澳门确立了三级法院体制，分别为第一审法院、中级法院和终审法院。第一审法院由具有一般管辖权的初级法院和具有特定管辖权的行政法院组成。初级法院由民事庭、刑事起诉法庭、轻微民事案件法庭、刑事法庭、劳动法庭、家庭及未成年人法庭组成。中级法院作为第一审法院的上诉审法院及重大案件的第一审法院，由一个具管辖权审判刑事性质案件的刑事诉讼案件分庭以及一个具管辖权审判其他案件的分庭组成，也对行政机关制定规定时提出的争议、第一审法院之间的管辖权冲突、审查和确认澳门以外法院或仲裁机构作出的裁决等案件具有审查权。终审法院作为澳门地区最高等级法院行使司法终审权，并作为第一审法院审理重大案件。另外，澳门法院对国家主权机构根据基本法作出的国家行为、政治行为和立法行为均无管辖权。

澳门检察机构设置采用单一组织架构，即只设置一个检察院，通过在各级法院设立办事处，委派检察长、助理检察长、检察官三个不同级别的司法检察官就任于对应级别的法院中，代表检察院履行法定职责。为维护社会秩序、保障公共利益，检察院提起和参与各类型诉讼及所有涉及公益的司法程序。在非司法诉讼领域，检察院还具有提供法律咨询意见、监督审查社团章程及活动，参与公共工程招标等其他职能。检察官一般采用确定委任制任用。但与法官独立原则不同，检察官遵循的是检察一体原则，即上级检察官对下级检察官有指挥监督的指令权，下级有服从义务。

（二）诉讼制度

各级法院及审判庭的组成、运作及管辖权等除见于澳门特别行政区《司法组织纲要》外，主要由四部诉讼法典规定，分别是民事诉讼法典、刑事诉讼法典、行政诉讼法典和劳动诉讼法典，分别构成了四种不同的诉讼形态。在民事诉讼法方面，澳门回归前延伸适用 1961 年葡萄牙《民事诉讼法典》及部分修订条款。1999 年 10 月颁布的澳门《民事诉讼法典》在回归后保留适用并经过了修改及附加。该法典共五卷一千二百九十七条，其基本原则包括处分原则、当事人平等原则、辩论原则、领导及调查原则、形式合适原则等。此外，随着社会立法运动的兴起，2003 年澳门制定了独立的《劳动诉讼法典》，共四编一百一十五条，但在性质上，劳动诉讼仍属于民事诉讼法的范畴。在刑事诉讼法方面，澳门现行《刑事诉讼法典》于 1997 年 4 月 1 日生效，由引则及一般规定、第一部分和第二部分组成，共计四百九十九条，此后又作了几次修改。2013 年 8 月 9 日，澳门立法会审议通过修改《刑事诉讼法典》的议案，修订后的《刑事诉讼法典》于 2014 年 1 月 1 日起正式生效。相较于旧《刑事诉讼法典》，新《刑事诉讼法典》增加了对诉讼参与人的权利保障、革新特别诉讼程序、简化审判制度和完善上诉制度。修订的主要目的是增加诉讼参与人的权利保障、优化诉讼程序、提高诉讼效率。法典共计修改了五十六个条文，增加了八条新条文，目前是五百零七条。此外，国际法或区际法律规范同样可以作为澳门刑事诉讼法的渊源。澳门刑事诉讼程序分为普通诉讼程序和特别诉讼程序两种，其中普通诉讼程序由侦查控诉、预审、审判、上诉、执行五个阶段构成；特别诉讼程序又包括简易诉讼程序、最简易诉讼程序、轻微违反程序。在行政诉讼方面，现行澳门《行政诉讼法典》系在 1985 年《行政法院诉讼法》基础上修订而成，于 1999 年 12 月 13 日颁布，共计十章一百八十七条，并与同期修改的《行政程序法典》配合使用。澳门的行政审判制度采取了混合模式，仅在第一审级中设立了独立的行政法院。

在上诉时，利益值超过第一审法院法定上诉利益限额的案件，由中级法院审理，而利益值超过中级法院法定上诉利益限额的案件，则由终审法院审理。民事方面，第一审法院及中级法院的法定上诉利益限额分别为澳门币五万元及一百万元。行政司法方面，第一审法院的法定上诉利益限额为澳门币五万元，中级法院的法定上诉利益限额为澳门币一百万元。税务及海关方面，如案件的利益值可确定，第一审法院的法定上诉利益限额为澳门币一万五千元，中级法院的法定上诉利益限额为澳门币一百万元。在刑事，劳动法上的刑事，未成年人司法管辖范围的教育及社会保护制度，行政、税务及海关上的其他司法争讼手段，以及监察规范的合法性方面，不设法定上诉利益限额。

（三）与内地的司法协助

随着"一国两制"的实施，客观上形成了内地与澳门两个独立的不同法域，由此产生如何在不同法域间进行区际司法协助的现实问题。在"一国两制"框架下开展的区际司法协助和国际司法协助，不仅关涉澳门特别行政区的自治权行使，还关系到中国如何维护国家主权、国家安全以及履行相应的国际义务。《澳门基本法》第九十三条规定的"澳门特别行政区可与全国其他地区的司法机关通过协商依法进行司法方面的联系和相互提供协助"，奠定了内地与澳门特别行政区之间开展司法协助的法律基础。《澳门基本法》附件三中列明的有关司法协助的全国性法律，是澳门司法协助体系的重要组成部分。①

此外，2001 年签署施行的《关于内地与澳门特别行政区法院对民商事案件相互委托送达司法文书及调取证据的安排》所规定的司法协助范围，限于司法文书的送达和证据的调取两个领域。2002 年 2 月 26 日，澳门立法会制定通过了旨在规定澳门特别行政区进行国际司法协助向中央人民政府通报的义务和机制的《司法互助请求的通报程序法》。2006 年签署的《内地与澳门特别行政区关于相互认可和执行民商事判决的安排》和 2007 年签署的《关于内地与澳门特别行政区相互认可和执行仲裁裁决的安排》，对内地和澳门之间在调查取证、文书送达、民商事判决和仲裁裁决等领域的司法协助的具体实施作了明确和统一的规定。2006 年 11 月 1 日生效的《刑事司法互助法》，是澳门特别行政区在中央人民政府协助和授权下开展国际刑事司法协助的主要法律依据。综而言之，澳门回归后与内地在司法文书

---

① 适用于澳门特别行政区的国际条约中关于司法协助的规定，只适用于澳门特别行政区与其他国家或地区间进行的国际司法协助。澳门与我国其他法域间的司法协助不得以国际条约为依据。

送达和调查取证、民商事判决和仲裁裁定的承认和执行等一系列领域已达成一致，初步构建出两地解决区际司法协助的法律框架。

在香港和澳门相继于 1997 年和 1999 年回归之后，其法制的发展与实践证明了"一国两制"及特别行政区制度是我国解决历史遗留问题和实现国家统一的一种具有高度可行性和前瞻性的制度，是中国共产党和中国人民的智慧结晶和伟大创举，也是香港和澳门地区政治、经济、文化等各方面发展、繁荣、稳定的基础和保障。如果没有"一国两制"，"就不能保持它们的繁荣和稳定，也不能和平解决祖国统一问题"。①

思考题：

1. 简述宪法上"一国"与"两制"的关系。

2. 简述内地与香港、澳门之间司法协助的特点。

3. 简述"一国两制"对法律文化相互交流的影响。

▶ 自测习题及参考答案

----

① 《邓小平文选》第 3 卷，人民出版社 1993 年版，第 67 页。

中国法制史大事年表

前 1046—前 771 年　　周武王时作《九刑》；周公制礼；司寇吕侯制《吕刑》（西周）

前 536 年　　郑国子产"铸刑鼎"，为中国古代第一次公布法律（周景王九年）

前 407 年　　魏国李悝制《法经》六篇，为中国古代社会第一部系统的成文法典（周威烈王十九年）

前 359 年　　秦孝公任用商鞅定变法之令，改法为律，制定秦律（周显王十年）

前 213 年　　秦始皇定《挟书令》，"焚诗书，坑术士"，后称"焚书坑儒"（秦始皇三十四年）

前 206 年　　刘邦入咸阳，与民"约法三章"，除秦苛法（汉高祖元年）

前 201 年　　丞相萧何受命作律，增"户""兴""厩"三律，为《九章律》（汉高祖六年）

前 167 年　　汉文帝下诏进行刑制改革，废除肉刑（汉文帝十三年）

前 140 年　　"丞相卫绾奏：'所举贤良，或治申、商、韩非、苏秦、张仪之言，乱国政，请皆罢。'奏可。"（《汉书·武帝纪》）此为汉武帝"罢黜百家，独尊儒术"之始（汉武帝建元元年）

220 年　　曹丕称帝，行"九品中正制"（汉献帝建安二十五年、魏文帝黄初元年）

268 年　　西晋《晋律》（又称"泰始律"）颁行，张斐、杜预为之作注，经晋武帝批准后一并颁行，又称"张杜律"（晋武帝泰始四年）

495 年　　《北魏律》二十篇制定完成（北魏孝文帝太和十九年）

564 年　　《北齐律》制定完成，确立十二篇的体例结构（北齐武成帝河清三年）

583 年　　《开皇律》颁行（隋文帝开皇三年）

607 年　　《大业律》颁行（隋炀帝大业三年）

624 年　　《武德律》颁行（唐高祖武德七年）

631 年　　唐太宗因怒令斩大理丞张蕴古（"张蕴古案"），既而悔之，诏曰："凡有死刑，虽令即决，皆须五复奏。""张蕴古案"为唐代死刑五复奏制度建立之契机（唐太宗贞观五年）

637 年　　《贞观律》颁行（唐太宗贞观十一年）

651 年　　《永徽律》颁行（十二篇）（唐高宗永徽二年）

653 年　　《永徽律疏》（元代以后称《唐律疏议》）颁行，为我国现存最早最完整的一部法典（唐高宗永徽四年）

737 年　　《开元律》颁行（唐玄宗开元二十五年）

738 年　　《唐六典》颁行（唐玄宗开元二十六年）

963 年	《宋建隆重详定刑统》（简称《宋刑统》）颁行，为我国历史上第一部刊印颁行的法典（宋太祖建隆四年）
1181 年	《淳熙条法事类》颁行，为宋代第一部"条法事类"体例的综合法典（宋孝宗淳熙八年）
1206 年	成吉思汗建蒙古国后，颁行《大札撒》
1247 年	被誉为"法医学之父"的宋慈撰成世界上第一部法医学著作《洗冤集录》（南宋理宗淳祐七年）
1291 年	《至元新格》颁行，为元朝统一后颁布的第一部法典，是诸法合体的综合性法典（元世祖至元二十八年）
1323 年	《大元圣政国朝典章》（即《元典章》）制定完成（元英宗至治三年）
1323 年	《大元通制》颁行（元英宗至治三年）
1346 年	《至正条格》颁行（元顺帝至正六年）
1374 年	以唐律为蓝本的《大明律》颁行，篇目上"一准于唐"（明太祖洪武七年）
1385 年	《御制大诰》颁行（明太祖洪武十八年）
1389 年	修订《大明律》，名例律下以吏、户、礼、兵、刑、工六部分类（明太祖洪武二十二年）
1397 年	《大明律》"颁示天下"，"中外决狱，一准于三十年所颁"（明太祖洪武三十年）
1500 年	颁行《问刑条例》（明孝宗弘治十三年），明武宗正德年间（1506—1521 年），明世宗嘉靖二十八年（1549 年）、三十四年（1555 年），明神宗万历十三年（1585 年）续修
1502 年	《大明会典》制定完成，但未颁行（明孝宗弘治十五年），明武宗、明世宗、明神宗三朝相继续纂重修，分别为《正德会典》（1509 年）、《嘉靖会典》（1549 年）、《万历会典》（1587 年）
1644 年	摄政王多尔衮下令："自后问刑，准依明律"（清顺治元年）
1647 年	《大清律集解附例》制定完成并"颁行中外"，为清朝第一部综合性法典（清顺治四年）
1690 年	《康熙会典》制定完成，为清朝颁行的第一部具有行政法性质的法典（清康熙二十九年）（其后，雍正、乾隆、嘉庆和光绪朝四次修订，分别为《雍正会典》《乾隆会典》《嘉庆会典》和《光绪会典》，后人统称为《大清会典》或"五朝会典"）
1727 年	《大清律集解》颁行（清雍正五年）
1740 年	《大清律例》"刊布中外，永远遵行"（清乾隆五年）
1853 年	太平天国颁布《天朝田亩制度》（清咸丰三年）

1859 年	太平天国刊行洪仁玕的《资政新篇》（清咸丰九年）
1877 年	"杨乃武与小白菜案"昭雪，为"清末四大奇案"之一（清光绪三年）
1898 年	6 月 11 日　光绪皇帝颁诏"明定国是"，宣布变法，至 9 月 21 日慈禧太后发动政变止，史称"戊戌变法"（"百日维新"）（清光绪二十四年）
1901 年	1 月 29 日　清廷发布"变法"上谕（清光绪二十六年）
1902 年	设立修订法律馆（清光绪二十八年）
1903 年	《钦定大清商律》（包括《商人通例》与《公司律》）颁布实施（清光绪二十九年）
1905 年	7 月 16 日　清廷发布"考察政治上谕"，决定派五大臣出洋考察宪政（清光绪三十一年）
	8 月 20 日　中国同盟会在日本东京正式成立，提出"驱除鞑虏，恢复中华，创立民国，平均地权"的主张
	12 月至 1906 年 4 月　五大臣分两路考察各国政治
1906 年	9 月 1 日　清政府发布"宣布预备立宪"上谕，推行"官制改革"（清光绪三十二年）
	11 月 6 日　清廷下诏厘定官制，以为立宪之预备
1907 年	8 月 13 日　改"考察政治馆"为"宪政编查馆"（清光绪三十三年）
	9 月 20 日　清廷谕令设立资政院，同月，命各省筹设谘议局
	11 月　清廷再次派达寿、于式枚分别考察日本和德国宪政
	8 月　日本法学家冈田朝太郎协助起草的《大清刑律草案》编纂完成，后由法部增《附则》五条（即《暂行章程》），由资政院通过，1911 年颁布为《钦定大清刑律》
1908 年	7 月 22 日　清廷颁布《各省谘议局章程》及《谘议局议员选举章程》，限定各省谘议局一年内办齐（清光绪三十四年）
	8 月 27 日　清廷明定召开国会年限，并颁布中国历史上第一部宪法性文件——《钦定宪法大纲》，以及《议院法要领》《选举法要领》《议院未开前逐年筹备事宜》等
	12 月 3 日　溥仪登基，改元宣统，重申于宣统八年颁布宪法，召开议会
1909 年	8 月 23 日　清廷颁行《资政院院章》（清宣统元年）
	10 月 14 日　各省谘议局开幕
	10 月 26 日　资政院奏准《资政院议员选举章程》
	12 月 28 日　颁行《各级审判厅试办章程》
	同年，编纂完成《大清现行刑律》

1910 年	10 月　资政院在北京正式开会，谘议局代表举行第三次请愿（清宣统二年）
	12 月　新《刑事诉讼律草案》与《民事诉讼律草案》分别完成
1911 年	5 月 8 日　清廷裁撤原内阁、军机处、会议政务处，设立内阁，颁布《内阁官制》，授奕劻为总理大臣（清宣统三年）
	8 月　分别由修订法律馆和礼学馆起草的《民律草案》的总则、债权、物权、亲属、继承五编完成
	10 月 10 日　武昌起义爆发，成立中华民国军政府，并制定颁布《中华民国军政府条例》《中华民国鄂州约法》等纲领性文件
	11 月 3 日　清廷颁布《宪法重大信条十九条》（简称《十九信条》）
	12 月　各省都督府代表联合会议决议宣布《中华民国临时政府组织大纲》，采行总统制
1912 年	1 月 1 日　孙中山宣誓就任临时大总统（民国元年）
	3 月 2 日　发布《大总统令内务、司法两部通饬所属禁止刑讯文》
	3 月 11 日　参议院决议通过《中华民国临时约法》，采行责任内阁制，对总统权力颇多限制
	3 月 11 日　北京政府发布《临时大总统宣告暂行援用前清法律及〈暂行新刑律〉令》
	3 月 23 日　"姚荣泽案"开庭审判，为中华民国历史上第一次按照西方法律程序公开审理的案件，被称为"民国第一案""司法独立第一案"
	4 月 30 日　修订《中华民国暂行新刑律》
1913 年	4 月 8 日　中华民国第一届国会开幕（民国二年）
	7 月 12 日　国会宪法起草委员会正式成立，起草宪法
	10 月 31 日　宪法起草委员会三读通过《中华民国宪法草案》（又称"天坛宪草"），袁世凯旋即解散国民党，解散国会，宪法草案被搁置
1914 年	5 月 1 日　袁世凯公布《中华民国约法》（又称"袁记约法"），同时废止《临时约法》，改行总统制（民国三年）
	12 月 29 日　袁世凯公布《修正大总统选举法》，实际确认大总统终身制和世袭制
1915 年	8 月 14 日　杨度、孙毓筠、严复、刘师培等六人组织"筹安会"，鼓吹帝制（民国四年）
1916 年	6 月 29 日　黎元洪继任大总统后申令恢复民国元年约法，继续召集国会，裁撤拥立帝制的参政院（民国五年）
1917 年	7 月 19 日　孙中山发起"护法运动"（民国六年）

	9月29日 段祺瑞宣布成立临时参议院，为过渡性立法机关
1919年	5月28日 孙中山发表护法宣言，主张恢复民国法统（民国八年）
	8月12日 段祺瑞执政期间完成《中华民国宪法草案》，但未及交"安福国会"讨论
	同年，修订法律馆修订完成《刑法》，为《刑法第二次修正案》，更多地吸收了近代西方国家的刑法理念和原则
1920年	11月2日 湖南省宣布自治，开始制定省宪（民国九年）
1921年	5月5日 孙中山在广东就任非常大总统，再度"护法"，历时年余，再次失败（民国十年）
1922年	1月1日 湖南省宪法公布实施（民国十一年）
1923年	10月10日 曹锟就任大总统，同时举行宪法公布典礼，正式颁布《中华民国宪法》（又称"曹锟宪法""贿选宪法"）（民国十二年）
1928年	3月10日 南京国民政府颁布《中华民国刑法》（又称"二八刑法"）（民国十七年）
	7月28日 南京国民政府颁布《中华民国刑事诉讼法》
	8月8日 国民党第二届五中全会通过《中国国民党训政纲领》，宣布军政时期结束
	10月 改组南京国民政府为五院制政体
1929年	4月20日 南京国民政府立法院通过《民法·总则编》，其他各编亦陆续制定通过（民国十八年）
1931年	5月12日 在南京召开的国民会议三读通过《训政时期约法》（民国二十年）
	11月7日 中国共产党第一次全国工农兵代表大会通过《中华苏维埃共和国宪法大纲》《中华苏维埃共和国土地法》《中华苏维埃共和国劳动法》等法律
1933年	10月15日 中华苏维埃中央执行委员会通过并发布《关于重新颁布劳动法的决议》，新《中华苏维埃共和国劳动法》生效实施
1934年	1月22日 中国共产党在瑞金召开的第二次全国工农兵代表大会通过修改后的《中华苏维埃共和国宪法大纲》
	4月 在《中华苏维埃共和国婚姻条例》基础上修订颁布《中华苏维埃共和国婚姻法》；中央执行委员会公布《中华苏维埃共和国司法程序》
	10月 南京国民政府立法院召开全体会议，审议通过了国民政府起草完成的《中华民国宪法草案》
1935年	1月1日 南京国民政府公布第二部《中华民国刑法》（又称"三五刑法"）和第二部《刑事诉讼法》

12月25日　中国共产党在陕北召开中央政治局会议，提出建立抗日民族统一战线的方针，并宣布将"工农民主共和国"改为"人民共和国"

1936年　5月5日　南京国民政府公布《中华民国宪法草案》（又称"五五宪草"）

1937年　10月　雷经天任陕甘宁边区高等法院代院长，并主持审判轰动一时的"黄克功枪杀刘茜案"

1939年　陕甘宁边区制定《陕甘宁边区抗战时期惩治汉奸条例》，规定汉奸罪的十八种行为

1941年　11月　陕甘宁边区第二届参议会通过了带有根本法性质的《陕甘宁边区施政纲领》

1944年　3月13日　《解放日报》发表题为《马锡五同志的审判方式》的评论，"马锡五审判方式"成为一种新的人民民主审判方式

1946年　1月31日　由国民党、共产党及各民主党派参加的政治协商会议（"旧政协"）通过《关于宪草问题的协议》

3月　国民党六届二中全会推翻"旧政协"通过的《关于宪草问题的协议》

4月23日　延安召开第三届边区参议会第一次大会，通过《陕甘宁边区政府宪法原则》

12月25日　国民党主导的制宪国民大会通过《中华民国宪法》

1947年　1月1日　国民政府公布《中华民国宪法》

9月　中国共产党在西柏坡举行全国土地会议，通过《中国土地法大纲》，并于10月10日公布

1949年　2月22日　《中共中央关于废除国民党的六法全书与确定解放区的司法原则的指示》发布，华北人民政府也相继发布《废除国民党的六法全书及一切反动法律》的训令

9月21日　中国人民政治协商会议第一届全体会议在北平正式开幕，会议一致通过《中国人民政治协商会议共同纲领》《中华人民共和国中央人民政府组织法》《中国人民政治协商会议组织法》

10月1日　中华人民共和国宣告成立

1950年　4月13日　中央人民政府委员会第七次会议讨论通过《中华人民共和国婚姻法》，为新中国制定的第一部法律

6月28日　通过《中华人民共和国土地改革法》，为我国社会主义过渡时期实现农村土地变迁的指导性法律文件

1951年　2月　中央人民政府颁布《中华人民共和国惩治反革命条例》

9月3日　中央人民政府委员会第十二次会议通过《中华人民共和国

人民法院暂行组织条例》《中央人民政府最高人民检察署暂行组织条例》《各级地方人民检察署组织通则》等

12 月 1 日　中共中央作出《关于实行精兵简政、增产节约、反对贪污、反对浪费和反对官僚主义的决定》，开展"三反"运动

1952 年　　1 月 26 日　中共中央发出《关于在城市中限期展开大规模的坚决彻底的"五反"斗争的指示》，开展"反行贿、反偷税漏税、反盗骗国家财产、反偷工减料、反盗窃国家经济情报"的"五反"运动

2 月 10 日　河北省人民政府举行"公审大贪污犯刘青山、张子善大会"，随后河北省人民法院报请最高人民法院批准，判处刘青山、张子善死刑，"刘青山、张子善案"被称为"新中国反腐第一大案"

1953 年　　2 月 11 日　中央人民政府委员会第二十二次会议通过《全国人民代表大会及地方各级人民代表大会选举法》

1954 年　　2 月　政务院制定颁布《人民调解委员会暂行组织条例》

9 月 20 日　第一届全国人民代表大会第一次会议一致通过《中华人民共和国宪法》（即"五四宪法"），由大会主席团当日发布公告公布施行

1971 年　　10 月 25 日　第二十六届联合国大会通过决议恢复中国在联合国的合法席位

1975 年　　1 月 17 日　第四届全国人民代表大会第一次会议通过修改后的《中华人民共和国宪法》（即"七五宪法"）

11 月 25 日　中国加入《维也纳外交关系公约》

1978 年　　3 月 5 日　第五届全国人民代表大会第一次会议一致通过新的《中华人民共和国宪法》（即"七八宪法"）

1979 年　　7 月 1 日　第五届全国人民代表大会第二次会议通过宪法修正案、《全国人民代表大会和地方各级人民代表大会选举法》、《地方各级人民代表大会和地方各级人民政府组织法》、《人民法院组织法》、《人民检察院组织法》、《刑法》、《刑事诉讼法》、《中外合资经营企业法》等基本法律

8 月 1 日　我国正式加入《维也纳领事关系公约》

1980 年　　9 月 10 日　第五届全国人民代表大会第三次会议通过《中华人民共和国婚姻法》

11 月 20 日　最高人民法院特别法庭公开审理"林彪、江青反革命集团案"

1982 年　　12 月 4 日　第五届全国人民代表大会第五次会议通过了新的《中华人民共和国宪法》，即现行宪法（"八二宪法"）

1983 年　　8 月 25 日　中共中央作出《关于严厉打击刑事犯罪活动的决定》，并

进行第一次"依法从重从快严厉打击刑事犯罪活动"的"严打"活动

1984 年	12 月 19 日　《中华人民共和国政府和大不列颠及北爱尔兰联合王国政府关于香港问题的联合声明》（简称《中英联合声明》）签署，中华人民共和国政府决定于 1997 年 7 月 1 日对香港恢复行使主权
1986 年	4 月 12 日　第六届全国人民代表大会第四次会议通过《中华人民共和国民法通则》《中华人民共和国义务教育法》《中华人民共和国外资企业法》等法律
1987 年	4 月 22 日　我国正式加入《承认及执行外国仲裁裁决公约》
1988 年	1 月 1 日　我国正式加入《联合国国际货物销售合同公约》
	4 月　第七届全国人民代表大会第一次会议通过宪法修正案，并由国家主席公布施行
	4 月 3 日　第七届全国人民代表大会第一次会议通过《中华人民共和国全民所有制工业企业法》
	4 月 28 日　我国政府签署《多边投资担保机构公约》
1989 年	4 月 4 日　第七届全国人民代表大会第二次会议通过《中华人民共和国行政诉讼法》，建立起"民告官"的法律制度
1990 年	4 月 4 日　第七届全国人民代表大会第三次会议通过《中华人民共和国香港特别行政区基本法》
1991 年	4 月 9 日　第七届全国人民代表大会第四次会议通过《中华人民共和国民事诉讼法》
1992 年	1 月 1 日　我国正式加入《关于向国外送达民事或商事司法文书和司法外文书公约》
1993 年	3 月 29 日　第八届全国人民代表大会第一次会议通过宪法修正案，并由国家主席公布施行
	3 月 31 日　第八届全国人民代表大会第一次会议通过《中华人民共和国澳门特别行政区基本法》
1995 年	3 月 18 日　第八届全国人民代表大会第三次会议通过《中华人民共和国中国人民银行法》
1996 年	3 月 17 日　第八届全国人民代表大会第四次会议通过《中华人民共和国行政处罚法》以及修正后的《中华人民共和国刑事诉讼法》
	5 月 1 日　我国加入《联合国海洋法公约》
1997 年	3 月 14 日　第八届全国人民代表大会第五次会议通过修改后的《中华人民共和国刑法》，历时十余年的刑法修订工作宣告结束
	7 月 1 日　《中华人民共和国香港特别行政区基本法》正式实施
	9 月　中国共产党第十五次全国代表大会强调，依法治国，建设社会

	主义法治国家，是党领导人民治理国家的基本方略
1999 年	3 月 15 日　第九届全国人民代表大会第二次会议通过宪法修正案，将"依法治国"写入宪法
	3 月 15 日　第九届全国人民代表大会第二次会议通过《中华人民共和国合同法》
	12 月 20 日　《中华人民共和国澳门特别行政区基本法》正式实施
2001 年	12 月 11 日　我国正式成为世界贸易组织（WTO）成员
2004 年	3 月 14 日　第十届全国人民代表大会第二次会议通过宪法修正案，将"国家尊重和保障人权"写入宪法，凸显了我国宪法的价值取向和社会主义法治建设的目标
2006 年	10 月 30 日　第十届全国人民代表大会常务委员会第二十四次会议通过《中华人民共和国农民专业合作社法》及《关于修改〈中华人民共和国法院组织法〉的决定》，由最高人民法院统一行使死刑案件核准权
2007 年	1 月 17 日　国务院颁布《中华人民共和国政府信息公开条例》
	3 月 16 日　第十届全国人民代表大会第五次会议通过了历经八次审议的《中华人民共和国物权法》以及《中华人民共和国企业所得税法》等法律
2010 年	中国特色社会主义法律体系形成

阅 读 文 献

■《唐律疏议》，中华书局 1983 年版。

■《宋刑统》，中华书局 1984 年版。

■《大明律》，法律出版社 1999 年版。

■《大清律例》，天津古籍出版社 1993 年版。

■《大清新法令》，商务印书馆 2010 年版。

■《六法全书》，商务印书馆 1946 年版。

■《名公书判清明集》，中华书局 1987 年版。

■《刑案汇览》，北京古籍出版社 2004 年版。

■《历代刑法志》，群众出版社 1988 年版。

■《清末筹备立宪档案史料》，中华书局 1979 年版。

■《民事习惯调查报告录》，中国政法大学出版社 2000 年版。

■ 程树德：《九朝律考》，中华书局 1963 年版。

■ 瞿同祖：《中国法律与中国社会》，中华书局 1981 年版。

■ 杨鸿烈：《中国法律对东亚诸国之影响》，中国政法大学出版社 1999 年版。

■ 陈顾远：《中国法制史概要》，商务印书馆 2011 年版。

■ 张晋藩总主编：《中国法制通史》全 10 卷，法律出版社 1999 年版。

■ 俞荣根：《儒家法思想通论》，广西人民出版社 1998 年版。

■ 胡留元、冯卓慧：《夏商西周法制史》，商务印书馆 2006 年版。

■ 栗劲：《秦律通论》，山东人民出版社 1985 年版。

■ 钱大群：《唐律研究》，法律出版社 2000 年版。

■ 郭东旭：《宋朝法律史论》，河北大学出版社 2001 年版。

■ 杨一凡：《明初重典考》，湖南人民出版社 1984 年版。

■ 张晋藩：《清律研究》，法律出版社 1992 年版。

■ 李贵连：《近代中国法制与法学》，北京大学出版社 2002 年版。

■ 公丕祥主编：《当代中国的法律革命》，法律出版社 1999 年版。

■ 杨一凡、陈寒枫、张群主编：《中华人民共和国法制史》，社会科学文献出版社 2010 年版。

后　记

　　《中国法制史》是马克思主义理论研究和建设工程重点教材，是在教育部实施马克思主义理论研究和建设工程领导小组领导下组织编写的。在编写过程中，得到了教育部马克思主义理论研究和建设工程重点教材审议委员会的指导，得到了中宣部、中央党校、中央编译局、求是杂志社、中国社会科学院等有关部门和有关专家学者的支持。同时，广泛听取了高校教师和学生的意见建议。

　　本教材由首席专家朱勇主持编写，王立民、赵晓耕任副主编。朱勇撰写绪论、第一章、第八章，王立民撰写第二章、第四章、第十五章，丁凌华撰写第三章、第六章，霍存福撰写第五章，赵晓耕撰写第七章、第十九章，张生撰写第九章、第十四章，范忠信撰写第十章、第十二章，李启成撰写第十一章、第十三章，张希坡撰写第十六章，夏锦文撰写第十七章、第十八章，王银宏撰写"中国法制史大事年表"。李龙、徐显明、张晋藩、侯欣一、王健等参加了学科专家审议并提出了修改意见。顾海良、李龙、张晋藩、侯欣一作了出版前的审读。

2017 年 2 月 15 日

第二版后记

定期修订马克思主义理论研究和建设工程重点教材是保证其编写质量的重要途径。党的十九大胜利召开后，为推动习近平新时代中国特色社会主义思想进教材、进课堂、进头脑，深入贯彻落实党的十九大和十九届二中、三中全会精神，教育部统一组织对已出版教材进行了全面修订。本书经国家教材委员会高校哲学社会科学（马工程）专家委员会审查通过。

朱勇主持了本次教材修订工作，王立民、赵晓耕、丁凌华、王银宏、李启成、张生、张希坡、侯欣一、夏锦文、霍存福参加了具体的修订工作。

2018 年 12 月

郑重声明

高等教育出版社依法对本书享有专有出版权。任何未经许可的复制、销售行为均违反《中华人民共和国著作权法》，其行为人将承担相应的民事责任和行政责任；构成犯罪的，将被依法追究刑事责任。为了维护市场秩序，保护读者的合法权益，避免读者误用盗版书造成不良后果，我社将配合行政执法部门和司法机关对违法犯罪的单位和个人进行严厉打击。社会各界人士如发现上述侵权行为，希望及时举报，本社将奖励举报有功人员。

反盗版举报电话　(010)58581999　58582371　58582488
反盗版举报传真　(010)82086060
反盗版举报邮箱　dd@hep.com.cn
通信地址　北京市西城区德外大街 4 号
　　　　　高等教育出版社法律事务与版权管理部
邮政编码　100120

意见反馈

为收集对教材的意见建议，进一步完善教材编写和做好服务工作，读者可将对本教材的意见建议通过如下渠道反馈至我社。

咨询电话　400-810-0598
读者服务邮箱　gjdzfwb@pub.hep.cn
通信地址　北京市朝阳区惠新东街 4 号富盛大厦 1 座
　　　　　高等教育出版社总编辑办公室
邮政编码　100029

防伪查询

用户购书后刮开封底防伪涂层，利用手机微信等软件扫描二维码，会跳转至防伪查询网页，获得所购图书详细信息。用户也可将防伪二维码下的 20 位数字按从左到右、从上到下的顺序发送短信至106695881280，免费查询所购图书真伪。

防伪客服电话　(010)58582300